● 本研究受国家社科基金一般项目（21BGL073）"海外华侨华人双重三维网络关系对其在华创业绩效的影响研究"资助

智者筑桥

海外华侨华人双重三维网络对其在华创业绩效的影响研究

郭惠玲 著

厦门大学出版社
XIAMEN UNIVERSITY PRESS

国家一级出版社
全国百佳图书出版单位

图书在版编目（CIP）数据

　　智者筑桥 ：海外华侨华人双重三维网络对其在华创业绩效的影响研究 / 郭惠玲著. -- 厦门 ：厦门大学出版社，2025. 6. --（侨海商潮）. -- ISBN 978-7-5615-9828-3

　　Ⅰ. F249.214

　　中国国家版本馆 CIP 数据核字第 20258SH456 号

责任编辑　江珏玙
美术编辑　蒋卓群
技术编辑　朱　楷

出版发行　厦门大学出版社

社　　址　厦门市软件园二期望海路 39 号
邮政编码　361008
总　　机　0592-2181111　0592-2181406(传真)
营销中心　0592-2184458　0592-2181365
网　　址　http://www.xmupress.com
邮　　箱　xmup@xmupress.com
印　　刷　厦门市明亮彩印有限公司

开本　720 mm×1 020 mm　1/16
印张　21.75
插页　2
字数　357 千字
版次　2025 年 6 月第 1 版
印次　2025 年 6 月第 1 次印刷
定价　82.00 元

厦门大学出版社
微信二维码　　厦门大学出版社
微博二维码

序

在经济全球化纵深推进与"双循环"战略全面实施的时代背景下,华侨华人作为联通中外的重要纽带,其独特的资源禀赋与创业实践日益成为推动中国经济高质量发展的重要引擎。深入解析这一群体的创业逻辑,挖掘其成功背后的网络效应与能力构建机制,既是学术研究的前沿命题,更是服务国家战略的实践所需。值此契机,华侨大学工商管理学院海外华商管理研究团队核心成员郭惠玲老师所著《智者筑桥:海外华侨华人双重三维网络关系对其在华创业绩效的影响研究》即将问世。作为团队负责人,我很荣幸能为此书作序。该著作不仅是我院跨学科协同创新的标志性成果,更为华侨华人创业研究领域提供了兼具理论深度与实践价值的学术贡献。

聚焦学术前沿,践行学科交叉创新

华侨华人创业研究横跨社会学、管理学、经济学等多学科领域,其复杂性要求研究者兼具开阔视野与扎实功底。本书以社会网络理论、社会资本理论及制度理论为基石,创新性提出"双元市场能力"概念,构建"三维网络关系—双元能力—创业绩效"的动态分析框架。这一框架突破了传统研究对单一维度的孤立探讨,通过实证研究揭示了商业、社会、政治网络的多重协同机制。尤为值得一提的是,本书综合运用扎根理论、定量分析与模糊集定性比较分析(fsQCA)等多元方法:扎根理论提炼核心命题,定量研究验证理论假设,fsQCA技术则深入解析变量间的复杂组态效应。这种多方法融合的研究范式,既彰显了方法论的系统性与创新性,也为学界提供了路径参考。本书的出版，正是我院践行"面向海外、面向港澳台"办学方针的生动体现，亦是服务国家侨务工作、助力"一带一路"倡议的学术担当。近年来，我院持续推进跨学科平台建设，鼓励学者以国家战略需求为导向开展创新研究。郭惠玲老师的这一成果，无疑为管理学与社会学的深度融合树立了典范。

扎根国家战略，赋能实践发展

学术研究的生命力在于服务社会。本书立足"双循环"新发展格局，紧扣华侨华人回流创业的现实需求，从政策设计、企业实践、教育支持等维度提出系统性对策。例如，建议华侨华人通过激活海内外"双重网络"提升市场适应力，呼吁政府部门优化跨境投资政策与侨务资源整合机制，倡导教育机构构建跨文化创业教育体系以培育复合型人才。这些建议兼具理论高度与实践可操作性，既为创业者提供行动指南，也为地方政府引资引智、企业拓展国际合作注入新思路。

我院始终秉持"博学善思，志远笃行"的院训精神，坚持"学术—政策—产业"的良性互动。郭惠玲老师近年来主持和参与多项课题，紧密对接"一带一路"倡议与创新驱动发展战略，其研究成果已转化为推动区域经济升级的切实助力。这种产学研深度融合的模式，正是我院服务社会、贡献智慧的缩影。

赓续学院使命，开拓未来图景

作为以"培育全球视野、服务国家需求"为使命的学院，我们始终关注全球化浪潮下的人才培养与知识创新。华侨华人创业研究既是解码全球化与本土化张力的重要切口，亦是探索跨国资源整合与治理创新的关键领域。本书的出版，为我院相关领域的教学与科研提供了重要支撑。未来，我院将深化国际合作，推动追踪研究与数字技术赋能下的网络关系重构探索，助力构建具有中国特色的跨国创业理论体系。

在此，我诚挚呼吁学界、政界与商界共同关注这一领域。华侨华人的创业实践是中国故事的璀璨篇章,其经验既可启迪全球创业者,亦能为完善全球治理贡献中国智慧。

致谢与展望

本书的诞生,凝聚了郭惠玲老师及其团队多年的心血。他们深入企业一线,访谈数百位华侨华人创业者,以"将论文写在祖国大地上"的治学精神,积累了丰富的一手数据。这种扎根实践的学术态度,值得全院师生学习。同时,谨向国内外合作机构、侨务部门及受访企业致以谢忱,正是你们的支持为研究注入了鲜活生命力。

展望未来,期待郭惠玲老师及其团队以此书为起点,在理论建构、政策咨询与人才培养领域再攀高峰。我院将持续营造宽松的学术环境,提供坚实的资源保障,支持更多立足中国、放眼世界的创新研究,为讲好中国故事、服务国家战略贡献智慧与力量。

华侨大学工商管理学院院长　衣长军

2025 年春

前　言

　　在经济全球化和区域一体化深入发展的背景下,华侨华人作为连接中国与世界的特殊纽带,其战略价值与时代意义愈发显著。改革开放以来,华侨华人通过资本、技术、信息与文化的跨境流动,深度参与中国经济的现代化进程,成为推动发展的重要力量。伴随"双循环"新发展格局的构建,其在整合国内外资源、促进创新要素集聚中的枢纽作用进一步凸显。与此同时,全球政治经济格局的深刻变革催生了新一轮华侨华人回流创业浪潮。这一现象不仅涉及个体创业实践,更与国家人才战略、创新驱动发展战略紧密关联。在此背景下,系统探究华侨华人回流创业的驱动机制、网络资源整合路径及对创业绩效的作用机理,兼具理论创新价值与实践指导意义。

　　华侨华人群体兼具"跨文化性"与"嵌入性"双重特征:海外经历赋予其国际化视野、技术专长与跨国资源网络,而文化认同与血缘纽带则强化了其对中国市场的天然适应性。这种双重属性使其在"双循环"战略中具备独特的桥梁功能——既可通过国际商业网络引入先进技术、资本与管理经验,又能依托本土社会网络精准对接市场需求。然而,既有研究多聚焦于单一维度的网络关系或静态的创业行为分析,对华侨华人特有的"双重三维网络关系"(即海外与本土的商业、社会、政治网络)及其动态作用机制缺乏系统性阐释。如何从多维理论视角解析网络关系对创业绩效的影响路径？如何识别创业动机、教育水平与文化差异的边界效应？这些问题的解答成为理论与实践亟待突破的关键命题。本书以"智者筑桥"为隐喻，旨在揭示华侨华人如何通过双重三维网络构建资源流通的桥梁，阐释其在华创业绩效提升的内在逻辑。

　　本书融合社会网络理论、资源基础观与双元性理论，构建"网络关系—双元能力—创业绩效"的整合性分析框架。全书通过三个相互关联的子研究，系统考察华侨华人的双重商业网络、社会网络与政治关联对其在华创业绩效的影响机制。子研究一聚焦商业网络关系，结合社会网络理论与资源依赖理论，揭示市场适应能力与开拓能力在商业网络与创业绩效间的中介效应，并解析创业动机的调节机制；子研究二以社会资本理论为基石，探讨社会网络关系通过双元市场能力影响创业绩效的路径，并引入创业教育水平作为边界条件；子研究三则突破线性分析范式，不仅探索双重政治关联、双元市场能力、文化差异对其在华创业绩效产生的直接、间接和边界影响作用，还运用模糊集定性比较分析（fsQCA）方法，探究双重政治关联、双元市场能力与文化差异对创业绩效的协同效应，揭示多重前因条件的非对称性组态影响。

　　在研究方法上，本书采用"质性探索—量化验证—组态分析"的混合研究路径：首先通过深度访谈、参与式观察与扎根理论提炼华侨华人在华创业的本土化情境特征；其次基于国内外成熟量表设计问卷，依托覆盖28个省份的500名回流华侨华人样本开展实证检验；最后进一步运用 fsQCA 方法揭示多重前因条件的非线性交互效应。这一多方法融合策略既确保了理论模型的扎根性，又增强了研究结论的普适性与实践解释力。

　　全书除绪论外共分为五章。第一章梳理理论基础与文献脉络，明确核心概念与研究边界；第二至四章分别呈现三个子研究的理论模型、实证过程与研究发现；第五章整合研究结论，构建促进华侨华人在华创业的立体化对策体系。各章既独立成篇，又通过“网络—能力—绩效”的主线逻辑紧密衔接，形成多层次、多维度的理论解释体系。需要特别说明的是，本书在方法论上强调问题导向的创新：将扎根理论与量化分析相结合以提升理论饱和度，引入组态视角突破变量间线性关系的认知局限，为后续研究提供方法论借鉴。

本书的理论贡献体现为三个方面：其一，突破传统单维网络分析范式，提出“双重三维网络关系”概念框架，揭示海外与本土网络在资源属性、作用路径上的本质差异；其二，构建双元市场能力的中介机制模型，阐明网络关系通过动态能力转化为创业绩效的具体路径；其三，识别创业动机、教育水平与文化差异的调节效应，完善跨国创业研究的情境化理论体系。在实践层面，本研究为华侨华人优化网络资源配置、政府完善创业政策、企业构建跨境合作生态提供决策依据，如建议创业者依据动机类型差异化激活网络资源，政府需针对文化差异设计分层辅导机制，企业应通过侨商网络拓展海外市场渠道。

当前，中国正加速构建高水平对外开放新格局，华侨华人的战略价值愈发凸显。本书的出版，期冀为学术界深化跨国创业研究、为政策部门优化侨务治理、为实践者提升跨境经营效能提供有益启示。展望未来，华侨华人研究可在多个维度进一步深化。其一，关注代际差异对网络资源代际传递的影响，探索新生代华侨华人创业者在全球化与本土化平衡中的新策略；其二，挖掘“一带一路”倡议与华侨华人创业网络的区域协同机制，分析共建国家侨商网络与中国产业布局的互动关系；其三，拓展对非经济型回流（如文化回流、社会创业回流）的研究，揭示华侨华人参与乡村振兴、公益事业等社会价值创造的独特路径。这些方向不仅能够推动学术理论的迭代，也将为国家侨务政策的创新提供智力支持。由于研究对象的复杂性与动态性，本书在样本覆盖广度、文化差异测量、长期追踪分析等方面仍存在局限，这些不足也将成为笔者未来持续探索的方向。

本书的出版承蒙山东、浙江、广东、福建等多地侨务部门及华侨华人企业家的鼎力支持，他们在调研访谈、数据收集和案例梳理中提供了宝贵帮助。华侨华人创业者的实践智慧为理论研究注入了鲜活生命力，其跨文化拼搏精神亦令人充满敬意。限于笔者水平，书中难免存在疏漏与不足，恳请学界同仁与读者不吝指正。期待本书能为华侨华人研究、创业管理理论及"双循环"实践提供有益启示，激发更多学者关注这一充满学术张力与实践活力的领域，共同描绘全球化时代华侨华人发展的新图景。

郭惠玲

2025 年春

目　录

绪　论

第一节　华侨华人推动国内国际双循环的优势与作用

一、华侨华人推动国内国际双循环的优势

（一）国际视野优势

为了构建以国内大循环为主体、国内国际双循环相互促进的新发展格局，我国经济将全面深入对外开放，与国际体系高度接轨，因此国际视野的重要性日益凸显。只有基于全球视野，透视国内国际双循环新发展格局背后的深层逻辑及历史必然，才能成功在危机中育新机、于变局中开新局。华侨华人在海外的生活、学习或工作经历使他们具备了国际化的视野和跨文化沟通的能力，在洞察全球趋势、跨越文化差异和理解"人类命运共同体"等方面发挥着不可或缺的重要作用。

首先，华侨华人的国际视野优势使他们对于全球化趋势演变和国际市场变化有着更为敏锐的洞察力。由于生活和工作在多个国家，华侨华人有机会接触到来自不同国家的信息资源。无论是新闻报道、市场分析，还是行业资讯，华侨华人都能通过多种渠道及时了解到全球范围内的最新动态。丰富的国际化信息和资源，使得华侨华人对全球化趋势和国际市场的发展状况有着深刻的了解。

其次,凭借自身在全球化思维和视野上的优势,华侨华人更容易理解国际商业规则,跨越文化差异障碍。在全球化进程中,国际规则和标准发挥着越来越重要的作用。由于长期生活在国际社会环境之中,华侨华人对国际规则有着更为深入的了解和认识。同时,国际视野使他们能够跨越文化和地域的界限,以更为开放和包容的心态看待全球化进程和国际市场的发展。通过不同的角度和维度思考问题,华侨华人能够在遵守国际规则的前提下,灵活应对各种市场变化和挑战,进而在国际国内市场中取得更为稳健和可持续的发展。

最后,华侨华人的国际视野优势使得他们能够更好地理解"人类命运共同体"的重要性和必要性。在当前一些国家单边主义、保护主义和贸易霸凌主义盛行的背景下,华侨华人能够更加深刻地意识到各国通过合作实现互利共赢才是唯一的应对策略。对此,世界各国的华侨华人商会开始结盟,形成了一张紧密相连、沟通频繁的华商网络,为国际合作提供了可靠可信的交流和合作平台。在遍布全球的华商网络之下,国内企业和国外企业能够更便捷地进行跨国合作,交易成本大大降低,合作双方的信任度也持续提高。这有利于各个国家共同分享国际合作的红利,并在激烈的国际竞争中焕发新的活力,促进经济的可持续发展。

身处不同国家与文化的交汇点,华侨华人在国际视野上所具备的优势不仅有助于他们的个人成长,也有助于他们在国际市场中取得更为优异的成绩,从而成为推动中国经济发展和国际合作的重要力量。

（二）资源整合优势

当今世界正经历百年未有之大变局,我国正处于实现中华民族伟大复兴的关键时期。面对日趋复杂的国际环境以及全球价值链可能破裂的风险与挑战,华侨华人所具备的资源整合优势为我国实现双循环新发展格局提供了重要机遇。海外华侨华人具有丰富的资源储备,涵盖资本、科技、人才、信息、知识、网络等多个方面[1],能够为中国企业带来了更多的商业机会、合作伙伴和资本支持,有力推动各个产业的发展与创新。

在经济资源的整合方面,华侨华人通过跨国经营、贸易往来和投资合作等方式,有效整合全球范围内的经济资源。凭借敏锐的商业嗅觉和丰富的国际经验,以及与国内文化天然的亲近感和认同感,华侨华人能够更充分地了解和识别中国消费者在精神和物质上的具体需求,将国外的优质产品引入国内市场,甚至研究并开发相应的产品和服务,精准满足当代中国消费群体的需求,有效促进国内消费市场升级。同时,他们助力国内企业"走出去",将国内特色产品推向国际市场,进一步提升中国品牌的国际影响力。

在社会网络资源的整合上,华侨华人凭借其广泛而紧密的社会联系,能够迅速获取和分享各种信息资源,为个体和团体的发展提供有力支持。华侨华人在海外创业、投资、贸易的过程中,建立了广泛的商业网络和人脉关系。在国内,始终不变的家国情怀使华侨华人能够自然地融入中国的人情社会,迅速联系和积累在国内的人脉资源。因此,华侨华人能够通过双重社会网络关系的力量,有效协调各方资源,推动国际项目的实施和合作的开展。

除此之外,海内外华侨华人拥有丰富的政治参与渠道和强大的影响力,能够与各个国家的政府、议会和其他政治机构进行广泛的联系和交流,及时了解国内外的政治动态和政策走向。这使得华侨华人在创业或制定企业战略决策时,能够及时获得当地政府的指导和支持,从而更好地把握市场机遇,抢占发展先机。同时,这种紧密的政治联系无疑也为华侨华人及其相关企业增添了知名度与影响力,为华侨华人进入新的国家发展时提供助力,并进一步为其长远发展奠定坚实基础。

综上,华侨华人在经济、社会、政治等多个维度上对国内外资源进行有效整合,凭借其独特的双重资源优势,助力加快建设国内统一大市场,促进国内外市场的双向联通,并有效吸引外部资源向国内集聚[2]。

（三）创新引领优势

"一个国家、一个民族,只有锐意创新,才有立足之地。"创新是引领发展的第一动力,只有坚持将科技创新作为全面创新的核心,才能有效激发经济社会中各种生产要素的活力,促进生产、分配、流通、消费各环节的顺畅运转,进而落实国内国际双循环新发展格局的构建。华侨华人在引领科技创新方面具备显著优势。不管是投资国内高技术产业,还是回国投身科技研发,华侨华人为克服我国的科技短板、提升我国在全球价值链中的地位起到了至关重要的作用。

一方面,华侨华人充分发挥自身独特优势,利用两个市场、两种资源,将国际高端创新要素引进中国。自改革开放以来,我国科技事业的发展突飞猛进,科技水平持续提升。然而,我国经济发展仍受到高端技术短缺的制约,特别是在半导体、机器人及自动化、装备制造等关键领域,存在明显的短板,仍然面临国际供应链、产业链中断的风险,这对构建双循环新发展格局构成了挑战[3]。对此,华侨华人通过建立跨国创新机构等方式与海外高校、优势企业、国际科技组织等建立合作关系,推动国际科技成果转化为国内经济发展的驱动力,为我国国内大循环破除瓶颈。例如,作为中瑞科技合作促进会理事会轮值主席,仇旻不仅在国内科技代表团赴瑞典访问时组织瑞典学者进行对接,架起中国与瑞典科技合作桥梁,促进相关合作,还会帮助联系在瑞留学人员回国创业,每年至少要举行三四次对接座谈会。在他持之以恒的努力下,中瑞两国科学技术界的交流日益频繁,合作领域不断拓展,为两国的科技创新和经济发展提供了强有力的支撑[4]。同时,华侨华人通过投资国内高技术产业的相关企业,助力企业对于国际前沿引领技术、"卡脖子"技术的研究和突破,为推动我国创新链和产业链的融合各尽所能。

另一方面,华侨华人将国外积累的先进技术和管理经验带回国内,加速了我国科技领域的发展,有效加快了我国补齐产业短板的步伐,推动经济高质量发展,促进国内国际双循环的良性互动。现任中国医学科学院药物研究院院长蒋建东,在 20 世纪 90 年代末,怀揣报效祖国的热忱,毅然决然地回到了祖国。他组建了一支具备国际技术水准的中青年科学家团队,专注于抗感染药物等领域的研究。这支团队经过不懈努力,成功发现了黄连中的主要有效成分——小檗碱,它具有全新的治疗机理,能够有效治疗高血脂、高血糖及脂肪肝等症。小檗碱的广泛应用,有望为我国广大患者提供一种"物美价廉"的降脂降糖新药。这一重大发现标志着我国在天然药物研究领域迈出了坚实的一步,对我国药学领域的原始创新产生了深远且持久的影响[5]。

像仇旻、蒋建东这样的华侨华人不胜枚举,已成为中国自主创新和产业升级的重要力量。他们以自己的实际行动展现了华侨华人心系国家民族振兴、鞠躬尽瘁的赤子情怀，把爱国之情、报国之志融入祖国改革发展的伟大事业之中，为构建"国内国际双循环"的新发展格局立下了汗马功劳。

（四）文化融合优势

信息共享是构建"国内国际双循环"的新发展格局必不可少的前提条件，然而，由于语言差异、文化隔阂等因素的存在，目前不同国家间存在信息不对称的问题，这对海内外企业的合作与沟通构成了严峻的挑战。华侨华人由于其独特的双重文化背景，成为促进中外文化交流与融合的重要桥梁。他们在减少海内外合作时的信息不对称问题上具有得天独厚的优势。

首先，华侨华人不仅掌握两地语言，而且深谙不同国家之间的文化差异，能够充当信息交流的纽带和桥梁，助力海内外企业合作，畅通国内国际双循环。海内外企业间之所以缺乏信任、合作途径和渠道受限，往往是因为缺乏可信赖的权威组织背书。对此，"创业中华""中国侨商投资大会"等品牌活动应运而生。它们通过搭建信息交流平台、组织商务考察团等方式，促进了海内外企业间的相互了解和合作，为畅通国内国际双循环、推动经济全球化进程提供了有力的支持。

其次，华侨华人可以充分利用其信息优势，为国内企业提供关于政治、法律、财务、税务、商情等各方面的建议，协助国内外企业了解和适应对方国家的经济政策和法律法规，从而助力国内企业成功"走出去"，并吸引国外企业"走进来"。例如，华侨华人可以为国内企业提供对应海外国家的法律培训、移民政策培训、劳务培训、税收培训以及治安培训等，特别是关于当地市场合规合法经营的教育培训[6]，确保国内企业不仅"走出去"，还能"走得好"，同时讲好中国故事、展现中国形象。

最后，华侨华人还是解决跨国争议、维护国内企业海外利益的重要力量。在法律机构之外，华侨华人还在解决跨国争议、维护国内企业海外利益方面发挥着重要作用。他们能利用自身优势获得双方认可和信任，进而顺利充当纠纷双方的调解员，减少企业因"人生地不熟"带来的不安和障碍。除此以外，华侨华人还能利用在海内外的社会、商业、政治网络，积极参与建立健全国际商事争端解决机制。

总之，华侨华人所具备的文化融合优势使其能够在不同文化之间架起桥梁,有助于打破文化壁垒,增进相互理解和信任,努力减少信息不对称问题,为国内外企业的合作与发展创造更加有利的环境,为推动国内国际双循环新发展格局的构建贡献力量。

■ 二、华侨华人推动国内国际双循环的作用

(一)牵线搭桥,推动国际合作

自从改革开放以来,我国对外贸易的发展突飞猛进,尤其是外商投资企业的进出口规模持续扩张,在我国进出口总额中所占据的比重与日俱增。根据商务部公布的数据,从 2013 年到 2022 年,共建"一带一路"国家的货物贸易额由 1.04 万亿美元提升至 2.07 万亿美元[7],规模扩大了一倍。在这个开花结果的过程中,华侨华人为推动国内国际双循环新发展格局的构建和"一带一路"金融体系建设所付出的努力有目共睹。

华侨华人利用自身优势助力海外企业"走进来",为海外企业在中国的项目评估、资金扩大及与本土企业合作等方面提供了有力支持,并进一步促进中国企业在国外与本土企业的联结和融合。在 2024 年 2 月由上海市政府侨办、上海市商务委、上海市侨联主办的"相聚上海 共创未来——深化高水平对外开放"全球宣介活动中,来自各个国家的海外侨胞携产品、项目相聚上海,并表示很乐意为国内经济的发展"牵线搭桥"。上海市侨商联合会副会长、上海市欧美同学会荷比卢分会会长、法国吕纳罗杰克金融集团副主席刘青表示:"作为上海人,我要为家乡发展多贡献力量。借中法建交 60 周年的契机,我打算带法国客商来沪考察,寻找合作伙伴。我今年还将对接卢森堡的金融项目、荷兰的农业和文旅项目,希望能将它们引进上海。"[8]

在推动中国企业"走出去"、国际化的进程中,尤其在共建"一带一路"上,华侨华人发挥着举足轻重的作用。多年的海外经营使华侨华人积累了丰富的社会、商业和政治资源,他们不仅能够为中国企业走向国际牵线搭桥,成为中国企业与国外商业群体对话沟通的最佳桥梁,使相关项目尽最大速度、走最少弯路落地执行,甚至能够直接参与到项目的建设之中。以东南亚地区为例,华侨华人凭借雄厚的经济实力、广泛的华商网络以及丰富的人

力资本,为当地经济结构的转型以及与中国的经贸合作作出了显著贡献。特别是在海洋经济领域,作为中国与印尼等东南亚国家合作的重点领域,华侨华人更是发挥了不可或缺的作用。他们不仅在传统制造业领域与中国保持紧密的投资合作关系,还在基础设施和海洋经济等新兴领域成为两国合作的桥梁和纽带[9]。

尽管当前国际环境复杂多变,给全球化进程带来诸多挑战,但时代的发展也为海内外交流与贸易合作提供了更多机遇。面对当下盘根错节、有利有弊的国际局面,华侨华人能够借机在动荡中抓住和把握机遇,积极运用自己在海内外独特的资源和优势,在共建"一带一路"和国内国际双循环新发展格局中积极发挥作用,推动国内外企业合作,共同构建人类命运共同体。

（二）加快创新,提供智力支撑

外商投资所带来的创新技术、研发能力和人力资源等要素在当前的国际竞争中具有决定性的作用。国际投资理论和我国企业发展的相关研究均显示,外资投资不仅为我国带来了技术资源,还通过技术转移和技术溢出效应,显著推动了我国的技术进步和创新水平提升。"功以才成,业由才广。"习近平总书记多次强调,要聚天下英才而用之。华侨华人在构建国内国际双循环新发展格局中,发挥了关键的智力和人才支撑作用。

一方面,海外的华侨华人为中国企业"走出去"积极贡献创新力量。受生长环境和教育水平的影响,华侨华人在创新意识和能力方面具有独特优势,往往具备强烈的创新精神和创业意愿。他们敢于冒险、勇于尝试,善于将新的科技理念和技术应用于实际生产中。这种创新精神使得他们在科技创新领域能够不断取得突破,推动科技发展的进程。截至2023年,有超过6 000万海外侨胞分布在世界近200个国家和地区[10]。在这样的背景下,海外华侨华人为我国与共建国实现互联互通、高效利用国内外资源提供了有力的智力支撑,促进了我国与共建"一带一路"国家的经贸往来,为构建国内国际双循环新发展格局奠定了坚实的国际基础。

另一方面,越来越多的华侨华人科技人才选择"回流"中国,将自身丰富的技术和资源优势注入祖国的现代化建设之中。同时,我国近年来在专业技术人才队伍建设上不遗余力,不断优化人才结构,实施更积极、更开放、更有效的留学人才回国政策,通过制定、出台并实施更加开放的政策,为华侨华人回国就业创业提供更好的待遇、服务和相关便利,使吸引海外人才的"磁铁效应"不断增强。尤其是在重大科研项目、重大工程、重点学科等领域,我国的人才储备有较大欠缺,领军人才严重不足,而华侨华人可以充分发挥其在成长环境上的独特优势,将海外先进技术带回国内,弥补我国在技术创新方面的短板。以广东省为例,截至 2023 年底,回粤创业就业的海外人才有 5.8 万人,遍布各行各业[11],不仅将所学先进技术直接应用于所在行业,还能够通过技术溢出效应推动国内相关产业的技术进步,有效提升我国的国际竞争力。

总之,海内外的华侨华人是中国经济高质量发展的重要人才资源。他们充分利用其所学知识,积极参与我国经济建设和发展,为各行各业带来先进技术理念和科学管理方式,有效提高了我国的自主创新能力,将更多科技创新成果转化为经济发展动力,为推动国内大循环的畅通和发展提供了重要助力。

(三)融通资金,吸引外来资本

在改革开放的进程中,大量的华侨资产作为外来直接投资涌入中国,有效缓解了我国市场转型初期的资本短缺问题,为中国创造了大量的就业机会,并促进了产业技术的转移与升级。据统计,华侨华人资本在中国引进的外资中占比超过 60%,而在外资企业中,由华侨华人创办或管理的企业也占比超过 70%。暨南大学陈奕平教授说:"尤其是广东侨乡出去的人,改革开放后,寄回来了很多资金。"[12]

一方面,华侨华人通过直接投资的方式,将海外资金引入国内。他们利用自身在国外的资源和网络,积极寻找投资机会,参与国内的经济建设和发展。同时,他们也通过在国内设立企业、开设工厂等方式,将资金和技术引入国内,推动产业升级和经济发展。由泰籍华人谢国民创办的跨国企业——正大集团,是改革开放后最早一批在华投资的外商企业之一。1979年,正大集团携手美国康地公司,以 3 000 万美元的资金在深圳创立了正大康地公司,成为中国首家外资企业,开启了外资在华投资的新篇章。四十多年来,它始终坚守"利国、利民、利企业"的经营宗旨,深度参与并推动中国的改革开放进程,持续加大在华投资力度,敏锐抓住了中国经济快速增长的脉搏,与中国经济的飞速发展实现了互利共赢[13]。

另一方面,海外华侨华人通过商业合作和贸易往来等方式,与国内企业建立长期稳定的合作关系,在采购和销售等流程中促进资金的跨国流动,助力中国企业"走出去"。以格力电器的发展为例,在 2000 年之前,格力电器对海外市场的认知尚浅,海外拓展的步伐相对迟缓。然而,2000 年格力电器与港籍商人投资设立公司签订协议,并授予其总代理权,负责格力电器在海外市场的销售工作。与此同时,格力电器(巴西)有限公司也正式投产运营,巴西籍华商王必成成为格力电器在当地的重要合作伙伴。在港澳同胞和海外侨胞的鼎力支持下,格力的海外市场得以迅速拓展,出口收入从 2000 年的 5.28 亿元激增到 2004 年的 22.45 亿元,呈现出惊人的增长速度。到了 2012 年,格力电器的境外销售金额更是达到了惊人的 157.9 亿元,成为广东省出口创汇的领军企业,为我国对外贸易作出了显著贡献。[14]

外资作为连接国内经济循环与国际经济循环的关键桥梁和载体,华侨资本在其中所发挥的作用功不可没。华侨华人能够充分发挥自身优势,寻找国内外的商机和合作机遇,撬动更多的资金参与构建互利共赢的国内国际双循环新发展格局。

（四）舆论宣传,展现中国形象

当今世界,各国利益相互交织,观念冲突持续升级,因此,在加快构建以国内大循环为主体、国内国际双循环相互促进的新发展格局这一过程中,形成与我国综合国力和国际地位相匹配的国际话语权是不可或缺的[15]。长期生活在海外的华侨华人作为中国在国外最广泛、最直接的名片,拥有深厚的中华文化底蕴使他们能够充分发挥其独特的文化性,成为世界了解和认识中国的载体和窗口[16]。

一方面,海外华人社团不仅联结了漂泊在外的华侨华人,增强了他们的凝聚力,还成为中华传统文化的海外传播者。近年来,华侨社团在中医、武术、饮食等方面开展了许多具有地方特色的文化活动[17],这些活动大大增加了中华传统文化对当地民众的吸引力,潜移默化中提升了中国国家形象的"软实力"。

另一方面,长久以来,海外华侨华人通过自身创办的企业或以公益性为主要组织形式且功能丰富的华侨华人社会团体在当地积极履行社会责任。有实力的华侨华人会在当地大学设立专属奖学金。新冠疫情期间,广大华侨华人也体现了深厚的社会责任感,纷纷慷慨解囊,大量捐赠各类抗疫物资。这些公益行为充分展现了华侨华人有担当的社会形象,为树立中国良好的国际形象做出了积极贡献。

因此,华侨华人能够充分发挥自身优势,促进中华文化与当地文化的交流和沟通,通过自己的实际行动讲述中国故事,让海外其他国家的人民更加了解和热爱中华优秀传统文化,展现新时代中国的形象,为建设中华民族现代文明、提升中华优秀传统文化在国际社会的影响力贡献一份力量。

第二节　华侨华人回流创业的现状与趋势

一、海外华侨华人回国创业的动因分析

（一）经济因素

国内外经济环境的深刻变革以及国内市场的巨大潜力,是推动海外华侨华人回国创业的关键因素。随着经济形势的变化,越来越多的华侨华人选择回国创业,为中国的经济发展注入新的活力和动力。

近年来,世界经济格局正在发生深刻变化,动荡不安的外部环境给我国经济带来的影响也在加深。面对复杂严峻的国际形势,中国宏观经济展现出强劲的韧性,国内生产总值同比增长速度在全球主要经济体中保持领先。中共二十大胜利召开,中国开启了恢宏的发展新篇章。国内经济的持续恢复向好和高质量发展稳步推进为华侨华人回国创业提供了有力的支撑和广阔的空间。中国侨商联合会监事长、德迈国际产业集团有限公司董事长施乾平对中国未来的发展满怀信心。2023年,他以全国政协委员身份参加了全国两会。"习近平总书记提出始终把民营企业和民营企业家当作自己人,

并强调高质量发展对民营经济发展提出了更高要求。这既是给民营企业和民营企业家撑腰打气,也让大家吃下了一粒定心丸,更为民营企业高质量发展指明了方向,对民营企业家健康成长寄予厚望。"施乾平说。作为一名深耕中国市场的侨商,他将坚定信心,持续推进高质量发展,并积极承担企业社会责任,致力于成为新时代高质量发展的积极参与者、见证者和贡献者。[18]

我国拥有巨大的市场潜力,人均国内生产总值接近高收入国家门槛,消费升级速度持续加快,市场前景广阔。此外,传统产业转型升级、新型基础设施布局优化以及民生领域补短板工程的实施将带来更多的投资需求。2023年全国两会期间,扩内需促消费成为代表委员热议的话题,加拿大中国(友好)和平统一促进会会长王典奇关注到了全国两会释放的一系列积极信号,他说:"当前,中国面临诸多挑战,关键是如何恢复市场对中国经济的信心。信心恢复了,中国经济不仅今年会明显反弹,明后年也将表现亮眼。全国两会的一系列重大部署,包括稳增长、促就业、坚定扩大对外开放等重要信号,让国际社会看到中国发展蕴含的理性、韧性和确定性,进一步增强了与中国合作共赢的信心。"[19]

随着中国经济的快速发展,并不断与世界各国分享中国机遇,未来中国经济的发展前景一片光明已成为国内外的共识。海外华侨华人为此欢欣鼓舞的同时也跃跃欲试,纷纷踏上这条充满机遇与挑战的回国创业之路,共同书写更加辉煌的篇章。

（二）政治与社会因素

国内政治的稳定为华侨华人回国创业提供了坚实的保障,有效推动了更多海外华侨华人回国创业。同时,政府通过制定和实施一系列惠侨政策,为华侨华人回国创业提供有力的支持。

一方面,中国政治环境的稳定为经济发展创造了良好的条件,使得国内外投资者对于中国市场充满信心,也为华侨华人提供了安全可靠的创业环境。另一方面,政治稳定意味着国家治理能力和治理水平的提升,有助于提升华侨华人对祖国的信心和认同感,使得他们更加愿意回国创业,将个人的事业发展与祖国的繁荣富强紧密结合起来,为祖国的经济发展和社会进步贡献自己的力量。除此以外,政府制定的创业政策在政治稳定的背景下更有可能得到持续执行和完善,这为华侨华人回国创业提供了长期稳定的政策支持。

为了进一步营造良好的营商环境,支持海外华侨华人回流创业,全国各地都在想方设法为侨商投资提供便利化服务。目前,一些侨乡正抓紧开展便利华侨华人投资制度专项改革试点,进一步深化营商环境综合改革,为海外侨胞搭建回国投资兴业的宽广舞台。潮汕地区是我国著名的侨乡,2014年9月,国务院批复同意在汕头经济特区设立华侨经济文化合作试验区。经过多年的建设和发展,试验区在深化体制机制创新、扩大对外开放等方面的作用持续显现。如今,这里已建起现代化海滨新城,成为汇聚侨资侨智侨力的创业热土。习近平总书记2020年10月在汕头考察时强调,汕头经济特区要根据新的实际做好"侨"的文章,加强海外华侨工作,引导和激励他们在支持和参与祖国现代化建设、弘扬中华文化、促进祖国和平统一、密切中外交流合作等方面发挥更大作用[20]。自2014年11月以来,我国先后在15个省(市)设立了17家"侨梦苑",建设了一批示范性侨商产业聚集区和华侨华人创新创业基地,充分发挥了海外侨胞在参与祖国现代化建设中的独特优势和重要作用。

海外侨胞对实现中国梦有不可替代的重要作用,把广大海外侨胞和归侨侨眷紧密团结起来,发挥他们在中华民族伟大复兴中的积极作用,是党和国家的一项重要工作,要求侨务部门做海外侨胞和归侨侨眷的贴心人和侨务工作的实干家[21]。这些侨务工作的方向以及相关政策的出台和落实无疑让海外华侨华人如沐春风,看到了中国推动高质量发展的进程中自身的无限机遇,进一步激发了华侨华人回国创业的热情与行动。

(三)个人因素

海外华侨华人选择回国创业的原因丰富多样,除了外部环境的影响,更是源于个人职业发展规划与内心情感倾向的深刻驱动。他们的选择,既是对个人职业发展前景的深思熟虑与追求,也是对祖国和家乡深厚情感的体现。

个人的职业发展规划是华侨华人选择回国创业的重要考虑因素。随着国内经济的持续发展和创新能力的提升,国内市场的潜力日益显现。对于许多华侨华人来说,回国创业意味着能够抓住国内市场的发展机遇,实现个人职业发展的突破。他们可以利用在国外积累的先进经验和技术,结合国内市场的需求和特点,开展具有创新性和竞争力的创业活动,从而实现个人事业的飞跃。

内心的情感倾向也是驱使华侨华人回国创业的重要原因之一。许多华侨华人在海外生活多年,但对祖国和家乡的情感始终未变。他们对国内的亲朋好友、文化习俗和传统价值观怀有深厚的眷恋,希望通过回国创业,将个人事业与祖国的繁荣发展紧密结合起来,在实现个人价值的同时也为家乡做贡献。南洋国际俱乐部主席孙侠就是一个生动的例子。自 2004 年赴新加坡留学,孙侠的足迹遍及全球多国,身份也经历了多重转变,度过了十余年的中国、海外"两头跑"的生活。她亲身感受着中国与海外联系日渐紧密、合作日渐深化的过程,也经历了中国产业转型的时代浪潮。在她的内心深处,始终萦绕着与祖国命运与共的强烈感受。随着中国加快科技自立自强和科技强国的建设步伐,她看到了国内市场的巨大潜力,认为自己有能力也有责任充分发挥自身优势资源,为中国与新加坡的经贸科技交流搭建桥梁。近年来,孙侠参与引进的科技创新项目逐渐在国内落地:广西南洋科技创新中心成立,其中包含创业孵化器、产业园等配套设施;与南洋理工大学合作的石墨烯超级电容项目进入试生产阶段,能源管理项目进入实验测试阶段,机器人按摩及辅助康复治疗项目正在逐步推广[18]。

通过回国创业,海外华侨华人不仅实现了个人价值和梦想,也为国内带来了先进的技术和管理经验,推动了相关产业的发展和创新,为祖国的经济发展和社会进步贡献了一份自己的力量。

二、海外华侨华人回国创业的现状分析

(一)回国创业的规模与分布情况

在全球化浪潮的推动下,海外华侨华人回国创业的趋势愈发明显。这一群体凭借在海外积累的丰富经验和资源,以及对中国市场的深刻理解,为国内的创业生态注入了新的活力。近年来,回国创业的华侨华人数量呈现出稳步增长的趋势,不仅规模不断扩大,而且涉及的领域也越来越广泛。

2021年11月,第21届华侨华人创业发展洽谈会现场集中签约了30个引资引智项目,包含了生物医药、现代制造、IT光电子、节能环保等多个领域的项目。不仅如此,该华创会共有10万余侨胞"云聚"湖北产品"走出去"的专场活动[22]。这也表明了海外华侨华人正以前所未有的规模和多样性回国创业,为国内经济注入全新动力。

从创业人数的角度来看,越来越多的华侨华人选择回到祖国,将自己的梦想与国家的发展紧密结合。截至2024年9月,福建立足侨务大省优势,累计引进侨资项目企业3.7万多家,实际利用侨资超1 100亿美元,坚持以侨引侨、以侨引外,着力吸引侨胞返乡投资兴业。[23]。青田县不到60万的人口却有38万海外华侨华人遍布全球146个国家和地区。据不完全统计,青田县目前有15万青田华侨返乡创业。[24]。他们中既有在海外取得显著成就的企业家,也有拥有创新技术和理念的创业者。这些创业者大多拥有高学历和丰富的职业背景,他们的加入无疑提升了国内创业的整体水平。

在创业项目数量方面,华侨华人回国创业的项目涵盖了多个领域,包括高新技术产业、文化创意产业、现代服务业等。数据显示,2023年丽水市涉侨落地项目共有30个,投资总额达到121.77亿元[25]。在第21届华创会上,对接洽谈海内外参会项目1 713个,其中投资过亿的项目有77个。不仅如此,开幕式上的签约项目类型多样,不仅有生物医药、人工智能,还有现代农业、节能环保等类型。其中武汉市签约项目20个,包括投资贸易类项目与人才类项目[22]。这些项目不仅具有高度的创新性,而且与国内市场需求紧密结合,为经济发展注入了新的动力。

从地域分布来看,华侨华人回国创业的地域分布呈现出一定的集聚性。一线城市如北京、上海、广州、深圳等凭借其强大的经济实力、丰富的创新资源和完善的创业环境,成为华侨华人创业的首选之地。截至2020年,北京籍海外华侨华人数量约126万,广大华侨华人已经成为北京联系世界的重要纽带。[26]随着江门不断推进"港澳融合""侨都赋能"等工程,越来越多的华侨华人选择到江门进行创业,在粤港澳大湾区进行落地扎根。例如,2019年起,江门市"乐山五邑"创业创新大赛累计吸引了超过2 300个创业项目参赛,其中超八成的港澳获奖项目在江门落地注册公司。[27]同时,根据白皮书显示,超过八成的海外华侨华人会优先选择在大湾区进行创业发展[28]。

这些城市不仅吸引了大量的创业项目和人才,还形成了各具特色的创业生态圈。同时,一些具有特色产业和良好创业氛围的二线城市也逐渐成为华侨华人创业的热门选择。

此外,值得注意的是,随着国家对中西部地区发展的支持力度不断加大,以及中西部地区经济实力的逐步提升,越来越多的华侨华人开始将目光投向这些地区,寻求更多的发展机遇。

（二）创业模式与特点

华侨华人回国创业的模式多种多样,既有独资创业,也有与国内企业合资或合作的形式。独资创业能够充分发挥华侨华人的自主性和创新性,他们可以根据自己的意愿和理念来打造企业,实现个人价值的最大化。同时,独资创业也要求创业者具备较高的综合素质和能力,包括市场分析、资金筹措、团队管理等。

合资或合作创业则是华侨华人与国内企业共同开展创业活动的一种形式。这种模式下,华侨华人可以借助国内企业的资源和优势,降低创业风险和市场进入成本。同时,国内企业也可以通过与华侨华人的合作,获取先进的技术和管理经验,提升企业的竞争力和创新能力。

在创业特点方面,华侨华人回国创业呈现出以下几个显著特点:

首先,技术创新是华侨华人创业的重要特点之一。他们大多拥有在国外学习或工作的经历,对国际上的先进技术和管理理念有着深入的了解和掌握。回国创业后,他们将这些先进的技术和理念引入国内市场,推动了相关产业的升级和发展。例如,全国政协委员、德迈国际产业集团董事长施乾平花费 20 多年的心血致力于工业打印机的自主制造,并将产品应用于多个领域,出口至全球多个国家;同时提倡更多的侨商侨企积极整合创新资源、探索新产业、新生态、新模式等技术创新[29]。再如,湖北首批新侨李志刚,其在回国创业初期放弃了当时市场上效益最好的“激光打标”设备的生产,带领员工瞄准光伏太阳能的大型激光设备,开发出激光掺杂机、激光打孔机、激光刻边机等,并且已经广泛应用于市场当中[30]。华侨华人持续创新精神为企业带来了更多的前沿技术,同时也是他们获得成功的关键因素。

其次,华侨华人创业者注重商业模式创新。他们不仅关注产品或服务的创新,还注重商业模式的创新和优化。通过探索新的商业模式,他们能够更好地满足市场需求,提升企业的盈利能力和市场竞争力。如某东南亚华侨创立的连锁茶饮品牌,通过精确到分钟级的操作流程,将产品制作误差率控制在 3％以内,这种可复制的运营模板,使加盟商开业培训周期缩短至 7 天;某华侨团队打造的社区服务连锁,采用"会员共享＋跨店结算"机制,使加盟商客户复购率突破 60％,单客年消费额增长 45％。[31]海外华侨华人凭借不断创新商业模式的能力,使企业得到更快的发展,并更好地适应这复杂多变的环境。

最后,华侨华人创业者还具有较强的国际视野和跨文化交流能力。在海外生活和工作的经历使他们能够更好地理解和适应不同的文化环境,这对于开展跨国经营和合作具有重要意义。同时,他们的国际视野也使他们能够更好地把握国际市场的变化和趋势,为企业的发展提供有力的支持。

（三）创业环境与支持政策

近年来,为吸引海外华侨华人回国创业,国家及地方政府出台了一系列优惠政策和措施,营造了良好的创业环境。

从国家层面来看,政府通过制定税收优惠政策、提供资金扶持、简化审批流程等方式,为华侨华人创业者提供了有力的支持。例如,针对高新技术企业和创新型企业的税收减免政策,有效降低了创业者的税负压力。而政府设立的创业投资基金和贷款担保机制,则为创业者提供了必要的资金支持。此外,《国务院关于推动创新创业高质量发展打造"双创"升级版的意见》中指出,要深入实施留学人员回国创新创业的启动支持计划,加快发展孵化机构联盟,吸引更多的海外人才回国创业发展,并不断落实孵化机构税收优化政策等[32]。

地方政府也结合自身实际,制定了一系列具有针对性的优惠政策。一些地区设立了华侨华人创业园或孵化器,为创业者提供场地、设备、咨询等一站式服务;还有一些地区通过举办创业大赛、搭建交流平台等方式,吸引华侨华人创业者落户。厦门国际银行和上海分行秉持"以侨引侨、以侨带侨"的核心理念,致力于为华侨群体提供卓越的金融服务,并发布了上海市首个专为华裔青年创新创业设计的金融服务政策。这一政策不仅覆盖了个人日常生活的各类金融需求,还特别针对华裔青年的创业场景提供了全方位的支持。该服务政策还提供了线上一站式服务场景,以及跨境资金管理平台的搭建场景,全方位满足华裔青年在创新创业过程中的金融需求。[33]此外,山东省也大力优化营商环境,不断推动华侨华人在山东厚植沃土,济南"侨梦苑"也在政策创新、双招双引、为侨服务等多方面不断进行探索,推出了《推进济南"侨梦苑"建设发展的若干扶持政策》《关于做大做强济南"侨梦苑"的若干措施》等一系列政策促进海外华侨华人到济南创新创业发展。[34]

此外,国内创业环境的日益成熟也为华侨华人创业者提供了良好的机遇。随着创新驱动发展战略的深入实施,国内对创新创业的支持力度不断加大,创新资源日益丰富,创新氛围日益浓厚,为华侨华人创业者提供了更广阔的发展空间和更多的合作机会。2023 年 11 月,上海市首个华裔青年创新创业基地启动仪式在杨浦区归心谷举行,还发布了华裔青年创新创业金融服务项目和智能化为侨服务平台,为华侨华人回国创业提供了更加广阔的平台和更丰富的资源[35]。

在支持政策方面,除了直接的税收优惠和资金扶持,政府还注重为华侨华人创业者提供法律保障和知识产权保护。通过完善相关法律法规,加大知识产权保护力度,为创业者的创新成果提供有力的法律保障。广东省江门市为了深入推动"侨都赋能"十大行动,落实《关于贯彻落实国务院〈扎实稳住经济的一揽子政策措施〉实施方案》,加强侨资企业发展信息,推出了助力侨资企业稳增长促发展 20 条措施,其中强调要开展护企法律服务,积极组建江门市企业律师服务团等,积极开展法律咨询、知识产权、金融保险等一系列服务;同时,设立全市商协会人民调解委员会,不断推进法律服务和调解仲裁的范围,引导企业更为妥善地解决纠纷与矛盾[36]。

同时,政府还积极推动国际合作与交流,为华侨华人创业者搭建国际化的平台,通过组织国际创业大赛、建立国际合作机制等方式,加强与海外创业资源的对接和合作,为华侨华人创业者提供更多的国际合作机会和资源支持。2019 年,第一届华智论坛"东亚合作和全球治理创新"在南京大学开幕,该论坛聚集了全球著名华侨华人学者及社会政要等逾百人,并且设立了"全球治理与区域治理""中国科技创新与产业转型的前沿展望""华人华智、'一带一路'与中国企业走出去"等重要议题,致力于打造海外华侨华人与全球对话交流的高端平台,为海外华侨华人的国际化发展带来更多活力与动力[37]。

综上,海外华侨华人回国创业呈现出规模不断扩大、领域日益广泛、模式更加多样化和特点日渐鲜明的趋势,而良好的创业环境和支持政策则为他们提供了有力的保障和支持。未来,随着国家对创新创业的进一步重视和支持力度的加大,相信会有更多的海外华侨华人选择回国创业,为国家的经济发展和社会进步贡献更多的力量。

三、海外华侨华人回国创业的未来趋势分析

随着中国不断深化改革开放,并积极构建创新型国家形象,越来越多海外华侨华人选择回国投身创业大潮。他们携带着国际化的经验、专业知识以及对中华文化的深厚感情,在中国的广袤土地上书写自己的创业篇章。展望未来,海外华侨华人回国创业的趋势也呈现多方面的新趋势,如海外华侨华人在创业领域不断进行拓展与创新,他们的创业模式也在不断演变,创业的政策与环境也在持续优化。这些趋势不仅预示着他们在中国创业的广阔前景,也反映出中国创业环境日益成熟和国际化的积极态势。

(一)创业领域的拓展与创新

随着全球化的深入发展和中国在世界经济版图中地位的提升,一股强劲的海外华侨华人回国创业潮流汇聚成推动中国创新发展的新力量。在这一浪潮中,海外华侨华人在创业领域的拓展与创新方面的投入尤为显著。与传统的餐饮、零售、贸易等行业相比,海外华侨华人回国创业逐渐选择在高新技术产业、绿色环保与可持续发展领域、文化创意与服务业等领域进行发展。这些领域不仅具有广阔的市场前景和巨大的发展潜力,也与中国社会的发展需求紧密相连,华侨华人在该领域的发展与创新也将为中国经济的转型升级和创新发展注入新的活力和创造力。

首先,随着中国在科技领域的不断发展和政策支持力度的加大,高新技术产业已经成为海外华侨华人回国创业的未来趋势。在科技迅猛发展的当代,高新技术产业已成为全球经济增长的重要引擎。海外华侨华人在高新

技术产业领域的创新突破和应用普及,不仅能够推动中国经济的高质量增长,也将为全球技术进步和产业升级作出贡献。据《上海海归 300 指数(2021)——城市软实力与海归创业生态》显示,在上海的海归创业企业中,超过九成的企业属于上海市的主导行业,其中生物医药、集成电路、人工智能、装备制造等高新技术领域占比超过 70%[38]。海外华侨华人凭借其独特的国际背景和专业优势,无疑将成为高新技术产业发展浪潮中的重要推动者。

其次,海外华侨华人也在积极拓展绿色环保与可持续发展领域的创业路径,逐渐成为这一行业创新与发展的重要力量。2022 年 11 月,海外华侨华人专业人士社团负责人在上海市虹口区举办了以"绿色发展机遇,低碳创新之城"为主题的座谈会,他们就"双碳"目标、碳交易发展机遇、全球气候治理、低碳化双引擎高质量发展等议题展开了讨论[39]。海外华侨华人不仅作出了相关规划,也在实际过程中积极开展绿色创新行动。例如,海南万宁兴隆热带花园的归侨郑文泰先生,变卖了上亿资产,与兴隆华侨农场合作,花费 25 年心血修复热带雨林,最终让 5 800 亩的荒地长出了 3 400 多种的物种。[40]在全球对环境保护和可持续发展重视程度加深,以及中国进行生态文明建设的背景下,绿色环保与可持续发展已经成为新时代经济发展的重要导向。海外华侨华人回国创业的趋势也紧密跟随国家战略,将环保和可持续理念融入创新创业活动中。特别是在清洁能源、环境治理与绿色建筑等关键领域,他们凭借国际化的视野和先进的技术经验,不仅为国内市场带来新的动力,也为中国的绿色发展贡献了智慧和力量。

此外,海外华侨华人凭借其独特的跨文化背景和创新能力,正逐渐成为中国文化创意与服务业发展中的一股新势力。例如,意大利华侨刘秋星,在安徽省黄山市槐塘村投资建设了安徽最大的陆基圈养桶鳜鱼养殖基地,有效缓解了黄山市臭鳜鱼产业原料紧缺的难题,带动村民们有效增收,并同其他回国创业的华侨华人一起对乡村旅游进行整体规划,将槐塘村打造为文旅、农旅、交旅等深度融合的旅游村[41]。无独有偶,归侨二代冼宙洋在广西北海市侨港镇的"ganggang"港港文化创意中心打造了一个"Z 世代"文化地标,他将一个老旧电影院与艺术共创、艺术展览、音乐 live(现场录制)等多元素融合起来,为港港文创中心带来了新鲜活力[42]。海外华侨华人在文化创意与服务产业的深耕细作,不仅能够促进中国文化产业的多样化和国际化,也将为全球文化交流与合作开辟新的路径。

(二)创业模式的演变

随着全球化的加速和数字技术的革新,海外华侨华人的回国创业模式也正在经历一系列深刻的变革:(1)越来越倾向于采用平台化与网络化的创业方式,利用数字工具和在线资源打破传统界限,构建更广阔的商业生态;(2)跨国合作与国际化战略成为拓展市场的有力手段,通过与全球伙伴联手,实现资源共享、优势互补;(3)社会责任与可持续发展导向成为创业理念的重要组成部分,致力于在追求经济效益的同时,为社会福祉和环境保护做贡献。这三方面的演变表明海外华侨华人积极地作出改变以应对中国乃至全球环境的快速变化,以获得更加快速的发展。

首先,平台化与网络化的创业不仅能够帮助海外华侨华人有效降低运营成本,还能促进资源的最优配置和市场的快速拓展,因而成为海外华侨华人创业的新兴趋势。通过平台化与网络化创业,海外华侨华人可以更加便捷地获取各种资源和服务,从而实现资源共享和互利共赢。这种模式打破了传统创业的局限性,使得华侨华人创业者能够更加灵活地应对市场变化,快速调整战略,实现业务的高效运营。例如,美国华人刘民创立了电商平台,基于市场需求,将在中国容易买到但在国外难买到的各类货品放在平台上售卖,不管是什么商品,远在海外的华侨华人都能买到[43]。借助互联网和数字化技术,平台化与网络化创业的趋势变化可以将产品和服务推向全球,实现跨境经营和市场拓展。这不仅有助于提升品牌知名度和影响力,还能够为创业者带来更多的商业机会和合作伙伴。

其次,在全球经济一体化深入发展的背景下,海外华侨华人的回国创业模式越来越注重跨国合作和国际化战略。这种转变不仅反映了他们对全球市场趋势的敏锐洞察,也展现了海归创业者在构建国际商业网络和拓展海外市场方面的积极努力。数据显示,上海市的海归企业当中有超过一半的企业都将目标市场设为亚洲甚至全球市场,这也充分体现了海外华侨华人的创业模式正在向着"走出去"的国际化方向发展。[38]通过跨国合作,他们能够引入国际资源、技术和管理经验,提升企业的国际竞争力;而国际化战略则有助于他们的企业更好地融入全球价值链,实现品牌的国际化和业务的全球化布局。这些变化标志着海外华侨华人在中国创业领域的新发展方向,为他们的创业事业注入了全新的动力。

最后,海外华侨华人回国创业也更加重视将社会责任和可持续性融入商业模式中,从而使得其更好地融入当地的发展,获得当地居民的认可。这种转变不仅符合全球发展的趋势,也表明海外华侨华人创业者对于长远发展和社会影响的深刻考量。出国十年再回国创业的黄亚欣创办了贵州领略农产品大数据有限公司,并通过他所学习到的大数据专业知识精准扶贫,用一个一个代码串联起了每个贫困户的衣食住行,通过"一户一码"助力乡村振兴的实现。同样,推想科技创始人兼CEO(首席执行官)的新侨陈宽在新冠疫情期间用所学到的人工智能技术研发出了针对新冠的 AI(人工智能),帮助国内数十家医院进行新冠的数据监测与筛查。[44]总之,海外华侨华人在追求经济利益的同时,也更加积极地承担社会责任,努力对社会作出积极贡献。这样的创业模式转变不仅有助于塑造企业的正面形象,还能促进长期的商业成功和社会稳定发展。

(三)政策与环境的持续优化

随着中国不断推进改革开放并深化创新驱动发展战略,国家的政策与环境也对海外华侨华人回国创业方向产生了一定的影响。政策体系的完善与创新为海归创业者提供了更为坚实的法律保障和政策支持,营造了更加稳定和有利的创业大环境。创业生态环境的构建与优化致力于打造一系列高效、协同、包容的创业平台和服务体系,为海外华侨华人提供丰富的资源和便利的条件。国际合作与交流的加强不仅为海外华侨华人提供了更广阔的国际视野和合作机会,也促进了技术和资本的国际流动,推动着他们创业绩效的提升。这些政策和环境的优化措施,无疑增强了海外华侨华人回国创业的信心和决心,为他们在中国开拓事业注入了新的动力。

首先,政策体系的完善与创新对海外华侨华人回国创业发挥着愈发关键的作用。譬如,江门市总商会副会长、广东中加柏仁学校董事长黄柏仁讲道,现在粤港澳大湾区市场发展更好了,制度也逐渐完善,这种公平开放的环境势必会吸引更多的华侨回国创业投资。[45]这种转变的目标是构建一个更加稳定、高效和友好的创业环境,以适应日益变化的国际经济格局和海外华侨华人的特殊需求。通过政策体系的完善与创新,旨在为海外华侨华人提供全方位的支持,包括但不限于税收优惠、创业指导、资金支持和知识产权保护等。例如,在《广东省汕头华侨经济文化合作试验区大众创业万众创新示范基地工作方案》中,强调了要推进"一核六园九平台"的重点建设工作,在创新产业政策方面扶持双创实体和高端人才,要不断简政放权改善双创制度环境,聚力推动产学研合作协同创新等[46]。这些措施的实施,不仅有助于降低创业门槛,还能激发海外华侨华人的创新活力,促进他们在中国市场的成长与发展。政策的优化和创新,为海外华侨华人在中国的创业之路铺平了道路,为他们的成功奠定了坚实的基础。

其次,海外华侨华人回国创业在创业生态环境方面持续优化,目的在于打造一个更加健康、活跃和可持续发展的创业生态系统,涵盖孵化器、加速器、创新平台和投融资服务等多个领域。例如,中关村侨创园、华侨创新创业中心、华侨华人创新产业集聚区、侨梦苑、南粤侨创基地等多平台的建设与发展。2023年11月,华创会也为华侨华人搭建了创业平台,凝聚更多华侨华人,为青年侨胞回国开创事业打造更为完善的创业生态环境[47]。这种全方位的生态环境构建与优化,为海外华侨华人提供从创意孵化到企业成长的全链条支持,使他们能够在中国市场上更顺利地实现创业梦想。这种环境的优化不仅有助于吸引更多的海外华侨华人回国创业,也为中国的创新发展注入了新的活力和创造力。

最后,在全球化背景下,海外华侨华人回国创业正日益向着加强国际合作与交流的方向发展。这体现出中国政府对海外华侨华人全球视野和国际网络的重视,帮助其通过国际合作平台,促进技术、资本、人才等资源的跨境流动和知识分享。温州籍归侨夏光耀在1996年回到温州投资创业,成为最早回温州的侨商之一,凭借自身丰富的经验与广阔的人脉关系开始在温州创业。他并没有局限于国内的生意,而是放眼于全球,并在两年内成功将上百万条围巾销往法国。不仅如此,他还动员了许多海外温籍侨胞回国创业,为家乡的发展贡献更多力量[48]。加强国际合作与交流不仅有助于海外华侨华人更好地利用全球资源,拓展国际市场,也为他们的创业项目带来了更多的创新机会和合作伙伴。这样的政策和环境优化,为海外华侨华人在中国的创业活动提供了更为广阔的舞台,使他们能够在全球经济中发挥更加积极的作用。

综上所述,海外华侨华人回国创业正呈现出多元化的发展趋势,包括创业领域的不断拓展与创新、创业模式的深刻演变以及政策与环境的持续优化。这些转变不仅为海外华侨华人创业者提供了更广阔的发展空间和机遇,也预示着他们将在中国经济的创新发展中扮演更加重要的角色。随着这些趋势的不断深化,海外华侨华人的创业活动将更加活跃,对中国乃至全球经济的贡献也将日益显著。

第三节 研究背景、问题、思路、方法和意义

一、研究背景

2015年,国务院侨办推动实施"万侨创新"活动,积极搭建创业平台、提供创业政策和资金保障,为华侨华人的回流创造了良好的条件,海外华侨华人归国创业因此形成了新的浪潮。2020年,习近平总书记明确提出:"要推动形成以国内大循环为主体、国内国际双循环相互促进的新发展格局。"海外华侨华人作为全球最活跃的创业群体之一,不仅是创新人才和关键技术的重要来源,也是国家间政治、经济、文化等多方面交流的关键枢纽,以侨引侨、以侨引外、以侨促内是双循环新发展格局建设的重要一环。基于上述关于华侨华人的优势、作用及其回国创业的现状和趋势的分析,笔者认为华侨华人在祖国与所在国之间发挥着重要的桥梁作用,华侨华人的双重三维网络关系资源(海外和本土的商业、社会和政治关系资源)不仅有助于国内外的经济技术交流与合作,增强中国产品的市场竞争力和海内外市场的联结度,更好地引进先进的技术、人才和资源,也是华侨华人回祖国创业的发展基础。引导海外华侨华人充分利用这些网络关系资源,拥抱"中国机遇",投身"中国梦想",不仅是侨务工作的新进展,也是双循环新发展格局建设的重要突破点。

（一）现实背景

自改革开放以来，中国从一个封闭的国家迅速上升为吸引跨国公司和外国公司的中心区域之一。中国正从世界最大的人才流出国转变为世界最主要的人才回流国，这意味着中国迎来了"回流"的时代。这一现实变化挑战了以往的"传统认知"，即一个具有不成熟市场的发展中国家由于信息摩擦和恶劣的体制环境等常见障碍将阻碍外来投资，即使是实施了开放政策也往往未能吸引外来投资。[1]中国这一独特的开放成果很大程度上得益于海外华侨华人的参与，他们直接在华投资创业或是通过海外"下属"公司对华投资等回到中国市场，为中国的工业增长埋下"种子"[2]。2023年10月21日，在第十一届"海外人才与中国发展"暨国务院侨办侨务理论研究武汉基地成立15周年国际会议上，庄国土教授所带领的华侨大学海外华商研究团队测算，至2020年，海外华商资产总额约12.5万亿美元，比2008年全球海外华商资产总额的5万亿美元增长了近1.5倍。可见华侨华人总体经济实力雄厚，是推动全球经济发展的一支重要力量。华侨华人虽身在海外，但心系祖国。相关数据显示，中国利用外商直接投资的70%左右来自海外华商。[3]同时，国内市场环境持续向好也不断引燃着华侨华人在华创业的热情，早期的"出国潮、留学热"转变为现在的"归国潮、来华热"。海外华侨华人看到了施展才华的平台，怀揣着为祖国和家乡的发展贡献一份力量的理想，越来越多的华侨华人开始拥抱"中国机遇"，把"我的梦"通过创新创业融入中国梦。从2014年至2019年，回国人员占出国人员的比例连续6年超过78%[49]，充分展示了华侨华人对中国发展的坚定信心。以广东省为例，截至2018年，该省拥有3 000多万侨眷。近五年内，广东累计引进海外人才5.8万人，其中华侨华人占比超过七成，他们主要涉足电子信息、新材料、新能源等高新科技行业[50]。这些华侨华人借助国内的有利政策，纷纷开启在华创业的新征程，将个人事业与国家发展战略紧密结合，不仅推动了侨资企业的发展，也为国家的科技兴国战略、乡村振兴战略等作出了积极贡献。以汕头华侨试验区为例，已有14家总部企业成功落地，总投资额高达约231亿元，同时吸引了500多家企业注册落户；截至2023年1月，汕头"华侨板"已累计挂牌663家企业，实现了超过14亿元的融资[51]。近年来，华侨华人在推动地方经济发展中的作用日益凸显,成为一股不可忽视的力量。他们不仅带来了先进的科技和管理经验,还通过自身的创业和投资活动,为当地带来了更多的就业机会和经济增长点。以浙江青田为例,通过成功举办四届侨博会,华侨华人共签约品牌代理 2 319 个,累计交易额达 100 多亿元[52]。这些成绩不仅展现了华侨华人的商业智慧和创新能力,也进一步证明了他们在中国经济发展中的重要地位。他们的参与和贡献,不仅丰富了地方经济的内涵,也让中国的现代化建设焕发出新的活力和动力。

在华侨华人的双重商业网络关系方面,华侨华人作为海内外商业合作的重要桥梁,有助于增强国内国际两个市场的资源联动效应,增强中国产品的市场竞争力和海内外市场的联结度,提升国际循环质量和水平,着力推进海内外经济融合和协调发展。随着市场经济的不断发展,我国现有侨资企业也逐渐由面向海外市场转为扎根于国内市场。侨资企业面向国内需求市场,并且在产业转型升级以及新兴产业创新研发过程中表现出强大迸发力,产生重要的行业影响力和经营示范效应[4]。华侨华人依靠在海外生活或创业经验所建立起来的商业网络关系,从中不仅可以获取创业前期的资金和交易支持,也可以丰富其获取前沿化、多样化的技术和管理等资源的渠道。同时,在中国本土的商业网络关系,能够帮助其更迅速地了解本土商业规则、市场信息,拓展本地商业关系,提升自身市场竞争力。华侨华人统筹自身海内外双重商业网络资源,不仅发挥自身优势和影响力,融入并影响着国内市场,也能够为海外华商在华创业提供良好的发展基础。当华侨华人带着多年住在国习惯与文化回到既熟悉又陌生的祖籍国(中国)社会时,可能存在一定的本土适应和市场拓展障碍,无法以原来的行为方式或商业规则顺利地在中国生活与工作。独特的双重商业网络关系,既涵盖了华侨华人与祖籍国之间的联系,也包括了与住在国之间的互动,深入探究其内在差异、运作模式具有重要意义。在中国广大且复杂的市场环境中,如何实现市场适应与开拓是华侨华人面临的重大挑战。这需要创业者在遵循当地商业规则的同时,充分利用双重商业网络关系的优势,发掘潜在商业机会,提高资源利用效率。近年来,华侨华人的在华创业行为引起了学界与业界的高度关注。

在华侨华人的双重社会网络关系方面,虽然全球经济一体化进程不断推进,但由于政治体系、社会信仰、历史文化基础等各方面的差异,海外华侨华人在华创业面临着住在国与祖籍国在商业规则、社会文化和政治法律制度等方面的客观差异所带来的挑战。海外华侨华人由于缺少对祖籍国市场环境和文化差异的了解,在进入国内市场时存在着"外来者的劣势"[53]。不过,海外华侨华人群体不仅拥有海外生活工作经历,还具有中国本土地缘、亲缘等先天优势,其社会网络关系具有国际化与本土化双重特征,拥有建立国内外双重社会网络关系的便利性。双重的社会网络关系可以为海外华侨华人进入和适应中国市场提供有效的帮助。一方面,海外的社会网络关系中先移民者通过"移民契约"和"互相救助体系"[54]等方式,为新移民者提供移民信息、就业机会、创业商机和生活服务,让他们有机会摆脱经济困境,共享移民利益。另一方面,本土的社会网络关系可以帮助在华创业者快速熟悉和适应中国本土传统文化、民俗习惯、商业规则等本土化的市场行为信息,有助于他们快速融入中国社会,熟悉并适应中国的创业环境。

在华侨华人的双重政治关联方面,华侨华人也与海外的国家政府部门、官方机构、高校科研机构等(以下简称海外政治关联)建立了密切友好的关系,这些人脉关系为华侨华人在华创业提供了有力的支持,解决了许多实际问题。与海外政治关联的沟通与合作使华侨华人获得了更多的帮助和支持,从而更好地把握在华发展的机遇。

以云南红河籍华商郭姜宏为例,其父辈早年便前往老挝经商,与当地的政府官员如老挝副总理、商务部部长等建立了深厚的友谊和紧密的合作关系。在郭姜宏的创业过程中,这些海外政治关联为他提供了多方面的扶持,包括融资支持、信息资源共享、先进技术引进以及关系网络搭建等。这些帮助不仅为郭姜宏的企业发展提供了有力保障,也使其能够在激烈的市场竞争中脱颖而出。

赛莎梦的创始人阿芳夫妇凭借其深厚的公益情怀,积极将资金捐赠给泰国皇室基金会,这一善举让他们与泰国政府建立了紧密的联系。当阿芳夫妇决定在海南省进行品牌推广时,泰国政府基于与阿芳夫妇的友好关系,不仅协助赛莎梦进行品牌宣传推广,还为其信誉背书,为赛莎梦在华发展过程中的品牌推广提供了强有力的支持。这种政府层面的背书和协助,使得赛莎梦在海南省乃至全国范围内的品牌推广更加顺利,进一步提升了其品牌知名度和影响力。

　　华侨华人与海外政治关联的密切交流,不仅凸显了他们善于借助国际资源、推动自身事业发展的卓越智慧与非凡能力,更彰显了海外政治关联在华侨华人创业发展中所起到的关键性作用。这种交流为华侨华人提供了不可或缺的帮助,有效降低了创业壁垒,使他们得以在更广阔的舞台上施展才华,遇到更多宝贵的发展机遇。

　　华侨华人在华创业不仅受益于海外政治关联所带来的丰富机遇,他们同样积极主动地与中国各级政府、官方机构、侨联、侨商会以及高校科研机构等建立了深厚联系(以下简称本土政治关联)。这种本土政治关联不仅为他们适应中国市场提供了强有力的支持,更成为他们在这片土地上开疆拓土、创新发展的坚实后盾。他们充分利用这些联系,积极参与中国各类投资项目,开辟了多元化的资金渠道,从而有效推动了企业的稳健发展。通过与本土政治与经济力量的紧密合作,华侨华人不仅提升了自身的市场竞争力,也为中国经济的蓬勃发展贡献力量。例如,2023 年,中国侨商投资(广东)大会在广州召开,约 450 名海外华商代表借此平台进行交流合作,最终达成在粤投资项目 616 个,投资总额 6 582 亿元;侨资企业贸易项目 240 个,贸易项目总金额 9 688 亿元,其中涉及 20 多个战略性的产业集群,包含新能源、生物科技、人工智能等高新技术领域[11]。

　　华侨华人的创业多集中在创新性高新技术行业,前期需要投入较多资金,华侨华人的本土政治关联帮助其有效解决了资金的短缺以及社会资本的匮乏等融资困难。2023 年 10 月,华侨华人借助青岛国际人才创新创业周暨第二十三届"蓝洽会"这一展现才华、实现价值的舞台,积极寻找自身的定位与发展方向,为在华企业的投资基金做精心筹划。此次会议紧密围绕海洋装备、人工智能、生物医药等 24 条核心产业链展开,征集并发布了 173 家重点企事业单位的 3 415 个海外高层次人才需求[55],为华侨华人提供了广阔的施展空间。同时,西海岸新区也积极响应,推出了"梧桐树"聚才计划等一系列优惠政策,并设立了高达 5.6 亿元的科研创投风投基金,旨在进一步激活人才的创新创业能力。[56]这些举措不仅为华侨华人提供了强有力的资金支持,更实实在在地解决了他们在华发展中所遭遇的资金困境,为他们的在华创业之路助力。

　　总之,华侨华人本土政治关联的建立,使得他们在面对在华创业过程中的种种挑战时,能够依托本土政治关联所带来的资源和优势,更好地适应市场环境,开拓发展空间。

（二）理论背景

随着经济和技术的高速发展,"流动"已经成为世界各地的常态,20世纪90年代初,具有前瞻性视角的学者认为21世纪将会是"移民的时代"[57],在国际移民流动趋势出现新变化时,又有学者将21世纪称为"流动的时代"[58]。因此,学术界关于国际移民的研究也日渐增多,所涉及的方面也较为丰富。学者们从人口学、经济学、历史学、民族学等多个维度对国际移民现象进行了深入探索。在中国迅猛发展的时代背景下,中国人口的流动趋势已逐渐成为国际社会关注的焦点。华侨华人,作为这一流动大潮中的特殊群体,其独特的身份与经历更是引起了国内外学者们的广泛关注与热烈讨论。近年来,随着中国成为全球最主要的"人才回流"和"人才环流"的接纳国,学术界对于华侨华人的在华发展问题给予了更多的重视。陈瑞娟[49]从经济、文化、社会、心理四个维度深入剖析了华侨华人高层次人才在华的社会融入现状,并基于此提出了存在的问题与相应的对策。同时,学术界不仅关注华侨华人在华的融入情况,还高度重视他们如何推动中国经济的高质量发展。例如,陈奕平等[11]不仅详细分析了华侨华人在经济、技术、关系网络等方面的优势,还强调了华侨华人回国对于中国经济现代化建设的重要性。因此,关注华侨华人在华的创业发展状况,对于推动中国的经济现代化建设具有举足轻重的意义。

随着市场竞争的日益激烈,为了促进企业的稳定发展,越来越多的创业者意识到,仅凭借自身的能力和资源难以满足企业绩效的提升需求。因此,需要通过外部关系网络的帮助来克服"新创劣势"[53]。社会资本理论认为,创业者的网络关系资源是独特性的社会资本。与国内创业者相比,海外华侨华人创业者具有独特的双重文化和生活背景,其社会网络在地域维度上呈现出明显的双重性特点,涵盖海外与本土两个重要层面,独特的网络结构赋予其显性和隐性资源的双重优势也是普通创业者所不能拥有的。[61]跨国创业者通过融合海外居住国和祖籍国的双重网络环境,获取到相应的知识和资源,从而有效地扩展其创业资源基础,以弥补新创企业在资源匮乏方面的不足[62]。海外华侨华人创业过程中会与不同国家、不同层面的相关主体产生交互活动,从而形成相应的网络关系联结,包括商业、社会和政治层面的网络关系[63,64]。商业网络关系是基于其业务关系与供应商、客户、同行竞争对手等构建的网络关系[65],是一种有价值的、独特而不可复制的商业资源,能够有效地为企业提供运营所需的信息、资金、技术等资源,从而缓解企业资源有限的困境;社会网络关系指的是亲戚、朋友或同事等,这些社会成员可以为创业者提供情感支持和鼓励,帮助他们在创业过程中克服困难和挑战、缓解心理压力、增强信心,从而提高创业的积极性和成功率[66,67];政治网络关系主要涉及企业在与政府互动中获得的官方认可、经济支持和技术成果,以及与政府建立的网络关系。这些关系可以为企业提供多种资源,例如土地、银行贷款和税收优惠等,从而帮助企业扩大生产并降低成本。此外,这些政治网络关系还可以为企业提供政策指导、市场信息和政府项目支持等,以促进企业的发展[68,69]。从广义上来讲,这三个层面的网络关系都被称为"社会网络"。但从网络的形成和作用来看,尤其是对于海外华侨华人这一特殊群体,这三种网络关系存在本质的差别。

(1)从商业层面的双重网络关系视角来看,经济全球化的历史潮流无法逆转,全球化社会中的资金、商品、信息、技术的流通是必然趋势,华侨华人借助自身的商业网络关系和资源优势助力国内外资源流通。由于独特的双重文化背景、生活背景,华侨华人的商业网络关系在地域上具有双重性,即海外和本土。近年来,华侨华人、华商网络、跨国经济等有关华侨华人的研究得到越来越多学者的关注,华侨华人自身独特的资源优势对其自身贸易、区域经济、国家发展等等产生的影响作用均得到一定关注。研究发现,华侨华人的商业网络关系在历史的洪流中对我国的贸易发展起到关键作用,推进共建"一带一路",帮助中国企业"走出去"[5],并且其对国内经济也具有长远的影响[1]。华侨华人基于自身的创业经验和生活经历在国内和海外拥有双重商业网络关系,能够建立国际化的开放关系,全面把握市场的发展和变化,适时对自身的优势和独特竞争力进行有效调整,抓住在华创业的发展机遇。

虽然学界已对华侨华人进行了大量的相关研究,但是大多学者对其商业网络关系的研究并未详细区分海外和本土,对其海内外商业网络关系的差异研究较少,并且更多聚焦于"走出去",对该群体的在华创业研究尚存较大的研究空间。国际移民回流创业是宏观整体和微观个体层面因素综合共同作用的结果[6]。回流创业是一个复杂的动态发展过程,创业者不仅需要合理利用和配置自身资源和能力,也需要不断探索和整合外部机会与力量,帮助自身在新市场快速适应与发展[7]。一方面,华侨华人需要充分利用已掌握的经验、信息、知识和技术应用于中国本土市场,适应中国市场的需求和规则以实现资源与市场的快速融合,营运已有或熟悉的产品和服务以提升在华创业成功的可能性,即提升市场适应能力[8]。另一方面,他们还需要不断探索新的领域、信息、知识等来开拓更为广阔的商业版图[7],创造新产品、新领域等来满足新市场需求,实现进一步探索发展,即提升市场开拓能力[9,10]。因此,华侨华人对双重商业网络关系的资源利用对其市场适应和开拓能力产生差异作用。这两种能力在华侨华人在华创业过程中发挥着不可忽视的作用。

华侨华人在华创业不仅仅受到宏观环境的吸引,还有着个人因素的推动。对于回流动因的分析,是回流研究中不可缺少的一步,学者们从社会文化情感、政治经济资源、生存环境状况、自身价值提升等方面对其进行探究。群体回流行为的外在行为表现一致,但是受其支配的内在动机却因个体差异而有所不同。[11]全球创业观察①把创业动机分为机会型创业动机和生存型创业动机。创业者在不同创业动机的驱动下,所表现出的创业行为存在显著差异,创业动机还会影响到创业者在创业过程中的坚持程度和解决问题能力。不同创业动机的创业者在面对相同或类似创业环境时,可能会作出截然不同的决策。基于不同创业动机的华侨华人所具备的商业网络关系、所拥有的商业资源,以及创业行为(资源的配置、整合等)存在较大差异,从而对其资源整合、选择、运用等在华创业活动产生差异化影响。

(2)从社会层面的双重网络关系视角来看,海外华侨华人基于血缘、乡缘和情缘为基础构建的社会关系集合具有典型的"差序格局"的特征,家庭、家族、亲属、同学、朋友、同事等等是这类社会关系形成的基础[70],关系根据血缘和情缘联系亲疏有别,"强联系"和"弱联系"交错其中,由此形成海外华

---

① 全球创业观察是由英国伦敦商学院和美国百森学院共同发起成立的国际创业研究项目。

侨华人特有的社会网络。

目前学术界对于海外与本土双重社会网络的研究主要集中于商业维度,创业领域的研究者们发现,商业网络关系在推动新创企业在口碑传播、市场拓展、销售额提升以及企业绩效提升等方面具有重要作用。[71]在经济转型的大环境下,创业者通过其商业网络所获取的信息对新创企业选择进入的行业具有至关重要的影响,从而间接影响其绩效表现。现有相关研究以商业网络和投资网络的研究居多,很少有研究涉及海外华侨华人社会层面的双重网络的影响。就社会层面而言,海外华侨华人的网络关系是以社会情感为纽带建立的社会关系集合,这种情感纽带是网络成员间相互信任、相互支持和相互帮助的根本基础,将对海外华侨华人在华创业具有显著的积极作用[72]。情感纽带维系着两地的关系,会形成隐性的"信任机制"和"情感联系",能够使华侨华人彼此之间相互支持、资源共享,对于经商经贸具有显著的促进作用[73]。由此可见,海外华侨华人在华创业的双重社会网络关系对其在华创业绩效的影响具有重要意义。对于海外华侨华人而言,成功在华创业需要对个人的资源与能力进行高效利用与优化配置,同时还需要积极寻求并整合外部机遇与资源,以实现在新的市场环境中的快速适应与持续发展[74]。具体而言,海外华侨华人创业者应充分发挥其既往积累的经验、专业知识及技术优势等融入中国本土市场,把握市场需求和运作规则,从而确保创业活动的成功,即中国本土市场的适应能力[75]。同时,海外华侨华人创业者还需要不断拓宽视野,积极探索新兴领域、获取新的资讯、学习新的知识,以拓展商业版图,创造更多的市场机会,开发出具有市场竞争力的新产品与新服务领域,满足新兴市场的多样化需求,即中国本土市场的开拓能力[76]。此外,创业资源的获取和利用能力也会因人而异。创业者的受教育程度尤其是创业教育程度,不仅会影响创业者的机会识别能力、创造和运营新公司的能力、创造性和批判性思维的能力[77],也会影响创业者从网络关系中获取和利用资源的能力。

(3)从政治层面的双重网络关系视角来看,一些学者指出,个人或企业与当地政府及相关部门建立的政治关联,能够有效为企业带来丰富的资源、宝贵的机遇以及必要的合法性,进而极大地促进企业的绩效提升和持续发展。构建"亲""清"型的政商关系对于形成健康政治生态、创造公正市场环境、肃清社会风气具有重要意义。对于在华创业的华侨华人而言,政商关系的建立同样不可忽视,且一直是社会各界广泛关注的焦点。政商关系的构建,对于华侨华人在华创业的成功至关重要。谢瑞平等[78]提出政治关联不仅能够帮助企业了解相关政策导向,从而规避研发投入风险;也使得企业能够获得更多政府补贴,从而降低企业研发成本。李振洋等[79]认为政治关联可以从资源效应与信息效应两方面增强企业获得外部投资的能力,从而为企业带来政府创新补贴、税收优惠,还能降低信息不对称、缓解资金不足。不仅如此,Zhang等[80]也指出政治关联能够为企业提高社会地位与威望,并帮助企业获得合法性改善自身的形象等。同时,建立政治关联的企业能够减少融资限制,以利于获得更多的资源与资金,从而促进企业的研发投资[81]。因此,本土政治关联不仅能够为企业带来资源、机会和合法性等方面的支持,还能助力企业提升绩效,实现持续健康发展。通过本土政治关联,企业能够更有效地获取政府支持,包括政策倾斜、资金扶持、项目合作等,从而为其发展注入强大的动力。对于华侨华人来说,在华创业初期同样也需要尊重当地的制度、法律以及当地社会的道德准则,从而获得社会合法性。而建立本土政治关联能帮助他们更好地了解社会需求和公众期望,从而在经营活动中更加注重社会责任和可持续发展。这种积极的社会形象不仅有助于提升企业的品牌价值和声誉,还能为企业赢得更多的社会信任和支持。

不仅是本土政治关联为企业的发展发挥了重要作用,对于一些特殊类型的企业和群体来说,华侨华人拥有的海外政治关联也同样为他们的创业适应与发展提供了不可替代的帮助。东道国政府对外企的投资决策、生产布局以及管理策略都产生着深远的影响[82]。因此,跨国公司与东道国政府之间的关系,在企业的国际化扩张和成长过程中十分重要。这种关系并非单向的,而是一种复杂、动态且相互依存的互动关系。东道国的政治关联能够为企业带来生产所需的资源(土地、资金、政策支持等),从而提升市场的合法性[83]。企业与母公司的政治关联能够跨越地区的地域限制以及市场限制,降低异地子公司所面临的外来者劣势,保护其产权不受到破坏[84]。因此,海外政治关联与本土政治关联一样,在创业发展过程中扮演着至关重要的角色,为企业提供了无法替代的重要帮助。对于那些有志于开拓中国市场和拓展国际市场的企业来说,海外政治关联成为他们成功适应本土和进军海外的关键所在。通过建立稳固的海外政治关联,这些企业不仅能够获得更为精准的市场信息,还能够得到海外政治关联在技术、信息、资金等方面的全方位支持。这种支持不仅有助于降低企业的运营成本,更能够为其在中国市场的长期发展奠定坚实基础。

学术界除了关注华侨华人的在华发展问题,同样对华侨华人社群的相关研究给予了重视,其中文化因素对于华侨华人社会影响的研究较为丰富,包括对华侨华人文化融入、文化传承、文化认同等多方面的探究。在文化融入方面,有学者研究了海外少数民族华侨华人对于美国苗族文化的传承与适应,分别从社区现状、生存方式以及文化变迁等多方面分析了这一群体[85]。在文化传承方面,有学者描述了华侨华人通过接受走向认可、认可,走向共情,最后形成参与传播的路径来传承中华文化,但移民的多样性与复杂性也让中华文化的海外传播面临着一定阻碍[86]。在文化认同方面,有学者以斯里兰卡华侨华人为例,在"旧背景"与"新时代"的基调中,指出斯里兰卡老华人的文化认同趋于"关闭"的现状,但在与新华侨进行文化碰撞时,其文化认同再次被唤醒,出现了"再建构"现象[87]。有学者则以 20 世纪 90 年代的马来西亚华侨华人为研究对象,指出华文教育运动的变质危机与合法性危机导致华人文化认同建构发生了改变,而这种转变也表现出华人文化身份认同危机[88]。因此,不管是学者对于华侨华人文化融入、文化传承的研究,或是对文化认同等方面的研究,都不同程度地凸显了文化因素对华侨华人这一群体的重要影响。

二、研究问题和思路

基于上述三个不同层面的理论和现实背景,本书通过第二章到第四章深入分析海外华侨华人双重三维网络关系的本质差异,探究上述关系对其在华创业绩效的影响。同时,探究双元市场能力(市场适应和开拓能力)对海外华侨华人双重三维网络关系与创业绩效的中介作用。此外,第二章到第四章将分别基于创业动机、创业教育和文化差异,探索这三个不同层面的双重关系对双元市场能力的边界作用。

首先,第二章将基于社会网络理论、资源依赖理论和双元性理论,探究华侨华人的双重商业网络关系对双元市场能力(市场适应能力和市场开拓能力)、在华创业绩效的影响差异,并进一步探讨不同的创业动机在上述影响中产生的边界作用。具体包括以下几个问题:

(1)华侨华人双重商业网络关系的内在构成存在怎样的差异这对对其在华创业的市场适应能力和市场开拓能力将分别产生怎样的影响?

(2)华侨华人在华创业的市场适应能力和市场开拓能力对其在华创业绩效产生怎样的影响?这两种能力在双重商业网络关系与在华创业绩效之间是否存在中介效应?

(3)基于不同的创业动机(生存型创业动机和机会型创业动机),双重商业网络关系对华侨华人在华创业绩效的影响作用会产生怎样的变化?

其次,第三章将以社会资本理论和双元性理论为理论基础,深入探究海外华侨华人的双重社会网络关系如何影响其在华创业的双元市场能力和创业绩效的内在机制,并基于华侨华人的不同创业教育水平探讨创业教育这一因素在上述机制中的边界影响作用。具体包括以下几个问题:

(1)华侨华人的双重社会网络关系内在构成存在怎样的差异?这对其在华创业的市场适应能力和市场开拓能力将分别产生怎样的影响?

(2)华侨华人在华创业的双元市场能力在双重社会网络关系与在华创业绩效之间是否存在中介效应?

(3)华侨华人的创业教育水平将在双重社会网络关系与在华创业绩效之间产生怎样的边界影响?

最后,第四章不仅探索华侨华人的双重政治关联、双元市场能力、文化差异对其在华创业绩效产生的直接、间接和边界影响作用,还将进一步采用模糊集定性比较分析(fsQCA)方法比较不同组合条件的情况,找出最可能导致特定结果的条件组合。具体包括以下几个问题:

(1)华侨华人双重政治关联的内在构成存在怎样的差异?该差异如何影响双元市场能力,又如何影响华侨华人的在华创业绩效?

(2)双元市场能力是否在华侨华人的双重政治关联与在华创业绩效之间发挥中介作用?

(3)文化差异是影响华侨华人在华创业的重要环境因素,那文化差异怎样调节双重政治关联与在华创业绩效之间的关系?

（4）华侨华人的双重政治关联、双元市场能力以及文化差异等多重因素对其在华创业绩效是否存在协同联动的组态效应？这些不同因素组态将如何作用于华侨华人的在华创业绩效？

综上,本书总体的研究思路是希望通过深入剖析海外华侨华人特有的双重（海外和本土）三维（商业、社会和政治）网络关系的不同构成,分析不同层面的网络关系资源对其在华创业的影响作用差异,探究这些网络关系如何影响海外华侨华人在中国的市场适应能力和开拓能力,进而如何影响其在华的创业绩效,并进一步探究创业动机、创业教育和文化差异在其中将产生怎样的边界作用。总体研究框架如图 0-1 所示。

三、研究方法

本书通过多元研究方法的综合运用及双重数据来源的坚实支撑来提升研究的严谨性和科学性。具体而言,本书采取了专家访谈、深入的案例分析以及广泛的问卷调查等多种手段,确保研究模型和最终结论的客观性与可靠性。通过聚焦于海外华侨华人在中国境内的创业实践,结合深度访谈的定性分析,有效强化理论模型的科学基础。同时辅以线上线下问卷调查直接收集的一手资料提升研究的全面性和精确性。本书运用包括 SPSS、A-MOS、NVIVO、fsQCA 等多种定量和定性分析软件,实施严格的理论模型构建和检验流程。其中,子研究一（第二章）首先采用访谈法,对华侨华人在华创业情况进行了实地调研与深入访谈,并借助 NVIVO 11 Plus 软件对访谈资料进行扎根编码,构建初步的理论模型。然后在借鉴成熟量表的基础上,制作并发放调查问卷,运用实证分析方法对收集到的有效样本数据进行相应的统计分析和假设检验,进一步验证理论模型。子研究二（第三章）在充分整理与归纳相关文献的基础上,同样采用问卷调查法广泛搜集数据,并辅以半结构式深入访谈法,以获取更为全面和深入的信息。研究团队还进行了回访与持续跟踪调查,通过实地走访创业企业、参与企业正式与非正式活动,实现了深度的参与式观察,确保了数据的丰富性和真实性。在数据处理阶段,严格筛选有效问卷,运用 SPSS 和 AMOS 等统计分析软件,对样本数据进行了系统的量化分析,有效验证了研究假设的合理性。子研究三（第

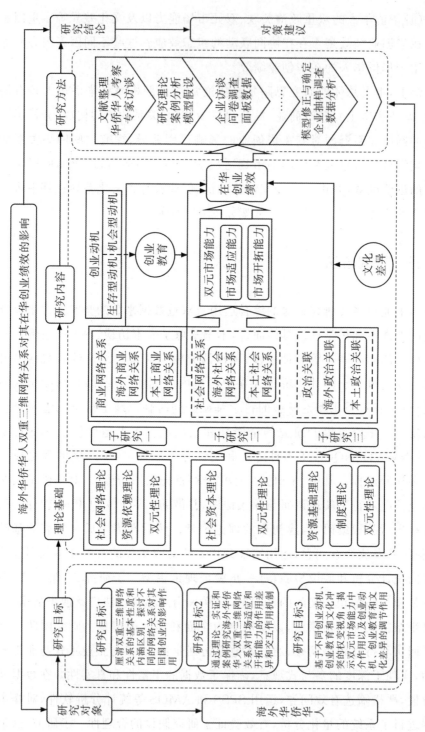

图0-1 总体研究框架

四章)同样采用 SPSS 和 AMOS 等统计软件,对实证调研数据进行相应的数据分析,验证相应的理论模型。同时子研究三还借助 fsQCA 方法,从集合论视角深入剖析前因条件及其组合如何共同影响特定结果,揭示了现象背后复杂的多元因果关系,为实证分析结果提供了有力补充。综上,本书 3 个子研究的技术路线综合如图 0-2 所示。

(一)子研究一的研究方法

1.访谈法

访谈法是研究人员通过与被调查者直接交谈,来探索被调查者情况的一种研究方法。子研究一的访谈主要以结构式和半结构式深入访谈为主。子研究一的访谈对象包括在华创业者、政府官员、侨会或同乡会会长以及创业者的直系家属。在首次访谈后,调研团队对部分在华创业者进行了多次回访和持续跟踪调查,并对其在国内创办的企业进行实地考察,同时不定期参与企业的正式或非正式活动,实现参与式观察。此外,对部分调研企业的多部门负责人进行深度访谈,获取大量有效信息;通过质性分析软件 NVIVO 11 Plus 对访谈资料进行处理,采用逐级编码方法分析访谈资料,为接下来的理论模型构建以及问卷设计提供一定的依据。

2.文献分析法

文献分析法主要是指收集、评估、整理相关文献,通过深入研究文献资料,形成对事实的科学认知。在国内外文献梳理回顾的基础上,子研究一对相关变量的概念和理论研究进行了回顾和分析,同时借鉴社会网络理论、资源依赖理论与双元性理论,为研究模型构建和假设提出提供理论支持。

3.问卷调查法

问卷调查法是一种通过精心设计的问卷,由调查者向受访者收集信息和意见的资料收集方式。在文献分析的基础上,子研究一的变量参考国内外文献中使用较多的成熟量表,以及上述质性研究的编码结果,根据华侨华人在华创业的现实情况对成熟量表进行适当修订。并且,开展预调研,对回收问卷进行相关分析和信效度分析后,确定正式调研调查问卷,通过发放问卷搜集研究所需样本数据。

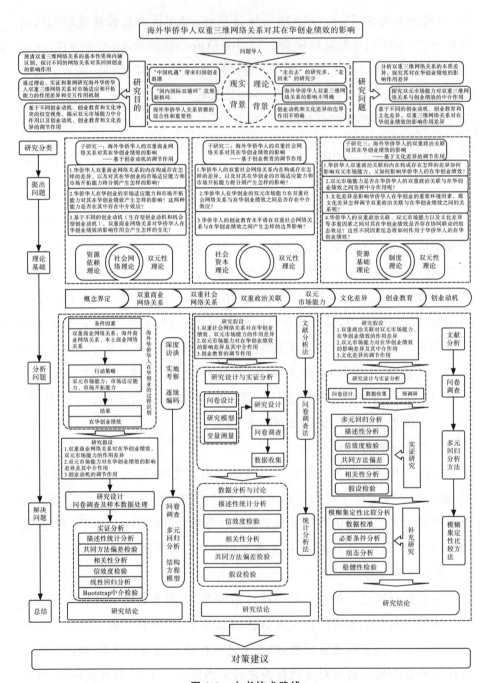

图 0-2　本书技术路线

4.统计分析法

在问卷调查的基础上,子研究一对相关数据进行整理,剔除无效问卷,并运用 SPSS 26.0、AMOS 24.0 对有效样本数据进行描述性统计分析、信效度检验、相关分析、主效应分析、中介效应分析以及调节效应分析等操作,验证子研究一所提出的研究假设是否成立。具体统计分析方法如下:

(1)描述性统计分析。子研究二运用描述性统计分析方法对被调研对象及其企业进行研究,主要是通过对企业样本的基本信息(包括创业者性别、创业者年龄、创业者教育程度、创业年份以及所涉及的行业类别等方面)以及各个变量的均值、标准差、变量与变量间的相关系数等进行研究,以此来了解所研究样本的基本特点、各个变量的基本取值状况,并进一步分析变量与变量之间的相关作用。

(2)信效度检验。信度检验通常是指对问卷测量结果进行可靠性、稳定性、一致性的检验,即采用同样的方法对各个样本数据与其平均值的差异程度进行检验,最终反映的是数据的真实程度。一般在研究的开始,需要首先进行信度检验。子研究二采用最常用的 Cronbach's α 系数来对量表进行分析,其中 Cronbach's α 系数大于等于 0.7,即通过信度检验。效度检验是评估量表数据与目标变量之间契合程度的关键步骤,反映了测量工具的有效性和准确性。在实证研究中,通常采用探索性因子分析法和验证性因子分析法。子研究二亦严格遵循这一标准,对问卷中的测量变量进行细致的效度检验,以确保所收集数据的准确性和研究结论的可靠性。通过探索性因子分析,子研究二旨在识别并提取问卷中测量变量的潜在结构。探索性因子分析的衡量指标为,各变量测量题项的因子载荷最低可接受值为 0.5。检验性因子的衡量指标为:χ^2/df[①] 为 1~3,CFI[②]>0.9,IFI[③]>0.9,TLI[④]>0.9,RMR[⑤]<0.08,RMSEA[⑥]<0.08。

[①]　卡方自由度比。
[②]　拟合优度指数
[③]　增值拟合指数
[④]　Tucker-Lewis
[⑤]　均方根误差。
[⑥]　近似误差均方根。

（3）相关性分析。相关性分析一般用于衡量变量和变量之间有无一定相关关系以及分析相关关系密切程度的统计方法。该方法在区分自变量与因变量方面存在局限性，因此，其分析结果主要为后续的回归分析和实证分析奠定研究基础。子研究二在检验研究假设之前，对海外社会网络关系、本土社会网络关系、市场适应能力、市场开拓能力、创业教育以及在华创业绩效等变量进行了相关性分析，通过掌握研究模型内变量间的总体相关度，为后文的层次回归分析奠定了基础。

（4）层次回归分析。相关分析主要用于衡量两个或多个变量之间的关联程度，但无法区分因变量与自变量，为回归分析提供了基础。回归分析通过预测与解释多个变量间的相关性与方向，构建模型以预测目标变量。层次回归分析则进一步根据不同自变量对因变量的影响程度，将其划分为不同层次进行分析。自变量对因变量的基础影响程度越高，其层次也相应越高，且高层次的自变量往往对低层次自变量产生影响。在分析过程中，通常按照从高层次到低层次的顺序，将自变量逐一纳入回归方程，以揭示各层次自变量对因变量的具体影响。为了验证子研究二的研究模型与假设，子研究二采用层次回归分析的方法。通过这种方法，不仅能够深入了解各变量之间的关系，还能够更准确地评估各变量对因变量的影响程度，从而为后续的研究提供有力的依据。

（5）Bootstrap 中介检验方法。为进一步验证子研究二中提出的中介效应假设，子研究二采用 SPSS 26.0 软件中的 Preacher 插件，运用 Bootstrap 方法进行中介效应的检验。Bootstrap 分析是通过重复抽样生成大量样本，进而估计回归系数 a 与回归系数 b 乘积项（$a \times b$）的 95% 置信区间。若置信区间不包含数字 0，则意味着中介效应显著存在；反之，若 95% 置信区间包含数字 0，则表明不存在中介作用。

（二）子研究二的研究方法

1.文献分析法

基于当前海外华侨华人在华创业的研究背景，子研究二提出了 3 个研究问题。为寻找上述研究的问题，子研究二通过对国内外相关文献进行理论梳理与回顾，对海外华侨华人的概念、国际移民回流、双重社会网络关系、双元能力、创业教育以及在华创业绩效等关键概念进行了深入的探讨和界定。子研究二以社会资本理论与双元性理论为基础框架,构建了研究模型并结合现有的国内外理论提出一系列研究假设。

2.问卷调查法

在相关文献整理与归纳的基础上,子研究二将采用问卷调查法搜集相关研究数据,在借鉴国内外成熟量表的基础上,结合海外华侨华人在华创业的独特背景与现实情境,对既有量表进行细致修订以适应子研究二的具体需求。为确保修订后的量表具备较高的科学性和实用性,子研究二进行了预调研,并对收集到的有效问卷数据进行了相关分析和信效度检验。在此基础上,确定了最终的正式调研问卷,通过广泛发放问卷,收集到了研究所需的样本数据。

3.访谈法

访谈法,作为一种研究方法,其核心在于研究人员与被调查者之间的直接口头交流。通过这种交流方式,研究人员能够深入了解被调查者的具体情况。在访谈过程中,研究人员会围绕研究主题进行有针对性的提问,并对被访者的回答进行详尽的记录和整理,最终形成详细的文字资料,以供后续分析。子研究二的访谈调查时间集中于 2021 年 9 月至 2022 年 10 月,主要以半结构式深入访谈为主。访谈对象涵盖了多元化的群体,包括在华创业的海外华侨华人、侨乡会或同乡会的负责人以及侨眷等(详见子研究一附录B)。为确保研究的深入与全面,调研团队在首次访谈后,对部分在华创业者进行了回访并持续跟踪调查。在这一过程中,团队不仅对这些创业者在国内创立的企业进行了实地走访,还定期或不定期地参与到企业的正式会议或非正式活动中,以实现更为深入的参与式观察,从而收集到有效信息。

4.统计分析法

子研究二在问卷调查的基础上,对收集到的数据进行整理与筛选,剔除无效问卷,确保数据的准确性和可靠性。运用统计分析软件 SPSS 26.0 和 AMOS 24.0 对有效样本数据进行系统的描述性统计分析、信效度检验、相关性分析、因子分析以及回归分析等统计分析操作,以验证子研究二所提出的研究假设是否成立。

（三）子研究三的研究方法

子研究三根据文章研究内容选取了多种研究方法，包括文献分析法，问卷调查法，回归分析法以及模糊集定性比较分析方法等。具体内容如下：

1.文献分析法

文献分析方法是一种通过收集和查找相关资料，并进行进一步的研究和探索来理解研究对象的实质和状况的方法，以帮助人们从中引出自己的观点或看法。子研究三对国内外与政治关联、双元营销能力、文化差异、创业绩效等相关的文献进行整理研究，明确了相关概念、研究以及变量的定义。子研究三还进一步总结了相关研究的趋势和可能存在的研究空白，为接下来的研究工作提供参考。

2.问卷调查法

问卷调查法是一种在国际上广为应用且备受学术界推崇的调查手段。它通过设计问题的方式来系统地收集数据，以便于对特定议题进行量化分析。研究者常用不同的问卷调查问题对研究变量进行度量，从而收集到调查对象的数据资料。子研究三综合了文献分析的结果，精选了先前学者关于政治联系、双元营销能力及创业绩效等方面的测量工具，并参考这些成熟的量表来构建适用于子研究三关于双重政治关联、双元市场能力、在华创业绩效研究的初步问卷。为确保问卷设计的科学性和有效性，子研究三在正式调研之前进行了预调研。通过对预调研数据的初步分析，评估问卷题目的可靠性和完整性，同时对那些表述不清或不准确的题目进行了修正。此外，子研究三还剔除了那些内容重复或区分度不足的题目。经过这一系列的优化过程，最终得到了正式问卷，并将其用于目标人群进行调研。

3.回归分析法

回归分析法是一种统计方法，用于研究两个或多个变量之间的关系，并尝试用一个或多个自变量（解释变量、特征变量）的变动来预测因变量（响应变量、目标变量）的变动。这种方法通过建立数学模型（如线性回归模型、多项式回归模型等），量化变量间的依赖关系，并通过最小化预测误差来估计模型的参数。回归分析在数据科学、社会科学、金融和工程等领域有着广泛的应用。子研究三则采用了统计分析软件 SPSS 27.0 和 AMOS 28.0 来进行实证分析和数据处理。包括对上述问卷收集到的数据进行描述性分析、信效度检验、相关性分析和假设检验等。通过这些严谨的分析步骤来验证不同变量之间的相关关系,从而证实或证伪理论模型中的各种假设。

4.模糊集定性比较分析方法

fsQCA方法是一种案例导向型研究方法,它巧妙地将集合论思想和组态思维相结合,实现了定性分析与定量分析的有效融合。作为子研究三的补充研究方法,研究者能够从集合的角度深入探讨前因条件和条件组合如何共同作用于某一结果,揭示出隐藏在现象背后的复杂多元因果关系。基于上述理论模型,子研究三采用fsQCA方法对双重政治关联、双元市场能力、文化差异等变量间对在华创业绩效整体影响中更加复杂多元的组态组合,并将此作为上述回归结果的进一步补充与探索,为未来在该领域的研究的新视角和可能性提供理论参考。

四、研究意义

本研究综合运用社会网络理论、社会资本理论、制度理论、双元性理论等多维度理论框架,对海外华侨华人在华创业绩效进行深入分析。通过探讨华侨华人在海外与本土的三维网络关系(商业、社会、政治)对其在华创业的双元市场能力(市场适应和开拓能力)的影响,以及创业动机、创业教育与文化差异的调节作用,本研究旨在揭示海外华侨华人双重三维网络关系和双元市场能力对其在华创业绩效的综合交互影响。

（一）理论意义

(1)本书综合运用社会网络理论、社会资本理论、制度理论、双元市场能力理论等多学科理论知识,对海外华侨华人在华创业绩效进行深入研究,构建了一个全面的理论分析框架。这一框架不仅为海外华侨华人在华创业研究提供了新的视角,也为创业绩效的多元影响因素提供了更为深入和全面的理解。通过这一框架,我们可以更清晰地认识到海外华侨华人在华创业过程中所面临的机会与挑战,以及他们如何利用自身的社会网络、社会资本和市场能力来提升创业绩效。

（2）本书从三维网络关系（商业、社会、政治）和双元市场能力（市场适应和开拓能力）的角度，探讨了海外华侨华人在华创业绩效的影响机制，丰富了华侨华人在华创业的相关研究。特别是在探讨双重商业网络关系、双重社会网络关系和双重政治关联对创业绩效的影响方面，具有创新性。这一研究不仅填补了海外华侨华人在华创业理论的研究空缺，也为其他跨国创业者研究提供了有益的借鉴。

（3）本书综合考虑创业动机、创业教育与文化差异等因素，揭示了海外华侨华人双重三维网络关系与双元市场能力对在华创业绩效的影响作用边界，为创业动机、创业教育与文化适应等领域的研究提供了新的理论依据。这有助于我们更好地理解不同创业动机、创业教育水平和文化背景下的海外华侨华人在华创业行为，为相关领域的研究提供了新的视角。

（4）本书通过深入剖析华侨华人在华创业的过程，拓展了华侨华人研究的视角，为后续研究提供了丰富的理论资源和研究方法。本书采用的扎根编码、实证检验、模糊集定性比较分析等方法，为后续研究者提供了可借鉴的研究范式，有助于推动华侨华人研究领域的深入发展。

（二）实践意义

（1）本书的研究成果有助于海外华侨华人更好地利用自身优势，优化资源配置，提升在华创业的市场适应能力和开拓能力，从而提高创业绩效。这对于推动中国经济高质量发展具有重要意义。通过本书的研究，海外华侨华人可以更加明确自身在华创业的优势和劣势，有针对性地制定发展战略，实现自身价值。

（2）本书为海外华侨华人在华创业提供了针对性的建议，如何运用双重三维的网络关系、提升市场适应和开拓能力、把握创业动机等，有助于他们实现在华创业成功。这些建议可以为海外华侨华人创业者的实际创业过程提供指导，降低创业风险，提高创业成功率。

（3）本书揭示了创业教育在海外华侨华人创业过程中的重要作用，为相关部门制定创业教育政策提供了参考。通过加强创业教育，可以提高海外华侨华人创业者的创业能力，为他们在中国市场的成功创业奠定基础。

（4）本书从文化交融、海外经历、人脉资源等方面，为政府制定吸引海外华侨华人回国创业的政策提供了理论依据。这有助于政府更好地了解海外华侨华人的需求,制定更具针对性的政策,促进海外华侨华人回国创业。

(5)本书为我国企业在"走出去"和"引进来"过程中,如何利用海外华侨华人的资源优势提供了借鉴意义。企业可以借鉴本书的研究成果,与海外华侨华人建立合作关系,实现资源共享、互利共赢。

(6)本书的研究成果有助于政府和企业了解海外华侨华人在华创业的现状、问题及需求,从而优化创业环境,促进海外华侨华人在华创业的可持续发展。政府和企业可以根据本书提出的建议,改进相关政策,为海外华侨华人提供更好的创业条件。

总之,本书从理论和实践两个层面,全面探讨了海外华侨华人在华创业绩效的影响因素,为推动我国经济高质量发展、优化创业环境、提升海外华侨华人在华创业绩效提供了有力的理论支持和实践指导。这有助于促进我国创新创业体系的完善,实现经济社会持续健康发展。

第一章

理论基础、概念界定及文献回顾

第一节　相关理论基础

一、社会资本理论

社会资本的概念最早由 Hanifan[89] 在 1916 年提出。他将社会资本定义为社会群体或家庭中蕴含的深厚情感、同胞间的紧密联系以及能够调动资源、满足需求的社会关系网络。Hanifan 认为，个人或家庭通过恰当地利用这些社会资本，可以有效实现自身利益，并对社会生活的正常有序运转起到至关重要的作用。他从社会学的视角出发，对社会资本进行了界定，强调社会资本体现了个体或家庭在社会网络中建立起的各种连带关系，这些关系不仅在社会网络中充当着桥梁和纽带的作用，同时也是社会成员间互动和交流的重要平台。关于社会资本理论，学术界存在多样化的解读和阐释，本书对不同研究学者的社会资本的定义，进行简要汇总，如表 1-1 所示。

表 1-1　不同学者对社会资本的定义

研究视角	作者(年份)	研究内容
社会规范观	胡涤非(2011)[91]、李娜娜等(2021)[92]、段萌萌(2022)[93]等	社会资本是由信任、网络以及规范等要素构成的一种具有组织性质的网络。这种网络在推动集体合作意愿的达成方面发挥着重要作用,特别是在强调信任的重要性时,它能够促进个体之间建立紧密而稳固的互动关系,从而得到获取短缺资源的潜力
社会资源观	尹士等(2018)[94]、林南(2020)[95]、彭灵灵(2021)[96]等	社会资本是一种深植于社会关系网络中的集体资源,其核心在于个体与团体间的互动与联系。这种资源的形成与获取,本质上源于个体与团体在社会关系结构中所构建的资源储备。为了获取并高效利用这种资源,个体需要积极主动地调整并优化其人际关系结构,从而为其自身的发展以及目标的达成创造更有利的条件
社会网络观	许福志等(2019)[97]、韩炜等(2022)[98]、刘浩等(2022)[99]等	社会资本的核心本质在于其社会网络结构,该结构不仅为个体提供了资源配置的重要渠道,也是个体能够有效利用的关键关系资源。它是一种由人际互动所形成的社会结构,其目的在于促进群体或组织实现共同利益

此外,Halinen 等[100]将社会资本理论进一步延伸到关系嵌入领域,把关系网络嵌入用于企业网络间的分析,即界定为企业与其他各类个体或者组织间的关系,以及对这种关系的依赖程度。社会网络规模是指与主体建立联系的网络成员的数量,Hansen[101]在创业领域指出,网络规模可以在某些方面衡量创业者潜在可利用的信息、人力和财力资源的多少和范围。多数研究表示,网络规模越大,越能够提高创业活动的成功率。嵌入深度是指创业者与网络成员的亲密程度和联系频繁程度[102]。社会资源指的是嵌入于个体社会网络中的多种资源,这些资源的形成和利用与个体间的交互作用有关。换言之,社会资本源于个体的社会关系网络,并可通过个体的积极行动被有效调动和利用。在这一过程中,网络关系的不同强弱程度会产生不同的影响效果。

根据社会网络关系强度,Granovetter[103]将个体的社会关系网络划分为强关系与弱关系两种类型。他通过 4 个关键维度——互动的频率、情感的深度、关系的紧密程度以及互惠交换的程度,来界定人际关系的强弱。具体而言,当互动频繁、情感深厚、关系紧密且存在互惠互利的交流时,这种关系被定义为"强关系";相反,如果互动较少、情感较浅、关系较为疏远且缺乏互惠互利的交流,则这种关系被视为"弱关系"。在他的理论框架中,朋友关系被视为强关系的典型代表,而一般的相识则被归类为弱关系。他认为,强关系主要存在于群体内部,由于群体成员间的同质性较高,因此可能较难获取到新的信息。相反,具有弱关系的人往往分属于不同的群体,具有较强的异质性,因此弱关系在信息传递方面发挥着桥梁的作用。

林南[95]基于格兰诺维特的关系力量理论,进一步探讨了强关系与弱关系在社会资本积累中的作用。他指出,强关系互动所形成的社会资本对于情感性行动的成功起到了积极的推动作用,这种社会资本不仅促进了相互间的认同与支持,还加深了彼此之间的情感联系和信任。而当个体间的关系强度较弱时,由于弱关系在社会资本积累中的独特作用,通过弱关系互动的个体更有可能获取更多有价值的信息,并推动工具性行动的成功。弱关系在社会资本积累中扮演着桥梁的角色,帮助个体跨越不同的社会群体,从而获取更广泛的社会资源。Bian等[104]和Bian[105]提出了强关系假说。他们通过借鉴格兰诺维特的方法,对中国和新加坡职业流动的不同影响因素进行实地调查,发现人们更倾向于通过强关系而非弱关系来获取职位。这一发现为理解不同文化背景下社会关系网络对个体行动的影响提供了新的视角。费孝通[70]曾提出"差序格局"概念,以水波纹为喻,形象地描绘了中国传统社会的社会结构及其人际关系网络的特点。他阐释了中国社会网络关系是以个体为中心逐渐向外扩展的,这种格局清晰地展现了自我与他人之间的亲疏远近关系。根据个体距离的亲疏,这种关系被划分为强关系和弱关系,其中以家庭为核心的血缘关系处于最内层,而血缘关系的投影则形成了地缘关系,两者紧密相连、不可分割。社会资本是个体通过其社会关系网络所获取的资源与机会的总和,而个体的社会网络状况则是其获取社会资本的基础条件。

个体在社会交往中会与不同层面的社会相关主体产生交互活动,从而形成相应的网络关系联结,包括商业、社会和政治层面[106]。根据社会资本理论,从广义上来讲,这三个层面的网络关系都被称为"社会网络",是创业者独有的社会资本，其中蕴含大量的显性和隐性资源[61]。从网络视角看，不同类型关系网络对资源的获取与信息冗余等有着不同的影响作用。Ang[107]和Wu[108]均认为，商业网络关系具有为企业带来"资源效应"的潜力。具体而言，这种网络关系有助于企业获取与产品、行业和市场相关的特定知识和信息资源。通过构建和维护商业网络关系，企业能够拓宽其信息获取渠道，增强对外部环境的感知和响应能力。张振刚等[109]指出，优质的商业网络关系在推动企业间相互学习、促进有效知识转移以及强化互惠合作方面发挥着重要作用，这些积极因素的综合作用推动了企业创业绩效的显著提升。社会网络关系是创业者有效识别机会的重要推动因素，创业者与成员的长期互动产生了高度的信任，鼓励了更具开放性的交流，社会网络关系的存在能够为企业提供多样化的信息和资源，保证知识的分享和信息的顺畅流动[67]。

在企业绩效的相关研究中，社会网络的影响逐渐受到学者们的广泛关注。杨俊等[110]认为，社会关系网络的形成与发展受历史背景和文化的影响。这一形成过程不仅基于共享与互惠的基本原则，而且受到多重因素的影响，包括血脉相连的亲缘关系、地域文化的独特影响、文化共通的共享认知以及价值观念的高度契合等。周小虎等[111]在其研究中提出，创业者的自信心在很大程度上受到其社会网络关系环境的影响。这一网络为创业者提供了多元化的资源和情绪支持，进而增强创业者对创业成功的信念和信心。在经济转型的宏观背景下，企业在资源获取方面面临着市场约束，其可获取的资源相对有限。政府在资源分配中扮演着关键角色，掌控着大量市场资源。[112]Hillman等[113]认为，与政府部门构建良好的互动关系，有助于企业获取那些在市场上难以直接获取的政府政策和行为法规的最新内部信息。这类内部信息对于企业而言至关重要，因为它能够帮助企业更加精准和及时地调整市场战略和创业方向，从而更好地满足市场和政府的需求。通过这种方式，企业不仅可以提高创新活动的成功率，还可以实现绩效的显著提升[108]。Zheng等[114]在其研究中指出，企业创新是一项具有高度风险性的实践活动，对于致力于创新的企业而言，获取合法性显得尤为关键。政治网络关系的构建与强化能够有效提升企业的合法性，进而增加其获得社会支持的机会。当企业的技术和产品具备合法性时，它们更易于被客户所接受,这有助于提升企业的整体绩效。

随着学术研究的深入,社会资本这一概念在社会学、经济学和政治学等领域中逐渐得到了广泛的研究和拓展。学者们不再仅仅将社会资本局限于个人社会网络中的资源,而是从更为宏观的视角出发,深入探讨社群所拥有的社会网络关系、关系信任和规范等社会资本状况。在海外华侨华人在华创业的过程中,社会网络关系的有效运用以及资源的成功获取,对于其创业活动的推进和成功具有举足轻重的作用,为其提供了直接的支持和帮助。然而,当前关于网络关系的研究大多聚焦于个人、团体等一般对象,缺乏对特定群体的深入探讨,如海外华侨华人、已有工作经历的创业者等具有特殊意义的群体。这些群体的网络关系构成差异及其对群体行为的影响机制值得进一步的探讨。经过多年的演变与发展,网络关系的内涵已经从最初简单的双边或多边联系,逐步深化并拓展为更为复杂和交织的网络化联系。因此,本书不仅将焦点放在海外华侨华人的社会网络上,还将从海外和本土社会网络这两个更具体的层面出发,探讨不同社会网络关系的差异及其作用。考虑到社会网络的社会性特征,本书将深入分析海外华侨华人在不同社会网络中的互动和影响,以期为更好地理解他们在华创业的过程和机制提供理论支持。

二、社会网络理论

社会网络这一概念的准确定义由西方学者 Barnes[115] 在 20 世纪 50 年代提出,他认为个体之间的非正式联结关系是社会网络含义的核心。继 Barnes 之后,Mitchell[116] 将社会网络的概念扩展至包括非正式关系和正式关系两个方面,他认为社会网络就是一个群体中个体与个体间形成特定的联结关系。在随后的研究中,Adler 等[117] 进一步扩展了社会网络的概念范围,并进行了系统而准确的总结,将不同的组织或个体之间通过形成社会联系而组成的稳定系统网络称为社会网络。

在社会学研究中,社会资本作为主体独有且不可复制的资源是众多学者所关注的研究主题,聚焦于主体间的双向关系。关于社会网络理论,学者们主要从以下三个角度进行讨论:一是 Granovetter[118] 以"强弱关系"为核心的关系论；二是 Burt 等[119]把社会网络和经济学结合起来，提出了著名的"结构洞理论"；三是从资本的角度探讨社会资本这一重要的网络资源。Bourdieu[120]首次对社会资本进行系统描述，指出社会资本包括个人所拥有的社会关系，以及个人通过这些社会关系可以获得所需的资源。张亚莉等[121]认为，社会资本源于个人、团体之间的社会关系，以及在此基础上建立的互利互惠的社会价值规范。具体而言，社会资本是由于个人或组织间的关系变化而产生的，这种变化是沟通带来的。社会资本作为一种社会网络资源，通过促进合作来增加社会效益。信息、经济、人力和文化资源都可以通过利用社会资本获得，但拥有社会资本并不一定代表能够拥有这些资源。社会资本是一种潜在的资本，更像是一种影响力。社会资本中的关系资本体现了关系双方相互信任和互惠互利的程度[122]，很大程度上影响了彼此间的资源交换和行为决策。关系资本的高低决定了个体能否有效地利用其社会关系网络来获取和分享各类资源，以及在面对困难和挑战时能否获得他人的支持和帮助。因此，关系资本在社会交往和经济活动中具有重要作用，对于个体和组织的发展具有深远的影响。

许多学者进行了社会网络对企业的交易成本[123]、资源获取[124]、创新绩效[125]、企业绩效[126]等方面影响的研究，肯定了社会网络对企业发展产生的重要影响力。彭华涛等[127]肯定了企业创新能力受到各种联结关系的影响，社会网络对企业创新平衡和创业绩效之间的关系产生调节作用。社会网络特别是商业网络，则可以帮助企业管理者在信任的环境下获得重要的创业信息以及关键资源支持。对于社会网络的分类研究，大多划分为商业、社会、政治三个方面，除此之外也有一些其他类型，譬如知识网络、产业网络。目前社会网络关系研究的对象一般聚焦于企业个人、企业整体、部门等，缺乏对特殊群体的研究。未来我们的研究应该聚焦于具有特殊意义的人群，譬如华人华侨、已有工作经历的创业者等，探讨这些群体网络关系的构成差异及对其行为产生的差异影响机制。在华创业的华侨华人对网络关系的利用及资源的获取对自身创业活动起着至关重要的作用，特别是商业网络关系对其商业行为提供直接帮助。并且，经过多年的发展，网络关系的内涵逐步从简单的双边联系和多边联系演变为复杂化的网络关系。在此背景下，由于华侨华人商业活动的跨国性和广泛性，其商业网络关系也呈现出日益复杂的趋势,形成了本土海外双重网络关系结构,存在一定的差异性。这种双重网络关系既涵盖华侨华人与祖籍国之间的联系,也包括与住在国之间的互动,从而为企业在华创业提供了丰富的资源和机会。

三、资源基础理论

资源基础理论是基于企业的资源基础观,为企业预测和解释竞争优势与绩效建立了重要框架。该理论最早来源于 Penrose 的《企业成长理论》,他不仅运用经济学原理阐述了企业资源与企业发展的关系,还提出了组织不均衡成长理论,为资源基础观提供了坚实的理论支撑。[128] Penrose[129] 将企业定义为"被一个行政管理框架协调并限定边界的资源集合",认为行业内企业之间的异质性源于各自所拥有的资源的差异,而这种异质性正是企业获取持续竞争优势的源泉。然而,在产业组织经济学中,Hitt 等[130] 认为,企业间的异质性只是暂时的,随着时间的推移和竞争的发展,这些差异最终会趋于同质化。尽管如此,Penrose 的相关观点还是为后来的研究提供了全新的思路,促进了资源基础理论的诞生与发展。20 世纪 80 年代,Wernerfelt 沿用 Penrose 的相关观点正式提出了资源基础观,明确提出在同一行业内的不同企业之间的资源差异是其获得竞争优势的关键。在后续的研究中,Dierickx 等[131] 还认为企业的可持续竞争优势取决于该企业不断重组其资产存量并将其应用于新市场机会的能力。这也说明企业获得竞争优势的资源不是先天就存在的,而是在战略要素市场中积累的,侧面证明了企业拥有资源的异质性。此外,企业想要获得持续的竞争优势,就要积累那些难以模仿和不可替代的资源,而不是其他企业也同样可以模仿和获得的资源。Barney[132] 指出,企业资源包括有形资产、无形资产以及企业能力、组织过程、信息、知识等,但并非所有这些资源都能成为企业的独特竞争优势;这些资源必须是异质的,同时还要具备价值、稀缺、难以复制以及无法替代四个属性。在资源基础观得到重视后,Grant[133] 首次以"理论"来称呼资源基础观,也就是现在的资源基础理论。张琳等[134] 又对资源基础理论进行了完善,形成了动态能力观、动态资源观、资源拼凑观、资源编排观等多个新内容,为资源基础理论添砖加瓦。

　　资源基础理论认为,企业是一系列资源要素组成的资源束,是各种资源的集合体。资源有多种不同的分类方法,张婷等[135]按照传统的分类方法,将企业资源分类为物质资本资源(包括企业物质技术、厂房设备、地理位置以及生产原料等)、人力资本资源(包括人员的培训,人才的引进,员工的经验、知识储备和社会关系)和组织资本资源(包括正式与非正式的规划、控制和协调系统,以及企业内部群体、外部环境所构建的关系联结等)三类。张璐等[136]将资源基础的多维层级影响因素分为横向维度和纵向维度两方面:横向维度聚焦于组织内部管理层、行为层等单一层级资源管理横向链条,探讨企业战略发展层面的能力构建以及获得持续的竞争优势;纵向维度聚焦组织内部资源管理认知与行为互动过程,思考资源战略如何形成、如何实现。纵向维度主要涉及管理者的关键作用、资源战略的纵向落实,以及组织跨层级纵向沟通等内容。姚作为等[137]还把企业资源分为有形资源与无形资源,其中无形资源可以分为知识产权、组织性资源、声誉资源等。一般来说,企业的有形资源较为容易获得,难以成为企业持续的竞争优势,因此只有具有某些特质的、存在自由买卖市场的无形资产、信息、知识与企业能力等资源才是企业发展的关键[135]。由此说明,无形资源对于企业发展具有重要性,而领导者对于组织无形资源的获得起着关键性的作用[138]。Pfeffer等[139]提出领导者具有为组织提供建议、为组织提供合法性、帮助组织与外部环境建立沟通渠道以及获得组织外部的重要支持等四个方面的作用。华侨华人独具的海外与本土的双重背景就是其他企业所难获得的重要资源,因而从资源基础理论的无形资源视角和华侨华人的特殊身份来看,华侨华人的创业者资源、企业能力以及从外部环境所获得的重要资源,是华侨华人企业获得持续竞争优势的重要因素。此外,创业者可以通过个人渠道和关系渠道来获得各种各样的资源[140]。其中,个人渠道是指创业者利用自身的个人能力为企业带来资源。例如,个人的学识、经验、专业职能、独特背景等。关系渠道则指创业者通过与组织外部的团队或个人建立关系来获得资源[141]。因此,华侨华人在个人渠道方面能够为企业提供更加开放性的建议,助力企业打造年轻化的组织氛围,引导企业注重技术发展的专利权,其国际化的思维与人际网络也能为未来的国际化发展提供更多资源;从关系渠道来说,华侨华人的双重政治联结也拓宽了组织的社会网络资本,为企业打造持续竞争优势。

四、资源依赖理论

任何企业均处于开放的社会环境中,企业可以通过构建自己的社会关系来应对环境的不确定性,逐渐建立起自己的社会网络关系[142],构建更为丰富的组织间关系。企业在社会网络中的地位或位置直接决定其可获得或拥有的核心资源,对企业间的资源依赖关系产生影响。20世纪60年代之后,组织研究中开始关注组织外部环境对组织的重要影响,将组织与环境联系起来形成了开放系统模式,资源依赖理论应运而生。由于环境在提供资源方面存在不确定性,组织为获得稳定的资源供应,会积极地采取策略和行动,以改善身处的生存环境。1978年,Pfeffer等[143]对资源依赖理论进行了详细的阐述,认为组织生产的关键在于获取和维持关键资源的供给,没有组织是自给的,都需要通过获取环境中的资源来维持生存,由于组织对外部环境的依赖不可避免,因而必须积极面对环境的变化,对组织的外部资源需求进行有效管理。

自从资源依赖理论提出以来,学者们从不同的视角对该理论进行了探索。基于资源的视角被广泛采用,Pfeffer等最早提出组织间的资源依赖既有内生性质,也有外生性质。内生依赖源于双方拥有内在关联的资源,正是这种资源的互补性促使企业基于经济目的进行合作或交易,因此内生依赖也可视为结构依赖。外生依赖则源于交易对方拥有对组织而言稀缺且不可替代的资源,这种依赖产生于交易的过程中,因此被称为过程依赖。例如,在国际贸易研究之中,多边关系有助于审视整个网络的内生性结构依赖特征,结构依赖共同促进贸易网络的形成与演化[144]。资源可以被视为竞争的核心来源[145]。交易一方可以利用优势利益相关者的资源来提高自身在实际交易中的生产交付效率、资金交付柔性、产品质量、创新性等。然而,任何一方的资源都是有限的,经济市场中的商业交易者都是交错的,彼此可能共享一个合作者,企业在争取优势资源方的同时,也必须努力成为优势资源方。因此,企业总是有意或无意地与竞争对手进行竞争,以获得优势资源[146]。企业无法完全避开对外界环境的依赖,同样又在努力提升自身去减少外部依赖,华侨华人在华创业也不可避免地对身边的资源产生需要和依赖。在华创业者必须获取和维护外界资源,他们依赖于这些资源的可用性或稀缺性,促成彼此之间的商业合作,对其创业活动产生不同程度的影响。此外,由于创业者对这些资源缺乏足够的控制,他们必须使用与资源拥有者持续维持关系的方法来管理外部资源。依赖和信任这两种关系属性在组织实际交换过程中是同时存在的,自交换双方建立联系开始便存在,并随着双方的不断接触和沟通而发生变化。因此,在交易关系中,一方的信任和依赖是另一方获取和维护资源、影响资源配置的关键。

目前资源依赖理论被广泛应用在资源共享、管理者治理、组织间治理和政治关系这几方面的研究上。该理论的理论实践与经济社会发展密切相关,譬如国内目前的技术水平在国际市场处于劣势,对海外前沿技术和知识产生依赖[147]。随着我国经济的发展,国内不仅形成了大量的合资企业,国际化的商业互动也越发活跃,如对内投资、合资、联盟等。Xia 等[148]的研究发现,企业之间结成联盟可以稳定不同市场之间的资源流动,企业的资源优势和企业对市场的依赖效应都会对商业互动产生影响。不仅如此,创业者的个人特征也是影响其能否有效应对组织外部环境的影响因素之一,不同的创业者,无论是对机构的把控力,还是对资源的依赖性、配置能力均有着不同反应。当前资源依赖的研究需要拓展至特定情境下,才能更有效地为特定情境下的组织提供更有价值的实践启示。在中国情境下,华侨华人丰富的海内外资源,特别是多元化的商业资源,对其在华创业发挥重要作用,对外部依赖资源的有效管理有助于提升其在华的适应能力和发展水平。在在华创业的过程中,华侨华人依赖于双重商业网络关系,其从海内外所获关键资源具有差异性,彼此之间的综合依赖势必会对其创业行为及其在华创业绩效产生差异作用。

■ 五、制度理论

早期,人们对科学技术和市场环境的关注度较高,对制度环境的关注度相对较低,然而,随着世界的快速发展,社会环境、政治制度和经济体制变得日益复杂,在这种背景下,无论是个人还是组织都开始更加关注政策制度的变化[149]。因此,学术界逐渐重视制度因素的相关研究,关于制度的相关理论也受到了重点关注。制度环境也被认为对于组织具有"神话般"的塑形功能[150]。制度理论可以追溯至 19 世纪的经济学、政治学和社会学,制度影响组织决策与行为。North[151]将制度被定义为"构建人类互动的人为设计的约束",并将制度分为正式制度和非正式制度,其中正式制度主要指规则、法律、宪法等;非正式制度是指行为规范、惯例和自我强加的行为准则等。制度理论主要分为两大流派,主要是指 institutional logic 和 institutional work 两种。前者是通常意义上的制度理论,强调制度是环境的一部分,包括法律、规定、习俗、文化等多种内容;后者则强调人是如何创造制度以及为何而改变制度的。

制度理论的三大支柱分别是规制、规范与认知[152]。其核心思想是"组织深深地嵌植于社会与政治环境之中"[153],强调受到各种制度因素的规范与制约。在社会制度化的同时,组织也为了获得政治与社会的合法性而努力与规范的、传统的以及社会认同的因素保持一致,最终使得组织结构的行为出现同质化趋同[154],即制度化同形。这种趋同行为又被分为强制性趋同与模仿性趋同[155]。其中,强制性趋同是由组织或组织依存的其他组织以及社会的文化期待对组织形成的正式与非正式压力形成的趋同,模仿性趋同则是组织对决策的不确定性做出公认的自然反应。制度理论认为在影响组织运作状态的环境中,该组织与成员所生存环境中的社会心理认知、行业性的行为规范以及法律和政府的管控是约束性的三个重要维度,而测度组织生存和运作良好的标准在于企业是否获取来自这三个维度的合法性感知与支持,制度性环境与技术性环境共同影响了组织的生存,而制度性环境与组织间的互动形成了组织生存和发展的空间[156]。合法性是制度理论中的核心概念之一,是指某个行为主体或者行为主体的某种行为获得的社会认同,如被公开认同或者授权[157]。不仅如此,合法性的概念较为宽泛,还可以理解为企业的组织、行为方式、所体现的社会规范、社会价值,与外部环境期待的符合程度[158]。合法性还是获得各种利益与提高企业绩效的重要方式之一。Suchman[159]在研究制度理论时认为,企业主体或企业的行为等获得的社会认同感就反映出企业的合法性水平,主要通过股东、顾客、政府、公共利益团体等一系列群体来评判企业战略行为的合法性[159]。企业不同的战略有不同的合法性水平，而这些合法性又会进一步影响企业的下一步战略行为，从而影响企业绩效[160]。因此，华侨华人回到中国进行创业时，同样也需要了解当地的制度、法律以及社会的道德准则，进一步进行制度化同形，从而通过获得当地社会的普遍认可来获取合法性，为企业的发展做好准备。国际商业学者也意识到国家背景与组织背景嵌入的重要性，并且研究了"距离"这一重要的影响因素[161]。其中，制度距离是两个国家（一般是指跨国公司的祖籍国和住在国）之间的制度差异，这种差异包括国家之间在管制（为保障社会安定和秩序而存在的规则和法律）、规范（社会价值观、文化和规范领域）与认知（社会中所存在的理所当然的认知结构）制度环境上的差异[162]。制度距离是一种更为广泛的视角，它不仅包括监管与认知因素，还包括文化因素。因此，制度差异或制度距离也能体现一定程度的文化差异或文化距离。相对来说，文化差异或制度距离越小，华侨华人在新环境中的"外来者劣势"也会越小。

■ 六、双元性理论

早在 1976 年，Duncan[163] 提出第一个双元性研究范式，最早将"双元"（ambidexterity）的概念引入管理学领域用以描述组织能力。1991 年，March[164] 指出组织持续生存发展的重要方式就是学习，并提出双元性学习的概念，即探索性学习和利用性学习。March 首次使用利用性能力和探索性能力来描述组织学习的这种双重能力。其中，探索与搜寻、变化、应变、冒险、实验、发现、创新等活动有关，利用则与选择、提炼、效率、选择、改进、实施等活动相联系，在不同的组织结构、战略和情境中，组织通过探索和利用活动来分配和整合资源与注意力。Simsek[165] 对已有文献中关于组织双元性的概念进行归纳整理，将其分为结构式、行为式和已实现式三类，认为组织层面、组织间层面和环境层面的现实背景及这些层面的相互作用构成了组织双元性的基础。关于双元性理论，其研究始于组织学习，但随着时间的演进，双元性理论扩展至不同的领域。

学者们基于不同视角对双元性理论进行探究，主要是从结构视角（双元结构)、矛盾冲突视角(譬如双元领导)、行为/情境视角(特定情境之下的双元性行为表现)、能力视角(双元能力)、组织间关系视角这五个视角展开[166]。其中,能力视角强调组织需要构建利用和探索这两个方面的能力,特别是随着资源观和动态能力理论的发展,基于能力视角的双元性概念已经得到了广泛的应用。该视角起源于 March 的双元性学习,在 March 的基础上,Tushman 等[167]在研究中使用探索能力和利用能力对双元能力进行描述,具体来看,利用能力是一种渐进式的动态能力,探索能力是一种颠覆性的动态能力。组织双元性能力的构建不仅受到组织自身所具有的资源、目标、认知导向的影响,还会受到外部市场环境、行业特征等因素的影响。已有研究基于不同情境对双元能力进行延伸,研究主题聚焦于学习能力、创新能力、即兴能力、领导团队以及其他企业/员工能力这几个方面。第一,在学习能力方面,组织学习是企业对知识、信息和技术的捕获、理解以及应用的过程,使组织在市场竞争中可以快速地发现新机遇并及时作出反应,进而拥有更高的企业绩效。韩晨等[168]对中国制造企业进行研究发现,探索性学习对原始性技术创新的正向影响强于对管理创新的影响,而应用性学习对管理创新的积极影响强于对原始性技术创新的影响。第二,在创新能力方面,探索式创新,又称为突破式创新,是一种冒险、进取、激进型的创新战略;利用式创新,也被称为渐进式创新,则是一种较为保守、稳定的创新战略[169]。第三,在即兴能力方面,企业即兴被视为企业家代表其组织用来应对不确定性、时间压力和资源不足等意料之外变化的一种行为策略[170]。叶竹馨等[171]基于扎根理论提炼出探索式和开发式创业即兴的概念,前者旨在迅速拓宽创业视野并持续为企业注入活力,后者则旨在维持企业的日常经营活动。第四,在团队领导方面,传统的单一领导模式只能解决组织矛盾的一方面,为了解决组织的矛盾性需求,领导者需要根据情境在不同领导行为之间进行灵活转换,即双元领导[172]。Kassotaki[173]根据情境的复杂性需要将双元领导进一步区分为双元企业家、双元领导者、双元管理者,表明双元领导的影响效果可能因领导者或团队的差异而产生不同的效果。除了以上这几类具体的研究主题,在企业和个人层面还存在很多关于双元能力的研究。郭润萍等[174]从双元能力的视角探究数字化新创企业成长的影响路径,发现竞合战略可以通过双元能力(探索能力和利用能力)促进数字化新创企业成长。

目前双元性理论已经得到学界的广泛应用。随着对双元性研究的深入，双元性概念逐渐从结构和行为向思维方式转变，并逐步拓展到能力和组织间关系的领域[166]。例如，Tushman教授最初强调结构双元，而后更关注能力双元[175]。不仅如此，最初双元性的运用更多聚焦在企业内部情境，而后其应用情境扩展到如绿色经济、数字化转型以及特殊群体等。因此，本书基于双元性理论，结合华侨华人的创业特点，对其在华的双元市场能力进行探究，分析其在创业中所起的重要作用。

第二节　概念界定

一、华侨华人的概念界定

除在住在国出生的华裔外，华侨华人属于移民群体中的一部分[47]，国际移民对祖籍国的发展有着重要的作用，华侨华人对于中国的发展同样发挥了其独特的作用。"华侨""华人"在我国有着清晰的法律界定。

"华侨"中的"华"是中国的古称，"侨"是寄居、客居之意。中国古代很早就把寄居他乡的人称为"侨人"和"侨士"，随着移居国外人数的激增，"华""侨"二字就被联系在一起。依据1990年颁布的《中华人民共和国归侨侨眷权益保护法》，华侨是指"定居在国外的中国公民"。国务院侨办对定居进行了具体解释："定居"是指中国公民已取得住在国长期或永久居留权，并已在住在国连续居留两年，两年内累计居留不少于18个月；中国公民虽未取得住在国长期或者永久居留权，但已取得住在国连续5年以上（含5年）合法居留资格，5年内在住在国累计居留不少于30个月，视为华侨；但是，中国公民在出国留学（包括公派和自费）在外学习期间，或因公务出国（包括外派劳务人员）在外工作期间，均不视为华侨。[47]

华人的概念自晚清时期便有规定：凡是拥有中国血统而居住在国外的人，都是华人。该界定延续至1955年万隆亚非会议解决了华侨双重国籍问题之后,华侨的概念只适用于仍保持中国国籍的中国侨民,已经自愿加入或取得外国国籍的人则通常称为华人或者外籍华人。根据国务院侨办的界定,"外籍华人是指已加入外国国籍的原中国公民及其外国籍后裔;中国公民的外国籍后裔"[48]。

总之,本书将华侨定义为除中国留学生和中国公派人员之外,具有中国国籍且在海外合法居住一定时间以上的群体。将具有中华民族血统、获得或已加入外国国籍的移民及其后裔定义为华人。目前华侨华人尚存在较大的研究空间,为方便研究,本书在下文对移民回流、回流创业进行文献回顾。

二、移民回流及回流创业的界定

20世纪初,移民回流研究始于跨国移民的出现,有移民就会有回流[49]。移民被认为是依赖于跨越文化、政治和地理边界的社会场域及其所联结的远距离分隔的地方社会网络,拥有着活跃的社会实践和社会网络以及混杂的文化身份[50]。随着国际移民与来源国经济发展的联系日益增强,移民回流研究日益得到学界的重视。国际移民回流是宏观整体和微观个体层面因素综合共同作用的结果。除在住在国出生的华裔外,华侨华人作为移民群体的重要一部分[47],既与中国有着密切的联系,又拥有海外生活经历,积累了一定的经济资本、社会资本、知识资本等,他们在中国创业将有助于个人和中国的发展。通俗地讲,移民回流是指移民从住在国回到祖籍国定居和就业[51]。本书中华侨华人回流创业,即华侨华人在华创业,是指华侨华人从住在国来到中国开展新的事业,譬如个体经营、合资创办企业、投资国内当地企业等。华侨华人回流创业绩效,即华侨华人在华创业绩效,指的是华侨华人来到中国创办/投资的新创企业的营运活动结果。

三、移民回流及回流创业的研究现状

随着经济全球化的不断深入,跨国流动日益频繁,移民回流的研究经历了从单向到双向的发展历程。目前,国内外学者对于移民回流的研究主要从新古典经济学理论、新迁移经济理论、结构主义理论、跨国主义理论和社会网络理论这几个理论进行探讨[52]，除了考虑住在国和来源国的社会经济制度因素、迁移成本的风险、家庭整体效用等因素，移民网络作为国际移民的重要社会资本，能够让移民获益，在一定程度上降低迁移的不确定性风险。移民在来源国和住在国之间反复迁移，形成移民回流的网络[53]。社会资本和回流者在跨国社会网络中的潜在作用可以被视为是相互补充和影响的资源，增加了回流的主动性和资源的可利用性。

目前学界关于回流创业的研究较少，主要集中在移民回流研究。学界关于移民回流的研究主要聚焦在回流概况[54]、回流方式[55]、回流意愿或动机[56]、回流的影响因素、回流适应和融入问题。其中，关于移民回流的影响因素的研究较多，从宏观整体视角研究的影响因素包括货币资本、人力资本、政府政策支持、基础建设和投资渠道等[57]；从微观个体视角研究的影响因素包括个人海外储蓄水平、个人婚姻状况、家庭构成和规模、个人受教育程度、个人海外工作经历和创业精神等。关于回流适应和融入问题的研究是近年来的热点。该研究主题主要聚焦在社会学领域，或者社会学和管理学相结合对移民回流创业进行研究，关注移民回流后的再适应、再嵌入难题以及融合于当地的途径办法。陈翊等[54]总结了海外移民持续创业演化路径，发现移民群体内部的社会网络嵌入以及移民群体与移居国区域文化的互动融合是温州移民连续创业的重要原因。

移民回流创业、回流投资研究则集中于回流创业意愿或者动机、回流创业的影响因素、回流创业优劣势这三方面。其一，关于回流创业意愿或者动机研究。Raj[59]认为移民人才的流出与回流具有相互转换性。在研究海外印度人对印度国内发展的影响时，他指出，如果有良好的创业政策、环境和支持，许多移民愿意选择回到母国创业和工作。其二，回流创业的影响因素研究。回流创业与移民回流的影响因素有相似之处，可能受到家庭、经济等多方面的影响，学者对回流创业的影响因素的研究更具体。周莳文[60]发现我国对海归创业者人才保护的战略仍旧停留在个体适应性和个体激励措施，缺失正式的法律制度保障。只有进行制度的顶层设计、完善知识产权保护制度，才能进一步吸引海外人才回流创业。其三，回流创业的优劣势研究。这与回流后的适应和融入问题是紧密相连的。华侨华人回流创业团体拥有先进技术和知识、外语优势[61]，他们跨越两地的网络关系更是本地创业者不可复制的独特资源。

第三节　相关文献回顾

一、华侨华人商业网络关系的形成与影响研究

关于华侨华人的商业网络研究，主要聚焦在华商网络。华商网络不仅对企业家的商业活动产生影响，影响并重塑商业结构，而且对中国经济腾飞、政治形象提升、社会文化传播都发挥了至关重要的作用。关于华商网络的成因，绝大多数观点认为华商网络是华商彼此间协作与联系的网络，是基于市场自发秩序而形成的内生与外生各要素相互作用下的产物[176]。海外华侨华人商业网络的形成时间久，经历了萌芽时期、形成期、发展期，网络主体由单一转向多元，联结方式由非正式转向正式，联结强度由弱变强，联结结构由星形转向网状，逐渐趋于多元化发展。由于海外华侨华人在海外的生活经历以及在祖籍血缘上与国内有着不可忽视的牵绊，他们的商业网络发展也同样有着双重属性，同时拥有海外商业网络和本土商业网络。关于华侨华人商业网络的形成，现有研究主要集中在从历史学角度去探讨其形成过程，或从某一突出的社会现象/经济现象去探讨网络群体的形成变化。

（一）华侨华人商业网络的理论界定

人际社会生活存在的关系一般可以分为普遍主义和特殊主义。普遍主义指的是对社会的制度化义务的价值取向，而特殊主义代表的是对友谊的制度化义务的价值取向[177]。在西方社会，公司与其他组织之间的关系是高度形式化和合法化的，而在中国，这种关系是高度个性化的[178]。华侨华人的商业网络不仅是基于交易关系，同时也基于人情关系。通俗来讲，商业网络指的是基于其业务关系与供应商、客户、同行竞争对手等构建的商业网络关系[179]。这种交易型商业关系往往具有平等的价值倾向，企业家和利

益相关者更有可能通过正式规则、经济合作、交换和谈判来实现市场利润。海外华侨华人的商业网络比一般的商业网络更具复杂性,近年来成为华侨华人研究中的重点研究主题。庄国土[180]对海外华商网络进行定义,认为其指的是华商因商品、活动范围、共同利益所联结而形成的联系网络。目前国内学者对于华商网络的研究大多集中在海外华商的族群网络,即因某种共性而建立起的社会关系或社会网络,包括群体间宗教信仰、血缘/亲缘关系、地缘关系的相似[181]。结合海外华侨华人建立的商业关系特征,本书认为海外华侨华人的商业网络是指基于商业交易关系和人情关系所构建的泛商业网络,同时具有本土化和国际化的双重特征。

（二）华侨华人商业网络的构成基础

海外华侨华人人口的增长是海外华侨华人商业网络形成的前提。中国海外移民历史悠久,可追溯到距今 3 000 多年前的殷代。有人估计在 1840 年鸦片战争前,中国海外移民有 100 余万人;鸦片战争后,出国的华工达 600 万人以上;到了 20 世纪三四十年代,海外华侨已增加到 1 000 万人以上[182]。至 2008 年,中国新移民数量可能达 958 万人,世界华侨华人总数约 4 543 万人,其中来自中国港台地区的有 160 万～170 万人,来自中国内地（大陆）的 800 多万人[183]。2019 年《华侨华人蓝皮书》指出,海外华侨华人是目前全球最大的移民团体之一,全球有 6 000 多万华侨华人广泛分布在世界 200 多个国家和地区,这些华侨华人团体涉及贸易、科教和文化等领域,其规模不断壮大、影响力日益扩大。社会联系网络的形成必须以一定的人口基数与人口密度为基础,海外华侨华人人口数量及其规模的增长使海外华侨华人商业网络的形成成为可能。

海外社团是海外华侨华人商业网络的组织来源。华人社团是早期移居国外的华侨为了团结互助、自救自卫、联络感情、共谋生存与发展,或以血缘宗亲,或以地缘同乡,或以业缘同行为纽带,自发建立起来的互助联谊与自治的社会组织形式[184]。它源于中国明清时期出现的秘密会社及以后的会馆,有其社会、政治和经济等方面的根源。它的产生大大促进了华侨社会的形成和发展。因而,华人社团是华人社会的核心和缩影,凡有华人的地方,就有华人社团。海外华商网络主要是由血缘、网络与业缘等社团组织构成的,是数目众多的子网络的集合体。如血缘社团网络的典型"世界李氏总会",是包含中国在内的约1亿"李"姓人的华人联系网络;地缘社团网络的典型"国际潮团联谊年会",是出生地为广东潮州的约1 000万人的华人联系网络;业缘网络的典型"世界华商大会",是由世界上几十个国家与地区华人工商组织联系而成的华人联系网络[185]。随着时代的发展,华人社团也获得了长足发展,其发展趋势可归纳为:(1)大多数华侨华人社团已实现性质本地化、职能权益化,活动内容注重宗乡情谊及文化、经济等方面,与家乡和祖籍国的联系也以这些为纽带;(2)在原有地缘、血缘、业缘的基础上,随着科技信息时代的到来,新一代移民与年轻华裔的高学历、专业化及参政意识增强等因素,使华人科技社团、校友社团和参政社团的数量大大增加,展示出华人社团的多样性和高层次。

信任是网络形成的纽带。人际信任是个体对交往对象的合作性意愿与行为、行为与角色规范之间的因果连带的可靠性预期[186]。而稳定的关系则意味着一种义务感,使交往双方按照一定的社会规范去行动,在角色规范指导和约束下的行为具有可预见性。可见,人际信任是人际关系的产物。人际信任是个人在人际交往中对交往对象的一种预期和信念,即相信对方的言行在主观上或客观上都有益于自己,至少不会伤害自己的利益。起初人与人之间的信任局限于熟人圈子之中,华侨华人在刚开始进行商业活动时,特别是到并不熟悉的环境中,基于同乡、同族、同血缘的人际关系,彼此之间建立起最初的信任。信任同乡人也反映了中国文化的差序格局[187],当中国人遇到"同乡",哪怕并不相识,也能很快建立起信任[188]。随着商业活动的不断发展以及人际关系的不断扩展,这种信任半径扩展到了熟人圈子之外,可以发挥社会润滑剂的作用。商业网络构建之初是自由化、市场化的"完全生人社会",随着以个人信任为载体的主体合作的逐渐深入,商业网络中的关系因信任而由"生人关系"转化为"熟人关系"[189]。商业网络嵌入强调网络主体间联系逐渐趋于熟悉和信任的过程,随着交易频率的增加、交易关系的稳定,华侨华人与同行间的关系由"生人"变为"熟人"。订单信息来自交流,契约合作发轫于信任,信誉依靠口耳相传,赢得市场份额需要建立和维持行之有效的人际关系网络[190]。在熟人关系下建立的合作关系比传统契约下建立的合作关系带来的经济效益更稳定。华侨华人在初次进入海外商业网络,或重新回流再嵌入祖籍国的商业网络时,若能够与利益相关者增强彼此间的信任和互惠,实现专业化分工合作与共赢,避免冲突、失序、机会主义或欺诈,则可以节约交易成本和提高资源利用效率[191],促进创业成长。

(三)多角度探讨华侨华人商业网络的形成过程

1.从历史学角度去探讨海外华商网络的形成过程

近年来,海外华商史成为华侨华人史研究的重点领域。海外华侨华人由于历史的变迁逐渐蓬勃发展,最为突出的便是海外华商的形成和发展,学界对于海外华侨华人商业网络的研究也大多集中在海外华商网络的探讨上。从历史上看,海外华商网络是建立在华商跨国经济活动的基础上的[176]。海外华商随着宋、元时期私商贸易的发展而兴起,至明清时期,东亚、东南亚的海外华商网络基本形成。晚清以降,海外华商逐渐向美洲、欧洲、大洋洲扩展。庄国土[192]指出,其实在宋、元到明初时期,华商就以中国商品、中国帆船和中国市场为依托,初步主导了东亚、东南亚海上贸易网络的格局。

纵观华商网络的发展,华商网络的形成始于贸易,宋元至明初(约11—14世纪)是海外华商网络的奠基阶段。宋代以来,在中国经济重心持续南移、造船与航海技术迅速发展及中原王朝海外贸易政策相对宽松的背景下,以闽南商人为先锋的华商群体积极发展海外私商贸易,并逐渐取代"蕃商"成为东亚、东南亚海上贸易的主导者。其中一些华商长期侨居海外诸港,形成以港口为中心的早期华侨社区。宋元明初之际的海上私商贸易与传统的朝贡贸易并行不悖,由设立于东南各主要商港的市舶司管理,二者共同造就华人主导东亚、东南亚贸易的时代。但客观上讲,这一时期的海上私商贸易是以中国为中心,并以中国商品、中国帆船和中国市场为依托的,海外的华商经贸与商贸网络虽已萌芽,但并未成形。

明初至19世纪中叶是海外华商网络形成及区域化发展的重要阶段。明清两朝实行间断性海禁政策,以中国东南地区为依托的合法海商贸易迅速衰落,与此同时,海上走私贸易兴起,华商经贸网络向海外转移。海外华商网络呈现出两大发展趋势:其一,大批无法从事合法海上贸易的海商定居海外,他们与宋末元初避居海外的宋朝遗民及其后裔一起推动海外华人社会不断壮大。其二,华商由零散的贸易向大型武装海商集团转化,进而主导构建起海外华商网络。

华商网络经历了宋、元到明代的形成期,再到明中叶至清中叶的贸易鼎盛期,形成一个以中国市场为中心,遍及北起日本至中国沿海地区,南括东南亚地区的东亚、东南亚商贸网络[193]。同时,欧洲列强在东南亚的殖民与贸易扩张持续推进,在此背景下,海外华商网络呈现新的发展态势。其一,华商经营领域的多元化。新的海外华商网络不再是单一的转运贸易,而是涉及商品生产、加工、运输、贸易、市场等多个环节和领域,推动海外华商网络向纵深层次发展。其二,海外华商网络的区域化。至 19 世纪中叶,东南亚各地的中国移民及其后裔已达 150 万人左右。在巴达维亚等华商聚集的港口,华人移民超过 10 万人。为维护自身利益,以亲缘、地缘为单位的华人组织不断涌现,如在槟榔屿,闽籍与粤籍华人组建了"广福宫"[194]。

19 世纪中叶至二战前是以东南亚为中心的海外华商网络持续发展,并融入西方主导的资本主义世界经济体系的阶段。这一时期,工业革命给西方带来了巨大生产力,加之英国、荷兰等国在东南亚持续的殖民扩张与经济开发,传统的海外华商网络被吸纳进西方主导的国际贸易体系之中。同时,清政府迫于西方列强压力于第二次鸦片战争后开放华工出国,民国时期,政局动荡,战争频仍,中国人移民东南亚的热潮上升。这一阶段,海外华商中的有志之士借力欧洲人主导的东南亚贸易与开发热潮,大规模投资经营种植业、采矿业和转口贸易等领域,在推动华商经济崛起的同时,构建起较为成熟的华商网络。随着种植业与采矿业中华商经济的崛起,海外华商社会网络的构建日渐成熟,与华商经贸网络同步发展。

20 世纪中叶以后,受到全球资本化的影响,区域流动性加强,海外华商网络区域性与全球性并行的梯级发展模式逐渐形成,并溢出更为广阔的范围[176]。这一时期是海外华商网络区域性与全球性并行的梯级发展模式逐渐形成的时期。其一,区域化范围更广,层次更深。20 世纪 60 年代以来,台湾和香港华商经济迅速崛起,并与东南亚华商网络不断融合,在资本、技术与产业等领域实现优势互补,构建起紧密的金融与经贸网络。其二,海外华商社会网络的实体化。至 20 世纪以后,区域性海外华商社团的兴起成为海外华商网络实体化的标志。这些新兴社团以区域性为特点,不仅仅是以亲缘和地缘等为基础结成的单一性质的宗亲会、商帮等,其成员来源更加广泛,社团规模也更为庞大。

特别是中国实施改革开放之后,中国经济的迅速崛起为海外华商提供了巨大的商机,形成一个对全球华商的向心力,由此推动全球性海外华商经贸网络的兴起。投资移民和专业人士移民的跨国流动大幅增长,华商企业不仅在数量与规模上不断壮大,在水平与层次上也有了根本性的提升,而且在资本与企业家的构成等方面也展现出丰富多样性。经过历史长河的洗礼,奋斗不息的海外华侨华人不仅在全球范围内搭建起较为多元化、流动性较强,具有一定开放性、聚集性、团结性的商业网络,也积攒了一定的商业资本。海外华侨华人商业网络具有很强的流动性、可变性和时代性,是一个动态建构的网络互动关系,并随着世界经济、地域经济的发展态势而不断调整其形态与功能。学者们从历史的角度探讨海外华侨华人商业网络的形成与发展,较多的是从历史的长河之中感知海外华侨华人如何在国际社会,或是移居地所在的社会构建自己的海外商业网络。在改革开放之前,华侨华人在海外构建起更为庞大、多元的华商网络,与本土的联系更多是基于情感牵绊所形成的网络关系。改革开放之后,随着海内外商贸互动越发频繁,国内政策对国内经济变化以及国际形势的影响日益深远,华侨华人在中国本土商业网络的形成和发展有了更深刻和明显的变化。

2.从海内外商贸互动发展去探讨华侨华人本土商业网络的形成

自改革开放以来,中国经济实力迅速增强,综合国力得到提升,对海外华人产生了强烈的吸引力。特别是金融危机以来,许多西方发达国家经济停滞,中国成为公认的"避风港"。中国商机又催生出一次小型的归国投资创业潮。中国改革开放以后采取了比较正确的外交路线,与周边国家关系融洽,为生活在世界各国的华侨华人往来于所在国和中国提供了很多便利。回顾海外华侨华人与国内所进行的商贸活动研究,主要从由于联系需要而繁荣发展的侨批业、华侨华人对外贸易和对内投资这两个大方面来探析华侨华人在中国本土商业网络的形成与发展。

(1)从侨批业的发展探讨华侨华人商业网络的形成。

海外华侨华人在海外频繁进行跨国经济活动,在不断架构全新的市场网络的同时,由于宗族、血脉、商业等与国内有着千丝万缕的联系[195],海外华侨华人与国内也保持着各种联系,由此带动了侨汇业的蓬勃发展。有许多研究认为,侨汇能在国家、侨乡、移民家庭三个层面带动社会经济发展[11]。水客、侨批局是华侨华人与侨乡进行经济和情感沟通的桥梁,也是明清以来海外华人搭建跨国关系网的重要途径之一。

海外侨批描述了华侨海外创业经商的成功以及在外生活的状况,向家乡传达华侨的情谊,鼓动了家乡亲人出洋谋生的信心。同时,由于亲友的可信度高,移民到海外大多由同乡的水客相互引荐。这一过程加强了原有的侨乡以家族为核心、以地域为纽带的人际关系网。以福建侨批业为例,由水客发展而来的闽帮侨批业满足了侨居地和侨乡人民的需求,显示了民间经济组织的文化、地域归属特性。闽帮侨批业主能够利用乡族性方面的社会关系,使侨批经营在从业者、华侨、侨乡的侨眷之间建立起稳固的关系。他们往往通过亲友介绍从事同一行业,创办批馆等工商服务实业,并逐渐形成侨乡与侨居地的双边贸易流通网络,形成同乡同族群合力合财合智开拓华人经济圈的业缘关系。侨批业的发展不仅使得海内外联系更加紧密,而且拓展和加深了海外华侨华人在中国的商业网络发展。

抗战爆发后,国内除了西南后方外,大部分地区陆续沦陷,交通阻断,侨批无法运送,侨批业也陷入停顿状态。外界的侨批送不进来,本地的侨批也解付不出。1972年,国务院文件通知取消国内私营侨批业,侨汇业务由银行接办,从业人员由地方妥善安排。1976年,福建各地收汇局的机构和名称取消,人员归当地银行,侨批业务一律由银行接办。1979年,厦门侨批业全部收归中国银行办理。国内侨批局归并银行,侨批的汇款功能由银行接管,而通信方面则被发达的电信及邮政所替代。至此,国内侨批业"寿终正寝"。此后,华侨所寄的信件大都使用邮政部门印制的规范的航空邮件。20世纪90年代末,国内侨批局整体并入国家金融机构之后的20年左右时间,继续经营的国外侨批信局也正式将相关业务分解到银行、邮局[196]。纸质形态的侨批业从此走进了历史。从侨批业的发展,不难看出海外华侨华人对于国内经济发展的重要作用。侨批业对于维系海外华侨华人与国内的联系起着至关重要的作用,更是在经济交往之中深化着他们与国内的情感牵绊和商业联系,是海外华侨华人本土商业网络深化和发展的重要阶段。

（2）从对外贸易和对内投资探讨华侨华人商业网络的形成。

海外华侨华人不仅在海外成功的商业活动中积累了雄厚的经济实力，自改革开放以来，他们与国内联系更加紧密，形成了密切互动的商业网络，并积极促进中国对外贸易和引进外资[11]。有关数据显示，2016 年，中国利用外商直接投资的 70% 左右来自海外华商[197]。海外华侨华人在外所从事的行业也在不断发生变化，起初以服务业、贸易行业居多，随后逐渐加入欧美国家的科技行列，整体的商业网络也越来越多元化，知识资源丰富，所带来的人才回流效应更是发挥着巨大的潜力。

我国有 6 000 多万旅居海外的华侨华人，其中，祖籍广东的华侨华人有 3 000 多万。据不完全统计，改革开放以来，华侨华人、港澳同胞累计向广东捐赠公益慈善项目 5 万多宗，折合人民币约 600 亿元，占全国捐赠总额的 60% 以上；对粤投资总额达 3 600 多亿美元，占广东省实际外资逾 70%；设立企业 23.7 万余家，占广东省外资企业总数逾 80%。近 6 万名华侨华人专业人士到广东创业发展，创办企业 3 000 多家[198]。据有关部门的统计，华侨华人新生代和改革开放后走出国门的华侨华人专业人士有 400 多万人，广泛分布于各行各业。以美国为例，旅美华侨华人 52% 以上从事管理以及其他专业性工作，仅美国科学院就有 80 多位华人院士。祖籍广东的高端人才也不在少数，如美国科学院院士、著名数学家丘成桐，美国国家工程院院士邓文中，爱尔兰皇家科学院院士孙大文等。近年广东引进的上百个创新科研团队和领军人才，大部分是华侨华人专业人士[198]。由于海外华侨华人在海外的多年发展以及自身各方面水平的不断提升，华侨华人所构建的商业网络也在发生着巨大的变化。

3.从社团/组织等的群体发展探讨华侨华人商业网络的形成

早期移居国外的华侨，为了团结互助和联络感情，曾以血缘、地缘和业缘等为纽带，自发建立起各种互助、联谊、自治的社团[11]。不论是为了生计，抑或是同根同源的信任感，海外华侨华人在海外逐渐聚集，形成具有代表性的生活区域和一些社会组织，譬如唐人街、菲律宾菲华商联总会、苏里南华侨华人社团联合总会、加拿大中国专业人士协会等等。

1991 年以后定期召开的世界华商大会不仅是国际性华商社团的代表，也是海外华商网络全球性发展的象征和见证。目前华人已遍布世界的各个角落,他们大多数在侨居地建立小规模商业,其中有些华商的业务已扩大或已多元化,有些更构建起商业王国,拥有跨国的产业。虽然华人企业家的勤奋与智慧是享誉全球的,然而仍需一个汇集众多著名华人企业家的平台,因此,新加坡中华总商会首创主办世界华商大会,向全世界的华商和工商界提供加强经济合作、促进相互了解的论坛。作为非政治论坛,其任务集中在适合于华商的经济和文化的论题上。自筹办以来,世界华商大会已经成为全球华商共探发展与机遇的重要平台。世界华商大会的不断发展,使华侨华人在海内外有了更深层次的联系和合作,是华侨华人商业网络全球形成发展的重要平台。由此可见,华侨华人社团组织的强大凝聚力及其对商业网络形成的重要作用。

(1)华侨华人社团组织促进海外商业网络的形成。

华商社团是海外华侨华人进行社会活动和商业活动重要的组织形式之一,如商会、同乡会等。在经济方面,华侨华人社团不仅是移居国和祖籍国之间的商业桥梁,也是协助华侨华人移民顺利融入当地经济社会的重要依托[199]。共同的语言背景能够为华侨华人在海外市场的操作运营带来便捷沟通和交流润滑的积极作用,也促进彼此之间更快地进行团结集合。

全球各地的华侨华人社团组织本质上都是海外华侨华人在海外以联合会方式整而合之,部分与时俱进的华人社团更是加强跨区域的联合合作,使各种组织之间加强联系,世界华商大会正是如此。社团组织之间的联结合作扩大商业网络,不仅有利业务运作,而且有利于促进海外华侨华人的团结[200]。

(2)华侨华人社团组织促进本土商业网络的形成。

随着改革开放的发展,华侨华人社团组织不仅对华侨华人海外商业网络的扩张产生重要影响,也对海外华侨华人在中国本土的商业网络发展产生了积极作用。21世纪以后,华侨华人社团组织的主要功能之一就是和中国或者原乡开展经济贸易往来[201]。华侨华人社团组织不仅成为中国联系海外华侨华人的重要桥梁,还是东西方之间政治、商业、科技、文化等交流合作的平台,并且凝聚了大批掌握一定技术、财富或取得一定社会地位的华裔专业人士,从而对于中国引进外资、外商、外才,本土企业的"走出去"与"国际化",以及创新型国家建设、经济转型、产业结构优化升级,具有特别重要的意义,发挥着海外"人才资源库"与"联络站"的独特作用。

无论过去、现在、将来,华侨华人都是我国改革开放不可或缺的重要战略资源,在现代化建设及推动区域合作发展中将发挥不可替代的作用。相关政府单位始终高度重视侨务工作,把广大华侨华人视为服务和融入新发展格局的一支重要力量。与此同时,各地政府也均根据自身的特点和发展需求,立足侨胞的资源优势,充分发挥广大侨胞资金雄厚、人才汇聚、融通中外、熟悉市场和国际规则的优势,以"创业中华"为载体,着力加大引进侨资侨智的力度。以广东省的粤港澳大湾区为例。粤港澳大湾区建设是习近平总书记亲自谋划、亲自部署、亲自推动的重大国家战略。《粤港澳大湾区发展规划纲要》提出,要积极引导华侨华人参与大湾区建设,更好发挥华侨华人、归侨侨眷的纽带作用。除了政府的大力支持和积极组织,各地商会等商业组织也大力促进商业交流活动的开展,不仅活跃了本地经济市场,对于个人商业网络的形成和发展更是有着深刻的作用。2023 年 5 月 17 日,2023华侨华人粤港澳大湾区大会在江门举行,来自 90 个国家和地区的约 700 名海外侨胞齐聚一堂,共叙乡谊、共商发展。同样,著名侨乡福建始终坚持与海外华侨华人保持密切的联系和沟通,通过多样化的活动促进彼此之间的经济联系和情感牵绊。福建省积极参加闽商大会、东盟华商会、"一带一路"国际华商经贸交流会等重大经贸活动,举办"侨连五洲·华侨华人助力金砖国家发展论坛",主办"创业中华·侨智助力八闽"、中国(福建)侨界人才交流等引智活动。一项项举措,促进侨智侨资优势得以发挥,促进更多资源要素汇聚福建。

(四)华侨华人商业网络主要构成群体及特征

1.华侨华人商业网络的主要构成群体

商业网络是一种商业社交网络,旨在帮助商业人士与其他经理和企业家建立联系,通过形成互利的商业关系来促进彼此的商业利益。海外华侨华人的商业网络是指华侨华人在海外的所有区域内基于商业交易和人情与顾客、供应商、购货方、利益相关者等所构建的关系集合,同时具有本土化和国际化的双重特征[181]。华侨华人商业网络主要有正式业务群体和人情业务群体两大群体。

（1）正式业务群体

华商网络的形成始于贸易，是互通与联结中国与海外华商的桥梁。华商网络自21世纪开始涉足投资领域后，华商企业不仅在数量与规模上不断壮大，在水平与层次上也有了根本性的提升，而且在资本与企业家的构成等方面，都展现出丰富多样性[176]。从世界华商分布地看：一类是东南亚的华商。东南亚是传统华商的聚集地，大型企业集团发挥举足轻重的作用。另一类是新兴的华商群体，如西亚、中东、北非、欧洲等地的新移民和新华商，他们在贸易方面的作用比较突出。此外，还有移民国家如美国科技型和金融型的华商。在华商经济的根据地和华人最为集中的东南亚，华商成为制造业、贸易业和金融业的主力军，为所在国的社会进步和经济发展发挥了不可或缺的积极作用。西方发达国家的华商经济随着20世纪50年代后期西欧经济的全面恢复和发展，逐渐形成了自身的特点，整体经济实力逐步增强，但发展水平仍然比较低下，所从事的行业仍集中于中餐业、服装加工、进出口贸易、食品工业等传统行业[202]。

（2）人情业务群体

华商网络因具备五缘的特点，在其住在国开展各项合作具有天然的优势，更容易快速对接自身的商业网络资源并达成意向。历史上，早期移居国外的华侨，为了团结互助和联络感情，曾以血缘、地缘和业缘等为纽带，自发建立起各种互助、联谊、自治的社团[181]。不论是为了生计，抑或是同根同源的信任感，海外华侨华人在海外逐渐形成聚集性生活，譬如唐人街、菲律宾菲华商联总会、苏里南华侨华人社团联合总会、加拿大中国专业人士协会等。海外华侨华人的聚集性生活、地缘、血缘、神缘等天然的信任拉近了他们之间的感情距离，错综复杂的人情关系促进其商业网络的发展。20世纪中叶以来，华商由于在资金、组织能力、社会影响力和参与积极性等方面拥有明显优势，成为华侨华人社团的重要组织者、运营者和资助者，扩大商业联系日益成为各类社团的主要工作之一。在华侨华人社团数量剧增的同时，社团联合的广度和深度也迅速扩展，跨国别、跨区域的国际性社团不断增加，规模不断扩大。

2.华侨华人商业网络特征

华侨华人商业网络体现出世界性与地方性、全球化与本土化相结合的趋势。21世纪以来,侨情变化的另一个显著趋势是以祖籍地为联结纽带的华侨华人商业网络的构建与强化。其规模越来越大,影响越来越强。由人数众多的广东、福建籍社团的联合,发展到很多省籍社团的联合。由最初多在东南亚各地举办活动,发展为回到祖籍地举办,近些年来还经常在发达国家和地区举办,体现出跨越地域的全球化特点。

随着中国改革开放事业的深入发展,华侨华人与中国的联系更加紧密,在经济、文化、教育、政治等诸多领域形成了密切互动的多重网络[187]。改革开放以后,投资移民和专业人士移民的跨国流动大幅增长,影响了海外华侨华人的地域结构,大量新华商在北美、欧洲、澳大利亚等区域不断涌现。不同国家的华商所从事的行业呈现出不同的特点:在北美和澳大利亚等地的华商以运营中小企业居多,营业范围涵盖现代服务业、科技投资等领域;越来越多的中国新移民开始融入美国科技创新体系之中,形成了创新型的新华商网络;欧洲华商行业覆盖面广,经营地域相对集中,其中分布最多的是英国、法国、意大利、西班牙、德国、荷兰等。

从改革开放初期大规模地回国投资兴业,带来国内紧缺的资金、技术、人才和先进的管理经验,再到如今投身创新创业热潮、积极参与“一带一路”建设、助力中国与世界各国经贸往来和合作交流,海外华侨华人撒播的成果遍布中国大地。在海外的侨二代、侨三代数量不断增长,已逐渐成为海外华侨华人的主流群体。生长在海外的年轻人正利用自己身上带有的多重属性,使回国创业活动变得更加多元化。当前,新一轮产业和科技革命正在加快重塑全球经济和产业格局,海外华侨华人回国投资的新变化也与国际经济与科技变革息息相关。近十年以来,海外华商在中国的投资活动主要集中在医疗、能源、城镇化、体育、教育和文化等民生领域,以及以高科技、大数据、人工智能为特点的新兴产业;投资的地区呈现出从沿海发达城市向西部内陆二、三线城市城镇转移的趋势。

（五）华侨华人商业网络的影响研究

华侨华人依靠多圈层的关系和纽带,凭借非正式的人情关系代替部分正式规则和制度进行商业活动。关于华侨华人的商业网络关系研究,主要聚焦在华商网络,产生了大量质性研究和少量量化研究。华商网络不仅对企业家的商业活动产生影响,而且影响并重塑其商业结构。

华侨华人的商业网络关系在促进资金支持、国际贸易活动、环境适应、人才流动等方面发挥着关键作用。第一,在促进资金支持方面。华侨华人同时嵌入两个以上的环境中,双重商业网络关系能够提供有效的信息和资源,提升企业竞争优势,进而影响企业绩效。何会涛等[195]在对海外人才创业双重网络嵌入的影响研究中发现,本地网络关系嵌入可以帮助创业者更好地获得创业所需的场地、资金资源和市场信息,而海外网络嵌入能够使创业者从国际联盟中获取国际知识以促进企业成长。第二,在促进国际贸易活动方面。国际经济学界有关移民族群网络的研究最初便是出现在国际贸易领域,移民网络在差异化产品贸易中的作用更为显著,目前国内也有不少学者进行了研究。龙登高等[73]指出海外华商与中国经济、产业共发展,利用中国本土的生产要素比较优势转向全球产业链中形成集群优势。第三,在环境适应方面。移民本土化探究移民如何调适行为适应新环境,并与当地经济社会文化逐步融合,这是当下学界的研究热点。华侨华人在多领域进行活动,不论是跨国商业活动,还是在华创业,为适应当地的经营环境,势必要采取一系列本土化适应行动。于涛[360]分析了俄罗斯华商移民网络以及华商的本土化调适与融入,发现俄罗斯的华侨华人为适应俄罗斯经济社会特征而对经营模式、经营策略以及经营观念进行相应的调整,从而更好地适应俄罗斯经济环境。第四,在人才流动方面。华侨华人广泛结识国内外企业家和优秀技术人才,便于吸引海外的资金、技术和人才[75]。

综上,华商网络的研究从最开始围绕海外华人的贸易网络,进而转向投资网络,再到当代全球化趋势下的加速联结和重构。华侨华人在华创业同时嵌入两个环境之中,仅从整体商业网络关系或本土商业网络关系或海外商业网络关系的单一视角难以充分有效地揭示新创企业的适应和发展机制,已有研究对于本土商业网络关系和海外商业网络关系的具体差异缺乏关注。

■ 二、华侨华人社会网络关系的形成与影响研究

（一）华侨华人社会网络的理论界定

社会网络是在原籍地或迁入地的迁移者、先期移民和非移民之间基于亲友和乡邻关系所建立的一种人与人之间的联系，强调以血缘、乡缘和情缘等为基础构建的社会关系。这种社会网络的形成降低了迁移风险，从而导致迁移网络的扩张，造成移民在初始地和目的地之间往复迁移流动的增加，形成了移民回流社会网络关系[203]。社会网络理论将回流者当作是有形资产和无形资产的搬运者。回流者仍然保持了与迁入国家的密切联系，而这种联系所反映的迁移经历，为回流者的回流计划提供了重要辅助，他们在迁移过程中所构建的社会网络有助于保护回流的主动有效性，同时也增加了资源和信息的可利用性[204]。吴绍玉等[205]引入了双重社会网络的概念，认为海外华侨华人具有的双重性社会网络，即指海外华侨华人回国创业者在祖籍国的本土网络关系嵌入和在海外居住地的海外网络关系嵌入。海外华侨华人具有较高的海外学历和丰富的海外工作经验，在回国创业后，除了新构建的国内社会网络外，依然维持着因学习、生活和工作而建立的国外社会网络关系。

（二）华侨华人海外社会网络关系形成群体及特征

华侨华人的海外社会网络关系是基于五缘性而形成的。在传统中国社会，五缘性组织只是众多社会组织的一种，其功能和作用相对有限。然而，在早期华侨社会中，五缘性华侨社团却是举足轻重的角色。它们以"敦睦宗谊、促进团结、共济互助"为宗旨，为华侨提供了重要的精神支撑和文化纽带。在华侨社会形成和此后相当长的一段时间里，五缘性华侨社团成为华侨团结起来并维系中华文化传统的重要社会组织。它们不仅肩负起了招待新客、提供食宿、介绍工作等多项任务，还要主持春秋两祭和族内喜庆丧吊的礼仪；同时，也会从事社会公益事业，如开设医院、修建学堂等。此外，华人社团还会捐资建设华文学校，以保护中华文化传统[206]。五缘关系形成

了一个交错重叠、相互渗透的网状结构,这种结构赋予了五缘之间缘的合力[207]。五缘文化与华侨华人社团的形成与发展密不可分,而且相互依存、共同促进。其中地缘性和亲缘性在华侨华人社团中占有主要的地位。

1.华侨华人地缘社团的形成及特征

地缘,是以籍贯、乡土为纽带的邻里乡党关系,俗称"同乡"或"乡亲"。地缘性华侨华人社团就是华侨华人以共同的邻里乡党关系为纽带建立起来的社团。所谓籍贯,指的是祖籍地或出生地,中国传统上指祖籍地;乡土,指的是一个人的家乡故土,在不同的语境下,乡土的概念可大可小。邻里乡党,有两义:一是古代地方单位的名称,泛指各种行政规划。这一说法出自周朝的乡遂制度,乡、党是较大的行政区划,邻、里是较小的行政区划。二是如今普遍意义上的邻里、乡里。地缘性华侨华人社团在五缘性华侨华人社团中占有重要的地位,其出现较早,数量最多,多个不同地缘纽带的形成成为地缘性华侨华人社团最为鲜明的特点。传统华侨华人社团中的地缘性社团一般以中国国内原籍为纽带而组建,既有以省、府为结社纽带的,也有以县、乡镇或村为结社纽带的,因此地缘性华侨华人社团出现若干层次并存的特点。以省、府为纽带的,如福建会馆、广东会馆、泉州会馆等;以县、乡镇和村为纽带的,如安溪会馆、晋江火辉埔同乡会等。在传统华侨华人地缘性社团中,还有"乡帮"这一概念,指的是以共同地缘为纽带的华侨华人为了互助、自卫等目的所形成的一种人际网络。不同乡帮组建的不同社团,则是这种人际关系网络形成的制度化载体。早期华侨华人聚居地的领导者乐见华侨华人分成各种帮派,以便他们采取"以华制华"的管理策略,在东南亚地区的华侨华人社团中,帮派尤为突出。

从历史的角度看典型的地缘性华侨华人社团,其产生和发展往往和乡土地域联结而形成的会馆有密切相关,如客家华侨华人社团。客家人是中国汉民族的重要组成部分,遍布中国的南方和世界各地。追根溯源,客家人的祖先都是从中国北方经历五次大迁徙而逐步移居中国东南及沿海一带,形成闽西、赣南、粤东三大聚居地。在鸦片战争以后,许多客家人又通过各种途径移居海外,被认为是客家人的第六次大迁徙。客家人在长期的流离转徙过程中,逐步形成了独具特色的文化传统和社会区域。客家文化源自中原汉人南迁时自身所保留的唐宋时期的河洛文化和中原文化,并吸收了苗瑶畲族文化,融合了南粤、吴文化等,独具特色。客家人移居海外后,依然保持自身的文化特色,他们所组成的社团无不打上了客家文化的烙印。方雄普等[208]认为,客家人由中原南迁,常遭受原居民的敌意和歧视,大多居住在山区,因而有"逢山必有客,无可不住山"的说法。处在这样的生活环境中,客家人只有团结互助才能克服各种苦难,因此客家人具有强烈的群体意识。

地缘是华侨华人社团最为重要的连接纽带,共同的方言是地缘重要的表现形式。地缘的重要作用,是由华侨华人社会形成的历程所决定的。连锁式移居方式和同一方言群体之间的天然凝聚力,使得来自同一地方的华侨华人组建自己的社团,成为满足他们组团结社需求最直接的一种方式。地缘纽带作为最重要的连接纽带表现在对华侨华人群体的覆盖面最广,早期的华侨华人都属于一个或者多个地缘性的社团,而其他几种社团的覆盖面同地缘性社团的覆盖面相比则小得多。

从小地方到大地域,甚至整个祖籍国,都可以成为不同层次的地缘纽带联系,这决定了地缘性社团在华侨华人社团联合化道路上形成了一条最为成熟的路径。小的村镇地缘性社团联合起来组成府县地缘性社团,府县地缘性社团联合组成同一方言区的地缘性社团,再发展到全省地缘性社团,最终发展到"全侨"性华侨华人社团。以地缘为主要纽带的华侨华人社团联合化之路在很多国家和地区的华侨社会历史上一再出现,证明了这条路的成熟,也凸显了地缘纽带的重要性。地缘性社团对于整个华侨华人社团从守望相助层次往争取平权层次、融入主流层次的发展起到了重要的作用。

2.华侨华人亲缘社团的形成及特征

亲缘是以亲属为纽带而形成的宗族亲戚关系,宗族是同宗同族之人,亲戚泛指族外姻亲,此外,拟亲也被包括在亲缘的范畴之内[207]。亲缘性华侨华人社团就是华侨华人以共同的宗族亲戚关系为纽带组织建立的社团。以姓氏为主要分类标志的亲缘性社团是华侨华人社会一道独特的风景线,具有强烈的凝聚力。

中国古代社会的宗法制度是由父系家长制演变而来的以血缘关系为基础的社会制度,其目的在于通过强调"尊祖敬宗",令天子、诸侯、卿大夫、士以至庶民,遵循一个共同的道德,维护贵族世袭统治,避免争端,稳定统治。

宗法制度使得贵族形成以血缘为纽带、与政权紧密结合的同姓氏集团,形成了"家国同构"的鲜明特征。宗法家族成为国与民的中介,国与家彼此沟通,君权与父权互为表里,这对中华民族的理论中心文化的形成,影响极为深刻。

宗法制度作为社会制度,在秦灭六国统一中国后就消灭了,取而代之的是宗族制度。宗族制度通过亲属关系向外延伸,把大多数家庭联系在一起,大宗小宗的结构被家长和族长所取代,族长已不再像宗法制度那样由嫡长子继承,而是由同族之人公推担任。但由于宗法制度形成的宗法观念的深刻影响,特别是封建国家刻意以法律维护族长的权威,因此在近代以前,家族(即宗族)被视为政治、法律的基本单位,族权实际成了政权的组成部分。近代以后,宗法观念的权力逐步被排除,逐步形成以家族为核心、姓氏为标志的亲缘网络。这种网络,只有社会权利、义务和道德约束,而网络内部已无权对其他成员进行带有司法意义的处置[207]。

中国海外移居走的是亲族牵引的道路,"血浓于水"的意识已经深深刻印在华侨的意识形态之中,因此虽然在异国文化环境中生活,但很自然地会对血缘相同或相近的人产生特殊的亲切感,亲缘关系的网络也由此搭建起来。亲缘性华侨华人社团以同宗为基础结合而成,"同宗"包括五服之内的世系群、五服以外的堂亲或族亲,而更远则可以包括实际上毫无关系的同一姓氏的个人。在早期海外华侨华人社会里,五服世系群实际上不存在。早期移民多以单身为主,其父老妻儿仍留在家乡,因而不可能建立真正血缘关系的宗族组织,只能建立以同宗为基础的宗亲组织。由于同一个姓氏的移民在同一移居地的人数往往不足以构成单独的宗亲组织,因而常采取多姓联宗的办法[209]。华侨华人社会中的亲缘网络,就属于这种以姓氏为显著标志的人际关系网络,单姓氏或多姓氏联合是亲缘性华侨华人社团的主要形式。

宗庙与祠堂是宗族活动的重要标志,也是宗族组织和活动的中心。宗庙是亲缘共同体的见证,宗亲通过宗庙加强同宗意识,它对民间的宗族组织起到巩固和稳定的作用。祠堂则是一姓一族放置先辈灵牌并祭祀,是亲缘文化的产物。华侨华人社会中亲缘网络的载体大多是从祠堂发展起来的。华侨华人远渡重洋,侨居异国他乡,同宗同族之人在初到住在国时往往都是谋求生存,为了把宗亲集中起来,对内维持固有的宗族关系,对外形成维护权益的力量,便采取修建祠堂的形式来实现。海外的华侨华人祠堂大多供奉着祖先牌位,举办祭祀等活动,承担着寄托同姓族人对逝去亲人的哀思,成为亲缘联络的中心,也成为凝聚华侨华人亲缘感情和关系的重要场所。有学者指出,在祠堂里的所有活动都能增进亲缘个体之间的团结、理解与合作,进而增强特定亲缘团体的集体力量[207]。以祠堂、宗亲会为主要形式的亲缘华侨华人社团既是中国本土亲缘文化的延伸,传承与弘扬着中华传统文化群体与伦理的核心理念,也是中华文化在异国环境的再生,在华侨华人群体与当地社会的不断接触互动中作出调整与适应,产生一些有别于中国本土文化的现象。

3.华侨华人神缘社团的形成及特征

神缘是以宗教信仰为纽带而形成的人际关系,华侨华人神缘社团是华侨华人以共同的宗教信仰为基础组织建立的社团。华侨华人神缘社团出现最早,其具有的广泛群众基础使得它在华侨华人社会中拥有较为广泛的影响力。

以神缘为纽带的社团,自先秦以来都非常多,尤其是汉代以后,寺庙宫观涌现,专业宗教队伍形成,宗教逐步社会化、世俗化之后,神缘社团就遍地开花了。回顾华侨华人社会的历史可以发现,华侨华人社团最初的出现,就是以进行宗教活动的寺庙为主要形式的。"所有研究华侨华人社会的学者,无一例外地注意到了华侨华人所崇拜信仰的各种神明,以及供奉神明的寺、庙、宫、亭。"[210]华侨华人初到他国,不仅带去了生产生活的必需品,还带去了精神的"必需品"——宗教信仰。他们为了供奉带来的神祇而建立寺庙、宫观,成为海外华侨华人祭祀和聚会的场所。为了适应新环境以及生存与发展的需要,这些寺庙、宫观逐渐成为议事、调解纠纷、兴办公益事务之地,华侨华人神缘社团也初步形成。

华侨华人神缘社团以共同的宗教信仰为核心,辅之以地缘、亲缘、业缘等关系纽带,成为早期华侨华人社会中具有较高公信力、亲和力和号召力的组织。以神缘为基础的华侨华人社团同其他几种社团相比,更具有一种无形的向心力和凝聚力,不仅能将信众团结在周围,在族群关系紧张的时期,还可以弥合地域、宗亲、利益乃至政治态度的分歧。当神缘与社会组织结合在一起,通过社会活动影响人们的道德标准、行为规范的时候,其调谐人际关系、维护社会团结的作用就更为明显了。华侨宗教信仰是整合各属移民的文化纽带,华侨宗教场所为移民举行公共活动提供了必要的空间。早期各移民群体通常以所属庙宇作为商议公事的场所,一些地缘社团的成立是直接以所属庙宇为依托的,华侨华人神缘社团也因此有了凝聚华侨族群力量、便利华侨宗亲社团沟通的功能,在整合亲缘、地缘、业缘社团方面发挥着重要而独特的作用。

4.华侨华人业缘社团的形成及特征

业缘是以职业和学业为纽带的同行、同学关系。业缘文化广泛存在于人们的各种业缘关系之中,业缘文化的主要载体是业缘关系自觉的产物——业缘组织。业缘性华侨华人社团就是华侨华人以共同的职业和学业为纽带组织建立的社团,本质上也是以职业为实体构建起来的组织。

在海外华侨华人文化之中,业缘文化占据着十分重要的位置。中华传统文化中勤劳勇敢、艰苦奋斗的思想,重群体、重伦理的观念,深深根植于早期华侨的意识之中。早期华侨移民抵达异国他乡,人地生疏、语言不通,一方面,明清两朝政府对华侨采取敌视政策,视他们为"不肖子孙""莠民",使华侨有家难回;另一方面在东南亚诸国又不得不面对殖民当局的压迫,迫切需要依靠自身群体的力量互助互救、相互扶持。在共同的血缘、地缘因素作用下,亲缘性社团和地缘性社团随之出现,而面对更现实、更残酷的生存压力,从事生产活动的华侨更是迫切地需要在同业之中建立能够互助合作的组织,以帮助更多的华侨寻找就业机会、形成信息交流的平台,同时也协调同业内部关系,减少矛盾摩擦。在对内、对外双重需求的合力下,早期华侨社会也如同中国传统社会一样,诞生了如行、堂、公会等社团,业缘性华侨华人社团应运而生。

华侨出国的过程历来有"同乡介绍,接踵而至"的传统,容易出现某一地方、某一发言群体的华侨集中从事同一种工种的现象,如早期新马华侨中,福建人主要从事商业活动,潮汕人主要从事种植园或农业,广东人和客家人以手艺居多,海南人则是雇员居多[211]。在这种背景下成立的互助组织,带有浓厚的地域色彩,既包含业缘文化因素,也包含地缘文化因素。业缘性华侨华人社团也反映华侨华人经济地位的分化。海外华侨在经济上的地位不同,有的是业主,有的是工人,他们在组成业缘社团时出现阶层的分化,分成工人组成的行业公会和业主组成的行会和商会。如美国华人洗衣行业中既有洗衣工人组成的"西福堂",也有洗衣店业主组成的"东庆堂";既有旧票行工人组成的"联合堂",也有旧票行业业主组成的"兆雪堂"等[212]。

5.华侨华人物缘社团的形成及特征

物缘是以物为媒介、为纽带而聚集的人际关系,建立在对特定的物的共同爱好和情感之上。物缘性华侨华人社团就是华侨华人以对特定物的共同喜好为纽带组织建立的社团。

华侨华人物缘群体和物缘社团的出现远比亲缘、地缘、神缘和业缘社团为晚。但人是离不开物质生活,物缘互动、物缘活动渗透在各缘社群和社团之中,而物缘群体和物缘社团也往往萌发于诸缘的群体和社团之中。在1993年,新加坡宗乡会馆联合总会主办的刊物《源》第31期《宗乡会馆活动简报》就报道了许多亲缘、地缘宗乡会馆有关物缘的活动。如福清会馆举行的传统美食节,增进乡谊,为华社自助会筹款;惠安公会举办古董、艺术品、石雕、画展;潮州八邑会馆举办潮州工夫茶冲泡示范及茗会;新加坡的福州会馆在福州举行福州美食览卖会,赏美食,叙乡情,增进同乡的情谊,同时为会馆华乐团前往中国演出筹募基金等。

相关事例可以说是俯拾即有。以上各种会议和展览,都是以"物"结缘,将同感共鸣的人聚集起来,促进彼此的情谊、密切相互的关系,从而逐渐形成物缘社会群体,这种社会群体便是产生物缘性社团的基础。从历史发展的实际考察,海外华侨华人社会最早出现的社团是神缘与业缘相结合而出现的寺庙。随移民南来的寺庙、亭、宫、祠等便成为共同聚会、寻找慰藉的心灵家园,之后便在此基础上形成以团结互助、和衷共济为宗旨的早期社团[213]。例如,日本长崎中国船帮会馆的四福寺、三江船帮倡建的兴福寺(俗称南京寺)、福建泉漳船帮馆建立的福济寺(俗称泉州寺)、福州船帮倡建立的崇福寺、广东帮倡建立的圣福寺,这些佛寺供奉妈祖等神祇,以神缘为纽带,以寺庙作为"商旅公议之区,良辰宴会之所",后来才演变成福建会馆等地缘性、业缘性的华侨社团。寺庙是神缘的物化载体,而就寺庙建筑物而言,又含着物缘的因素。

随着历史的发展,年代的久远,这些寺庙成为历史建筑、名胜古迹,成为旅游景点,其物缘功能更为凸显。有的社会社团会组织"百年古迹寻访"活动等,这些历史建筑成为吸引人群、聚集人群的凝聚点、黏合剂。现在许多寺庙宫观,都有其庙堂组织,设有理事会、联合会等,人员少则有数十人,多则数百人,聘有职员,以法人社团登记。当原依附于神缘、地缘、亲缘、业缘的实物诸如寺庙宫观、楼台馆所等建筑物,随着历史演变成为名胜古迹、旅游景点凸显其物缘功能时,这些社团在一定程度上便演变为准物缘性的社团。因物结缘而组成的社团更注重共同情感的交流。相较于其他类型的华侨华人社团而言,物缘性社团满足的是华侨华人较高层次的精神文化需要,因而更加注重对共同爱好之物的信息和情感交流。社团在解决成员的经济纠纷时,物缘性在一定程度上起着消除内部分歧矛盾、维护自身权利的作用。

（三）华侨华人本土社会网络的形成

华侨华人在异国他乡谋生、发展,却始终与祖籍地保持着紧密的联系。这种联系不仅限于地域和血缘的范畴,更表现为对文化的传承、对乡情的珍视、对公益的热心。他们通过各种方式,构建起与祖籍地社会的深厚联系,形成了独特的本土社会网络。华侨华人无论身处何地,始终坚守着中华文化的传统和价值观,这些文化和价值观深深地烙印在他们的生活中,成为他们与祖籍地联系的重要纽带。他们通过各种方式,如创办中文学校、举办文化活动、传承传统手艺等,积极传承和推广中华文化,为祖籍地的文化繁荣作出了巨大的贡献。他们对乡情的珍视也深深地影响了他们的生活和行为。无论身处何地,华侨华人都会尽力保持与祖籍地的联系,通过各种方式了解家乡的最新动态和变化,他们在异国他乡生活的同时,也不忘为祖籍地的发展尽一份力。此外,华侨华人还热心于公益事业。他们不仅为祖籍地的教育、医疗等事业捐款捐物,还积极参与各种社会公益活动,为当地的社会发展和民生改善作出了重要的贡献。他们的公益行动不仅帮助了祖籍地的贫困群体,也促进了不同文化之间的交流和理解。通过这些方式,华侨华人构建起了与祖籍地社会的深厚联系,形成了独特的本土社会网络。这种网络不仅跨越了地域和血缘的界限,更将不同文化背景的人们紧密地联系在一起,为全球社会的和谐发展作出了重要的贡献。

1.省亲谒祖:维系跨国纽带,传承家族传统

华侨华人在海外生活期间,面临着诸多挑战与困难,身处异国他乡,也时常感到孤独与无助。在这样的背景下,他们开始寻求一种能够给予他们归属感和认同感的社交网络。而省亲谒祖,便是构建这种社交网络的重要途径。通过回到家乡拜访祖先的陵墓、参加家族的聚会等活动,他们能够与本土社会重新建立联系,扩展和深化社交网络。省亲谒祖在华侨华人本土社会网络关系形成中占据了举足轻重的地位。

省亲谒祖通常指的是华侨华人回到家乡祭祖、探亲、参观等活动。通过这些活动,华侨华人能够与家乡的亲人、亲戚、朋友等进行面对面的交流,加强彼此之间的联系和感情。这种联系不仅是情感的交流,更是一种文化的传承和家族传统的维护。在省亲谒祖的过程中,华侨华人会进行一系列庄重而富有意义的仪式和活动。最重要的便是祭祖仪式,这是对祖先的敬仰和纪念,也是对家族传统的维护和传承。在祭祖仪式中,华侨华人会向祖先敬献供品,行三拜之礼,表达对祖先的感激与敬意。同时,他们还会将家族的最新情况告知祖先,祈求祖先的保佑和庇护。通过这一庄重的仪式,华侨华人向祖先表达了深深的敬意与感激,同时也表达了对家族繁荣昌盛的期望。除了祭祖,省亲谒祖还包括探亲访友。华侨华人回到家乡后,会与亲人、亲戚、朋友等进行面对面的交流,分享彼此的生活经历和情感体验。这些活动不仅加强了华侨华人与家乡亲人之间的联系,也让他们更好地了解了家乡的变化和发展。通过与亲人的相聚,华侨华人感受到了家庭的温暖和亲情的力量,也进一步加深了对家乡的情感。

省亲谒祖不仅限于祭祖和探亲,它还具有更深远的意义和影响。首先,有助于提升华侨华人的文化认同感。在祭祖和探亲的过程中,他们能够感受到中国传统文化的氛围和影响,进一步增强对中国文化的认同和理解。通过参加这样的活动,华侨华人能够更加深入地了解家乡的历史和文化传统,从而更好地传承和发扬中华文化。其次,有助于促进华侨华人与本土社会的融合与交流。在活动中,他们能够结识更多的本土社会人士,通过与本土社会人士的交流和互动,华侨华人能够更好地了解当地的风土人情和社会习俗,从而更好地适应本土生活。同时,他们也能够将自己的海外经历和经验分享给本土社会人士,促进双方的相互了解和合作。最后,有助于增强

华侨华人的团结和凝聚力。在祭祖和探亲的过程中,华侨华人共同缅怀祖先、传承家族传统,共同感受中华文化的魅力。这样的活动不仅能够增进彼此之间的感情和信任,还能够加强华侨华人在海外的团结和凝聚力。通过共同的仪式和活动,华侨华人感受到了彼此之间的联系和共同点,更加紧密地团结在一起。

省亲谒祖是华侨华人本土社会网络关系形成中的重要一环。通过这种活动,华侨华人能够加深对家乡和本土社会的了解与认同,也能够更好地融入其中。同时,省亲谒祖也成了华侨华人传承家族传统、弘扬中华文化的重要途径。这种活动不仅能够加强华侨华人与家乡亲人之间的联系,也能让他们更好地了解了家乡的变化和发展。

2.倾情捐资捐赠:助力家乡建设,彰显赤子之心

华侨华人在异国他乡取得成功后,往往怀着对祖籍地的深深眷恋,这种眷恋源于他们深厚的中华文化传统和家族观念。他们希望通过自己的努力,为祖籍地的社会发展贡献自己的力量,捐赠成为他们表达情感和责任的方式之一。通过捐赠,他们能够回馈祖籍地社会,为家乡的发展和进步贡献自己的力量。他们在物质上给予家乡各种支持,通过捐款、捐物、捐助等方式,向本土社会或家乡提供帮助和支持。通过捐赠,华侨华人不仅能够在物质层面上支持本土社会的发展和进步,更能够在精神层面上增强对本土社会的认同感和归属感。

在中国的历史长河中,华侨华人的捐赠行为可以追溯到古代。当时,许多华侨华人出于对家乡的深深眷恋和对祖籍国的热爱,捐款捐物,支持家乡的建设和发展。他们捐资修建寺庙、道路、桥梁,资助贫困学生,为家乡的灾民提供援助。这些行为,不仅体现了他们对祖籍国和家乡的热爱和关心,也塑造了他们与本土社会的紧密联系。在现代,随着华侨华人群体的发展和壮大,他们的捐赠行为也更加广泛和深入,已经不仅仅是对物质层面的支持,更扩展到了文化、教育、医疗等各个领域。华侨华人对教育的重视程度非常高,他们深知教育对于一个社会的发展至关重要。因此,他们通过资助学校建设、提供教育器材、设立奖学金等方式,推动祖籍地的教育事业发展。许多华侨华人捐资设立了各种奖学金,支持优秀学子的学习和生活。这些奖学金不仅为学生们提供了经济上的支持,也激发了他们的学习热情和积

极性。此外,华侨华人还资助学校的基础设施建设,帮助增强学校的师资力量和提高教学质量。这些举措无疑为祖籍地的教育事业注入了新的活力。华侨华人对于祖籍地的医疗事业也给予了极大的关注。他们通过捐款、捐物等方式,支持医院、卫生院和诊所等医疗机构的建设和升级。此外,他们还资助医疗培训、健康教育等活动,提高家乡人民的健康水平和生活质量。华侨华人还通过捐赠文化设施、资助文化活动等方式,推动中华文化的传承和发展。这些举措有助于保持和弘扬中华文化的独特魅力,促进家乡人民的文化认同感和民族自豪感。同时,他们的捐赠行为也促进了社会的和谐与稳定。通过支持教育和医疗事业、救助弱势群体等举措,华侨华人传递了爱心与关怀,帮助家乡人民改善生活品质,进一步拉近了人与人之间的距离。这种慈善精神对于营造和谐的社会氛围起到了积极的推动作用。

华侨华人的捐赠行为也为他们与祖籍地之间的联系与合作提供了良好的平台。在参与捐赠的过程中,华侨华人不仅表达了对家乡的热爱和关心,还借此机会拓展了商业合作和其他领域的交流合作机会。他们通过投资兴业、参与公益活动等方式,加强了与家乡的联系与互动。这种联系不仅有助于促进家乡的经济社会发展,也为海外华侨华人提供了更多合作机遇和发展空间。

3.华侨华人社团:构建本土社会网络的桥梁

华侨华人本土社会网络关系的形成是一个复杂而富有深度的过程,其中参加各种社会活动和组织,如侨联、华侨华人团体和商会,是华侨华人与本土社会融合和交流的重要途径之一。这些组织和活动为华侨华人提供了一个平台,帮助他们与当地社会互动,传承文化,促进经济发展,并维护他们的权益。

"侨联",全称为"华侨联合会",是华侨华人首要的社交团体之一。它为华侨华人打造了一个平台,使他们能够与本土社会进行更深入的互动和沟通。侨联的主要职责是代表华侨华人的利益,维护他们的权益,并为他们提供多元化的服务,包括文化交流、社会福利、教育等。在侨联的各项活动中,华侨华人可以积极参与各种社交活动,如文化交流、体育比赛、慈善活动等。这些活动不仅有助于强化华侨华人的社区凝聚力,还能增进他们与本土社会的交流与理解。同时,侨联还为华侨华人提供了参与社区建设的机遇,使他们能够为本土社会的发展贡献一份力量。

除了侨联,华侨华人还加入了各种华侨华人团体,如慈善团体、文化团体、商业团体等。这些团体为华侨华人提供了一个舞台,使他们能够延续自己的文化,推进经济发展,并维护自己的权益。在华侨华人团体中,华侨华人可以投身各种活动,如文化传承、经济发展、社会福利等。这些活动不仅有助于强化华侨华人的文化认同感,还能增进他们与本土社会的交流与理解。同时,华侨华人团体还为华侨华人提供了参与经济发展的机遇,使他们能够为本土经济的发展贡献一份力量。此外,商会作为为华侨华人提供商业机遇与交流平台的重要组织,其作用不容忽视。在商会上,华侨华人可以与各路商业精英进行深入的交流与合作,共享商业机会与经验。商会还为华侨华人提供了参与商业活动的契机,如举办商业展览、进行商务谈判等。这些活动不仅有助于增强华侨华人的商业实力,同时也促进了他们与本土社会的交流与理解。

参加各种社会活动和组织对华侨华人本土社会网络关系形成产生了重要的影响。首先,这些活动和组织为华侨华人提供了一个平台,使他们能够与本土社会进行更深入的互动和交流。通过参与这些活动和组织,华侨华人能够更好地了解本土社会的文化、价值观和生活方式,从而更好地融入本土社会。其次,这些活动和组织还为华侨华人提供了传承文化的机会。在参与各种社会活动和组织的过程中,华侨华人可以传承和发展自己的文化传统,并向本土社会传播中华文化的精髓。这有助于增强华侨华人的文化认同感,促进中华文化的传承和发展。再次,参加各种社会活动和组织还有助于增强华侨华人的社会责任感和社区凝聚力。在这些组织和活动中,华侨华人可以参与公益事业和社会福利工作,帮助那些需要帮助的人。这不仅有助于提高华侨华人在本土社会中的形象和地位,还能增强他们的社区凝聚力和归属感。最后,参加各种社会活动和组织还有助于促进华侨华人与本土社会的融合。在这些组织和活动中,华侨华人可以与其他人进行交流和合作,分享经验和观点。这有助于打破文化隔阂和误解,促进不同文化之间的交流和理解,同时也能提高海外侨胞对祖国的认同感和归属感,从而对构建和谐稳定的社会发挥积极作用。

（四）华侨华人社会网络的影响研究

1.国际移民回流的影响研究

在全球化不断推进的背景下,国际移民跨国流动的频率、范围和规模日益频繁,移民回流现象也日益增多。移民回流的研究经历了从单向到双向的发展历程。目前学术界关于国际移民回流的研究已取得了不少成果,可从推拉理论和跨国主义理论进行探讨。

推拉理论最初被引入人口迁移行为的研究领域,作为一个解释人口迁移现象的重要框架。根据这一理论,人口迁移行为是迁出地推力和迁入地拉力共同作用的结果[214]。在西方古典的推拉理论中,劳动人口的迁移是由转移地与转出地之间薪资待遇的差异所驱动的。Lee[215]将推拉理论应用于人口流动与移民的探讨中。他提出,在市场经济条件下,当人口流动自由时,个体迁移的主要动机在于改善其生存与发展状况。这种改善既受到吸引个体迁移至新地的拉力作用,也受到限制个体在原地发展的推力影响。这两种力量在人口迁移过程中共同发挥作用。现代推拉理论在人口流动及其变化诱因的理解上取得了显著的进展,其关注点已不仅局限于追求更高的工资水平。这一理论还深入探讨了职业发展规划、对生存环境改善的需求,以及稳定的社会发展因素等多元化动因[216]。曾少聪等[217]在移民经济研究中指出,移民定居国的经济衰退、排外现象和政策限制等是海外移民者回流的主要推力,祖籍国良好的经济环境和稳定的政治环境是吸引海外移民者回流的重要拉力。此外,地区政府针对海外移民者实施的“回归政策”在移民的回国安置过程中发挥了至关重要的作用,为他们的回归提供了政策上的有力保障[218,219]。

Basch 等[220]将跨国主义应用到国际移民领域,通过深入观察和分析现代移民现象发现,与过去那种“一去不返”或“完全割裂”的移民模式不同,现代的跨国移民行为更多地表现为与原祖籍国之间保持着多种复杂而紧密的联系。基于此发现,Basch 等提出了一种新的研究视角,即应当超越传统的以民族—国家为中心的研究范式,转而采用更为开放和广阔的全球视角来审视和探讨族群及文化的跨国流动现象。跨国主义理论旨在为移民研究提供一个全面的理论分析框架,以深入探究移民国家与原籍国之间复杂而多样的社会经济关系。这些关系不仅涵盖了物质层面的联系,如经济、政治等,还涉及象征性的联系,如社会文化等方面。Al-Ali 等[221]在研究中进一步强调了移民对于"家乡"概念理解的多样性,这源于他们不同的忠诚度。移民者不仅在情感上与出生地紧密相连,同时也会与其移居地产生情感纽带。对于"家乡"的主观感受和自我认同被证实对移民的回流决策及其重新融入过程具有显著影响。这种情感纽带和身份认同不仅为回流现象提供了丰富的社会和文化背景,还揭示了移民在跨文化背景下的适应策略。通过保持与"家乡"的紧密联系以及进行频繁的迁移活动,移民展现出了独特的跨国流动性。这种流动性不仅有助于他们在多个社会中维护经济、政治和社会网络,还体现了他们在全球化背景下对身份和文化的灵活运用。关于移民回流创业的研究一直以来都是学术界的重点话题。从回流移民视角,国内学者就华侨华人回流创业展开了相关研究,赵琴琴等[222]基于温州华侨华人创业理论,从资源积累、创业机会等角度,对温州华侨华人二次回流创业进行了相关理论研究,研究结果表明,海外华侨华人创业是一个从一次出国创业到二次回流创业的动态演进过程。陈初昇等[223]通过研究发现,海外华侨华人社会关系网络在国际商务管理中的应用及其作用机制,揭示出海外华侨华人网络与外商直接投资逆向技术创新效应之间存在一种显著的倒 U 形关联,而组织双元学习在调节海外华侨华人网络与 OFDI(对外直接投资)逆向技术创新效应关系方面发挥着重要作用。Hamdouch 等[224]基于摩洛哥回流移民的数据,对摩洛哥回流移民的创业活动和生产性项目投资模式进行了详尽的探究。通过深入分析回流移民的投资和创业行为,其研究发现回流移民如何通过投资和创业等多种方式有效运用自身储蓄和技能,进而对经济发展产生积极影响。

目前,国际移民回流的研究主要集中在规模、类型、模式和动因等方面,但少数学者对移民回流者的社会网络关系与创业绩效的影响机理进行了深入研究。另外,以海外华侨华人群体为研究对象,研究其双重社会网络关系在华创业中产生的作用的研究也较少。本书旨在探讨海外华侨华人的社会网络关系与创业绩效的影响机理,并分析海外华侨华人群体双重社会网络关系在华创业者中的作用。

2.华侨华人社会网络关系的形成与影响的相关研究

(1)华侨华人的社会网络关系概念。

社会网络理论,亦称社会网络分析或社会网络科学。该理论的核心概念"社会网络"(social network)最早由英国人类学家 Radcliffe-Brown[225] 于1940 年正式提出,其目的是深入探讨人际关系网络构成的社会结构对人类行为产生的深远影响。在学术史的演变中,移民的社会网络理论起源于 Thomas[226] 等对迁移至欧洲及美国的波兰农民的研究,认为社会网络指的是在原籍或迁入地,由迁移者、早期移民及非移民通过亲属、朋友和邻里关系构建的联系网络。该理论主要强调以血缘、地缘和情感纽带为基础所构建的社会网络,对移民产生的深远影响。这种社会网络的形成,不仅有助于降低迁移带来的风险,促进迁移网络的不断扩张,还加强了移民在初始地与迁移目的地之间的流动性和互动性,从而塑造了一种独特的移民回流社会网络关系[203]。在社会网络理论框架下,回流者扮演着携带并传递有形与无形资产的关键角色。网络关系的构建和维护依赖于长期稳定的人际关系以及行动者间的有价值的定期交换。这种交换模式的持续性与稳定性,得益于网络本身所蕴含的循环性特质。回流者在与迁入国家保持联系的同时,将个人的迁移经历与在华创业计划相结合,从而为创业活动提供了重要的辅助资源。这种资源不仅有助于保障回流的主动性和有效性,还提升了资源和信息的可利用性[227]。吴绍玉等[205]引入了双重社会网络的概念,海外华侨华人具有的双重性社会网络,指的是海外华侨华人在祖籍国(即本土)所嵌入的社会网络关系,以及他们在海外居住地所建立的海外网络关系。海外华侨华人普遍拥有较高的海外学历和丰富的海外工作经验,他们在回国创业后,除了新构建的国内社会网络外,仍然维持着在国外因学习、生活和工作而建立的社会网络。这种双重社会网络的存在对海外华侨华人的回国创业行为产生了深远的影响。

本书所探讨的狭义社会网络关系,主要指的是华侨华人群体以血缘、乡缘和情缘为核心纽带所构建的社会关系集合。这种关系集合呈现出鲜明的"差序格局"特征,即关系的亲疏程度因血缘和情缘的不同层次而有所区分,体现了华侨华人独特的社会网络结构,并且兼具双重网络特征。在海外,华侨华人以血缘、乡缘和情缘为基础发展形成的社团组织,以及与当地原居民、职场伙伴、教育机构人员、宗教组织成员等多维度主体的交流互动,从而构成海外社会网络关系;华侨华人在华的家族成员,除父母、兄弟姐妹等具有家族血缘色彩的天然关系以外,更多的是通过各种渠道而构建起来的各种关系,如朋友、师生、同学及同事等本土社会网络关系。

(2)华侨华人社会网络关系影响作用的相关研究。

目前,学术界已有大量研究证实,创业者应充分运用其社会关系网络,以获取创业所需的资源和信息。这一举措在新创企业成立初期尤为关键,能够弥补资源和信息的不足,并补偿创业者在经验上的不足。研究进一步表明,创业者的社会网络对创业绩效具有积极的影响作用[228,229]。社会网络关系对创业绩效的影响一直是创业领域的热门研究话题。随着全球化的推进,海外华侨华人作为一股不可忽视的创业力量,其社会网络关系对创业绩效的影响逐渐受到学术界的重视。社会网络关系在帮助创业者有效识别商业机会方面发挥着关键作用,长期的互动交往所建立的高度信任关系,进一步鼓励创业者进行更加坦诚和开放的交流。社会网络关系的存在,为企业提供了多种信息和资源,保证了知识的分享和信息的顺畅流动[67]。

有关企业绩效的研究开始关注华侨华人社会网络对企业绩效产生的影响。①海外华侨华人社会网络关系对创业绩效的影响体现在资源获取方面。李永周等[230]研究表明,海外华侨华人具有丰富的海内外关系资源,其社会网络关系可以为创业者提供各种资源的获取渠道。这些资源包括资金、人力资源、技术支持等,对于创业者来说是至关重要的。通过与社会网络中的人建立合作伙伴关系或者获取信息,创业者可以更快地获得所需资源,提高创业绩效[231]。②海外华侨华人社会网络关系对创业绩效的影响还表现在市场开拓方面。华侨华人社会网络关系广泛分布于全球各地,其社会网络包括亲友关系、同乡会、宗亲会等,拥有较高的社会影响力和信誉度。这些社会网络不仅提供了信息和资源的获取渠道,减少了创业者的市场开发成本,还能帮助创业者通过与社会网络中的成员建立联系获得市场情报、商业机会和合作伙伴,利用社会关系资源开拓新的市场,从而提高创业绩效[233]。③海外华侨华人的社会网络关系对创业绩效还具有文化优势。唐任伍等[232]和王晖[233]认为,海外华侨华人保持着与祖籍国社会成员的联系,从而保持着对中国文化的认知,在创业过程中能够充分发挥自己的文化优势,与海外市场进行有效的沟通和交流。海外华侨华人的社交网络关系中往往存在着相同的文化价值观和共同认同感,这使得他们更容易获得当地市场的认可和信任[234]。在跨文化的创业环境中,海外华侨华人的社交网络关系可以成为他们在市场上取得成功的重要因素之一。

■ 三、华侨华人政治关联的形成与影响研究

华侨华人的社会网络关系和商业网络关系是组成华侨华人网络关系的重要部分之一,社会网络关系的形成和建立促进商业网络关系的形成和建立,但这两种网络的构建同样也推动形成了华侨华人的另一网络关系——华侨华人政治关联。华侨华人政治关联的形成拉近了华侨华人与海内外政府部门的亲密关系,为政府这只"有形的手"调节市场提供了更加直接便利的途径与通道。

(一)华侨华人政治关联的理论界定

政治关联这一概念最早由 Fisman[235]于 2001 年提出。他将政治关联定义为企业与政府部门的亲密程度关系,本质上是对企业与政府之间形成的社会网络关系的描述。在对政治关联的深入研究中,学者对于政治关联的定义与测量有所不同。例如,企业高管人员是否现任或者曾经任职政治机构[236]。在中国的情境下,有研究还纳入了人大代表、政协委员等身份作为判断标准。例如,总经理或董事长是否或曾经在政府及其所属机构,人大、政协等机构工作来衡量公司是否具有政治关联[237]。另外,还有研究将国有占股或国家股权占比等作为衡量标准,如刘娟等[238]用与母国政府有关联的董事占董事会成员总人数的比重测度企业母国政治关联度。此外,还有研究对政治关联进行了分类。比如,将政治关联分为直接政治关联和间接政治关联,其中直接政治关联指的是企业与政府部门或者政府官员建立的正式的、显性的、紧密的关系,间接政治关联是指企业与政府部门或者政府官员建立的非正式的、隐性的、松散的关系[239]。又如,Chen 等[177]将政治关联分为关系性政治关联和交易性政治关联,其中交易性政治关联注重人及活动的经济性,是以交易为导向的政治关联,而关系性政治关联则注重

长时间的投资积累,并表现出个人化、情感化的特点,注重情感投入的亲密关系。Zhang 等[240]将政治关联分为块状政治关联与线状政治关联,其中块状关系定义为企业高管与地方政治机构(如省级政府)的联系,线状政治关联则为企业高管与中央机构(如部长级政府)的联系。此外,还有横向和纵向政治关联、隐性和显性政治关联、中央性与地方性政治关联等分类。因此,本书根据对华侨华人的研究,结合其海外与本土的双重经历,将政治关联分为海外政治关联与本土政治关联。海外政治关联是指华侨华人通过选举捐款、公益活动、(曾)任参议员等诸多方式与海外国家政府部门、政府官员、投资机构等建立的密切联系。本土政治关联则是指华侨华人通过公益捐赠、(曾)任政府官员、人大代表等形式与本土政府部门、政府官员、投资机构等建立的密切联系。

(二)华侨华人双重政治关联的形成

从古至今,华侨华人都为我国的建设发展、公益事业等多方面作出了重大贡献,良好的政治关联也在这些来往中得到了进一步优化。我国国际化进程在不断加快,但我国仍然被认为是一个"关系"社会,政商关联对于华侨华人的发展仍然非常重要[241]。政商关系是国家治理中非常重要的组成部分,也是极其复杂又难以处理的关系。"民无商不活,国无商不兴。"[242]国家是公共资源的分配者,商人是商业资源的主要分配者,二者在资源的分配中必然会产生重要联系。政商关系主要体现在政府与市场、政府与企业、中央与地方政府、官员与商人等几个层面。商人也主要通过党派政治、政治献金、参与竞选、公益活动等多种方式加强与政府的联系[243]。本书将从海外政治关联和本土政治关联的形成两个方面分析总结华侨华人政商网络关系的形成。

1.华侨华人海外政治关联的形成

(1)为基本生存而形成的政治关联:献工献粮、参军起义

明末清初,战争的炮火和民族的压迫使得大批的中国人不得不背井离乡,远赴海外定居生活。当时中国已经沦为一个半殖民地缺乏主权的国家,居住国也将这批中国人看作外来民族,没有给予他们与本土居民相同的政治权利[244]。因此,在经济动荡的年代自生自灭,华侨没有任何政治权利,

只能在各个国家之间流动与飘荡。在此过程中,海外华侨逐渐意识到只有祖国发展繁荣,他们才能在居住国获得更好的居住和生活条件。因此,在海外生活的华侨采用各种各样的方式开始斗争之路,轰轰烈烈地掀起了爱国浪潮。例如,在朝鲜的华侨组织起来献工献粮、报名参加朝鲜人民军队等,在越南、缅甸、日本、菲律宾、美国、英国、法国等的华侨也积极参与了斯德哥尔摩和平宣言的签字以及示威游行活动[245],这便是华侨最早的政治参与形式,既是为了在他乡生存,也是为了中华民族崛起的民族大义。除了被迫出国的劳工,还有想要带领中国从被列强压迫的水深火热之中崛起的中国青年,他们胸怀大志地奔赴国外学习。这些中国留学生思想活跃、行为大胆,对于政治活动的参与尤其积极,并通过组建政治党派组织活跃于当地的华人圈子以及国内青年中,与欧洲其他国家也保持着紧密联系,但他们发现在国外开展政治活动的效果并不显著[246]。

　　(2)为生存后的发展而形成的政治关联:政治参与、积极竞选

　　第二次世界大战后,东南亚的华侨华人面临的形势发生了根本的改变。东南亚各国先后宣告独立,当地的民族资产阶级逐渐掌握了政治权利,与此同时开始限制外侨入境和推行同化政策,在不同程度上要求外侨要在政治和经济上融入当地社会。华侨华人在东南亚大多数国家都处于少数民族的地位,如果不在政治舞台上拥有一定的实力,那就有可能受到民族沙文主义的政治压力,甚至存在倾家荡产的风险。因此,东南亚华人渐渐从战前的被迫卷入政治漩涡或“在商言商”不言政治的态度,逐渐转变为以当地公民的身份积极参与当地的政治活动,以争取华人公民的合法权益[247]。据数据统计,1965 年,在他依内阁政府的 19 名部长中有 12 名都是具有中国血统的华人[248]。第二次世界大战后,大部分的华侨华人仍然把提高自身的经济实力作为努力方向,只有少部分华人参与到政治活动中,但即便是加入了居住国国籍的华人,依然有很多不能参与当地的政治活动。在泰国就有法律规定,转国籍以及当地出生的第一代华人只拥有选举权,可以当兵、当警察,但是不能任军警和政府官员;第二代华人才可以与当地人享受同等的待遇。此外,东南亚地区的国家以各种方式对华侨华人实施同化政策。其中就包括政治同化,即以政策限制或者禁止华人少数民族政治团体,还通过解散或改变华人社团的名称与性质来限制华人的政治活动。从中可以看出,

不仅仅是华侨华人在外部环境的影响下积极参与政治活动与政治竞选,居住国的政府也在利用政治活动来促进华侨华人的同化与融入当地[248]。随着华人融合与同化于居住国,其政治态度与思想观念也日益倾向于居住国,从对中国的政治认同逐渐转变为对居住国的政治认同,这也是华人融入当地社会的显著体现。华人获得选举权与被选举权更是激发了他们参与政治活动的强烈愿望[249]。

(3)为基本权益争取而形成的政治关联:政府就职、参政社团

随着时代的发展,华侨华人逐步迈入工业与金融行业的道路,从而实现低阶级人群向高层次人群的跃升。20 世纪 70 年代,美国的电脑研究中心有一千多名华侨华人研究员,还有许多华侨华人知识分子在大学、研究机构、医院工作,甚至已有少数的华侨华人在当地的政府部门工作[250]。不仅如此,改革开放以后有高达一千多万的新移民走出国门。随着越来越多的中国人远赴重洋、生根发芽,移民发展也展现了全新的生机与特点。由于人生地不熟,各国的华侨华人成立了会馆、同乡会、宗亲会、商会以及会党等社会团体以及党派组织,抱团取暖,互帮互助,以更好地在海外落脚。如 1854 年,墨尔本就成立了最早的华人会馆——冈州会馆和四邑会馆。

随着移民数量的增多以及地域的扩大,华人社团组织不再仅仅以会馆的形式出现,也有了同乡会和跨地区、跨籍贯、跨职业的公会、侨青社、侨友社等。尽管在同一组织中存在着不同的政治观点,但都主要以维护华侨华人的合法权益、争取华侨华人的福利待遇、传播中华优秀传统文化为宗旨。这些华人社团为华侨华人和中国代言,不断与当地政府交涉。有时也会邀请政府有关人员参加华人社团举行的社团活动,社团的领导人也会时常参与到政府的咨询机构当中[251]。不仅仅是华人参政社团不断增多,华人参政热情空前高涨,华人社团参政形式也在不断地变得丰富。例如,向华人选民提供咨询及有关的服务,培养华人参政的人才,从社团中推选代表参加所属地区的政治活动,利用媒体宣传等让当地的政府、政党以及社会了解并不断重视华人的政治力量,筹措资金帮助华人候选人参与地区竞选,支持与华人政见相同的其他族裔人群参与竞选,发表政治宣言要求华裔公民参与政府决策阶层等。

祖籍广州的余江月桂女士,作为第三代美籍华裔在 1961 年 11 月参加

加州议员的竞选,成为加州历史上的第三位女议员。不仅如此,她还在 1968 年、1970 年、1972 年三次蝉联州务卿的职位,也获得了该职位有史以来的最高票数。在职期间,她提倡中英文双语教学,推动华人参政,并且筹办了早期华人协助及开发加州的展览,让更多的人看到华人对美国建设作出的贡献,提升了华人在海外的社会地位。并且在她的推动下,加州与江苏省成为友好省州,洛杉矶与广州成为友好城市。余江月桂女士还被评为"1984 年全美华人十大新闻人物"之一,极大地提高了华人在海外的社会影响力。同样,出生于天津的陈李婉若女士,也在 1983 年当选了美国南加州蒙特利公园市的市长,成为美国首位华裔女市长,同时历任全美首位主事亚裔和少数族裔事务处处长、掌管郡政府 13 亿美元财政预算的行政主管,以及福特、卡特、里根、克林顿四任总统的政府高级顾问,被克林顿总统褒奖为"具有东方文化教养的美国政坛魅力女神"。她为争取华人平等权益,促进中美友好交流作出了卓越贡献[253]。美国华人的积极参政运动也激发了包括加拿大、澳大利亚、新加坡在内的其他国家的华人对当地政治活动的兴趣[254],当时还有许多华人活跃在世界各地的政坛。

同时,居住国的各党派人士还在竞相争取华人的政治选票,以获得竞争优势。例如泰国社会行动党为了争取华裔的票数,聘请了 60 多位具有社会影响力的华人作为顾问。1975 年,泰国众议员竞选中的 269 名众议员中有高达 75% 属于华裔[248]。20 世纪 90 年代,大约有 100 名华人入选美国各级议会或担任政府要职。

(4)为谋取更好发展而形成的政治关联:商政互助、担任要职

进入 21 世纪之后,华侨华人受教育水平和经济实力有了显著的提升,中国的国际地位和影响力也得到了广泛的认可,因此,其他国家开始重新审视华侨华人在当地发挥的作用与做出的贡献,当地的政府以及商人也需要借助华侨华人社团来发展与中国的商贸关系,华人也在深入融进当地的生活中意识到参与当地政治活动的重要性,并且逐渐摒弃政治冷漠的态度,积极参与政治活动。参政的动机不再局限于得到公平待遇,更是作为一名公民为争取自己的合法权益而斗争[256]。2023 年以来,世界各地的华侨华人的参政意识在不断加强,参政纪录也在不断刷新[257]。

海外华人积极参政议政,不仅仅可以提高华人的地位,维护华人的合法

权益,同样还能促进居住国与中国建立和睦关系,帮助居住国加深对中国政治和政策的理解。一方面,华侨华人不仅在国外拥有过居住经历,而且比国内的同胞们更加了解居住国与祖籍国的政治、经济、文化,因而其也变成了中国了解其他国家的"天然向导"。另一方面,华侨华人相比于居住国的人们会更加了解中国,因此,华侨华人是海外与中国展开友好交流的"最佳引路人"[258]。同样,由于华侨华人的积极参政,其在居住国的政治地位与社会地位也得到不断提升。在 2018 年的马来西亚大选中,新一届内阁或国会议员中有十多位是华人[259]。

2.华侨华人本土政治关联形成

(1)老一辈华侨华人:创办企业、捐物捐款的本土政治关联

华侨参政的现象主要出现于晚清时期,华侨在经济上的实力日益凸显,华侨社会日渐形成,群体基数不断扩大,并且此时大多数的华侨在国外仍然处于政治无权的境地,心中仍然持有报效祖国、叶落归根的传统观念。同时,晚清政府也发现了华侨的财富实力,于是清政府通过卖官封爵的方式,逐渐让华侨参与国内的政治决策,中法战争之后华侨参政成为一种制度[260],这也为华侨与国内公民拥有同样的参政议政权利开创了先例。在推翻了清王朝的统治之后,海外华侨抱着落叶归根的传统思想,怀着振兴中华、报效祖国的豪情壮志,不断集资回国创办工商企业、促进侨乡建设,不仅为侨乡发展开辟了新的道路,也与当地社会和政府产生了稳固的联系。在抗日战争中,1928 年的"济南惨案"后,新加坡华侨以陈嘉庚先生为首成立了"山东惨祸筹赈会",不仅仅捐助救济款,同时还开展了反日宣传和抵制日货的活动[245]。据数据统计,在 1841 年到 1949 年期间,归侨人数占出国华侨人数的三分之二,尤其是在中华民族面临危机的时候,广大的华侨对于回国参战展现出了极大的热情。在 1937 年 7 月到 1938 年 2 月,经过广州回国参战的华侨就有将近 2 000 人[255]。总之,华侨华人在此期间积极参与祖籍国的革命运动,热衷于捐资捐款、参政从军等,积极支持祖籍国的反帝反封建、争取民族独立解放的革命斗争,孙中山先生曾经评价——"华侨是革命之母"[261]。

(2)新生代华侨华人:多方投入、主动积极的本土政治关联

民国初期,华侨积极参与国内的教育事业与发展建设。一方面,华侨带

回了所在国的新文化、新思想、新风尚。另一方面,他们也意识到教育的重要性,集资修建医院、善堂,兴办新学制中学、小学,出版报纸、侨刊,开办图书馆,赞助教育事业等等[262]。例如,1921—1936 年,受到华侨的影响,广东省梅州市各地区小学由 880 间增长至 2 621 间,而且梅县九成以上的中小学都得到了海外侨胞的资助,这段时期是梅州侨乡教育的快速发展期,华侨也因此与祖国的联系更加密切,与各地政府的交流更加深入,华侨在国内的政治地位也因此得到了提升,在国内的话语权和归属感得到了增强[263]。在"教育救国"思想的号召下,许多华侨回乡办学,并且在南京国民政府成立前后达到了高潮。南京国民政府对此亦持支持与鼓励态度[264],也使得华侨华人与本土政府的关系密切了起来。华侨华人虽然远在海外,但一直都与祖国有着千丝万缕的联系。

从新中国成立到 1978 年,华侨华人也通过回国参加社会主义建设、捐资支持抗美援朝、投资兴办企业、捐助文教等方式来参与中国的社会和经济建设。在互帮互助的情谊中,华侨华人也与国内的政府、学校、宣传媒体形成了紧密的联系。改革开放之后,我国出国留学的人数和学成回国的人数就在不断增加,但是回国人才的数量还远远赶不上出国留学生的数量[265]。海外华侨华人虽然远居海外,但是在推进两岸统一中也展现出了特殊优势。据统计,截至 2004 年左右,全球华侨华人自发建立的"中国和平统一促进会"和与之相似的组织已经有 100 多个,遍布欧洲、北美洲、南美洲等五大洲、70 多个国家和地区。这些组织和社团中聚集了在不同领域拥有重要影响力的人士,拥有独特的网络优势,在推动中国的统一大业中发挥了重要优势[266]。

海外人才资源是中华民族宝贵的人才资源之一,也是推动我国社会发展与进步、实现中华民族伟大复兴的重要力量之一,是我国人才强国战略的重要组成部分。20 世纪 90 年代初,为了吸引更多的海外留学人员回国工作与生活,我国发布了许多帮助海外留学人员回国工作分配与工作调整的相关政策,如《关于在外留学人员有关问题的通知》《关于出国留学人员工作单位调整有关问题的通知》《关于调整使用不当、不能充分发挥专长的留学回国人员工作的办法》等,并在工龄、工资、医疗方面给予留学归国人员一定的优待[267]。因此,许多华侨华人选择回国发展。同时,广大的华侨华人始终密切关注并持续支持祖籍国和家乡的发展,积极投身于中国现代化建设事业。例如,许多归侨科学家为我国的国防科技事业发展做出了卓越的贡献。此外,华侨华人与祖籍国的经济关系和政治关系都得到了全面的发展。他们不仅开展大规模对华投资,密切关注国内企业发展,积极投身建设,同时还热心于公益事业、学校建设。例如,香港爱国同胞郭邝肖卿女士以郭得胜基金会的名义捐资 3 000 多万港元,与花都区人民政府共同投资兴建了重点中学——邝维煜纪念中学。这所中学创办于 1994 年,由全国政协原副主席叶选平同志亲笔题写校名,并在 1995 年正式落成。因此,此阶段华侨华人对祖籍国不再仅仅是爱国爱乡的情怀,而是由爱国爱乡、追求利益、找寻机会等多种情愫组成的复杂情感。

21 世纪后,越来越多的华侨华人选择回国发展。截至 2018 年,有近 355.2 万名的留学人员选择回到中国发展,不仅留学人员回国的人数稳步提升,而且高层次人才的回流趋势也愈发明显[268]。回流潮之下,不少华侨华人通过投资、捐赠以及联谊等多种方式与中国进行互动与联系,例如,进入 21 世纪后,华侨华人就对国内的经济、文化、教育建设提供了不少支持与帮助,相比于改革开放初期的投资与捐赠,如今华侨华人的捐赠更具有效率性。近 20 年来引进的外资中,有超六成来自海外华侨华人和港台资金。以广东省梅州市为例,21 世纪后,华侨华人对梅州市的捐助结合了梅州城区与其他乡镇的教育、文化、卫生、交通等发展需要,捐助与支持的效率不断提高,捐赠也从造福型转为造血型[269]。正是这些捐赠与支持,拉近了华侨华人与中国的心理距离,让华侨华人虽远在他乡却仍然能够感受到祖国的温暖,也促进了华侨华人回国交流学习,为他们回国发展奠定了基础。在华侨回国参政议政等方面,《中华人民共和国全国人民代表大会和地方各级人民代表大会选举法》总则第六条规定:全国人民代表大会和归侨人数较多地区的地方人民代表大会,应当有适当名额的归侨代表。旅居国外的中华人民共和国公民在县级以下人民代表大会代表选举期间在国内的,可以参加原籍地或出国前居住地的选举。[270]此外,"一带一路"倡议提出后,华侨华人商会作为促进政府与企业之间合作的纽带,构建共建"一带一路"国家双边合作机制,深化了"一带一路"倡议[6]。华商商会与中国各级政府形成了一系列相互连接的网络节点,构成制度化跨国网络的重要构建主体[271]。

（三）华侨华人政治关联主要构成群体及特征

1.华侨华人政治关联主要构成群体

（1）与政府部门拥有直接联系的政治关联群体

华侨华人中曾任或现任国家政府部门相关职员的人数在政治关联群体中的占比相当大，多数对于政治关联的研究也普遍以是否有或有过在政府部门任职的经历作为是否具有政治关联的普遍标准。例如，Sun 等[272]将企业至少有一名董事会成员曾任职于政府部门作为企业具有政治关联的判断依据。谢波等[236]也通过企业高管人员曾任职于政府部门来测量企业的政治关联。除了以企业高管本身的政府任职经历来划分群体，还有将企业高管与政府部门存在直接联系作为分类标准，包括企业高管与地方或者中央政府机构产生联系和关系等。例如，Zhang 等[240]就提出企业高管与地方政治机构（如省级政府）、中央机构（如部长级政府）之间的联系或关系。不止如此，国内学者还考虑了中国情境下的政治关联，扩大对于政治关联群体的界定，将各级党代表、人大代表、政协委员以及行业协会人员纳入了考虑范围。例如，徐鹏等[273]认为政治关联是企业首席执行官当前或曾经在地方或者中央各级政府或军队等部门任过职或担任政协委员、人大代表、行业协会人员。同样，张铂晨等[274]也将曾任或现任的各级党代表、人大代表、政协委员以及政府部门工作人员作为衡量政治关联的标准。这不仅细化了华侨华人独有的本土政治关联，同时也考虑了华侨华人独特的身份环境。

（2）公益捐赠产生间接联系的政治关联群体

除了华侨华人自身经历或与政府部门存在直接联系，部分华侨华人也通过公益活动、赈灾捐款、投资教育、与高校联合研发技术等方式与政府部门产生间接联系。相比直接联系，民营企业和初回国的华侨华人更易通过公益捐赠等与政府部门产生间接联系。例如，2023 年 10 月 25 日"奥蒂斯"飓风对阿卡普尔科等城市造成了较为严重的破坏，灾害发生后，一个由 40 余位墨西哥华侨华人组成的爱心团队驰援灾区，带去了 20 余吨的爱心物资，这一举动获得了当地政府的称赞[275]。同样，2023 年 10 月 31 日，美国华侨高永祺先生对广西救援队进行了捐助，并在广西南宁举办了捐赠仪式，广西侨联党组成员、副主席秦伟鹏向高永祺先生对广西公益事业的支持表示了衷心感谢。这些无私的捐助行为,不仅为当地带来了物质上的帮助,同时也让华侨华人与两个国家产生了美好的情感[276]。此外,部分回国创业的华侨华人也积极与当地高校进行合作,推进了产学研用一体化的高效生产技术等。例如,新西兰的厦门联谊会名誉会长卢绍基建立的厦门塔斯曼生物工程有限公司,与厦门大学、福建农林大学、华侨大学等多所大学建立战略合作,成立了塔斯曼院士专家工作站,打造了产学研用一体化生态链。

2.华侨华人政治关联特征

(1)人脉关系广泛,文化背景多元。对于拥有海外政治关联的华侨华人来说,他们一般为了争取更公平、更合理、更多的合法权益,会选择积极加入华侨华人参政社团,获取更多的政治认同。在这个过程中,华侨华人会结识更多文化背景的其他社会群体以在竞选中获得更多的选票。同样,在社团的交流学习、活动开展中,华侨华人也会丰富自身的人脉关系。例如不少国家的华人及其社团的参政意识逐渐觉醒,尤其是在美国,华人参政社团不断增多,例如美国华人权益促进会(1972年成立)、纽约皇后区华人选民协会(1983年)等。对于拥有本土政治关联的华侨华人来说,他们回到祖国的初期,对于其社会环境、经济发展、政策福利还不够了解,此时,他们亟需政府部门、侨商会、侨联的指导与引导作用来帮助他们适应新的环境。因此,通过政府部门的牵线搭桥,华侨华人也会与当地的供应商、客户、同行业竞争者建立广泛联系,从而拓宽了在当地的人脉关系。例如,华侨华人粤港澳大湾区大会于2023年5月在江门市举行,有效地提升了华侨华人在共建"一带一路"工作中的桥梁纽带作用,同时也为华侨华人企业的交流合作搭建了广阔的平台[277]。

(2)积极参与公益,社会影响力大。老一辈华侨华人通过献工献粮、参军起义的方式与祖国政府和当地政府产生联系,他们是为了获得更好的生存条件和维护和平的家园。新生代华侨华通过公益活动、赈灾捐款、投资教育、与高校联合研发技术等方式与政府部门产生联系,也同样是为了更好地回馈祖国、回馈社会。例如,2023年年初,9辆大卡车载着近60吨肯尼亚华侨捐赠的抗旱赈灾物资,从肯尼亚首都内罗毕驶向受旱灾影响严重的马瓜尼郡,帮助当地家庭度过艰难时期。这些善举承载了华侨华人对"第二故乡"的关爱和责任[278]。在这种公益活动的不断交流中,华侨华人群体不仅与当地的百姓和政府产生了密切的联系和深厚的情谊,也提升了他们的社会影响力。

总之,华侨华人通过建立广泛的网络关系,积极投身于公益事业来建立海外与本土的政治关联,为他们的后续发展也提供了更多的助力。

(四)华侨华人政治关联的影响研究

1.双重政治关联的概念与类型

政治关联亦被称为政治联系、政治关系、政治资源等,可理解为与当地政府部门建立联系,对于企业的生存尤为重要[279]。Fisman[235]最早较为明确提出政治关联(political connectedness)这一概念,指出政治关联是印度尼西亚企业与当任总统苏哈托家族之间的密切联系,并构建了苏哈托依赖指数等5个评级测量其政治关联程度。随后学者们对政治关联进行了更详尽的研究,但对政治关联这一概念仍然没有一个统一的界定。

同时,基于不同的制度环境、社会文化等因素,学者在定义政治关联上也存在一些微妙的差异。例如,在德国,政治关联强调企业与执政党的关系;在巴西,政治关联则强调通过选举与当选者形成的密切联系;中国香港的选举委员会成员是政治关联企业的股东或董事;当然,在中国的独特环境下,政治关联还特指企业中的股权持有者是否具有人大代表或政协委员资格。总体来说,政治关联的相关概念主要可以分为以下几种类型:

第一,企业的高管有或者曾经有在当地或中央政府部门的工作经历。

第二,企业的高管与政府的关键政治人物建立了紧密的联系。

第三,企业在选举期间通过选举捐款与当选者形成联系成为政治关联企业。

第四,政府持有一定股权的企业视为政治关联企业。

第五,企业通过公益事业或人际关系网络与政府建立了紧密的联系。

当然也有学者以主动建立政治联系(企业家为了谋取政治身份而积极参与公益事业、雇佣政府员工等)、被动建立政治联系(政府官员到企业谋职)、在政府部门兼职或视察(常见于民营企业)等方式区分政治关联的形成方式。

不同的学者分类方式有所不同,但在内容上都大同小异。因此,政治关联被普遍概括为企业与拥有一定政治权利的个人或组织之间所成立的一种隐形政治契约,其中包括企业高管、董事等曾经或正在政府部门任职,以及通过选举捐款、公益活动等行为建立的政治联系[281]。本书则基于华侨华人这一特殊研究对象和中国的社会环境,将华侨华人的政治关联拓展到与政府部门、侨联、侨商会、高校科研机构等建立密切联系。

在国外的研究中,较多学者将政治关联与其他网络进行对比研究,其中研究较为丰富的是企业的政治关联与商业关系或社会关系的分析研究。例如,在商业关系方面,Zhang 等[282]指出,虽然商业关系对组织敏捷性的正向影响更强,但是竞争强度和法律可执行性都会增强政治关联对组织敏捷性的积极影响,因此也减轻了这两种关系的影响差异性。Gao 等[283]指出,商业关系和政治关系在对产品创新的作用上是非线性关系,并基于不同的地区环境和市场活力验证了其不同的调节作用。

除此之外,还有学者对政治关联与社会关系进行分析研究。Ge 等[284]指出家庭关系与政治关联都可以为企业家弥补新兴市场制度基础设施的差距。Bai 等[285]指出 CEO 的政治利益取向和亲社会取向正向调节了政治关系对企业绩效的影响作用。

部分学者进一步聚焦于政治关联,将政治关联分为不同类型,不同层次或者不同维度进行研究,以此来明确剖析政治关联的影响机制。例如,Sun 等[286]提出了企业和政治行为者之间的交换关系(即管理层政治关系)与企业和政治机构之间的交换关系(即政府所有权关系)两种不同的政治类型。Chen 等[177]将政治关联分为关系性政治关联与交易性政治关联。Zhang 等[240]则提出了横向(即与地区的块状联系)和纵向(即与部门的直线联系)两种类型的政治联系对企业创新产生了不同的影响。Guo 等[287]从微观个体与宏观组织两个层面引入政治关联的多层性观点,且进一步全面分析这两个层面的政治关联与企业绩效之间存在的关系。Zhou 等[288]将政治关联分为显性或隐性两种类型。

国内有关政治关联的研究并不少,涉及的学科也较为丰富,包括管理学、政治学、统计学、会计学、经济学、行政学等多个领域。在研究内容上主要围绕不同类型企业、不同主体的政治关联进行研究。例如,唐松等[289]考察了不同产权性质的企业中政治关联对高管薪酬的作用,以及这种影响对公司未来经营绩效的影响。陈德球等[290]以转轨经济阶段的中国上市公司为研究对象,指出政治关联的企业还会受到市委书记变更引发的政策不确定性的影响。黄丽英等[291]则研究了高管层面的政治关联对企业创新投入的影响作用。在政治关联的分类研究上,国内学者也将其分为显性与隐性。例如,杨星等[292]指出公司披露的"显性"政治关联和未披露的"隐性"政治关联都可以促进定向增发的审批。基于中国本土的社会环境,国内学者还将政治关联分为中央性政治关联与地方性政治关联,李健等[293]提出企业家的中央政治关联与地方政治关联都能正向显著影响企业价值;李姝等[281]则指出地方性政治关联比中央性政治关联更能促进企业的长期贷款。

因此,本书参考上述基于不同环境背景下的分类方式,将拥有海外与本土双重背景的华侨华人这一特殊对象所形成的政治关联分为海外政治关联与本土政治关联进行研究。基于上述对政治关联的概念总结,本书将海外政治关联定义为华侨华人通过选举捐款、公益活动、(曾)任参议员等诸多方式与海外的国家政府部门、官方机构、高校科研机构等建立的密切联系。同样的,本土政治关联则为华侨华人通过公益捐赠、(曾)任政府官员,人大代表,等形式与本土政府部门、侨联、高校科研机构等建立的密切关系。本书将华侨华人的海外政治关联与本土政治关联合称为双重政治关联。

2.双重政治关联与创业绩效

政治关联在不同研究中发挥的作用有所不同,因此可以将其按发挥主效应、中介效应、调节效应等多种方式分类。在发挥主效应方面,李振洋等[79]提出政治关联抑制了企业全要素生产率的提升,存在"政治资源诅咒"效应。Wang 等[294]以市场为中心的创新能力和合法性作为中介,研究政治关联对企业绩效的影响作用。在发挥中介效应方面,李宇辰等[295]发现因利用政府产业基金投资而与形成的政治关联,能够降低企业的法律诉讼风险。这种政治关联也可为企业生产经营活动提供资源,从而改善企业经营状况。在发挥调节效应方面,Wang 等[296]提出政治关联削弱了职能间协调与创新之间的关系。Dong 等[297]同样指出,政治关联在塑造家族企业合作研发中起调节作用。张铂晨等[274]还指出,政府补贴对中国重污染企业绿色创新存在显著的 U 形影响,而政治关联会削弱该 U 形影响。

在国内外研究中,针对华侨华人这一特殊群体的政治关联对其在华创业绩效影响的研究较少,但是政治关联对企业创新绩效硬性方面的研究较为丰富,其影响效果可以分为以下 4 种情况:第一,政治关联可以促进企业的创新绩效;第二,政治关联可以抑制企业的创新绩效;第三,政治关联对企业创新绩效无明确作用;第四,政治关联与企业创新绩效之间的关系并非线性关系,而是呈现倒 U 形状态。Zhang 等[298]提出组织政治关联对企业的突破式创新和渐进式创新都具有积极影响。张国富等[299]指出 CEO 政治关联对企业的财务绩效与创新绩效都具有负向影响。Luk 等[300]则提出了政治关联对创新绩效没有影响。在后续的研究细化中,郑山水[301]用实证研究证明了政治关联与创新绩效之间呈现倒 U 形关系。除此之外,现有研究虽然对华侨华人的政治关联研究较少,但是有学者关注高管的海外背景与政治关联的协同作用。例如,宋林[302]以中国为背景,研究了高管的政治关联与海外背景对企业创新能力的协同作用。也有学者将制度环境纳入研究政治关联的范畴,以完善政治关联研究的准确性。例如,严若森等[303]纳入制度环境这一调节变量,指出好的制度环境会削弱政治关联对家族企业创新绩效的抑制作用。但现有研究仍较少关注海外与本土的双重政治关联的影响,并且华侨华人的政治关联对创业绩效的影响结果仍未有准确明晰的结果。因此,华侨华人所处的外部环境及其拥有的双重政治关联对于在华创业绩效的影响作用如何还有待深入研究。

四、双元市场能力的形成与影响的相关研究

(一)双元市场能力的界定

为了在当今复杂而快速变化的市场中取得成功,企业不仅要利用现有的知识和实践经验,还要探索新的知识和实践经验,也就是说,企业需将双元性融入自身的市场运营能力之中。[76]双元能力则是将 March[164]的双元性(即利用性和探索性)引入企业能力,其中,利用性能力是指企业在现有业务领域内,运用已有信息、知识和技能等资源,改进现有产品和服务性能,提高资源利用效率的能力,如筛选、充实、选择、生产和实施等;探索性能力则

是企业在现有业务领域之外,不断发现新的市场机遇,拓展新市场,从事包括搜寻、变革、冒险、试验、发现和创新等的能力。为了应对当今多变而复杂的市场,企业必须及时适应市场变化,进行市场开拓,使企业能够对竞争对手的威胁做出快速反应[8]。关于组织双元性的争论同样适用于公司的营销职能,营销适应利用企业积累的基于市场的知识和经验,而营销探索利用新的基于市场的知识,这些知识不同于现有的知识库。[78]依据华侨华人在华创业的特征,结合双元营销能力对本书双元市场能力进行界定,市场适应能力是指华侨华人将自身原本已掌握的知识、经验和技术应用于中国市场,适应中国市场的规则和需求,实现资源与市场快速融合的能力[8]。市场开拓能力是指华侨华人通过不断学习新知识、探索新领域、开发新技术、创造新产品等以挖掘并满足新的市场需求,开拓更广阔的商业版图[7],实现市场不断拓展、确保持续竞争优势的能力[9,10]。

(二)关于双元市场能力的前因后果研究

在竞争日益激烈的商业环境中,组织必须适应不断变化的市场条件,制定有效的营销策略以保持竞争力。将双元性整合到企业营销职能中,通过在营销项目中寻求开发与探索,企业将能更高效地发现和抓住市场机遇,从而实现更好的业绩。这种双元性的营销策略有助于企业在竞争激烈的市场环境中保持竞争优势,实现持续发展。企业如何有效分配、利用和整合现有资源,同时具备适应能力和持续变革的创新能力,是现代企业面临的紧迫问题。"双元能力"正是在企业适应发展、推动变革、保持和创造竞争优势的需求背景下产生的[79]。在上述理论回顾中可知,学者们基于不同情境对双元能力进行了延伸,具有主题视角多元和偏重实证的特点[80]。本书将从双元市场能力的前因研究和后果研究这两个方面进行相关文献回顾。

关于双元市场能力的前因研究,主要从内部组织因素和外部环境因素两个方面展开。一方面,内部组织因素在塑造双元市场能力方面发挥着关键作用。内部组织因素包括组织学习、企业商业模式和企业战略等多个方面,它们共同为企业提供了适应市场变化和实施营销策略的能力。王学军等[81]以中国情景下的创新企业为研究对象,发现企业变革型商业模式创新通过前瞻性的探索式学习活动和渐进性的开发式学习活动促使企业不断探索新的营销能力和开发已有的营销能力。组织的战略因素,例如战略决策、企业战略导向、项目结构等,均会对双元市场能力产生影响作用。Josephson等[82]通过对上市公司的数据分析发现,公司战略的松弛度是战略营销双重性的关键因素,会促进企业战略营销双重性的发展。另一方面,外部环境变化对企业的双元市场能力产生影响,迫使企业调整营销策略以适应新的市场条件。在对双元能力的研究中,很多学者从网络因素方面探究其对双元能力的影响作用。刘景东等[83]等通过对网络情境下企业双元能力的研究发现,网络多元化正向调节双元能力差异不平衡性与创新绩效的关系。同样外部组织因素在很大程度上塑造了企业的双元营销能力,营销能力随着时间的推移而消退,可以通过组织学习和知识开发进行提升。范雅楠等[84]等发现与企业关注内部知识学习相比,外部市场知识获取对营销探索产生更大的正向影响。

关于双元市场能力的后果研究,主要从组织行为、组织绩效两方面展开。双元市场能力,即双元营销能力对企业行为产生重要影响。营销利用和营销探索能力为企业在动态市场环境中适应变化和寻求竞争优势提供了支持[85]。当企业具备双元营销能力时,它们更有可能在面对市场变化和不确定性时采取积极主动的策略,如投资于新产品开发、探索新的市场机会等。He等[85]研究发现市场探索能力和市场开发能力分别影响探索性市场创新和开发性市场创新活动,且双元营销能力可以通过基于双元市场的创新活动影响创新绩效。众多学者已经对双元营销能力对企业绩效的影响进行了深入研究,具体体现在,拥有强大双元营销能力的企业将会实现卓越的财务绩效、创新绩效等。Freihat[86]对约旦电信公司营销绩效的探究发现,营销开发和营销探索提高了约旦电信公司的营销绩效。

在应对日益动态复杂的环境时,企业需要同时具备有效运作当前事业和适应未来变革的双重能力。然而,在双元市场能力的前因研究中,学者们更多地关注企业内部因素,而企业外部因素,特别是特殊群体独特的外部因素有待进一步探究。例如,华侨华人的双重商业网络关系作为一种独特的外部优势条件,对双元市场能力的作用有着重要且差异化的影响,未来的研究应进一步探讨,为企业在复杂多变的市场环境中制定和优化营销策略、提升创业绩效提供理论支持。

■ 五、影响创业绩效的相关研究：创业动机、创业教育 和文化差异

（一）创业动机研究综述

1.创业动机的界定

创业动机作为创业过程的一个重要驱动因素[87]，也是创业研究的一个重要研究领域。关于创业动机的概念，Olson 等[88]指出，创业动机是创业者通过创业行为达成特定愿景与目标的内驱动力，它促使具有创业能力和创业条件的个体进行创业。创业动机是创业者在追求目标成就过程中形成的内在驱动力，从目标导向和自我效能感两个方面来衡量[89]。

在不同的创业动机的驱动下，个人对于自身身份产生不同的自我评价，这些自我评价引导他们选择增强现有身份或构建新身份，从而受到创业动机的影响，加强他们在社会环境中的创业暴露[90]。不同的创业动机直接对创业过程产生差异化影响，创业者对于资源的选择、配置等产生影响。全球创业观察把创业动机分为机会型创业动机和生存型创业动机。

2.关于创业动机的研究现状

Gilad 等[306]提出了创业动机的"推拉理论"。第一种类型是基于推动型的创业，由那些主动选择参与创业的人组成，例如他们的目标是实现一个商业想法。第二种类型是基于拉动型的创业，是那些感到被外部的、大多是不利的因素"拉"入创业活动的人，例如由于缺乏更好的工作选择，个人成为创业者[92]。在此基础上，全球创业观察把创业动机分为机会型创业动机（推动型）和生存型创业动机（拉动型）。关于创业动机（机会型创业动机和生存型创业动机）的研究主要聚焦在"前因"和"后果"两个方面，即"促进不同动机的因素研究"和"不同动机造成的结果研究"。

关于"前因"研究，其一是创业者的个人因素。创业者会对自身情况进行评估衡量，对现状不满意的个体将寻求改变，从而有可能采取创业行为。例如，低学历更可能进行生存型创业，高学历更可能进行机会型创业[93]。其二是社会资本。以家族企业为例，家族资本对机会型和生存型创业者来

说都具有积极的影响,其中机会型创业者更有可能受到特定家族角色模式的影响[94]。其三是外部环境。地区的经济环境、贸易开放度和金融科技进步程度均会对机会型创业动机产生促进作用。关于"后果"研究,创业动机造成的创业结果分为宏观和微观两个层面。宏观层面包括地域经济、就业效应等方面,不论是生存型创业动机还是机会型创业动机,均促进了地区的经济增长,提高了就业水平[93]。微观层面包含创业者个人的幸福感、个人创业行为(机会开发、资源整合等)和创业绩效。机会型创业动机促进了创业者的创业幸福感,盈利型动机对创业者的创业幸福感存在负向影响[95]。

对于创业动机的分类,目前生存型和机会型动机的分类已得到学界的认可。学界大多认为机会型创业动机将会产生积极效应,而生存型创业动机的影响机制存在争议。不同创业动机将引导创业者作出不同的行为选择,从而影响其创业过程和结果。在华侨华人在华创业过程中,基于不同的创业动机,他们在行业选择、资源整合和回报预期等方面也将表现出各不相同的计划和行为。深入研究创业动机在华侨华人双重商业网络关系与在华创业绩效之间的边界效应,有助于更好地理解华侨华人个人因素对在华创业的影响。

(二)创业教育概念及综合影响

1.创业教育的概念

随着社会经济的持续发展以及民众创业热情的持续高涨,创业教育逐渐受到了广泛的关注和重视。这种教育形式不仅致力于提升受教育者的创新能力和创造力,更注重培养他们的团队合作精神和实践操作能力。创业是一个过程,它要求个体充分利用自身的能力和素质,以及周边可获取的资源,以实现自我价值的最大化,并创造出经济和社会双重价值[304]。关于创业教育的概念界定,学术界已进行了深入的探讨。Lee等[305]学者提出,创业不仅仅是一种受机会驱动的思考、推理和行动方式,更是一种需要创业者具备全面细致的实施方法和高度平衡的领导艺术。为了实现这一目标,创业教育需要加强对创新意识、思维、能力以及人格的培养,并构建一个系统的知识结构,从而为有创业意愿的人奠定坚实的创新基础[306]。联合国教科文组织从更宽广的视角出发,强调创业教育在培养具有开创性个人方面的重要性。这种教育不仅对创业者具有重要意义,而且在职场员工中也发挥着不可忽视的作用。现代用人机构或个人在评估员工时,除了关注事业成就,还更加注重员工的首创精神、冒险意识、独立工作能力以及技术、社交和管理技能等多方面的发展[307]。Liñán[308]在其研究中指出,创业教育的核心目标是意识教育,旨在提高个体的创业知识积累,进而激发其潜在的创业意愿或促进其对职业路径选择的清晰度。丁明磊等[309]则进一步指出,创业教育对于个体应对创业过程中的复杂挑战、提高创业管理自我效能具有直接而显著的影响。创业培训与创业能力在提升创业意向方面发挥着显著作用,且创业能力可以通过创业培训得到显著提升。创业教育作为一种核心理念,其实施过程中的首要任务是激发教育者和受教育者的创业意识。经过优质教育和培训的创业者是创业成功的关键因素。创业者在摄取和利用创业资源方面的能力具有个体差异,而创业教育,尤其是针对创业者的教育,有助于提升他们的机会识别能力、创新思维与资源整合能力、新公司创建与运营能力以及创造性与批判性思维能力[310]。

基于现有研究,本书认为创业教育包含:(1)海外华侨华人通过实际工作和创业经验积累实践技能和知识,可以加深创业者对创业本质和规律的理解,并掌握了在不同环境下开展创业活动的策略和方法[311]。(2)正规创业课程可以为海外华侨华人提供系统化的理论学习机会,包括创业基本步骤、策略制定、商业计划书撰写等关键知识,帮助他们了解市场趋势、竞争对手和行业动态,提升创业机会识别和风险管理能力[312]。

2.关于创业教育的综合影响研究

创业教育作为一个跨学科领域,涵盖教育学、心理学、管理学、组织行为学等多学科内容。现有研究主要集中在两个方面:创业意识和技能的培养、创业企业绩效。

第一个方面是创业意识和技能的培养,其核心旨在帮助学习者深化对创业概念的理解,掌握创业所需的核心技能,以及优化创业选择的决策流程。这些技能包括但不限于商业交涉、领导才能、新产品研发、创新思维,以及自我价值实现等方面的特性和能力,均与创业活动紧密相连,构成创业成功的关键因素。郝杰等[313]认为,创业教育应作为一门专业课程,其核心目的在于培养个体具备扎实的创业理论基础及相关实践技能。在课程设计上,应着重强调创业精神与创业意识的培育,以创业能力的提升为导向,激发创业个体在工作中展现出独特的创新思维和创造力。这种教育不仅适用于那些选择自主创业的个体,同样也对那些选择就业的人具有深远的影响。Krueger 等[314]认为,创业教育应通过培养创业意识和技能来增强个体的自我效能,从而提高个体对创业可行性的感知和对创业的激情。这种培养过程不仅有助于激发创业者的内在动力,还能在一定程度上降低创业风险、提升创业成功率。

第二个方面是创业绩效方面,创业教育与创业绩效之间的关联始终是学术界关注的焦点。对于初创期的创业者而言,创业绩效的形成不仅依赖于他们掌握的创业知识和技能,更需要获取企业发展所必需的资源支持。通过系统的创业教育,创业者得以全面而深入地掌握创业流程的理论知识,涵盖了管理、财务、风险识别与控制等知识。这些扎实的理论基础对于指导创业者的实践活动具有积极的推动作用,特别是在进行市场和行业分析时,准确的判断往往成为创业成功与否的关键因素。此外,通过参与创业实践,创业者不仅能够与高级管理者、成功企业家、银行家等建立密切的联系,从而更早获取新颖且高质量的信息资源,而且能够在一定程度上缓解新企业在市场中所遭遇的"新进入者劣势"。这种优势不仅能够提升企业的市场竞争力,还能为创业者提供更多的创业机会和发展空间,进一步推动创业绩效的稳步提升。Weick[315]在人力资本理论的框架内进行拓展性探讨,强调先前创业活动所积累的知识对未来知识表现具有重要影响。具体而言,这种知识不仅有助于个体有效整合和积累新知识,还能够提升其在新情境中的适应能力,进而增强绩效能力。教育作为人力资本积累的重要途径,为个体提供了包括技能、经验和逻辑思维在内的多元化知识储备。通过正规的创业课程学习以及非正式的创业经历,个体能够不断丰富自身在创业过程中所需的知识、技能和经验,从而为未来的创业活动奠定坚实的基础。李明章[316]在其研究中对创业教育进行了系统性的分类,将其划分为非系统学习和系统学习两大类别。其中,非系统学习主要聚焦于个体自主参与的创业实践活动,强调通过实际操作和亲身体验来积累创业经验和技能;而系统学习则涵盖了参加创业课程、学术性活动和讲座等正式的教育途径,旨在通过系统的知识学习来提升创业者的理论素养和实践能力。从人力资本理论的角度来看,个体通过创业教育获得的知识和能力对于其未来在整合新知识、新资源以及积累新经验方面表现出显著的积极影响。这些独特的资源和能力不仅构成了创业企业独特的竞争优势,而且为企业创造了巨大的价值,进而显著提升了创业企业的整体绩效[317],此外,创业教育和培训在激发创业意图、提高创业成功率以及促进企业绩效利润增长率方面发挥着至关重要的作用。通过系统的创业教育和培训,个体能够更全面地了解创业的过程和所需技能,从而在实际创业过程中更加得心应手,为企业创造更大的价值。

关于创业教育的研究,学术界主要聚焦于高校对大学生创业课程的培训、企业创业者技能的提升以及创业逻辑思维的培养等核心议题,且普遍认为受到良好教育和培训的创业者是创业成功的关键要素。创业者的受教育程度,尤其是他们所接受的创业教育,对创业在创业过程中的资源获取和利用能力具有显著影响,进而直接关系到其创业绩效。但关于华侨华人的创业教育对其在华创业会产生何种影响,目前学术界较少提及。基于此,本书认为,海外华侨华人在海外的工作、创业和商业合作经验,以及他们参与的各类创业培训,均可视为一种创业教育;相较于未接受过创业教育的初创者,拥有创业教育和创业经验的华侨华人回流创业的成功率将显著更高。

(三)文化差异研究综述

1.文化差异的概念

Culture 和 kultur 是"文化"的英文与德文,都源自拉丁语 cultura。"文化"概念的来历并不明确,学界对于文化的概念也并不统一。例如,雷小苗[318]认为文化是一种共有的心理程序,他们之间存在相同的社会背景、成长经验或者受过相同的教育。Hofstede[319]将文化定义为不同国家、不同民族的人在语言、信仰、习惯、价值观以及行为方式上存在一定程度上的相似或差异性。部分学者认为,狭义的文化是指人类稳定不变化的价值观;广义的文化是指人类活动的所有痕迹,与自然相对。不仅如此,Hofstede 著名的文化维度理论将文化差异分为 6 个维度,即个人主义与集体主义、权力距离、时间观念、不确定性规避、女性化与男性化、放纵与克制。基于对于文化的不同定义以及文化与文化之间的异质性,学界衍生出对文化差异的研究。

当然,学界对于文化差异的定义也有所不同。例如,赵曙明[320]在研究跨国公司在华面临的挑战时,其中的文化差异是强调民族文化与地域文化之间存在的差异。庄贵军等[321]以中国的制造企业与境外经销商之间的关系作为研究对象,将文化差异定义为"不同国家、不同民族的人群在语言、习惯、信仰、价值观和行为模式等方面相似或相异的程度"。Chen 等[322]将文化差异定义为祖籍国与住在国之间的文化差异程度。关于文化差异的研究主要分为以下几类:(1)南北文化差异,如李善民等[323]考虑我国南北文化差异,谈论 CEO 的文化差异如何影响企业的并购决策行为。(2)国家、民族差异,如 Beugelsdijk 等[324]研究表明,祖籍国和住在国的文化差异对跨国公司的阻碍比想象的要小得多。(3)城市与乡村的文化差异。朱涛等[325]提出,在文化认同上,青年农民工对家乡的文化和务工城市的本地文化都不认同,呈现出了双向疏离的文化认同谱系。因此,本书基于华侨华人这一研究对象,结合上述文献概念,将文化差异定义为不同国家在语言、习惯、信仰、价值观以及行为方式等方面存在的差异程度。

2.文化差异的影响研究

关于文化差异的研究具有一定的多样性,其中包括人口学、社会学、经济学、地理学、政治经济学等多个学科。文化差异也是国际商业文献中最常研究的变量之一,早期的研究发现,企业难以直接投资于文化差异相距遥远的市场当中[326]。因此,如何降低祖籍国与住在国之间存在的文化差异成为学者们研究跨国企业的重点。例如,Tadesse 等[327]以文化距离和遗传距离测量了两国的文化差异,以研究移民和跨社会文化差异对双边贸易成本的影响作用。Oehmichen 等[328]发现收购方和目标国的制度特征以及这两个国家之间的文化差异将影响董事会收购经验。Chen 等[322]发现祖籍国和住在国之间的跨文化差异以及新兴市场与发达市场之间的认知差异的相互作用促进了新兴市场跨境并购的学习绩效。此外,跨国企业的合法性等问题也成为学界关注的重点。Kostova 等[329]提出文化差异越大,跨国企业就越难以在住在国建立合法性,也难以将母国的战略做法转移到外国子公司。Campagnolo 等[330]假设企业绩效会因缺乏合法性而恶化,尤其当民族文化之间存在摩擦时,组织文化之间发生冲突的风险更高。除了针对跨国企业的研究,部分学者也关注了移民这一独特群体,主要强调文化距离、制度距离、制度差异以及文化认同等问题。例如 Voyer 等[331]提出互惠身份共同创造所涉及的过程和结果可能会因文化环境而有所不同,从而促进了不同类型的个人层面的自我认知差异。Zolfagharian 等[332]研究了种族认同、宗教信仰和物质主义之间的相互作用,以及移民群体内部的代际差异,并且将分析扩展到前三代移民,并对比了两个移民群体的结果。Popli 等[333]还提出了重点企业的文化经验储备可以减轻文化差异对跨境交易放弃的正向影响,并且公司的行业背景还会影响与文化差异相关的不确定性。

同样,国内在跨国研究领域对于文化差异的研究主要聚焦于三个方面。

第一是留学生的文化适应问题。在移民群体的文化适应上,学者们又将其分为"走出去"与"走回来"两类。关于"走出去",部分学者以"购物车"来形象比喻移民群体的文化认同,认为移民群体没有全盘认同当地文化,同样也不是完全坚持中国文化,而是根据自己的需要"加入自己的购物车",并将这些文化融会贯通[334]。吴前进[335]从国家安全视角出发,认为华人移民关于住在国的身份认同建构与变迁,不仅是因为历史进程,也是出于自身安全而形成的反应与适应。关于"走回来",马凌等[336]不仅探讨了海归知识移民如何在跨国流动中进行"自我主体"重构,也研究了他们回流后如何适应不同地方的社会文化,维系多层的社会网络。马占杰[337]也发现,逆向文化对创业自我效能感和海外华侨华人的在华创业意向有冲击作用。

第二是企业高管个人特征的研究。学者们将高管的个人背景与社会外部环境带来的文化差异相结合,提出了高管的海外背景以及文化融入对企业的发展具有一定的影响。例如,姚凯等[338]提出了海归高管对企业国际化的影响具有资源和文化冲突两种效应,这两种效应共同影响着海归高管与企业国际化的关系。朱佳信等[339]认为文化距离越大、住在国制度环境越差、海外子公司经营年限越短,母公司高管的住在国经历对于海外子公司的绩效促进作用就越明显。

第三是关于国际化企业的研究。例如,阎大颖[340]研究提出,文化距离影响着企业在住在国经营的适应能力,而且文化距离越大,越会加剧海外并购的经营风险,从而影响其海外并购后的经营绩效。倪中新等[341]也提出文化差异是我国企业"走出去"必须经历的经营风险,并且并购双方的文化差异还会对企业内部的整合产生巨大影响,使得企业内部出现冲突,增加协调难度。吴小节等[342]提出了母国区域制度环境对民营企业海外市场进入模式有积极影响,但是规制差异却会削弱这种积极影响。

在对企业高管的个人特征的研究中,已有研究发现文化差异对企业发展具有重要影响作用。文化是人类社会的独有元素,影响着人们的认知、交流与互动,从而影响着更深层次的经济增长。多元的知识以及不同的思维方式能够促进人们的频繁交流,加速知识的外溢,从而促进创新。并且对于不同的地区和国家来说,多样性水平的文化也将有利于企业内部信息的交换以及知识溢出。例如,陈景信[343]指出了外来文化多样性对于创新创业绩效具有积极影响。此外,国内学者并没有明确研究国内外文化差异对于创业绩效的影响,而是将高管的海外背景、先前经验作为研究对象,进而研究这些不同的文化背景对他们所拥有的资源所产生的影响,最后如何导致创业绩效的不同。在国外的研究中,Dai等[344]以中国的快速发展作为研究情境,提出中国的创业情境(政治差异、经济差异以及文化差异等)的改变如何影响创业过程进而影响创业绩效。对于新兴市场经济体,祖籍国和住在国之间较大的文化差异可能与个人和当地人的认知联系较弱有关,因而对于华侨华人在住在国利用创业机会产生影响[345]。此外,在跨代创业中,成功的家族企业代际在于企业的创业取向、家庭以及文化背景,这三个主要维度也对企业绩效产生影响。其中,文化背景对家庭和企业的关系、企业资源和能力发挥着重要作用,进一步调节了跨代创业与企业绩效之间的关系[346]。因此,不同的文化背景对华侨华人利用个人资源以及对创业绩效存在一定的影响。

第二章 华侨华人的双重商业网络关系对其在华创业绩效的影响研究

第一节 海外华侨华人在华创业的实地访谈

基于上述现状分析、理论梳理和文献回顾,本研究发现华侨华人双重商业网络关系、双元市场能力、创业动机对其在华创业进程、绩效会产生一定的影响,但具体的影响机制尚不明晰。并且华侨华人在华创业是国际移民回流与创业管理的交叉学科,鉴于研究对象的复杂性及缺少充分的文献参考,本研究将通过定性研究帮助提供深入、详细的见解,这对于探索和理解复杂的社会现象特别有价值。通过深入访谈和实地考察,本研究可以获得丰富、复杂的个案数据,这些数据有助于构建理论模型,提炼关键变量,并为进一步的实证研究提供基础。本研究从实践访谈和考察中对华侨华人在华创业过程进行识别,对华侨华人访谈资料进行分析,梳理出可能影响华侨华人在华创业的商业性基本要素,初步探讨彼此之间的逻辑关系,完成理论构建。在这一阶段,基于访谈资料进行定性研究,从实际观察入手,从原始资料中归纳出经验概括,即在系统收集资料的基础上寻找反映社会现象的核心概念。NVIVO 是质性研究比较常用的一种研究工具,其优势是能够对政策文件、访谈资料、问卷调查等无序信息进行有效的组织整理和信息加工。本研究利用 NVIVO 11 Plus 软件录入整理后的访谈文本资料,系统而深入地展开研究。定性研究为我们提供了一种有力的工具,以理解海外华侨华人创业过程中涉及的社会互动。

一、访谈数据收集

为了确保访谈对象符合本研究要求,并获取更多的样本和数据支持,我们特别寻求山东济南和青岛、福建福清、泉州和厦门等地侨务部门的帮助,成功对 13 位在华创业的华侨华人进行访谈,其基本信息描述详见表 2-1。

表 2-1　样本描述性统计

编号	性别	年龄	教育背景	身份	所从事行业	所在地区
P1	男	54	硕士	华人	服务	福建
P2	男	56	本科	华侨	贸易	福建
P3	男	64	本科	华侨	制造业	福建
P4	男	36	硕士	华侨	制造业	福建
P5	女	37	本科	公民	政府	福建
P6	男	62	硕士	华侨	科技	福建
P7	男	44	高中	华侨	服务	福建
P8	男	38	硕士	华侨	贸易	山东
P9	女	30	本科	华人	制造业	四川
P10	男	56	硕士	公民	政府	山东
P11	男	53	本科	华侨	制造业	福建
P12	男	66	博士	华侨	地产	深圳
P13	男	50	本科	华人	制造业	上海

注:表中计算年龄时,日期截至 2024 年 3 月 31 日。

本研究的访谈工作在 2022 年 8 月至 2023 年 5 月期间进行,每位受访者的访谈时长 60～120 分钟。访谈方式以半结构式深入访谈和实地考察为主,对部分受访者进行了多次访谈。在访谈前,我们向受访者提供了知情同意书,详细说明研究目的、内容以及录音等事项,并承诺保护隐私和严格保密访谈资料。本次访谈的目标是深入了解华侨华人在中国创业过程中受到哪些商业关系的影响,以及这些影响的具体表现。考虑到访谈对象的差异性,我们为不同对象设计了针对性的访谈提纲。对于在华创业者这一直接活动主体,我们的访谈重点在于他们在中国的创业过程、个人经历和观点。

而对于政府官员、侨会或同乡会会长等非直接活动主体,虽然他们不是创业者本身,但作为关注华侨华人在华创业的重要见证人,他们的见解和认识有助于我们获取更客观的实情,从不同角度了解华侨华人在中国的创业情况。

在华创业华侨华人的访谈提纲主要包括以下几部分:第一部分是介绍研究主题和目的,并向访谈对象介绍相关定义;第二部分是了解访谈对象的个人基本信息,包括年龄、身份、来华时间、教育背景、创业所在地区、所从事行业等;第三部分是了解被访者来华创业的原因、具体创业经历、企业经营状况、影响其在中国创建和发展的商业性因素;第四部分是询问被访者在创业过程中遇到的商业性帮助;第五部分是了解被访者在创业过程中遇到的困难和挑战;第六部分为开放性问题,主要让被访者针对当前局势自由诉说对华侨华人在华创业的看法。

相关政府官员、侨会或同乡会会长的访谈提纲主要包括以下几部分内容:第一部分是介绍研究主题和目的,并向被访者介绍相关定义;第二部分是了解该地区的华侨华人概况,包括目前华侨华人人口现状、在华现状、在华发展的趋势、主要所从事行业等;第三部分是了解当地政府/侨会或同乡会为吸引华侨华人"回流"所采取的措施和结果;第四部分是询问政府部门/侨会或同乡会就目前工作/运作情况进行分析影响华侨华人"回流"以及在中国创建和发展的可能因素;第五部分是了解创业者向政府部门/侨会或同乡会寻求过什么帮助;第六部分为开放性问题,主要让被访者针对当前局势自由诉说对华侨华人在华创业的看法。

为了保证研究的有效性和全面性,本研究采用一手数据和二手数据相结合的形式进行数据收集。其中,一手数据来自对被访者进行的半结构化访谈,二手数据来自被访者的履历、企业官方网站、权威媒体、政府部门发布的报道、数据库可找到的已发表文献以及政府相关部门所出具的权威资料等。同时,本研究随机选取 10 份访谈记录,剩余的 3 份作为理论饱和度检验。

二、访谈资料编码过程

（一）开放式编码

开放式编码是经由密集地检测资料来对现象进行命名与类属化的过程，不仅要将收集的资料打散，赋予概念，而且要以新的方式重新组合并予以操作化。本研究对访谈结果进行信息收集、分析、编码和比较[347]，借助NVIVO 11 plus软件自下而上逐步进行编码。首先是开放式编码，开放式编码分析的核心目标是从原始资料中构建概念，主要涉及三个步骤：第一步是标记，根据访谈资料的内容仔细解析访谈资料的原始数据，在反映研究内容的句子或词语上贴标签；第二步是概念化，将标记的句子或词语进行系统分类，并定义概念，可以直接采用资料中的词句，也可以在完全理解资料的基础上重新命名；第三步是范畴化，在概念化编码的结果基础上，探究概念间的联系和相似性，归纳到同一范畴内[348]。本研究通过开放式编码共得出77个标签，归纳总结为29个初始概念和10个初始范畴。部分开放式编码见表2-2，其中A表示标签，B表示概念，C表示初始范畴。

（二）主轴式编码

主轴式编码是逐级编码过程的中间阶段，旨在发现、建立主要概念类属与次要概念类属之间的各种有机联系，从而将分散的资料以新的方式重新组织起来。在开放式编码的结果基础上，主轴式编码通过对编码资料的进一步分析，发掘初始范畴之间的潜在逻辑关系，从而发展出主范畴和副范畴。主轴式编码并非构建一个综合的理论框架，而是比开放式编码更进一步地发展范畴，对概念继续进行分析归纳，将具有相似意义的概念进行聚类、提炼。本研究通过分析初始范畴之间的层次关系和逻辑关系，最终形成主范畴和初始范畴，最终将10个初始范畴归纳为4个主范畴，即双重商业网络关系、双元市场能力、创业动机、创业绩效（见表2-3）。

表 2-2　部分开放式编码结果

原始资料（以部分代表性原始资料为例）	开放式编码		范畴化（Cn）
	贴标签（Aj）	概念化（Bm）	
在柬埔寨，通过在侨办结识的柬埔寨华人的介绍，我们能够落户在一个非常好的经济区内。我们也通过孟加拉国华人的帮助，寻找进入国的机会，海外商业版图也在这样扩展。	A1 海外发展 A2 本土发展	B1 地域双重性（A1，A2） B2 共同创业的企业合伙人（A3，A4） B3 商务交易的利益相关者（A5，A6，A7，A8，A9） B4 商业平台结识的潜在合作者（A10，A11） B5 经他人介绍的潜在合作者（A12，A13，A14） B6 彼此信任（A15，A16，A17） B7 彼此已建立稳固关系（A18，A19，A20）	C1 地域双重性（B1） C2 关系成员（B2，B3，B4，B5） C3 信任关系（B6，B7，B8） C4 资源互助（B9，B10，B11，B12，B13） C5 市场适应能力（B14，B15，B16，B17）
在国内，目前主要是依靠人脉关系，特别是在父亲的大力推动和支持下，又通过朋友介绍朋友，口口相传，积累了很多客源。	A3 和曾经创业合伙人进行二次创业 A4 和友人一起在国内创建企业		
GH 真的是不可多得的人才，从创业一次合作成为合作伙伴，他真的为我提供了很大的帮助。	A5 顾客 A6 供应商 A7 内部员工 A8 债权人 A9 行业竞争对手		
决定从意大利回来之后……经朋友介绍，和国内一个从事过餐饮行业的人认识了，该了解了一定的市场份额，占据了长期的合同，我们一起创建了第一家酒店。	A10 侨商会／侨联等组织中的成员 A11 通过政府组织的商业平台所结识的华商		
目前主要市场还是在澳大利亚，占据了一定的市场份额，在那边和政府签署了长期的合同……	A12 曾经的合作者介绍的企业家 A13 经政府相关人员引荐认识的企业家 A14 经认识的华商所认识的企业家		
由于海外人工成本的问题，目前的供应主要是国内在做。加工大部分也是国内加工，部分保留在海外。			
当然国内也面临一些很实际的工厂落户问题，比如工厂落户问题，部分保留在海外。			
本地的朋友将原来的旧工厂借给我们，让我们在先落落地……			
目前我们在国内的竞争对手优势还不大，行业竞争力不够强，在海外认识的竞争对手就相对稳定。			

续表

原始资料（以部分代表性原始资料为例）	开放式编码		
	贴标签（Aj）	概念化（Bm）	范畴化（Cn）
我们到海外的华侨华人其实都是挺团结的，会聚集形成团体，抱团取暖。有的还会发展成一些当地的商会团体。 统战部之前每年都会举办一些商务活动，特别是东南亚地区。他们通过这些生活动获得很多合作机会。 ……特别是到海外讨生活，首先信任彼此，也更信赖我们自己人。愿意介绍给我们认识彼此…… 我们这边也会跟产业比较聚集，带助他们融入本地，带助他们更快地认识本地商家。…… 在柬埔寨，我们通过在侨界结识的柬埔寨华人的介绍，能够落户在一个非常好的经济区内。我们也通过孟加拉国华人的帮助，寻找进入国内的机会。 刚回国国的时候，国内市场还是挺难打开的，刚开始交易很多都是和之前合作过的客户进行的，彼此互相信任…… 像是我们本地其实没有海外那么严格的合同执行，可能就是口头一说，但是熟人也都信赖彼此。 其实当回来的时候也是很矛盾，不确定国内市场，国内市场的环境是否还适合自己，海内外的朋友也为我提供了很多前期帮助。 在海外那边的商业伙伴签署了长期的合同，国内市场的知名度还没有完全打开。	A15 认为彼此可以依靠 A16 信赖彼此给予的承诺 A17 相信彼此愿意提供帮助 A18 有过多次合作关系 A19 愿意继续保持长期合作 A20 暂时没有其他替代商家 A21 愿意承担合作风险 A22 愿意承担利润损失 A23 愿意提供便程序利 A24 获取海外行业信息 A25 愿意交流国内市场信息 A26 经常探讨国内市场信息 A27 共同合作解决技术问题 A28 提供技术方面的帮助 A29 引荐人才	B8 风险共担（A21，A22，A23） B9 信息交流（A24，A25，A26） B10 技术分享（A27，A28） B11 人才互动（A29，A30） B12 其他帮助（A31，A32，A33，A34） B13 困难帮助（A35，A36，A37） B14 文化适应（A38，A39，A40） B15 市场环境适应（A41，A42，A43，A44）	C6 市场开拓能力（B18，B19，B20，B21） C7 生存动机（B22，B23） C8 机会动机（B24，B25） C9 经营发展（B26，B27） C10 创新输出（B28，B29）

注：由于篇幅限制，表2-2中所示范仪为部分编码内容，完整的开放式编码结果表详见本章附录B。

表 2-3　主轴式编码结果

主范畴	初始范畴	范畴内涵
双重商业网络关系	地域双重性	华侨华人具有海内外双重生活背景,在海内外双地域进行商业活动
	关系成员	华侨华人基于业务关系和商业交易基础所构建的关系,例如顾客、供应商、购货方、利益相关者等
	信任关系	华侨华人创业者与关系成员之间建立稳固的关系,通过积极预测对方的行为,信任彼此会按照约定行动
	资源互助	商业伙伴给华侨华人提供各种资源助推创业顺利进行
双元市场能力	市场适应能力	华侨华人在华创业初步适应中国市场,落脚中国的能力
	市场开拓能力	华侨华人在中国创造新产品、开拓新产业或者实现进一步发展的能力
创业动机	生存动机	创业者为了生存或者生计需求,没有其他更好的选择而无奈进行的创业
	机会动机	创业者主观自愿创业的动机,包括追求独立、自我实现以及其他期望的结果等
创业绩效	经营发展	创业企业的一系列的经营活动最终产生的结果,包括销售额增长、利润增长、市场份额增长等
	创新输出	企业采用新技术后,企业价值的增加可以体现在创新产品数量和占比方面

（三）选择式编码与模型构建

选择式编码是指在所有已发现的概念类属中选择一个核心类属概念,通过不断的分析把与之相关的次要类属概念集中起来,以系统地说明和验证主要类属概念与次要类概念之间的关系,并填充未来需要完善或发展的类属概念的过程。在主轴式编码的基础上,选择式编码实现了对编码内容的进一步整合和处理,即处理范畴与范畴之间的关系。具体而言,它是从已得到的主范畴中提取"核心范畴",进一步分析核心范畴与主范畴以及其他范畴的关系,并以"故事线"这一典型的关系结构,构建出新的理论框架,以此来实现核心范畴与主副范畴的联系。在之前的基础上对各个范畴进行整合和提炼,结合原始资料,进一步挖掘范畴之间潜在的逻辑关系,采用"华侨华人双重商业网络关系对其在华创业绩效的影响"作为核心范畴,并理出一条清晰的"故事线",得出新的实质理论模型架构。各主范畴之间的典型关系结构如表 2-4 所示。

表 2-4 主范畴间的典型关系结构

典型关系	关系结构	关系结构内涵
双重商业网络关系——创业绩效	因果关系	双重商业网络关系直接影响创业绩效
创业动机 ↓ 双重商业网络关系——创业绩效	调节关系	双重商业网络关系影响创业绩效,同时这一关系会受到创业者创业动机调节作用的影响
双重商业网络关系——双元市场能力	因果关系	双重商业网络关系直接影响双元市场能力
双元市场能力——创业绩效	因果关系	双元市场能力直接影响创业绩效
双重商业网络关系——双元市场能力——创业绩效	中介关系	双重商业网络关系通过双元市场能力间接影响创业绩效

围绕核心范畴衍生出双重商业网络关系、双元市场能力、创业动机和创业绩效这 4 个主范畴,双重商业网络关系对在华创业绩效的影响是一个复杂的过程。运用关系获取信息和资源是中国这个"关系型"社会的一个明显特征,身边的商业人脉是华侨华人在华创业获取帮助的重要渠道。由"地域双重性""关系成员""信任关系""资源互助"构成的双重商业网络关系,不仅直接影响在华创业者的创业绩效,还直接影响在中国的双元市场能力。由"个人经济考量""客观环境所迫"构成的生存动机和由"个人成就追求""顺应市场机会"构成的机会动机共同构成了创业动机,反映不同创业者创业的内在驱动力量,调节了双重商业网络关系和创业绩效之间的关系。由"文化适应""市场环境适应""产业复制""经验本土化应用"构成的市场适应能力和由"识别全新市场需求""高风险项目""营运模式创新""产品/服务开发"构成的市场开拓能力共同构成的双元市场能力,直接影响在华创业者的创业绩效。由"经营发展""创新输出"构成的创业绩效,主要反映在华创业后的整体营运表现。基于此关系结构,最终构建了海外华侨华人双重商业网络关系对其在华创业绩效的影响机制,具体如图 2-1 所示。

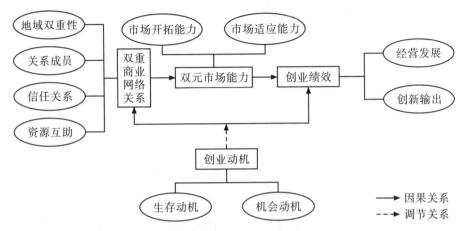

图 2-1 海外华侨华人双重商业网络关系对其在华创业绩效的影响机制

（四）理论饱和度检验

理论饱和度是一种用来衡量新样本数据是否能产生新概念或新范畴的标准，当新样本不能再提取出新概念或新范畴时，说明理论已经达到饱和状态。为了验证提取出的概念和范畴是否符合理论饱和原则，本研究将预留的 3 份访谈材料与相应的二手资料导入 NVIVO 11 Plus 中进行再编码，并未出现新的范畴，且编码结果与华侨华人双重商业网络关系对在华创业绩效的影响机理模型基本吻合。这说明本研究构建的理论框架通过了理论饱和度检验。

第二节 研究假设与理论模型

华侨华人"回流"创业是一个涉及国际移民回流与创业管理的交叉学科领域。经过上一章的定性研究，本研究科学、合理地探索华侨华人在中国创业过程中的重要商业因素，最终形成了 10 个初始范畴，并进一步归纳为 4 个主范畴，即双重商业网络关系、双元市场能力、创业动机和创业绩效。基于对相关领域实证研究文献的梳理，我们发现上述质性研究的结果与学术界已有的实证研究中的相关变量存在一致性。因此,结合对相关理论和实证研究的文献回顾,本研究接下来将基于社会网络理论、资源依赖理论、双元性理论,以华侨华人为研究对象,聚焦于华侨华人在华创业过程,基于第三章的定性研究构建的理论框架,提出一系列相关的研究假设,以明确上述四个核心范畴之间的因果关系,为后续的实证研究奠定基础。

一、概念界定

由于华侨华人在华创业群体的独特性,本研究结合其相关特征对核心概念进行严谨的界定。这不仅关乎研究的规范性,更是后续假设推导与实证分析的基石,能够确保研究的严密性与结论的有效性。

结合华侨华人建立的商业关系特征,本研究认为华侨华人的商业网络关系指的是基于业务关系和商业交易基础所构建的关系集合,同时具有国际化和本土化的双重特征[181],即以地理区域为划分形成的双重商业网络关系。其中,华侨华人海外商业网络关系是指华侨华人在中国境外基于业务关系和商业交易基础与顾客、供应商、购货方、利益相关者等所构建的关系集合;华侨华人本土商业网络关系是指华侨华人在中国境内基于业务关系和商业交易基础与顾客、供应商、购货方、利益相关者等所构建的关系集合。

依据华侨华人在华创业的能力特征,结合双元营销能力对本研究双元市场能力进行界定,市场适应能力是指华侨华人将自身原本已掌握的知识、经验和技术应用于中国市场,适应中国市场的规则和需求,实现资源与市场快速融合的能力[349]。市场开拓能力是指华侨华人通过不断学习新知识、探索新领域、开发新技术、创造新产品等以挖掘并满足新的市场需求,开拓更广阔的商业版图[350],实现市场不断拓展、确保持续竞争优势的能力[351,352]。

基于全球创业观察的分类,本研究将创业动机分为生存型创业动机和机会型创业动机。其中,生存型创业动机指的是创业者因为没有其他更好的工作机会或生计需求而被迫创业的内在驱动力。机会型创业动机指的是创业者通过识别和利用机会而主动创业的内在驱动力,希望得到更高层次的发展和个人价值的提升。

　　创业绩效是衡量创业者实现其创业目标程度的关键指标,能够反映创业活动的成功与否。通过研究华侨华人在华创业绩效,本研究深入了解创业者的行为如何转化为实际的经营成果。本研究的华侨华人在华创业绩效是指华侨华人来到中国创办/投资的新创企业的营运活动结果,具体可反映在销售额、市场份额、利润、员工数量、产品/服务种类等多方面。

■ 二、研究假设的提出

　　正如 Granovetter[118]所言,现代生活中的几乎所有经济行为都嵌入在关系网络中,通过与其他组织或个人进行资源交换,构成自身社会资本。这些关系网络制约着经济进程。基于社会网络理论和资源依赖理论,华侨华人与当地居民之间的互动,与海内外商业市场的动态互动,揭示出双重商业网络关系在在华创业过程中的多元化和复杂化。资源获取是制约新创企业生存和发展的关键环节,并且外部资源的供给也是动态变化的,在华创业的关系网络,特别是双重商业网络关系的资源供给更是不可复制的社会资本。

（一）海外华侨华人的双重商业网络关系对其在华创业绩效的影响

　　随着组织间关系日益复杂,市场信息呈现出"关系型信息"的特点,信息传播和扩散越来越依赖于创业者及其团队的商业往来关系。这导致陌生企业间的信息摩擦和处理成本显著增加,从而使得商业网络关系在市场信息搜寻中的重要性日益凸显[353]。华侨华人所拥有的双重商业网络关系可以通过信任机制来缓解创业活动中的信息不对称问题,降低企业资源获取成本,进而提高经济活动交易效率与创业绩效[189]。其中,海外商业网络关系具有较强的跨国性和跨文化性,所携带丰厚的国际化、多元化资源且关系成员具有较强的商业资本,这类网络关系中的信任合作关系有助于降低跨国商业活动风险和成本。本土商业网络关系主要建立在华侨华人与本土居民之间的互动与合作基础上,具有较强的地域性和文化适应性。这类网络关系中的信任和合作关系往往建立在共同的市场、政策和文化背景下,有助于降低在华创业的市场进入壁垒和文化冲突。

　　基于社会网络理论和资源依赖理论，我们可以清晰地理解到华侨华人独特的海外商业网络关系是其创业优势的核心所在。这种网络关系不仅仅局限于简单的商业联系，而是建立在深厚的感情基础和交易基础之上，为创业初期提供了强有力的支持。这种支持主要体现在促成商业交易，形成独特的交易渠道，从而为创业绩效的提升打下坚实的基础。其一，在华创业者积极与海外商业网络关系建立合作关系，促进在华创业绩效。商业伙伴之间根本上为利益共同体，被趋于一致的经济目标联系在一起。来到新市场环境的新创企业借助自身熟悉的海外商业网络关系的帮助，完成前期商业交易，促进企业绩效实现，提升共同收益。其二，海外商业网络关系有助于在华业者更好地拓展自身人脉关系和增加潜在收益。在错综复杂的商业网络体系中，华侨华人的海外商业网络关系被视为重要的社会资本，创业者可以更容易地接触到新的商业伙伴、市场信息和投资机会，以促进更多商业交易[354]。其三，华侨华人通过与海外商业网络关系成员保持密切联系，可以扩大自身的国际知名度。这种知名度的提升有助于增强华侨华人在国际商业舞台上的中心地位和话语权。作为国内外的桥梁，华侨华人由于在海外生活多年而具有海外先进的技术和信息获取渠道[195]，不仅双向输送不同市场的信息，而且形成了海内外的商业沟通和交易渠道。国际渠道是创业者的背景优势，一定程度上提升了企业在海内外市场间的中心性和话语权，吸引有对外投资意向的本土企业以及有对华投资意向的海外企业的关注，促进彼此的合作，从而实现多样化的业绩收入和更高的利润话语权。通过实现更高的利润话语权，华侨华人可以更好地把握商业机会，从而提升在华创业绩效。

　　基于此，本研究提出如下假设：

　　H2-1a：华侨华人的海外商业网络关系对其在华创业绩效具有正向影响。

　　作为在华创业者，本土市场是创业活动未来持续活动的主战场，华侨华人的本土商业网络关系对于创业活动产生重要影响。Aarikka-Stenroos等[355]研究表明，网络不仅影响技术创新和研发，还影响市场和商业化过程。本地网络嵌入有助于提高创业企业的市场绩效，而市场绩效的提升不仅有利于吸引海外人才回流创业，还极大地推动了创业成长。随着企业的后续发展，创业者需要在本土市场上实现更多的商业交易，本土商业网络关系帮助其促成更多后续合作,并有助于企业在本土市场上的品牌知名度和消费认可度,从而有利于在华创业绩效的提升。其一,在错综复杂的商业网络体系中,本土商业网络关系成员不仅可能出于情感支持和利益追求与其达成合作,也会为华侨华人介绍更多的交易合作伙伴,帮助其扩展网络关系。这类合作关系的建立有助于海外华侨华人降低在华创业的市场进入门槛和文化冲突,从而提高创业的成功率和盈利能力[195]。很多企业之间并不存在直接的业务往来,但会通过彼此的商业网络关系(例如客户、供应商)产生潜在的间接商业联系。通过商业网络关系的链接作用,企业潜在的商业脉络越扩大,则越有可能通过网络关系成员的"引荐"效应来寻求的新合作机会[356]。其二,本土商业网络关系可以帮助新创企业更快地进入本土市场,提升企业品牌知名度,把握市场机会赢得消费认可度,从而提升在华创业绩效。对于创业者,本土交易较多从身边的本土商业伙伴开始,赢得口口相传的好口碑,逐渐打开更多的消费市场。市场对品牌的良好认知有利于顾客对产品形成良好的态度,从而形成购买意愿[357],促进其绩效。本土商业伙伴作为新创企业最早的"顾客",帮助新创企业更容易获得产品反馈意见,建立良好的口碑,传播积极正向的品牌形象,从而较快获得本地消费市场的认可,形成购买意愿。

基于此,本研究提出如下假设:

H2-1b:华侨华人的本土商业网络关系对其在华创业绩效具有正向影响。

（二）海外华侨华人的双重商业网络关系对双元市场能力的影响作用

基于社会网络理论,海内外商业网络关系联结可以促进彼此之间的业务合作,信息资源的交换,技术知识的共享和开发等。行为主体间彼此关系的紧密程度直接对彼此之间的信任程度、合作规范、未来预期等有着直接影响,从而通过彼此之间的资源交换整合、知识共享创造等来对企业当前的经济活动和未来合作产生影响[358]。基于资源依赖理论和双元性理论,市场适应能力和市场开拓能力对资源的需求和依赖具有一定的差异性,理解这些差异有助于创业者合理配置资源,充分发挥自身优势,提高在华创业的成功率和盈利能力。

1.双重商业网络关系对市场适应能力的影响作用

大多数在华创业的华侨华人依赖于双重商业网络关系都可以获取到一定资金、信息、技术、经验等创业资源,他们创业活动都是基于已有资源开始的。市场适应能力代表华侨华人将自身原本已掌握的知识、经验和技术应用于中国市场,适应中国市场的规则和需求,实现资源与市场快速融合的能力[349]。市场适应能力依赖于华侨华人已掌握的知识、经验和技术。这些资源包括对市场的深入了解、跨文化沟通的能力、先进的管理经验和技术专长等。在华创业过程中,市场适应能力要求创业者对本土市场有一定的了解,能够迅速将这些资源应用于中国市场,以适应中国的市场规则和需求,实现资源与市场的本土化融合。

海外商业网络关系从初始资金投入、战略协同性、资源运用这三方面促进华侨华人在华市场适应能力的提升。一方面,华侨华人在中国市场的进入和初步适应需要充足的资金支持。市场的初步适应阶段需要大量的资本投入,是企业生存和发展的基石,以确保企业在创建和存活过程中具备一定的资本基础。在华侨华人在华创业过程中,其创业活动具有一定的跨国性质,这导致所需的前期投入和资金往往比预期更高。因此,创业资金对于华侨华人创业者而言具有关键的影响作用。在以往的研究中,学界对华侨华人的经济实力给予了肯定,认为华侨华人经济实力雄厚[11]。在华创业者在海外的商业合作伙伴,特别是基于地缘、业缘所搭建稳固的华商网络关系,提供相对稳定的资金链,为华侨华人在华创业奠定了坚实基础。海外商业网络关系为在华创业者提供的资金支持,成为企业进入中国市场、适应中国市场的重要支撑。另一方面,在华创业的市场适应能力构建和提升要求企业具备一定的适配性资源,能够迅速实现战略协同,从而实现本土化。海外商业伙伴大多与在华创业者从事同一类型行业或者类似行业,合作方所提供的商业资源与企业具有较高的适配性,彼此之间的战略协同性强[359]。市场信息摩擦成本的存在一定程度上限制了企业在创业初期开拓新商业关系的能力[354],因此在华创业者一定程度上依赖于海外商业网络关系。双方在发展目标方向、资源配置、技术需求等方面有着一定的相似性,海外商业网络关系所输送的资源可以有效地转移或分享至在华创业企业,实现协同效应,进而促进在华创业企业快速地将技术、经验应用于本土市场,适应本土市场。

　　基于此,本研究提出如下假设:

　　H2-2a:华侨华人的海外商业网络关系对其在华创业的市场适应能力具有正向影响。

　　国内经济的高速发展,国际形势的变幻莫测,使久居海外的华侨华人对于国内的形势欠缺一个全面的认识。海内外的企业架构、组织层面沟通渠道和职责划分、企业文化以及商业环境等方面存在显著差异。面对中国市场这一新的经营环境,创业者往往难以及时获取关于客户背景、市场需求、供应商质量等的关键信息,同时无法准确识别和鉴定分散的市场信息。这些不适应可能导致在华创业者在中国本土的创业发展受到影响。此时,本土商业网络关系不仅是中国本土市场潜在的合作方,更是华侨华人了解中国市场的重要途径,帮助其更快地适应本土市场。

　　在华创业者只要进入市场并开展商贸活动,就需要了解当地相关的法律法规、管理制度,以及非正式规则等,否则不仅寸步难行,还可能碰得"头破血流",付出惨痛代价。因此,华侨华人需要对中国本土的市场正式规则、市场非制度性环境等进行了解,以提升自身的市场适应能力。

　　一方面,华侨华人通过本土商业伙伴的市场规则普及,更高效地适应本土市场。诚如中国商人在俄罗斯的跨国直营方式,就是华商根据当地市场特征所产生的经营模式[360],随后形成了俄罗斯海外华商适应体制常用的一种运营模式。创业者会受到本地商业关系往来的影响,频繁的交流更有利于创业者对市场信息的获取[124]。长期生活在海外的华侨华人前期需要依赖当地商业伙伴所传递的市场规则,适应当地市场特点进行运营策略的选择和调整。

　　另一方面,依赖于本土商业网络关系所传递的非制度性规则,创业者更快适应中国的"关系"化商业模式。相对于正式制度安排,非正式制度安排更为隐蔽地存在于本土市场之中。在现实的社会互动中,企业通过非制度性规则更容易实现亲社会行为,赢得更高的社会信任,提升社会认可度[361]。中国是一个典型的"关系型"社会,商业交易活动在实践操作中具有一定的"关系"化处理方式,本土商业合作伙伴在合理范围内所提供的非制度性规则,可能简化企业前期建立程序,抑或可能提供更为便捷的交易方式,加速企业摸索出商业模式"本土化"的操作程序,提升企业在本土的市场适应能力。

此外,为加速新创企业本土化,创业者需要通过与当地商业伙伴建立商业合作,积极构建上下游合作网络[195]。国内快节奏的商业环境要求参与者时时调整步调,通过与本土商业网络关系建立的合作,及时获取本土市场的最新信息和顾客需求,更好地了解本土商业环境,更有针对地改变自身创业行为,提高市场适应能力。

基于此,本研究提出如下假设:

H2-2b:华侨华人的本土商业网络关系对其在华创业的市场适应能力具有正向影响。

不同类型的网络关系代表了不同类型的资源,为企业提供了多样化的机会组合和可重构的资源,以实现新的价值,这些网络关系的性质被视为一个关键的网络特征[362]。在华创业过程中,市场适应能力要求在华创业者对本土市场有深入了解,能够迅速将这些知识应用于中国市场环境,以符合中国的市场规则和需求,实现资源与市场的有效本土化整合。从资源差异的角度来看,相较于海外商业网络关系,本土商业网络关系更具有地理位置和文化背景的优势、本土政策法规以及信息获取的优势。

其一,相较于海外商业网络关系,本土商业网络关系具有绝对的地理优势,并且更有利于企业实现"本土化"。建立在共同的地理位置和文化背景之上,华侨华人与所在区域的企业家们建立起紧密的本土商业网络关系,使得在华创业者更容易获得本土市场的相关信息和资源。在实地访谈和考察中,本研究发现,华侨华人在华创业大多会选择回到侨乡进行投资、创业发展,或是在国家相关政策(如侨梦苑等项目)的吸引下选择某个较为集中的区域。地理邻近性促使这些华侨华人的落脚地形成了产业集群,而产业集群是区域经济发展的重要驱动力[197]。集群内企业之间所构成的本土商业网络关系,同样是企业实现技术信息互惠的主要途径。譬如本土商业网络关系带来企业之间面对面交流的机会,在彼此之间的非正式谈话中分享信息,更加直接地提供本土市场信息,甚至塑造出当地市场特有的"地方规则",大大降低了沟通成本,从而促使在华创业企业了解和适应本土市场[197]。

其二,本土商业网络关系使得华侨华人更容易获得国内市场的实时信息,这对于其所创企业的市场适应能力至关重要。相较于海外商业网络关系,本土商业网络关系可以更好、更直接地提供在华创业所需的场地资源、市场信息[195],这些信息使华侨华人对本土市场需求的把控更为准确,资源的可获得性以及可利用性更高,更有助于其所创企业尽快发挥资源价值,立足于中国市场[195]。与此同时,本土商业网络关系有助于华侨华人更好地理解和应对中国的政策和法规,从而降低在华创业的风险和成本,更快地适应本土市场。

基于此,本研究提出如下假设:

H2-2c:相较于海外商业网络关系,华侨华人的本土商业网络关系对其在华创业的市场适应能力具有更强的正向影响。

2.双重商业网络关系对市场开拓能力的影响作用

随着营运活动的持续进行,企业需要不断探索新的领域,获取新的信息、知识等来开拓更为广阔的商业版图[350],创造新产品、新领域等来满足新市场需求,选择发展、应用全新的资源来帮助企业进一步发展,进而稳固和提升企业的市场地位。企业进行扩张,不仅需要更多异质化、创新性的资源和信息,也需要与当地市场更为深入的融合。在华创业不仅需要市场适应,也需要市场开拓,才能保证企业的持续性发展。市场开拓要求企业根据不同的市场需求不断创新和开发新产品、新服务,以满足新市场,这就需要重新配置现有的营销资源或开发新的资源[349]。

海外商业网络关系可以为华侨华人提供丰富的国际化市场资源[363]以及人力智力资源,并且在一定程度上提升其风险承受能力,对其市场开拓能力的提升具有积极作用。

首先,华侨华人通过海外商业网络关系可以从海外市场获取更多的前沿市场和技术信息,这对于企业在全球化背景下提高市场开拓能力具有重要意义。在新市场的选择与开发过程中,提前进行市场洞察和获取前沿信息技术支持至关重要。Alon 等[364]曾对成功的创业案例进行研究分析,发现"海归"创业者通过与海外建立联系和获取知识,将国外的成熟想法引进中国,从而实现创新。依托海外前沿信息和技术沟通,华侨华人创业者可以挖掘的创新资源丰富,国际视野宏大[365],有助于洞悉市场变革的潜在发展动向,提升新市场挖掘能力。同样,海外商业网络关系在新创企业的技术发展过程中扮演着重要角色[366],可以激发企业技术创新动力,帮助在华创业者快速地获取、整合和利用外部知识，从而拥有技术先行优势，进而提升企业市场开拓能力。

其次，海外商业网络关系中具有丰富的人力智力资源[367]，华侨华人人才科技优势明显[11]，有助于催化企业的创新发展和科技发展。在华创业者有意识地招募海归人才，不仅强化了与海外商业网络关系之间的联结，也促进了企业国际化知识的获取[195]，丰富其潜在的创新性资源，对其市场开拓具有积极意义。知识经济标志着生产力发展的一次又一次升级换代，会对企业生产、经营和系统进行进一步的改造优化，使新创企业向高效、优质和可持续的方向发展。海外商业网络关系蕴含着丰富的知识资本，且商业伙伴之间知识协同性高，能够有效提升企业的创新开发能力。

最后，华侨华人在华创业一定不单单是故乡情怀，利益的驱动对于他们的创业行为产生着决定性的作用。海外商业网络关系正是曾经共同追求经济利益而联结在一起的网络关系。海外商业网络关系成员希望在华创业的华侨华人可以获得成功，并且自身可以在其中获得一定的利益。在华创业者也切实需要可靠的合作伙伴共担风险。与具有一定合作基础的商业伙伴建立合作关系，接受其投资，这不仅仅使得创业者面对新市场环境动荡、资金回流等等方面的不确定性有着更强的承受能力，提高面对未知风险的承担能力，而且有利于促进企业进行新市场、新产品等的开发和创新，提升企业的市场开拓能力。

基于此，本研究提出如下假设：

H2-3a：华侨华人的海外商业网络关系对其在华创业的市场开拓能力具有正向影响。

市场开拓能力需要企业具备开拓新市场和新产品的资源。在共同语言、文化的背景之下，本土商业网络关系成员之间隐性知识的传播、营销渠道的支持、企业间的合作更为便利和迅速，帮助企业洞察新的市场需求和开拓新市场。

其一，本土商业网络关系成员彼此之间的隐性知识易理解和传播，从而促进市场开拓能力的提升。市场开拓需要对潜在市场的洞察、丰富且多样的信息，通过多渠道获取市场信息，企业能够获得更多异质性资源[368]或者更深层次的同质性资源[369]，这些都有利于企业对当前市场的挖掘和对新领域的开拓。与以书面文字、数字公式加以表述的显性知识相比,个人或者组织之间还具备难以系统表述的隐性知识,包括技能方面的隐性知识。譬如,学习其他企业的成功案例和失败教训,这有助于提高其市场开拓的实际操作能力;学习和掌握良好的人际关系技巧,如沟通、协调、合作等,有助于创业者在新市场中建立广泛的合作关系和客户网络。正是因为隐性知识难以快速模仿,所以它对于组织产品支持和技术发展发挥着重要的作用。在华创业者与本土商业网络关系成员之间有着更多互动沟通,彼此的隐性知识更容易进行传播,有利于提升华侨华人的软实力,促进其市场开拓能力的提升。

其二,本土商业网络关系帮助在华创业者建立有效的营销渠道,以便将产品和服务推向新市场,快速获得市场反馈。创业者与在地缘上接近的相关企业和机构,因共同性和互补性联系在一起,形成特定地理范围内多个产业相互融合、众多类型机构相互联结的共生体,彼此之间产品衔接迅速,市场反馈快,有利于企业市场开拓能力的提升。并且,在华创业企业部分呈现明显的聚集性,如侨梦苑的成立、侨乡的产业发展等,都大大促进在华创业的华侨华人进行集群发展,譬如山东济南侨梦苑、浙江青田、福建晋江等地均有大量的华侨华人企业形成集群发展。产业集群中的企业相互之间具有较强的关联性,这有助于企业更好地了解目标市场的特点、需求和竞争态势,更易帮助企业进行产品的革新和发展[197]。

其三,本地商业网络关系帮助新创企业进行企业间学习,发挥企业间的合作效应[195],企业间的合作能够促进知识和技术的交流,提高开拓市场的成功率。本土商业网络关系通过地理上的邻近优势帮助本地企业降低交易成本,促进信任、合作、集体学习,具有共同知识框架的认知邻近性对企业创新尤为关键[197]。而关系邻近性提供的信息渠道、有效交流以及规范和信任,都有助于在认知邻近性基础上促进集体学习,更有利于企业的进一步发展和扩张[197]。在华创业者可以通过本土商业网络关系与其他企业开展技术合作,共享研发资源和成果,提高产品和服务的竞争力;利用各自的优势资源进行互补,共同开发新市场;也可以通过合作扩大市场份额,进而提升在华创业的市场开拓能力。

基于此,本研究提出如下假设:

H2-3b：华侨华人的本土商业网络关系对其在华创业的市场开拓能力
具有正向影响。

随着在华创业企业落地发展，企业逐步扩充商业版图，选择发展、应用
全新的资源来帮助企业进一步发展，进而稳固和提升市场地位。市场开拓
推动企业寻找潜在的客户需求（即新的市场/细分市场）并确定满足这些需
求的新解决方案[370]。在努力为顾客提供独特的利益和价值的过程中，企
业被激励去超越他们现有的知识基础和惯例[349]，更为丰富、新颖的资源将
激发在华创业者不断追求新的价值创造。相较于本土商业网络关系，海外
商业网络关系中的异质性商业资源更为丰富，更能满足企业提升市场开拓
能力的需要。海外商业网络关系是创业企业不断国际化的跳板，企业进行
不断市场开拓的过程需要海外商业网络关系提供支持。海外商业网络关系
能够使在华创业的华侨华人从国际市场中获取国际知识、国际化的技术信
息[371]，有助于企业了解全球市场趋势、行业动态和最佳实践，进行技术创
新和产品升级。此外，企业从海外商业网络关系搜索获取到的多为新颖的
国际化知识资源，利用这些资源对企业的创新发展、产品升级等具有更为明
显的积极效应，进而通过外部资源不断提升其市场开拓能力。

基于此，本研究提出如下假设：

H2-3c：相较于本土商业网络关系，华侨华人的海外商业网络关系对其
在华创业的市场开拓能力具有更强的正向影响。

（三）双元市场能力的中介作用

企业能力不仅是对资源进行配置、组合以发挥资源优势的能力，也是企
业核心竞争力的来源，更是构建企业竞争优势的基础和根源[372]。新创企
业通常都存在"新创弱性"，而华侨华人作为外来者，其在华创业通常还存在
着"外来者劣势"。因此，创业者需通过利用各种资源帮助其企业在陌生的
国内市场中找到自己的合适位置，以降低应对创业主场转化所产生的适应
成本。为了更大程度地创造价值并增强竞争力，创业者需要尽可能地提升
企业的市场适应能力及市场开拓能力，帮助企业获取、吸收、组合与利用各
种资源，进而帮助企业在竞争激烈的市场环境中构建竞争优势。对组织双
元性研究发展的一些回顾表明，双元性的概念已被广泛应用于企业的战略

行为、营销策略，并与各种绩效指标有着密切的联系[373]，双元市场能力会对在华创业绩效产生影响。同时，在华创业者可以通过提升市场适应能力和市场开拓能力来提高绩效[349]。

正如 Day[374] 所指出的，为了应对当今多变而复杂的市场，企业必须及时适应市场变化，同时确保定价、品牌和营销活动的一致性。市场适应能力帮助企业更迅速地在本土扎根，适应本土的市场环境，加快企业融入本土市场的进程，进而实现创业绩效。华侨华人创业者在中国的市场适应能力提升，代表其企业能够利用现有信息、知识等资源快速适应国内的市场环境，了解国内顾客的消费需求，更快更有效地启动营销计划，提高现有的顾客满意度，促进重复购买[370]，增加企业产品或服务对国内市场的适应性，使其企业顺利在国内市场中占据一席之地，促进创业绩效。通过双重商业网络关系，华侨华人可以获取关于中国市场和国际市场的丰富信息，如市场趋势、客户需求、竞争态势等。市场适应能力有助于企业快速理解和分析这些信息，从而做出正确的市场决策，提升在华创业绩效。不仅如此，在华创业过程中，通过双重商业网络关系获取的信息使得创业者能够更好地了解中国市场的需求特点，市场适应能力使企业能够根据市场变化和客户需求调整产品和服务策略，从而提供符合中国消费者需求的产品和服务，提高创业绩效。因此，华侨华人通过获取、吸收、组合与利用其外部资源以促进企业的市场适应能力的提升，不仅提升了企业的适应性和稳定性[375]，同时企业在利用双重商业网络关系所提供的资源的过程中实现了资源价值的再创造，进而促进经济价值的增加。基于此，本研究提出如下假设：

H2-4a：市场适应能力在华侨华人的双重商业网络关系与在华创业绩效之间起中介作用。

市场开拓能力的重点是应对变化的市场需求，采用新的营销方案和开发创新的产品/服务，使企业能够根据不断变化的市场条件生产和销售正确的产品，促进企业在中国市场的进一步发展。这项工作需要开发获取新的资源或重新配置资源。市场开拓推动企业寻找潜在的客户需求（即新的市场/细分市场）并确定满足这些需求的新解决方案[370]。在努力为顾客提供独特的利益和价值的过程中，新创企业被激励去超越他们现有的知识基础和惯例，促进其创新实践的发展[370]。华侨华人在中国的市场开拓能力提升将有助于其对于内外部创业资源进行更好的创造性应用,推动企业不断研发新产品和新技术维持技术领先的竞争优势,提升企业开拓新市场的可能性,进而促进企业的成长。当企业跨区域进行横向或者纵向扩张时,企业能力决定了整合的效果。华侨华人的新创企业尽可能地获取、吸收、组合新的外部资源,为企业开发新产品、服务专长、提高产品性能和服务质量提供机会,对于增强企业的核心竞争力以及提高其企业绩效有着莫大的帮助[376]。企业所吸收的双重商业资源大多需要经过企业的转化才具有现实的商业价值,企业通过获取、吸收、组合与利用其外部资源,帮助企业开发新产品、提高产品性能和服务质量,增强核心创业能力,更大程度地创造商业价值并提高自身的企业绩效。基于此,本研究提出如下假设:

H2-4b:市场开拓能力在华侨华人的双重商业网络关系与在华创业绩效之间起中介作用。

（四）创业动机的调节作用

创业动机是创业者在追求目标成就的过程之中形成的一种重要内部驱动力[377],也是创业研究的一个重要研究领域。华侨华人在华创业的外在行为表现一致,但是受其支配的内在动机却因个体差异而有所不同[378]。创业动机可分为生存型创业动机和机会型创业动机。其中,生存型创业动机指的是创业者因为没有其他更好的工作机会或生计需求而被迫进行创业的内在驱动力。机会型创业动机指的是创业者通过识别和利用机会主动进行创业,希望得到更高层次的发展和个人价值的提升。

1.生存型创业动机的调节作用

华侨华人在海外的工作背景、个人关系、商业合作等决定了其所拥有的商业网络关系,同时也决定了其可能获得的创业机会信息。在对创业动机的相关研究中,一些学者将创业动机分为"推"的因素和"拉"的因素。其中,"推"的因素与当前的不利形势有关,是使得人们不得不改变现状的动机,是一种"被动的反应",即生存型创业动机。在这种动机的驱动下,华侨华人会严格筛选可以使用的资源信息,双重商业网络关系对其创业活动所提供的各种资源也会产生一些差异变化,信息可获得性和资源可利用性均产生不同程度的变化,进而影响其在华创业绩效[379]。

其一,在生存型创业动机下,创业者要规避风险,导致他们的创业行为更加谨慎,无法充分利用双重商业网络关系所提供的资源。生存型创业动机的创业者通常把金钱、利润等这些经济要素放在首要位置,其创业目的并不见得带有崇高的个人价值追求,有些创业者甚至仅仅是为了填饱肚子或养家糊口,因此这类创业者惧怕风险和失败[380]。生存型创业动机的华侨华人更加关注如何快速用最小的成本获得最大的利润,在营运上相对保守。为了规避更多的创业风险,创业者对创业资源的要求相对较高,并且会花很大的时间成本以获取所谓"最佳"资源,无法对海内外商业网络关系所提供的资源进行充分的利用。

其二,在生存型创业动机下,商业合作伙伴对于未来经济回报的预期并不乐观,投资意愿将会降低,进而降低帮扶力度。生存型创业动机更多的是受外在动力所推动,包括生活需要、失业保障等,这不仅仅可以反映创业者个人对于自身在海外所处的生存环境的无奈选择,也能反映出商业网络关系成员对创业者帮助的力度有限,并且对其能力的认可度并不高。海内外商业网络关系成员对于利益相关者的选择和资本的投入,归根到底都是对于经济利益的追求。因此,当商业合作伙伴对华侨华人的创业活动没有一个乐观的结果预期时,并不会抱有积极的投资态度。不仅如此,哪怕基于以往的合作情谊,商业网络关系成员愿意为其提供帮助,也可能仅仅是一些小小的资源支持,具有重要影响意义的投资行为可能较少,对其创业的投资意愿也较低。

其三,在生存型创业动机下,华侨华人创业初始资源相对缺乏,对于自己可接触到的商业信息和资源,无法自由选择,会影响创业意愿和创业激情。在华创业者在先前的海外工作中积累了一定的顾客知识、服务知识、市场知识等,共同筑成了创业者的"知识仓库"[381],可以供其在其中进行资源选择和创业机会选择。有研究表明,生存型创业活动在日常生活中是普遍存在的,以行业进入壁垒低、经营风险低、规模经济不突出等为主要特征[382],这类创业可以帮助创业者解决当下的生存困境、实现自我雇佣。因此,生存型创业动机的回流创业者由于其拥有的"财富"较少,受到创业成本的影响比较明显,为避免失业或遭受重大损失,通常从事一些技能要求比较低、规模比较小、仅能维持生存的行业。华侨华人本身具有强大发展潜力的可用资源,但由于自身的种种生存局限,在创业过程之中无法充分利用海内外商业网络关系所提供的资源,一定程度上打击了其创业积极性,限制了其创业行为。

综上,海内外商业网络关系对于华侨华人在华创业所提供的各种援助,均会因为对其未来收益的合理预期而产生波动。生存型创业动机驱动下的在华创业者自身成长空间有限、能力有限,既不能满足商业伙伴持续合作的利益需求,也不能为自身提供强大的内在支持,亦无法对已有资源进行高效、全面的利用。基于此,本研究提出如下假设:

H2-5a:生存型创业动机在华侨华人的海外商业网络关系与在华创业绩效的关系中产生负向调节作用。

H2-5b:生存型创业动机在华侨华人的本土商业网络关系与在华创业绩效的关系中产生负向调节作用。

2.机会型创业动机的调节作用

机会型创业动机是指创业者在生存型动力下催生的更高层次的创业追求,目的是实现创业者的自我价值,让企业获得更高的利益回报。在机会型创业动机下,创业者具有一定的经济实力、创业经验、人脉关系等初创资源,并且自我效能感较高,对创业活动具有积极态度。机会型创业动机驱动的在华创业行为更能刺激商业伙伴的乐观预期,进而影响企业的创业活动。

一方面,在机会型创业动机下,出于对未来利益的乐观预期,商业网络关系成员更愿意施以援手,促成更多的合作关系。机会型创业动机是受内在动力所拉动的创业动机,包括成就感、信心、自主意识等等[383],这不仅仅可以反映创业者个人对创业行为的信心,也能反映出海内外商业网络关系成员对创业者已有成就和能力的认可。因此,商业网络关系成员对待机会型创业动机的华侨华人在华创业持积极态度,营造出更为浓郁的支持性创业氛围。不仅如此,出于对华侨华人在华创业的积极预期,商业网络关系成员也更愿意为其提供一定的帮助,促进更多的合作关系达到互惠共赢的结果。商业伙伴对其未来经济收益的积极预期促使创业者网络关系的持续建立及深化,促使创业者以较低的成本与多样化的主体建立连接,有利于商业资源的获取。

另一方面,华侨华人在自身有一定的经济和技术实力的情况下选择在华创业发展,其自身的风险承担能力更强,对所有资源的容纳度更高,促进了商业网络关系中异质性资源的吸收,进而可以探索出更多的潜在机会和信息资源。从风险承担的角度来讲,拥有机会型动机的创业者能够承担较大的营运风险。机会型创业有着较高的风险和不确定性,进而对创业者的人力资本和社会资本水平提出了更高的要求。商业网络关系恰恰可以为其提供丰富的人力资本和社会资本。在机会型创业动机下,在华创业者能够更有针对性地从双重商业网络关系中获得相应的资源,进而提升企业抵御风险的能力。从机会选择的角度来看,Abbey 等[384]发现成就动机与开发创新机会数量呈正相关,也就是说拥有机会型创业动机的华侨华人拥有更多的机会选择。企业有更多的资本去尝试,创业者自身有更高层次的追求,这些共同造就了新创企业更可能去开发双重商业网络关系中的创新资源,开辟与本地市场不一样的新业务和市场领域,生产全新性能的产品,开拓新的服务模式。此外,新创企业在有一定的技术和资金基础的前提下,对于高投入且回报周期长的知识性资源更放得开手脚,更可能发挥出商业网络关系中这类资源的效用。

在机会型创业动机驱动下,创业者在自我实现、社会认同等方面可能渴求获得更多的成就感,并不主要通过盈利来获得创业成就感。在这种导向下,在华创业者可能更倾向于在创业的过程中把握市场机遇,实现自身理想和目标,而并非单纯追求财务回报。创业企业不仅需要资源获取,更需要形成企业知识增长与创新机制。创新是机会型创业的重要特征,所以创业者对于知识性资源的研发投入会更加重视,期望得到更高层次的产品。创业者的海外商业网络关系蕴含丰富的知识性资源,可以为其提供技术含量高的发展性资源,进而促进创业者对海外资源的吸收。除此之外,华侨华人感知创业过程的未知程度越高,则越容易激发其探索的积极性,越能增强其创业活动的挑战欲与成就感。新创企业产生更多的探索行为,则使其更加主动积极地去开发海外商业网络关系中的可用资源,帮助其拓展更多的市场。

综上所述,当在华创业的华侨华人在海外具有一定的资金、技术、经验等基础条件,甚至已经取得了一定的成就,想要实现更高层级的个人价值和经济追求,萌生了机会型创业动机时,商业网络关系成员更相信其创业成功的可能性且乐于施以援手,则企业的风险承担能力更强,各种资源的吸收和

容纳度都更高,更能从海内外积极汲取创新性资源以谋取更进一步的发展。基于此,本研究提出如下假设:

H2-6a:机会型创业动机在华侨华人的海外商业网络关系与在华创业绩效的关系中产生正向调节作用。

H2-6b:机会型创业动机在华侨华人的本土商业网络关系与在华创业绩效的关系中产生正向调节作用。

三、实证研究的理论模型

基于上述研究假设,本研究实证研究的理论研究模型如图 2-2 所示。

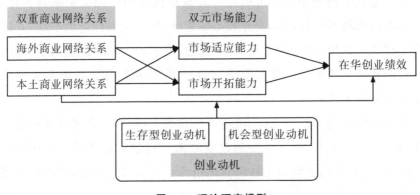

图 2-2　理论研究模型

第三节　研究设计、数据分析与假设检验

为验证前述理论模型与研究假设的科学性与合理性,本研究拟通过问卷调查和多元统计分析方法加以检验。首先,本节将明确界定研究的目标群体,并对问卷收集的流程进行概述。其次,鉴于问卷设计在实证研究中的基石作用,本研究将详细阐述调查问卷的设计思路及构成部分。再次,为确保测量工具的准确性和可靠性,本研究将借鉴学界已有的成熟量表,并结合上述质性分析的结果,对华侨华人双重商业网络关系、双元市场能力、创业

动机、在华创业绩效等关键变量以及控制变量进行精准测量。最后,在综合上述要素的基础上,本研究将构建一份完整的调查问卷以收集所需数据。在正式分发问卷之前,本研究还将实施预调研,以辅助笔者对正式调研进行更为周密的准备和规划,进而提升调研的整体质量和效果。

一、研究对象

本研究的研究对象为在华创业的海外华侨华人,并非传统意义上的普通创业者。根据《中华人民共和国归侨侨眷权益保护法》对华侨华人的定义,"华侨"指的是居于国外但仍保留中国国籍的公民,而"华人"则涵盖已加入外国国籍的原中国公民及其外国籍后裔,以及中国公民的外国籍后裔[385,386]。因此,本研究将已经在华创业或者参与投资创建新公司/分公司的华侨华人作为调研对象。由于研究对象较为特殊,为了确保样本数据的真实性和有效性,本研究的问卷收集过程是在山东的济南和青岛,福建的福清、泉州和厦门,浙江的温州和青田,广东的广州、汕头、中山等多地市的统战部侨务部门和侨商联合会帮助下完成的。首先,我们与三位在华创业多年的侨领取得联系,进行了深度访谈。三位侨领均对此次调查研究给予充分的肯定。其次,在三位侨领和相关机构官员的引荐下,我们通过电话、网络视频、现场调研等线上和线下相结合的方式,与 53 位在华创业者开展座谈和调查问卷前测,并根据他们的建议对正式问卷进行最后的修改。最后,在华侨大学海外校友会、多位侨领以及前述多地市的统战部和侨商联合会的帮助下,我们向 500 名符合要求的在华创业者发送正式调查问卷的链接,并向其详细说明调查目的和答卷要求。历时半年,最后我们回收问卷 385 份,通过问卷回答时长和测试题项排除等方法剔除无效问卷后,最终得到有效问卷 306 份,总体有效回收率为 61.2%。

二、问卷设计

（一）调查问卷的设计思路

问卷设计是实证研究的基础,是收集相关研究数据的渠道之一。本研究需要测量的变量包括：华侨华人的双重商业网络关系（海外商业网络关系和本土商业网络关系）、双元市场能力（市场适应能力和市场开拓能力）、创业动机（生存型创业动机和机会型创业动机）以及在华创业绩效。本研究查阅文献资料后发现，以上所提及的研究变量均无法从公开渠道中的二手数据进行合适而可靠的测量。因此，本研究在上述质性研究、理论和文献回顾的基础之上，采用目前国内外学者较为常用的问卷调查法。

1. 问卷设计的原则

问卷调查作为被广泛运用的数据收集方法之一，问卷设计的科学性直接关系到样本数据的质量，从而影响数据的信度和效度。因此，问卷设计需遵循一定的原则和条件。

（1）规范原则

学术规范要求问卷设计具备完整的结构和清晰的逻辑，通常包括问卷介绍、填写要求、问卷内容及选项等基本要素。本研究遵循这一原则，在问卷开头介绍了本次问卷调查的目的——华侨华人在华创业的影响因素研究，在此基础上向被调研人保证，本研究收集的数据内容不涉及商业机密和个人隐私，亦不用于任何商业行为，以便被调研人客观地选择和回答问题。并且，此次调查活动是匿名的。问卷内容主要由题目和答案组成，采用有序编码对题目进行排列。问卷的正文部分，本研究根据所涉及的变量列示相应题项，并以李克特七分量表的形式提供选项答案。

（2）系统原则

问卷设计应遵循一定的系统性，并围绕调研主题。同一变量应避免题项重叠，且清晰表达内容和区别，答案应易于找到相符选项。同时，本研究还对受访者的人口统计特征进行调查。

（3）通俗原则

本研究着重考虑将问卷的题项和答案表述设计得通俗易懂，同时尽量避免使用专业术语，并保证题项表述清晰、不带有模棱两可的性质，以确保问卷填写者能够顺利理解和填写问卷。

2. 问卷设计的步骤

为确保调查结果的精确有效，参考 Gerbing 等[387]的研究，本研究采用以下思路进行问卷设计。

（1）文献查阅归纳。在检索查阅大量创业者的商业网络关系、双元市场能力、创业动机、创业绩效的国内外文献之后，选取符合本研究相关变量的成熟量表，并进行提炼总结，为设计相关测量题项奠定基础。为了确保研究量表的信度和效度，以及保持内容的一致性和连续性，本研究所涉及变量的测量量表均参考国内外权威期刊已发表的且得到广泛使用验证的成熟量表，以确保本研究搜集的相关数据最终具有较好的信度与效度。

（2）测量题项翻译。由于本研究的部分变量参考的是国外英文文献中的测量题项，为避免在后续调查过程中出现调查对象因语句含义上的偏差以及翻译错误等问题而导致的理解不清，本研究采用倒释法对各变量测量题项进行翻译。也就是说，先邀请一位精通中英文翻译的学者将现有英文题项翻译成中文，再邀请另外一位同样精通中英文翻译的学者，将先前学者从英文翻译到中文的题项再次翻译成英文。最终将两份翻译进行比较，讨论、分析与修改其中不一致的地方，直至两人达成共识后，该变量的测量题项方得以初步确定。

（3）咨询专家意见。结合上述访谈编码结果，与专家进行探讨，咨询导师意见。在经过多次咨询之后，本研究邀请了从事海外华商研究的多位教授与副教授，对各测量题项做了细致的筛选和补充工作，并进行校对和修改。

（4）测量题项修正。由于本研究的调查对象为在华创业的华侨华人，为了保证正式问卷的问题能够更加清晰、准确地呈现给被调查者，我们在泉州晋江市委统战部的帮助下，联系到三位在华创业多年的侨领，并对他们进行了深度的访谈。结合他们在华创业的情况，对问卷中涉及的部分测量题项的语句表达进行适度的调整与合理的修改，从而形成本研究问卷初稿。

（5）预调研。通过以上四个步骤形成本研究的问卷初稿后，为了避免问卷存在结构不合理、用词不当而导致调查对象填写困难、数据整理不便以及丢失数据的真实性等问题，在各地统战部侨务部门和侨商联合会的帮助下，我们通过电话、网络视频、现场调研等线上和线下相结合的方式，与 53 位在华创业的华侨华人开展小组座谈和调查问卷前测，并根据他们的建议对正式问卷进行最后的修改。本研究在发放正式问卷之前，针对被调查群体做了预调研工作。

（二）调查问卷构成

本研究的调查问卷主要包括研究的标题和引导语、在华创业者的个人信息、企业概况以及本研究所涉及变量的测量题项。其中企业概况和创业者的个人信息均采用填空题和选择题相结合的方式进行，而问卷中涉及变量的测量题项则采用李克特七度量表法的封闭式问答。本研究的正式问卷构成具体如下：

第一部分为标题和引导语。为了避免部分被调查对象对本调研团队的不信任、担心企业重要信息泄露、觉得对其企业没有帮助等问题，本调查问卷在开头便主动详细介绍本调查团队概况、问卷调查目的以及最终数据的用途，并对数据的保密性给予保证。同时，本团队也请被调查者留下有效的邮箱地址，承诺将最终的研究结论发予被调查者，以供其在管理实践中进行参考，从而提高被调研者对本研究的信任，积极参与本调查研究。

第二部分为在华创业者的个人信息。这一部分具体包括被调查者的个人年龄、性别、学历、住在国（侨居地）以及中国祖籍地等5个问题。这部分信息的收集不仅能进一步增加我们对被调研者的认识，也有利于收集更加完整的数据，以便于本研究后续进行层次回归分析。

第三部分为华侨华人在华创业企业的概况。这一部分具体包括被调查者在华创业企业的创业年份、企业员工数量、所在省份及城市以及所属行业类型等问题。这部分信息的收集不仅能进一步增加我们对被调研者的认识，也有利于收集更加完整的数据，以便于本研究后续进行层次回归分析。

第四部分为问卷的主体。这一部分主要包括华侨华人的双重商业网络关系的测量题项（其中，海外商业网络关系有6个测量题项、本土商业网络关系有6个测量题项），在中国市场的双元市场能力的测量题项（其中，市场适应能力有3个测量题项、市场开拓能力有3个测量题项），创业动机的测量题项（其中，生存型创业动机有3个测量题项、机会型创业动机有3个测量题项），在华创业绩效的测量题项（6个测量题项），以上共计30个测量题项。同时，本研究均采用李克特七度量表进行打分（1.非常不同意；2.不同意；3.比较不同意；4.中立；5.比较同意；6.同意；7.非常同意）。

三、变量测量

（一）双重商业网络关系的测量

本研究中华侨华人海外商业网络关系是指华侨华人在海外基于商业交易和人情与顾客、供应商、购货方、利益相关者等所构建的关系集合；华侨华人本土商业网络关系是指华侨华人在中国基于商业交易和人情与顾客、供应商、购货方、利益相关者等所构建的关系集合。海外商业网络关系和本土商业网络关系的性质不同，它们建立在不同的地理位置、文化背景和商业环境下，所能提供的资源和机会也存在差异。因此，将它们分开测量可以更清晰地了解不同网络关系为企业带来的具体资源和机会，以及它们如何影响双元市场能力和在华创业绩效。本研究借鉴 Cai 等[388] 的量表以及编码结果，从信任、信息共享和共同解决问题 3 个维度进行测量，共包括 6 个题项，具体测量题项如表 2-5 所示。

表 2-5　双重商业网络关系量表

变 量	题 项
海外/本土商业网络关系	1.您与海外/本土的顾客、供应商、购货方、利益相关者等商业合作伙伴高度信任
	2.您与海外/本土的顾客、供应商、购货方、利益相关者等商业合作伙伴建立了稳固的关系
	3.您与海外/本土的顾客、供应商、购货方、利益相关者等商业合作伙伴经常沟通信息
	4.海外/本土的顾客、供应商、购货方、利益相关者等商业合作伙伴经常给您提供有用的信息和建议
	5.您和海外/本土的顾客、供应商、购货方、利益相关者等商业合作伙伴总是相互帮助、共同解决问题
	6.海外/本土的顾客、供应商、购货方、利益相关者等商业合作伙伴能与您共渡难关

（二）双元市场能力的测量

基于双元性理论，学者们普遍认可从"利用式"和"探索式"这两个角度测量双元能力,因此,本研究同样从"利用式"和"探索式"这两个方面对双元市场能力进行测量。此外,结合上述质性研究结果以及华侨华人在华创业实践现状,本研究将双元市场能力界定为市场适应能力和市场开拓能力。借鉴 Ho[349]和 Ju[352]等的研究以及编码结果,从企业利用资源和探索市场等方面来测量市场适应能力和市场开拓能力,分别包含 3 个题项,具体测量题项如表 2-6 所示。

表 2-6　双元市场能力量表

变　量	题　项
市场适应能力	1.您在中国创立的公司精通将现有知识转化为策略和行动以适应新市场
	2.您在中国创立的公司经常就所学的知识进行交流
	3.您在中国创立的公司的各职能部门能够紧密协调,以确保更好地利用所获得的信息和知识
市场开拓能力	1.您在中国大陆创立的公司经常学习行业内全新的产品开发技能和流程
	2.您在中国大陆创立的公司经常更新组织的管理与技能
	3.您在中国大陆创立的公司注重在以前没有经验的领域加强创新技能

(三)创业动机的测量

全球创业观察根据创业者的特征将创业动机分为生存型和机会型创业动机。借鉴陈子薇等[389]的研究以及上述访谈记录分析结果,生存型创业动机包含 3 个题项,机会型创业动机包含 3 个题项。结合实际调研情况,本研究发现在华创业者并不是受到绝对某一类动机的驱动,大部分均对生存型、机会型的动机有不同的考量,具有一定的偏向性。因此,本研究并未单一地将此变量设置为分类变量进行衡量,而是在问卷测量中将两种动机混合在一起进行测量。具体测量题项如表 2-7 所示。

表 2-7　创业动机测量量表

变　量	题　项
生存型创业动机	1.不满意之前的薪酬收入
	2.希望得到经济保障
	3.找不到合适的工作,选择创业

续表

变　量	题　项
机会型 创业动机	1.希望实现更高的成就认可（包括实现当老板的梦想、追求挑战、实现更高个人价值等）
	2.具备创业能力，发现好的商机
	3.希望创造更多财富

（四）在华创业绩效的测量

相对于成熟的本地企业，新创企业将面临更多的困难和挑战，在本地市场的逐步成长和发展是企业必须完成的目标，实现一定的财务绩效以及具备一定的盈利能力则可以代表新创企业的创业成效。此外，创新性作为衡量新创企业绩效的一个重要维度，决定了企业获得市场和竞争优势的可能性。但新创企业，尤其是部分华侨华人的创业企业，其组成结构比较复杂，客观且大量的财务数据大部分是企业的私密信息，难以获得，因此，本研究采用主观问卷调查的方法。在实地访谈过程中，调研组发现所调研企业的问卷数据与现实情况具有较高的一致性。

本研究借鉴 Gao 等[390]对企业财务绩效和潜在盈利能力的测量。创业企业的创新能力对企业是否获得可持续竞争优势具有关键作用，本研究借鉴 Wang 等[391]对企业的创新绩效继续进行测量，共计 6 个测量题项，具体的测量题项如表 2-8 所示。

表 2-8　在华创业绩效量表

变　量	题　项
在华创业绩效	1.您在中国境内创立的公司的销售额增长较快
	2.您在中国境内创立的公司的利润增长较高
	3.您在中国境内创立的公司的市场份额增长较快
	4.您在中国境内创立的公司的员工人数增长较快
	5.您在中国境内创立的公司的创新产品数量占公司产品总数量的比例较高
	6.您在中国境内创立的公司的产品/服务的质量较高、种类较多

（五）控制变量的测量

本研究关注华侨华人创业者和新创企业的表现,为了降低创业者或者企业自身特征对实证分析的干扰并提高研究结果的可信度,本研究将企业所属的行业类型、创业年限、创业者的受教育程度和创业企业规模作为控制变量,从而降低这些因素对实证研究结果的影响。

四、预调研

为了尽可能避免在正式测试时由于问卷的不合理造成的结果偏差,本研究进行了预调研。首先,笔者在导师的帮助下,与三位已在华创业多年的福建泉州籍侨商取得了联系,就他们的创业经历开展深度的访谈和实地的考察。随后,笔者又在导师的帮助下,通过政府相关人员的引荐,以线上和线下相结合的方式发放问卷 150 份,共回收问卷 132 份,剔除信息不完整的、所有选项全部一致的无效问卷后得到有效预测试问卷 120 份,即有效回收率为 80%。预调研的样本特征具体如表 2-9 所示。

表 2-9 预调研的样本特征（$N=120$）

名　称	选　项	频　数	百分比/%
创业者年龄	30 岁以下	24	20.0
	30～39 岁	64	53.3
	40～49 岁	19	15.8
	50 岁及以上	13	10.8
创业者性别	男	82	68.3
	女	38	31.7
创业者受教育程度	高中及以下	54	45.0
	大专	30	25.0
	本科	22	18.3
	硕士研究生	10	8.3
	博士研究生	4	3.3

续表

名　称	选　项	频　数	百分比/%
企业规模	100 人及以下	54	45.0
	101～300 人	30	25.0
	301～500 人	22	18.3
	501～1 000 人	10	8.3
	1 000 人以上	4	3.3
所处行业类型	制造行业	38	31.7
	服务/贸易行业	39	32.5
	科技行业	11	9.2
	金融/地产行业	7	5.8
	文化、体育和娱乐行业	14	11.7
	其他	11	9.2
创业所在地区	广东省	37	30.8
	福建省	16	13.3
	上海市	8	6.7
	浙江省	7	5.8
	江苏省	8	6.7
	河北省	10	8.3
	其他	34	28.3

（一）预调研样本的信度检验

本研究采用 SPSS 26.0 对前测数据进行信度检验,信度反映数据内部的异质性和可信性,通过 Cronbach's α 系数进行检测,Cronbach's α 系数大于或等于 0.7 即通过信度检验。经过测算,问卷总体信度达到 0.823,各变量信度结果如表 2-10 所示。海外商业网络关系、本土商业网络关系、市场适应能力、市场开拓能力、生存型创业动机、机会型创业动机以及在华创业绩效的 Cronbach's α 系数指标均大于 0.7,这也表明结果的稳定性较高,具有一定的可信度,适合投入正式调研中使用。

表 2-10　预调研信度检验（$N = 120$）

变　量	维　度	校正项总计相关性（CITC）	项已删除的 Cronbach's α 系数	Cronbach's α 系数
海外商业网络关系	海外商业网络关系 1	0.835	0.926	0.938
	海外商业网络关系 2	0.829	0.925	
	海外商业网络关系 3	0.838	0.924	
	海外商业网络关系 4	0.815	0.927	
	海外商业网络关系 5	0.835	0.924	
	海外商业网络关系 6	0.855	0.934	
本土商业网络关系	本土商业网络关系 1	0.627	0.852	0.868
	本土商业网络关系 2	0.708	0.839	
	本土商业网络关系 3	0.680	0.843	
	本土商业网络关系 4	0.649	0.848	
	本土商业网络关系 5	0.714	0.837	
	本土商业网络关系 6	0.622	0.854	
市场适应能力	市场适应能力 1	0.551	0.694	0.748
	市场适应能力 2	0.600	0.635	
	市场适应能力 3	0.575	0.664	
市场开拓能力	市场开拓能力 1	0.655	0.708	0.797
	市场开拓能力 2	0.633	0.738	
	市场开拓能力 3	0.642	0.726	
生存型创业动机	生存型创业动机 1	0.467	0.680	0.705
	生存型创业动机 2	0.602	0.542	
	生存型创业动机 3	0.527	0.623	
机会型创业动机	机会型创业动机 1	0.599	0.590	0.729
	机会型创业动机 2	0.514	0.689	
	机会型创业动机 3	0.545	0.649	
在华创业绩效	在华创业绩效 1	0.752	0.864	0.888
	在华创业绩效 2	0.777	0.857	

续表

变　量	维　度	校正项总计相关性（CITC）	项已删除的Cronbach's α 系数	Cronbach's α 系数
在华创业绩效	在华创业绩效 3	0.749	0.861	0.888
	在华创业绩效 4	0.710	0.869	
	在华创业绩效 5	0.684	0.872	
	在华创业绩效 6	0.577	0.887	

（二）预调研样本的效度检验

本研究采用 SPSS 26.0 对预测数据进行效度检验。首先对预测数据进行探索性因子分析，进行 KMO 检验和 Bartlett 球形度检验。KMO 均值大于或等于 0.7，且 Bartlett 球形度检验的显著性 p 值小于 0.05，代表预调研的数据适合提取信息，从而判断问卷的适用性。最终结果如表 2-11 所示，各变量的 KMO 均值为 0.813，Bartlett 球形度检验的 p 值为 0.000，各项指标均符合检验标准，量表的效度较好，数据适合提取信息。

表 2-11　预调研效度检验（$N=120$）

各变量 KMO 均值		0.813
Bartlett 球形度检验	近似卡方	2 074.347
	df	435
	p 值	0.000

在 KMO 检验及 Bartlett 球形度检验结果的基础上，通过方差解释率中各因子初始特征值及总方差解释率判断量表中的因子数量。此外，因子载荷值矩阵中，当各题目指标在对应因子维度上载荷值高于 0.5，且在其余因子维度上载荷值低于 0.5 时，表明量表的区分性和聚合性较好，量表的效度较高。

正如表 2-12 所示，总方差解释率计算结果显示：共有 7 个主成分因子的初始特征值高于 1，并且第七因子与第六因子之间特征值、解释率变化明显，因此可以提取出 7 个独立的主成分因子。其中，第一因子解释率为 16.650%，小于 40%，问卷不存在严重的共同方法偏差效应；7 个因子的累积方差解释率达到 69.790%，大于 60%，能够代表大部分的方差变异量。

表 2-12 总方差解释率

成分	初始特征值			提取载荷平方和			旋转载荷平方和		
	总计	方差百分比	累积百分比	总计	方差百分比	累积百分比	总计	方差百分比	累积百分比
1	7.703	25.675	25.675	7.703	25.675	25.675	4.995	16.650	16.650
2	4.590	15.300	40.975	4.590	15.300	40.975	4.003	13.343	29.993
3	2.498	8.327	49.302	2.498	8.327	49.302	3.799	12.665	42.658
4	2.164	7.215	56.517	2.164	7.215	56.517	2.317	7.724	50.382
5	1.747	5.824	62.340	1.747	5.824	62.340	2.094	6.980	57.362
6	1.158	3.858	66.199	1.158	3.858	66.199	1.951	6.503	63.865
7	1.077	3.591	69.790	1.077	3.591	69.790	1.777	5.925	69.790
8	0.923	3.077	72.867						
9	0.748	2.495	75.362						
10	0.698	2.327	77.688						
11	0.650	2.168	79.856						
12	0.592	1.972	81.828						
13	0.545	1.815	83.643						
14	0.508	1.693	85.336						
15	0.447	1.490	86.825						
16	0.443	1.478	88.303						
17	0.424	1.413	89.716						
18	0.394	1.312	91.028						
19	0.350	1.168	92.195						
20	0.331	1.102	93.297						
21	0.307	1.022	94.319						
22	0.278	0.926	95.246						
23	0.264	0.881	96.127						
24	0.238	0.794	96.920						
25	0.228	0.760	97.680						
26	0.186	0.620	98.300						
27	0.147	0.489	98.789						

续表

成分	初始特征值			提取载荷平方和			旋转载荷平方和		
	总计	方差 百分比	累积 百分比	总计	方差 百分比	累积 百分比	总计	方差 百分比	累积 百分比
28	0.140	0.466	99.255						
29	0.125	0.417	99.672						
30	0.099	0.328	100.000						

　　如表 2-13 所示,旋转后的载荷值矩阵计算结果显示:各个维度的观测指标在同一个因子下的载荷值均高于 0.5,因此问卷中各观测指标均具有较好的聚合性与区分性。

表 2-13　旋转后的成分矩阵

维　　度	成　　分						
	1	2	3	4	5	6	7
海外商业网络关系 1	0.840						
海外商业网络关系 2	0.865						
海外商业网络关系 3	0.866						
海外商业网络关系 4	0.867						
海外商业网络关系 5	0.862						
海外商业网络关系 6	0.772						
本土商业网络关系 1			0.696				
本土商业网络关系 2			0.741				
本土商业网络关系 3			0.723				
本土商业网络关系 4			0.720				
本土商业网络关系 5			0.726				
本土商业网络关系 6			0.752				
市场适应能力 1						0.725	
市场适应能力 2						0.757	
市场适应能力 3						0.685	
市场开拓能力 1				0.786			
市场开拓能力 2				0.842			
市场开拓能力 3				0.847			
生存型创业动机 1							0.679

续表

维　度	成　分						
	1	2	3	4	5	6	7
生存型创业动机 2							0.679
生存型创业动机 3							0.588
机会型创业动机 1					0.798		
机会型创业动机 2					0.777		
机会型创业动机 3					0.775		
在华创业绩效 1		0.819					
在华创业绩效 2		0.799					
在华创业绩效 3		0.739					
在华创业绩效 4		0.771					
在华创业绩效 5		0.797					
在华创业绩效 6		0.625					

综上,本研究所涉及变量的测量题项均符合检验标准,问卷适用于正式调研。此外,在预调研过程中,针对专家和被调研者所提出的一些意见建议,在不修改题项根本理论含义的前提下,对部分题项进行了完善及补充,最终形成正式发放的问卷。

第四节　实证分析

在已有概念模型和研究假设的基础上,本章通过问卷收集到的样本数据,通过多元统计分析对上述研究假设进行检验。首先,进行基础的描述性统计分析,了解此次问卷调查对象的基本信息;其次,通过信效度检验对样本数据的可信性进行检验;最后,通过相关性分析和回归分析,对各变量之间的相关性进行分析,并对双重商业网络关系、双元市场能力、创业动机以及在华创业绩效之间的假设进行检验,逐步论证研究的理论模型。

■ 一、描述性统计分析

在预调研结果的基础上，本章采用基本一致的问卷工具进行正式问卷调查，向 500 位符合要求的在华创业者发送了正式调查问卷的链接，并详细说明调查目的和答卷要求。最终回收问卷 385 份，通过问卷回答时长和测试题项排除等方法剔除无效问卷后，得到有效问卷 306 份，总体有效回收率为 61.2%。差异性检验表明，有效样本和未采纳样本在以下基本信息特征上并无显著差异。问卷样本的基本情况详见表 2-14。

表 2-14　调查样本的基本情况（$N=306$）

名　　称	选　　项	频　数	百分比/%
创业者年龄	30 岁以下	54	17.6
	30～39 岁	158	51.6
	40～49 岁	62	20.2
	50 岁及以上	32	10.6
创业者性别	男	214	69.9
	女	92	30.1
创业者受教育程度	高中及以下	10	3.3
	大专	30	9.8
	本科	209	68.3
	硕士研究生	48	15.7
	博士研究生	9	2.9
企业规模	100 人及以下	143	46.7
	101～300 人	71	23.2
	301～500 人	50	16.3
	501～1 000 人	29	9.5
	1 000 人以上	14	4.2

续表

名　称	选　项	频　数	百分比/%
所处行业类型	制造行业	107	35
	服务/贸易行业	98	32
	科技行业	30	9.8
	金融/地产行业	18	5.9
	文化、体育和娱乐行业	33	10.8
	其他	20	6.5
创业所在地区	广东省	104	34
	福建省	41	13.4
	上海市	22	7.2
	浙江省	19	6.2
	江苏省	16	5.2
	其他	104	34

注:本研究调查样本主要通过厦门、泉州、东莞和温州等地的统战部有关部门和侨商联合会相关负责人的介绍和转发获得。

二、共同方法偏差检验

当研究人员使用单一的测量方法来评估多个变量时,测量方法本身可能会对研究结果产生影响的偏差,这种偏差可能会导致研究结果的错误解释。共同方法偏差检验的方法之一为 Harman 单因子检验法,即将所有指标放在一个因子下进行因子分析,如果该因子的方差解释率低于 40%,则认为研究数据并不存在严重的共同方法偏差,反之,则认为存在共同方法偏差。考虑到题项是由创业者自评完成的,本研究用 SPSS 26.0 进行 Harman 单因素检验。主成分分析结果显示,最大成分因子的解释量为 14.066%,低于 40% 的基准线,说明共同方法偏差问题不严重。

■ 三、信效度分析

（一）信度检验

信度检验可以保证样本数据的内部一致性，因此，一般在研究开始需要首先进行信度检验。本研究采用 Cronbach's α 系数来检验量表的信度（表 2-15），研究中涉及变量的 Cronbach's α 系数均高于 0.700 的标准，表明量表具备较高的可信度和稳定性。

表 2-15　各变量的信度检验

变　量	维　度	校正项总计相关性（CITC）	项已删除的 Cronbach's α 系数	Cronbach's α 系数
海外商业网络关系	海外商业网络关系 1	0.758	0.892	0.909
	海外商业网络关系 2	0.808	0.885	
	海外商业网络关系 3	0.740	0.894	
	海外商业网络关系 4	0.737	0.895	
	海外商业网络关系 5	0.793	0.887	
	海外商业网络关系 6	0.659	0.908	
本土商业网络关系	本土商业网络关系 1	0.640	0.856	0.872
	本土商业网络关系 2	0.687	0.848	
	本土商业网络关系 3	0.651	0.854	
	本土商业网络关系 4	0.688	0.848	
	本土商业网络关系 5	0.701	0.846	
	本土商业网络关系 6	0.674	0.851	
市场适应能力	市场适应能力 1	0.648	0.681	0.784
	市场适应能力 2	0.584	0.748	
	市场适应能力 3	0.639	0.691	

续表

变　量	维　度	校正项总计相关性（CITC）	项已删除的Cronbach's α 系数	Cronbach's α 系数
市场开拓能力	市场开拓能力 1	0.721	0.775	0.845
	市场开拓能力 2	0.691	0.806	
	市场开拓能力 3	0.725	0.772	
生存型创业动机	生存型创业动机 1	0.534	0.714	0.750
	生存型创业动机 2	0.658	0.582	
	生存型创业动机 3	0.560	0.699	
机会型创业动机	机会型创业动机 1	0.612	0.662	0.762
	机会型创业动机 2	0.564	0.715	
	机会型创业动机 3	0.605	0.666	
在华创业绩效	在华创业绩效 1	0.783	0.881	0.904
	在华创业绩效 2	0.777	0.881	
	在华创业绩效 3	0.765	0.883	
	在华创业绩效 4	0.735	0.887	
	在华创业绩效 5	0.747	0.885	
	在华创业绩效 6	0.623	0.902	

（二）效度检验

效度是指测量的真实性和准确性，测量结果与要考察的内容越吻合，则效度越高。学界较为常用的效度检验为探索性因子分析法和验证性因子分析法。因此，本研究通过以上两种分析方法对问卷中的测量变量进行效度检验。本研究所使用的各维度量表多数来源于研究相对成熟的量表，并且结合了华侨华人的特点，通过定性研究、访谈和预测试的结果对问卷进行前期检验，结果显示问卷内容效度良好。

1.探索性因子分析

本研究采用 SPSS 26.0 统计软件，分别对双重商业网络关系（海外商业网络关系、本土商业网络关系)、双元市场能力(市场适应能力、市场开拓能力)、创业动机(生存型创业动机、机会型创业动机)以及在华创业绩效进行了探索式因子分析,结果如表 2-16 所示。各变量的 KOM 值均大于 0.7,说明数据适合提出信息;累计方差解释率均大于 60%,说明研究项的信息可以有效地提取出来。

表 2-16　探索性因子分析结果

变　量	维　度	KMO 值	Bartlett 球形度检验			累积方差解释率/%
			近似卡方	df	p 值	
双重商业网络关系	海外商业网络关系	0.912	2 044.008	66	0.000	65.191
	本土商业网络关系				0.000	
创业动机	生存型创业动机	0.757	510.650	15	0.000	67.676
	机会型创业动机				0.000	
双元市场能力	市场适应能力	0.748	692.150	15	0.000	73.694
	市场开拓能力				0.000	
在华创业绩效	在华创业绩效	0.910	1 058.300	15	0.000	67.835

2.验证性因子分析

本研究通过 AMOS 24.0 对海外商业网络关系、本土商业网络关系、市场适应能力、市场开拓能力、生存型创业动机、机会型创业动机和在华创业绩效这些变量进行验证性因子分析,通过构建结构方程模型来检验测量变量和潜变量之间的关系(模型详见图 2-3)。

本研究使用 AMOS 24.0 对假设的七因子模型进行检验,其主要的拟合指标为:$\chi^2/df = 1.508 < 3$,RMSEA $= 0.041 < 0.05$,CFI $= 0.958$,NFI $= 0.887$,IFI $= 0.959$,TLI $= 0.953$,GFI $= 0.884$,AGFI $= 0.859$,拟合指标 χ^2/df 介于 1~3,GFI、AGFI、NFI、TLI、CFI、IFI 等均大于 0.85,RMSEA 小于 0.05,说明该研究模型拟合度较好,显著优于其他竞争模型(表 2-17)。各项参数指标均符合分析要求,模型具有较好的结构效度。

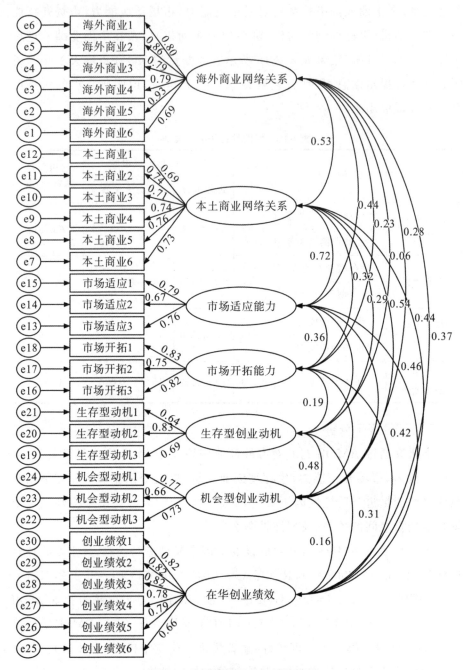

图 2-3 验证性因子分析结构模型

表 2-17 验证性因子分析结果

模 型	χ^2/df	CFI	IFI	TLI	GFI	RMSEA
七因子模型	1.508	0.958	0.959	0.953	0.884	0.041
六因子模型 a	2.313	0.891	0.892	0.878	0.823	0.066
五因子模型 b	3.000	0.831	0.833	0.814	0.769	0.081
四因子模型 c	3.717	0.768	0.770	0.747	0.707	0.094
三因子模型 d	4.200	0.725	0.727	0.703	0.676	0.102
二因子模型 e	5.211	0.637	0.639	0.609	0.588	0.117
单因子模型 f	6.920	0.488	0.491	0.450	0.510	0.139
参考值	[1~3]	>0.85	>0.85	>0.85	>0.85	<0.05

注:模型 a 将在华创业绩效和市场开拓能力合并为一个潜在因子;模型 b 在模型 a 的基础上将市场适应进行合并;模型 c 在模型 b 的基础上将机会型创业动机关系合并;模型 d 在模型 c 基础上将生存型创业动机关系合并;模型 e 在模型 d 的基础上将本土商业网络关系合并;模型 f 将所有项目归属于同一个潜在因子。

同时,在载荷值计算结果中,各变量以及不同维度所属预测指标的标准化载荷值均在 0.5 以上,且组合信度 CR 值均高于 0.7,平均方差提取量 AVE 均高于 0.5,各变量即不同维度均具有较强的聚合效度。并且,为了衡量变量之间是否显著不同,本研究将各变量的 AVE 平方根值和各变量间的皮尔森相关系数作对比(见表 2-18),其中变量 AVE 的平方根值均大于变量间的皮尔森相关系数的绝对值,说明本研究的量表具有良好的区分效度。因此,本研究模型具有较好的聚合效度和区分效度。

表 2-18 各变量 AVE 和 CR 指标

变 量	维 度	因子载荷	AVE 值	组合信度 CR 值
海外商业网络关系	海外商业网络关系 1	0.802	0.631	0.910
	海外商业网络关系 2	0.860		
	海外商业网络关系 3	0.785		
	海外商业网络关系 4	0.785		
	海外商业网络关系 5	0.832		
	海外商业网络关系 6	0.693		

续表

变　　量	维　　度	因子载荷	AVE 值	组合信度 CR 值
本土商业 网络关系	本土商业网络关系 1	0.693	0.513	0.863
	本土商业网络关系 2	0.742		
	本土商业网络关系 3	0.715		
	本土商业网络关系 4	0.741		
	本土商业网络关系 5	0.765		
	本土商业网络关系 6	0.727		
市场适应 能力	市场适应能力 1	0.791	0.551	0.786
	市场适应能力 2	0.666		
	市场适应能力 3	0.764		
市场开拓 能力	市场开拓能力 1	0.831	0.647	0.846
	市场开拓能力 2	0.755		
	市场开拓能力 3	0.824		
生存型 创业动机	生存型创业动机 1	0.639	0.522	0.764
	生存型创业动机 2	0.827		
	生存型创业动机 3	0.688		
机会型 创业动机	机会型创业动机 1	0.771	0.541	0.778
	机会型创业动机 2	0.658		
	机会型创业动机 3	0.729		
在华 创业绩效	在华创业绩效 1	0.823	0.616	0.906
	在华创业绩效 2	0.822		
	在华创业绩效 3	0.821		
	在华创业绩效 4	0.778		
	在华创业绩效 5	0.791		
	在华创业绩效 6	0.663		

▨ 四、相关性分析

本研究所涉及变量的均值、标准差、变量间相关系数等如表 2-19 所示。描述性统计和相关性分析的结果表明,各变量的均值与标准差基本在合理范围之内,变量间的相关系数基本无异常,且存在相关关系。初步发现,海外商业网络关系与市场适应能力、市场开拓能力、在华创业绩效显著正相关($r=0.380$、0.209、0.354,$p<0.01$),本土商业网络关系与市场适应能力、市场开拓能力、在华创业绩效显著正相关($r=0.596$、0.269、0.401,$p<0.01$),市场适应能力、市场开拓能力与在华创业绩效显著正相关($r=0.399$、0.357,$p<0.01$),这些结果初步支持本研究的假设。

表 2-19　各主要变量的均值、标准差和变量间相关系数

潜变量	均值	标准差	1	2	3	4	5	6	7
1.海外商业网络关系	5.36	0.99	**0.794**						
2.本土商业网络关系	5.58	0.76	0.483***	**0.716**					
3.市场适应能力	5.62	0.77	0.380***	0.596***	**0.742**				
4.市场开拓能力	4.93	1.17	0.209***	0.269***	0.289***	**0.804**			
5.生存型创业动机	5.06	1.20	0.042	0.234***	0.210***	0.166***	**0.722**		
6.机会型创业动机	5.93	0.74	0.243***	0.434***	0.346***	0.183***	0.384***	**0.736**	
7.在华创业绩效	5.28	0.91	0.354***	0.401***	0.399***	0.357***	0.255***	0.148***	**0.785**

注:***、**、*分别表示在 1%、5%、10%的水平上显著;加粗线上的数字为 AVE 的平方根。下同。

五、假设检验

本研究采用多元回归的方式,通过 SPSS 26.0 软件进行相关数据分析,以检验海外商业网络关系和本土商业网络关系对双元市场能力的影响、海外商业网络关系和本土商业网络关系对在华创业绩效的影响以及创业动机对二者关系的调节作用。

（一）主效应检验

首先,对海外商业网络关系、本土商业网络关系、在华创业绩效进行层次回归分析。其中,因变量为在华创业绩效,控制变量为行业类型、创业年份、创业者受教育程度、企业规模。根据模型的路径系数的结果(见表 2-20):第一,对比 M1 与 M4 可看出,在加入海外商业网络关系和本土商业网络关系之后,R^2 值从 0.122 变化为 0.252,R^2 值明显增大说明因变量(在华创业绩效)的变化受到海外商业网络关系和本土商业网络关系的影响。第二,从 M4 可以发现,海外商业网络关系对在华创业绩效起正向影响($\beta = 0.164$,$p < 0.01$),本土商业网络关系对在华创业绩效起正向影响($\beta = 0.356$,$p < 0.01$),假设 H2-1a、H2-1b 均得以验证。

表 2-20　双重商业网络关系与在华创业绩效的回归分析结果

变　量		在华创业绩效			
		M1	M2	M3	M4
控制变量	所处行业类型	−0.029	−0.003	−0.001	0.010
	创业年份	0.000	−0.002	−0.007	−0.006
	文化教育程度	0.156 **	0.113	0.092	0.078
	企业规模	0.231 ***	0.188 ***	0.174 ***	0.159 ***
自变量	海外商业网络关系		0.265 ***		0.164 ***
	本土商业网络关系			0.442 ***	0.356 ***
R^2		0.122	0.193	0.229	0.252
Adjusted R^2		0.110	0.179	0.216	0.237
ΔF		10.382 ***	26.095 ***	41.274 ***	23.570 ***

　　其次,对海外商业网络关系、本土商业网络关系、市场适应能力进行层次分归分析。其中,因变量为市场适应能力,控制变量为行业类型、创业年份、创业者文化教育程度、企业规模,自变量为海外商业网络关系、本土商业网络关系,分析结果如表 2-21 所示。海外商业网络关系、本土商业网络关系均对市场适应能力产生显著的正向影响(M4 中 $\beta=0.088$,$p<0.05$;$\beta=0.547$,$p<0.01$),因此假设 H2-2a、H2-2b 得到验证。

表 2-21　双重商业网络关系与市场适应能力的回归分析结果

变量		市场适应能力			
		M1	M2	M3	M4
控制变量	所处行业类型	−0.049*	−0.025	−0.011	−0.005
	创业年份	0.014*	0.012*	0.005	0.005
	文化教育程度	0.213***	0.174***	0.127*	0.119**
	企业规模	0.129***	0.090**	0.053	0.045
自变量	海外商业网络关系		0.243***		0.088**
	本土商业网络关系			0.592***	0.547***
R^2		0.107	0.190	0.376	0.386
Adjusted R^2		0.095	0.177	0.366	0.373
ΔF		8.974***	30.555***	128.623***	94.562***

　　在此基础上,本研究参照周郴保等[392]的检验方法,采用如下两种方法来比较海外商业网络关系和本土商业网络关系对市场适应能力的作用:

　　第一,ΔR^2 可以用于比较两个模型的解释能力差异。R^2 用于衡量模型的解释能力,其值在 0~1 之间,越接近 1 表示模型的解释能力越强。ΔR^2 通常用于衡量模型改进的解释方差,表示在添加新变量或修改模型结构后,模型解释方差的增加量。具体来说,$\Delta R^2=R^2_{M4}-R^2_{M2}$。M4 可能是在M2 的基础上进行了改进或添加了新的变量。ΔR^2 可以用于比较这两个模型的解释能力差异。如果 ΔR^2 为正,表示 M4 的解释能力比 M2 有所提高;如果 ΔR^2 为负,表示 M4 的解释能力比 M2 有所降低。在本研究双重商业网络关系对市场适应能力的研究中,ΔR^2_{M4-M2} 反映的是在海外商业网络关系基础上加入本土商业网络关系之后模型的解释能力变化($\Delta R^2_{M4-M2}=$

$R^2_{M4} - R^2_{M2} = 0.386 - 0.190 = 0.196$);$\Delta R^2_{M4-M3}$是在本土商业网络关系基础上加入海外商业网络关系之后模型的解释能力变化($\Delta R^2_{M4-M3} = R^2_{M4} - R^2_{M3} = 0.386 - 0.376 = 0.010$);由于$\Delta R^2_{M4-M2}$(0.196)大于$\Delta R^2_{M4-M3}$(0.010),因此说明华侨华人的本土商业网络关系比海外商业网络关系更有助于市场适应能力,验证了假设 H2-2c。

第二,通过计算海外商业网络关系和本土商业网络关系影响市场适应能力的半偏相关系数来进行比较。半偏相关系数是在消除其他变量影响的条件下,自变量对因变量的贡献,即本土商业网络关系和海外商业网络关系分别单独对市场适应能力的贡献。经过计算发现,海外商业网络关系和本土商业网络关系的半偏相关系数分别为 0.305 和 0.549,表明在华创业的华侨华人的本土商业网络关系比海外商业网络关系更有助于新创企业的市场适应能力。因此,假设 H2-2c 得到支持。

第三,对海外商业网络关系、本土商业网络关系、市场开拓能力进行层次分归分析。其中,因变量为市场开拓能力,控制变量为行业类型、创业年份、创业者文化教育程度、员工数量,自变量为海外商业网络关系,本土商业网络关系,分析结果如表 2-22 所示。海外商业网络关系、本土商业网络关系均对市场开拓能力产生显著的正向影响(M4 中 $\beta = 0.173$,$p < 0.05$;$\beta = 0.424$,$p < 0.01$),因此假设 H2-3a、H2-3b 得到验证支持。

表 2-22　双重商业网络关系与市场开拓能力的回归分析结果

变量		市场开拓能力			
		M1	M2	M3	M4
控制变量	所处行业类型	−0.013	0.015	0.020	0.031
	创业年份	0.019*	0.017*	0.012	0.012
	文化教育程度	0.002	−0.045	−0.072	−0.087
	企业规模	−0.009	−0.056	−0.075	−0.091
自变量	海外商业网络关系		0.293***		0.173**
	本土商业网络关系			0.514***	0.424***
R^2		0.120	0.064	0.099	0.115
Adjusted R^2		−0.002	0.048	0.084	0.097
ΔF		0.885***	16.597***	28.908***	17.268***

在此基础上,本研究采用上述同样的检验方法来比较海外商业网络关系和本土商业网络关系对市场开拓能力的影响差异:

第一,在本研究双重商业网络关系对市场开拓能力的研究中,ΔR^2_{M4-M2}是在海外商业网络关系基础上加入本土商业网络关系之后模型的解释能力变化($\Delta R^2_{M4-M2} = R^2_{M4} - R^2_{M2} = 0.115 - 0.064 = 0.051$);$\Delta R^2_{M4-M3}$是在本土商业网络关系基础上加入海外商业网络关系之后模型的解释能力变化($\Delta R^2_{M4-M3} = R^2_{M4} - R^2_{M3} = 0.115 - 0.099 = 0.016$);由于 ΔR^2_{M4-M2}（0.051）大于 ΔR^2_{M4-M3}（0.016）,因此说明华侨华人的本土商业网络关系比海外商业网络关系更有助于市场开拓能力,H2-3c 未得到验证。

第二,通过计算海外商业网络关系和本土商业网络关系影响市场开拓能力的半偏相关系数来进行比较。经过计算发现,海外商业网络关系和本土商业网络关系的半偏相关系数分别为 0.230 和 0.297,表明在华创业的华侨华人的本土商业网络关系比海外商业网络关系更有助于新创企业的市场开拓能力。因此,假设 H2-3c 未得到支持。

（二）中介检验

1.市场适应能力的中介检验

本研究采用层次回归分析方法检验市场适应能力在双重商业网络关系与在华创业绩效之间的关系。分别构建 3 个模型,其中模型 1（M1）是双重商业网络关系与在华创业绩效构建的模型,模型 2（M2）是双重商业网络关系与市场适应能力构建的模型,模型 3（M3）是双重商业网络关系、市场适应能力与在华创业绩效构建的模型,以检验市场适应能力在华侨华人的双重商业网络关系和在华创业绩效之间发挥的中介效应。最终结果如表 2-23 所示。由 M3 可知,加入市场适应能力后,海外商业网络关系、本土商业网络关系对在华创业绩效的影响仍然显著（$\beta = 0.145, p < 0.01; \beta = 0.236, p < 0.01$）,但与 M1 相比,标准化系数明显降低,由此可见市场适应能力在双重商业网络关系与在华创业绩效之间起部分中介作用。因此,假设 H2-4 的中介效应得到了初步检验。

表 2-23　市场适应能力中介作用的回归分析结果

变　量		在华创业绩效	市场适应能力	在华创业绩效
		M1	M2	M3
控制变量	所处行业类型	0.010	−0.005	0.011
	创业年份	−0.006	0.005	−0.007
	文化教育程度	0.078	0.119 **	0.052
	企业规模	0.159 ***	0.045	0.149 ***
自变量	海外商业网络关系	0.164 ***	0.088 **	0.145 ***
	本土商业网络关系	0.356 ***	0.547 ***	0.236 ***
中介变量	市场适应能力			0.221 ***
R^2		0.252	0.386	0.273
Adjusted R^2		0.237	0.373	0.256
ΔF		25.820 ***	67.355 ***	8.720 ***

　　为进一步检验市场适应能力的中介效应(H4a),本研究参考温忠麟等[393]的研究,通过 SPSS PROCESS 宏程序进行 Bootstrap 分析。本研究采用 5 000 次重复抽样,构造 95% 偏差校正的置信区间,如果置信区间不包括零,则中介效应是显著的,如果置信区间包括零,则效应不显著。详细结果如表 2-24 所示。首先,市场适应能力在海外商业网络关系对在华创业绩效的影响中存在中介作用($a \times b$ 中介效应为 0.078 8),置信区间为(0.035 8,0.139 3),不包括 0,说明存在中介作用,但由于效应占比未达到 100%(效应占比 29.758%),因此存在部分中介效应。其次,市场适应能力在本土商业网络关系对在华创业绩效的影响中存在中介作用($a \times b$ 中介效应为 0.145 5),置信区间为(0.046 0,0.250 2),不包括 0,说明存在中介作用,但由于效应占比未达到 100%(效应占比 32.948%),因此同样存在部分中介效应。假设 H2-4a 中介效应成立。

表 2-24　市场适应能力中介作用的 Bootstrap 分析结果

项　目	检验结论	c 总效应	$a\times b$ 中介效应	c' 直接效应	效应占比计算公式	效应占比/%	95% 置信区间
海外商业网络关系⇒市场适应能力⇒在华创业绩效	部分中介	0.264 8	0.078 8	0.186 0	$a\times b/c$	29.758	(0.035 8, 0.139 3)
本土商业网络关系⇒市场适应能力⇒在华创业绩效	部分中介	0.441 6	0.145 5	0.296 1	$a\times b/c$	32.948	(0.046 0, 0.250 2)

2.市场开拓能力的中介检验

同样,本研究采用层次回归分析方法检验市场开拓能力在双重商业网络关系与在华创业绩效之间的关系。分别构建 3 个模型,其中模型 1(M1)是双重商业网络关系与在华创业绩效构建的模型,模型 2(M2)是双重商业网络关系与市场开拓能力构建的模型,模型 3(M3)是双重商业网络关系、市场开拓能力与在华创业绩效构建的模型,以检验市场开拓能力在华侨华人的双重商业网络关系和在华创业绩效之间发挥的中介效应。最终结果如表 2-25 所示。首先,从 M3 可知,加入市场开拓能力后,海外商业网络关系、本土商业网络关系对在华创业绩效的影响仍然显著($\beta=0.126,p<0.05$;$\beta=0.263,p<0.01$),但与 M1 相比,标准化系数明显降低,由此可见市场开拓能力在双重商业网络关系与在华创业绩效之间起部分中介作用。因此,假设 H2-4b 中介效应得到了初步检验。

表 2-25　市场开拓能力中介作用的回归分析结果

变　量		在华创业绩效	市场开拓能力	在华创业绩效
		M1	M2	M3
控制变量	所处行业类型	0.010	0.031	0.003
	创业年份	−0.006	0.012	−0.009
	文化教育程度	0.078	−0.087	0.097
	企业规模	0.159***	−0.091	0.179***

续表

变量		在华创业绩效	市场开拓能力	在华创业绩效
		M1	M2	M3
自变量	海外商业网络关系	0.164 ***	0.173 **	0.126 **
自变量	本土商业网络关系	0.356 ***	0.424 ***	0.263 ***
中介变量	市场开拓能力			0.220 ***
R^2		0.252	0.015	0.323
Adjusted R^2		0.237	0.097	0.307
ΔF		25.820 ***	17.268 ***	31.174 ***

为进一步检验市场开拓能力的中介效应（H4b），本研究参考温忠麟等[393]的研究，通过 SPSS PROCESS 宏程序进行 Bootstrap 分析。结果如表 2-26 所示。首先，市场开拓能力在海外商业网络关系对在华创业绩效的影响中存在中介作用（$a \times b$ 中介效应为0.074 4），置信区间为（0.030 3，0.128 0），不包括 0，说明存在中介作用，但由于效应占比未达到100%（效应占比 28.097%），因此存在部分中介效应。其次，市场开拓能力在本土商业网络关系对在华创业绩效的影响中存在中介作用（$a \times b$ 中介效应为 0.119 8），置信区间为（0.065 9，0.191 9），不包括 0，说明存在中介作用，但由于效应占比未达到100%（效应占比 27.129%），因此同样存在部分中介效应。假设 H4-4b 中介效应成立。

表 2-26　市场开拓能力中介作用的 Bootstrap 分析结果

项目	检验结论	c 总效应	$a \times b$ 中介效应	c' 直接效应	效应占比计算公式	效应占比/%	95% 置信区间
海外商业网络关系—市场开拓能力—在华创业绩效	部分中介	0.264 8	0.074 4	0.190 4	$a \times b/c$	28.097	（0.030 3，0.128 0）
本土商业网络关系—市场开拓能力—在华创业绩效	部分中介	0.441 6	0.119 8	0.321 8	$a \times b/c$	27.129	（0.065 9，0.191 9）

（三）调节检验

本研究在上述双重商业网络关系与在华创业绩效之间关系的基础上，增加创业动机作为调节变量，将调节变量（创业动机）放进模型，如表 2-27 所示。借鉴温忠麟等[393]的做法，在层级回归分析中，将在华创业绩效作为因变量，将海外商业网络关系和本土商业网络关系分别作为自变量，将海外商业网络关系、本土商业网络关系分别与生存型创业动机和机会型创业动机做中心化处理，然后对其数值两两相乘，对乘积项进行回归分析。回归过程主要包括：（1）首先将控制变量放进模型；（2）将控制变量和自变量（海外商业网络关系和本土商业网络关系）分别放进模型；（3）将调节变量（创业动机）放进模型；（4）将生存型创业动机与双重商业网络关系和机会型创业动机与双重商业网络关系的交互项放入模型。

表 2-27　调节变量的层次回归分析

变　量		在华创业绩效					
		M1	M2	M3	M4	M6	M7
控制变量	行业类型	−0.029	0.010	0.009	0.014	0.013	0.006
	创业年份	0.000	−0.006	−0.010	−0.008	−0.005	−0.002
	文化程度	0.156**	0.078	0.062	0.069	0.080	0.094
	企业规模	0.231***	0.159***	0.155***	0.165***	0.159***	0.161***
自变量	海外商业网络关系		0.164***	0.180***	0.246***	0.169***	0.162***
	本土商业网络关系		0.356***	0.297***	0.230**	0.387***	0.410***
调节变量	生存型创业动机			0.149***	0.164***		
	机会型创业动机					−0.069	0.014

续表

变量		在华创业绩效					
		M1	M2	M3	M4	M6	M7
调节作用	海外商业网络关系×生存型创业动机				−0.146**		
	本土商业网络关系×生存型创业动机				0.283***		
	海外商业网络关系×机会型创业动机						0.095
	本土商业网络关系×机会型创业动机						0.191**
R^2		0.122	0.252	0.287	0.318	0.254	0.298
Adjusted R^2		0.110	0.237	0.270	0.297	0.237	0.277
ΔF		10.382***	25.820***	14.602***	6.724***	0.945	9.187***

结果显示,"海外商业网络关系×生存型创业动机"与在华创业绩效显著负相关($\beta=-0.146, p<0.05$),即生存型创业动机负向调节海外商业网络关系与在华创业绩效间关系,假设 H2-5a 成立;"本土商业网络关系×生存型创业动机"与在华创业绩效显著正相关($\beta=0.283, p<0.01$),即生存型创业动机正向调节本土商业网络关系与在华创业绩效间关系,假设 H2-5b 没有得到验证。

"海外商业网络关系×机会型创业动机"与在华创业绩效之间系数不显著($\beta=0.095, p>0.1$),即机会型创业动机在海外商业网络关系与在华创业绩效间关系的调节作用不成立,假设 H2-6a 不成立;"本土商业网络关系×机会型创业动机"与在华创业绩效显著正相关($\beta=0.191, p<0.05$),即机会型创业动机正向调节本土商业网络关系与在华创业绩效间关系,假设 H2-6b 成立。

为了更加直观地展示创业动机起到的调节效应,本研究绘制了调节作用的简单斜率图。本研究以生存型创业动机的均值加减一个标准差后的值为高生存型创业动机和低生存型创业动机调节。如图 2-4 所示,可直观看出,生存型创业动机削弱了海外商业网络关系对在华创业绩效的促进作用,但是增强了本土商业网络关系对在华创业绩效的促进作用。因此,验证了假设 H2-5a,而假设 H2-5b 没有得到验证。

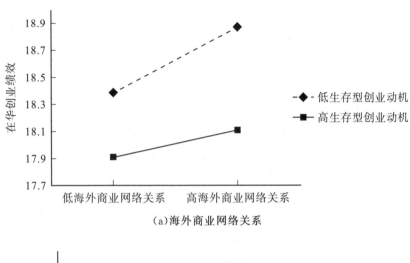

(a)海外商业网络关系

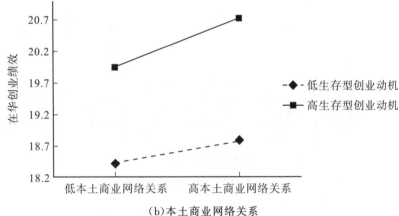

(b)本土商业网络关系

图 2-4　生存型创业动机对双重网络关系的调节效应

如上所述,同样以机会型创业动机的均值加减一个标准差后的值为高机会型创业动机调节和低机会型创业动机调节,从而绘制调节作用的简单斜率图。如图 2-5 所示,可以直观看出机会型创业动机增强了海外商业网络关系对在华创业绩效的促进作用,图中所示效果并不是特别明显。同时,机会型创业动机增强了本土商业网络关系对在华创业绩效的促进作用。进一步验证了假设 H2-6b,而 H2-6a 没有得到验证。

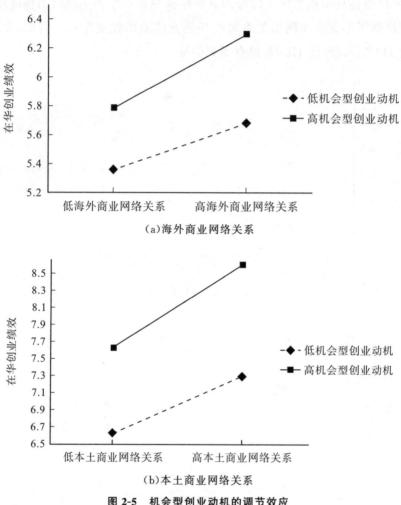

（a）海外商业网络关系

（b）本土商业网络关系

图 2-5　机会型创业动机的调节效应

六、假设检验结果汇总及讨论分析

本研究通过对双重商业网络关系、双元市场能力、创业动机与在华创业绩效之间的关系进行假设检验，最终得出相关研究假设检验结果，如表 2-28 所示。

表 2-28　假设检验结果

编号	研究假设	结果
H2-1a	华侨华人的海外商业网络关系对其在华创业绩效具有正向影响	成立
H2-1b	华侨华人的本土商业网络关系对其在华创业绩效具有正向影响	成立
H2-2a	华侨华人的海外商业网络关系对其在华创业的市场适应能力具有正向影响	成立
H2-2b	华侨华人的本土商业网络关系对其在华创业的市场适应能力具有正向影响	成立
H2-2c	相较于海外商业网络关系,华侨华人的本土商业网络关系对其在华创业的市场适应能力具有更强的正向影响	成立
H2-3a	华侨华人的海外商业网络关系对其在华创业的市场开拓能力具有正向影响	成立
H2-3b	华侨华人的本土商业网络关系对其在华创业的市场开拓能力具有正向影响作用	成立
H2-3c	相较于本土商业网络关系,华侨华人的海外商业网络关系对其在华创业的市场开拓能力具有更强的正向影响	不成立
H2-4a	市场适应能力在华侨华人的双重商业网络关系与在华创业绩效之间起中介作用	成立
H2-4b	市场开拓能力在华侨华人的双重商业网络关系与在华创业绩效之间起中介作用	成立
H2-5a	生存型创业动机在华侨华人的海外商业网络关系与在华创业绩效的关系中产生负向调节作用	成立
H2-5b	生存型创业动机在华侨华人的本土商业网络关系与在华创业绩效的关系中产生负向调节作用	不成立
H2-6a	机会型创业动机在华侨华人的海外商业网络关系与在华创业绩效的关系中产生正向调节作用	不成立
H2-6b	机会型创业动机在华侨华人的本土商业网络关系与在华创业绩效的关系中产生正向调节作用	成立

首先,本研究验证华侨华人双重商业网络关系对其在华创业绩效的影响作用,研究假设 H2-1a、H2-1b 成立,即华侨华人海外商业网络关系和本土商业网络关系均对其在华创业绩效产生正向作用。这表明海外商业网络关系有助于在华创业者更好地拓展自身人脉关系,扩大自身的国际知名度,增加潜在收益以及在国际商业舞台上的中心地位和话语权。并且,本土商

业网络关系帮助其促成更多后续合作,并有助于企业在本土市场上的品牌知名度和消费认可度,有利于在华创业绩效的提升。

其次,本研究验证了华侨华人双重商业网络关系对在华双元市场能力的影响作用,研究假设 H2-2a、H2-2b、H2-2c、H2-3a、H2-3b 成立,即华侨华人双重商业网络关系均对其在华双元市场能力产生正向作用。关于华侨华人双重商业网络关系对在华创业的市场适应能力的影响作用,海外商业网络关系与本土商业网络关系为在华创业者分别提供初始资金支持、高相似性的资源配置和技术支持以及本土的市场正式规则、市场非制度性规则等,促进企业更快地将技术、经验应用于本土市场,及时获取本土市场的最新信息和顾客需求以更好地了解本土商业环境,提高在华创业的市场适应能力。本研究深入对比海外商业网络关系和本土商业网络关系的作用差异,相较于海外商业网络关系,本土商业网络关系更具有地理位置和文化背景、本土政策法规以及信息获取的优势,更有利于企业实现"本土化",对在华创业的市场适应能力具有更强的积极作用。关于华侨华人双重商业网络关系对其在华创业的市场开拓能力的影响,海外商业网络关系与本土商业网络关系为在华创业者分别提供丰富的国际化市场资源、人力智力资源、风险共担以及隐性知识的传播、营销渠道的支持、企业间的合作,帮助企业洞察新的市场需求和开拓新市场。此外,本研究又深入对比海外商业网络关系和本土商业网络关系的作用差异,然而研究假设 H2-3c 不成立。结果显示,相较于海外商业网络关系,本土商业网络关系对在华创业的市场开拓能力具有更强的正向影响。市场开拓过程中对资源的需求具有特殊性,即要求资源不仅要可用,而且要能迅速响应本土市场的变化,满足未来新市场需求。关系邻近性和地理相邻性对于华侨华人的在华创业活动发挥着重要作用[197],本土商业网络关系由于其邻近性优势,能够更快地感知和响应这些变化,提供更加定制化的资源支持。相比之下,海外商业网络关系可能面临时差、文化和距离上的挑战,导致资源的响应速度和适应性不足。对于市场开拓而言,本土商业网络关系资源在满足市场新需求方面的有效性和利用性更高,从而对在华创业的市场开拓能力产生更强的正向影响。

再次,本研究验证双元市场能力在双重商业网络关系与在华创业绩效之间的中介作用,研究假设 H2-4a、H2-4b 成立,即市场适应能力和市场开拓能力在华侨华人的双重商业网络关系与在华创业绩效之间起部分中介作用。企业所吸收的双重商业资源大多需要企业具备一定的转化能力才可以尽快地转化为具有现实意义的商业价值,企业通过获取、吸收、组合与利用其海内外商业网络关系资源,不仅提升了企业的适应性和稳定性,为企业开发新产品或服务专长、提高产品性能和服务质量、增强在华企业的核心创业能力,同时企业在利用双重商业网络关系所提供的资源的过程之中实现了资源价值的再创造,进而促进了经济价值的增加。

最后,本研究验证创业动机在双重商业网络关系与在华创业绩效之间的调节作用,研究假设 H2-5a、H2-6b 成立,即:当在华创业者受到较高水平生存型创业动机驱动时,华侨华人海外商业网络关系对其在华创业绩效的正向作用会被削弱;当在华创业者受到较高水平机会型创业动机驱动时,海外华侨华人本土商业网络关系对其在华创业绩效的正向作用会被增强。这表明生存型创业动机驱动下的在华创业者自身的成长空间有限、能力有限,海外商业网络关系所提供的创新性、国际化资源不能得到有效的利用,削弱了其对在华创业绩效的正向作用;机会型创业动机驱动下的在华创业者拥有一定的创业资源和创业能力,想要实现更进一步的个人价值和经济追求,企业的风险承担能力更强,各种资源的吸收和容纳度都较高,本土商业网络关系成员更愿意与其合作以实现共同发展,增强了本土商业网络关系对其在华创业绩效的正向作用。然而,研究假设 H2-5b 不成立,结果显示生存型创业动机在本土商业网络关系和在华创业绩效之间存在正向调节效应。生存型创业动机强烈的创业者通常面临较大的经济压力,自身海外资源具有较大的局限性,因此他们更有可能积极寻求各种资源以确保创业成功。在中国这样一个高度关系型的社会中,依赖本土商业网络关系获取资源和信息显得尤为重要,这些关系能够提供对中国市场有深刻理解的信息、渠道和合作伙伴,获得更符合中国市场特性的资源和机会,有助于他们更好地适应本土市场,从而提高创业的成功率和绩效。生存型创业动机可能会促使在华创业者更加依赖本土商业网络关系来获取必要的资源和支持,这种依赖性在创业初期尤其显著,因为它直接影响到创业的生存与发展。此外,研究假设 H2-6a 也不成立,即机会型创业动机的调节效应不显著。机会型创业动机通常伴随着对创新和成长的强烈追求,在华创业者往往对市场机会有较高的敏感度,并且已经拥有或者能够容易地获取所需的海外资源,更多的不足在于对本土资源的获取和适应,他们在创业过程中对海外商业网络关系的依赖性较低。除此之外,机会型创业者通常采取更加主动的创业策略,可能会通过创新产品或服务来开拓市场,而不是依赖现有的商业网络关系。因此,机会型创业动机在海外商业网络关系与在华创业绩效之间的调节效应并不显著。

第五节　本章结论

本章研究主要探讨"华侨华人的双重商业网络关系—双元市场能力—在华创业绩效"的作用机制,以及不同创业动机在其中的边界作用,最终得出以下研究结论:

(1)在华侨华人在华创业的过程中,华侨华人双重商业网络关系正向影响市场适应能力和市场开拓能力,并且对在华创业绩效产生积极作用。这与何会涛[195]、莫李丹[394]等人的部分研究结果相吻合。华侨华人的海内外商业网络关系通过为其提供信息、资源、技术、人脉关系等支持帮助创业者在华创业,不仅帮助其更快速、高效地适应本土市场,开拓新的市场,而且为其带来直接的经济收益。与此同时,本研究还发现,相较于海外商业网络关系,本土商业网络关系对双元市场能力以及在华创业绩效的提升有着更为显著的正向作用。其中,在双重商业网络关系对市场开拓能力影响的对比假设中,实证结果与假设 H2-3c 恰恰相反,显示相较于海外商业网络关系,本土商业网络关系对在华创业的市场开拓能力具有更强的正向影响。本研究认为可能的原因是关系邻近性和地理相邻性有着不可忽视的作用[197],对于市场开拓而言,关系和地理邻近性所带来的资源更满足本土市场的新需求,本土资源有效性、利用性更高。

(2)市场适应能力和市场开拓能力在双重商业网络关系和在华创业绩效的关系间起到中介作用,并且均为部分中介作用。该结论与上述双重商业网络关系对在华创业绩效产生正向影响的结论也是相吻合的。市场适应能力使企业能够迅速应对市场变化,调整经营策略,满足客户需求。市场开拓能力则使企业能够在竞争激烈的市场中找到新的商机,拓展市场份额。两者共同提高了企业的竞争力,使其在市场中占据有利地位。华侨华人通过双重商业网络关系的支持,双元市场能力得到提升,进而实现创业绩效。

(3)创业动机(生存型创业动机和机会型创业动机)调节了双重商业网络关系与在华创业绩效之间的关系,然而不同的创业动机会对华侨华人双重商业网络关系与在华创业绩效之间的关系产生差异化的影响。在华创业主要受生存型创业动机驱动的华侨华人,由于自身处境的局限,往往降低了所获外界资源的效用,进而削减海外商业网络关系对在华创业绩效的促进作用。然而,生存型创业动机在本土商业网络关系和在华创业绩效之间存在正向调节效应,可能的原因是生存型创业动机驱动下的在华创业者,其自身海外资源具有较大的局限性,会更加主动积极地从中国本土的商业网络关系中获取可利用的资源以期创业成功。与上述调节效应相反,在华创业主要受机会型创业动机驱动的华侨华人,具备较高水平的风险承担能力和资源配置能力,进而增强本土商业网络关系对在华创业绩效的积极作用。然而,机会型创业动机在海外商业网络关系和在华创业绩效之间不存在显著的调节效应,可能的原因是机会型创业动机驱动下的在华创业者可能自身已充分拥有所需要的海外资源,在华创业过程中更多的资源空缺在于对本土资源的获取和适应,因此华侨华人对海外商业网络关系的依赖性较低。

第三章 华侨华人的双重社会网络关系对其在华创业绩效的影响研究

第一节 研究模型与假设

一、研究模型

本章以海外华侨华人为研究对象,深入分析其社会层面的双重网络关系(海外社会网络关系和本土社会网络关系)的主要特性。在此基础上,构建了一个"网络—能力—绩效"的理论模型(见图 3-1),以探讨海外华侨华人的双重社会网络关系、市场适应和开拓能力对其在华创业绩效的影响机制,以及创业教育在该机制中的边界影响作用。

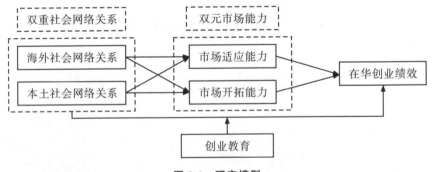

图 3-1 研究模型

■ 二、研究假设

（一）海外华侨华人的双重社会网络关系与在华创业绩效

海外华侨华人因长期侨居海外，构建了以同种族、同信仰或同地缘为基础的海外网络关系资源。除了基于宗缘、血缘等天然联系的关系，他们还通过情感交流和互惠互利的方式，建立了本土关系资源，呈现"双重性社会网络关系"的特征。这种双重社会网络关系对海外华侨华人在当地立足、获取援助以及事业发展具有至关重要的作用。它不仅能够化解纠纷、增强内部凝聚力，还能在困难时期提供援助。随着国内行业竞争的不断加剧，海外华侨华人在中国创业的过程中，必须充分利用这种双重社会网络所提供的支持和帮助，以便在中国市场迅速稳固地位并实现可持续发展[395]。

就海外社会网络关系而言，海外华侨华人漂洋过海，在异国他乡谋求生计。无论是在工作还是在生活中，海外华侨华人同胞相互扶持、相互帮助，共同面对各种挑战和困难。华人社团互通有无，共同分享经验和资源，为彼此创造更多的机会和价值。同时，为了更好地融入居住国当地社会，华侨华人也需要与当地的原居民、大学职员以及宗教信仰者展开各种交流。基于此，本研究将从社会支持、信息获取和创业资源获取三个方面来探究海外华侨华人的海外社会网络关系对在华创业绩效的影响机制。

首先，基于华人社会的深厚背景，族亲、族裔社团关系作为在华创业者与生俱来的紧密纽带，为创业者提供了强大的情感支持。华人社会素来秉持团结、互通、互助和信任的原则，使得在华创业者的海外族亲、族裔、华人社团以及朋友等网络关系都愿意为其提供丰富的创业支持。这些支持涵盖了资金援助、人脉引荐、信息共享等多个方面。这些支持不仅为创业者节约了经济成本，还显著提升了他们的创业信心和激情，进而显著促进了在华企业的绩效[396]。在本次研究的访谈中，澳大利亚华侨丁先生强调了情感支持和鼓励对于在华创业者的重要性。他提到，海外的朋友和同事为他提供了多方面的帮助和支持，如协助创业者了解海外市场、寻找合作伙伴、提供业务建议等。这些支持不仅帮助在华创业者充分利用海外资源,还为他们打下了坚实的创业基础。此外,这些支持和鼓励为创业者提供了宝贵的情绪价值,当他们面临困惑和挫折时,有人愿意倾听并提供积极的反馈和建议,这种情感支持使创业者更有信心和动力去面对挑战,从而增加他们取得成功的概率。

其次,为了适应海外生活,华侨华人积极与当地原居民、大学职员以及宗教信仰者等进行各种交流,不仅学习当地的生活习惯和语言,还深入了解当地的文化习俗、知识文化、宗教信仰和风俗习惯。通过这种跨文化的交流,海外华侨华人获得了多方面的异质性信息,形成了信息范围更广的"弱关系"。这些"弱关系"为在华创业者提供了宝贵的资源。他们不仅可以更好地了解国际市场的需求和发展趋势信息,还可以及时获取最新的市场动态,掌握前沿技术,从而改善企业产品或服务的品质,提高企业的竞争力。同时,通过学习和借鉴国外现有的先进技术,在华创业者可以缩短研发周期,降低研发成本,提高创新效率[397]。这将有助于满足国内现有的市场需求,促进企业回国创业的绩效。因此,华侨华人与当地居民、大学职员和宗教信仰者的交流不仅有助于他们融入当地社会,还为在华创业者提供了宝贵的信息资源和创新机会。这种跨文化的交流为在华创业者回国创业提供了有力的支持,促进了其企业回国创业的绩效[397]。

最后,海外华侨华人在多年的海外生活中,与各类社会主体建立了广泛的联系,包括律师、企业高管、跨国投资者等来自不同国家、不同层次的专业人士。这些互动交流不仅为他们提供了丰富的信息和资源,还为他们打开了更广阔的视野,并得以深入了解不同国家和地区的政治、经济和文化环境,从而更好地把握各地市场的独特发展趋势和机遇。同时,这种跨文化的交流不仅增加了他们的知识储备,还提升了他们在复杂环境中的应变能力。与各领域的专业人士合作使华侨华人能够接触到不同领域的前沿知识和技术,不仅能够为他们的创业项目注入新的活力,也提供了更多的发展空间。无论是政策、科技还是金融等领域,他们都能从中获取宝贵的经验和资源,使自己的创业项目更具竞争力。更为重要的是,与各领域的专业人士合作还能为在华创业项目吸引更多的合作伙伴和支持者。这不仅增强了华侨华人在创业过程中的影响力和竞争力,还有助于他们在华创业企业的长期运营和发展。这种合作共赢的模式为创业者提供了持续的动力和保障,使其能够在竞争激烈的市场中稳步前行,最终实现创业绩效的提升[395]。

基于此,本研究提出以下假设:

H3-1a:华侨华人的海外社会网络关系正向影响其在华创业绩效。

就本土社会网络关系而言,在中国社会中,运用"关系"来获取信息和资源是一种不可忽视的非正式途径,而亲属关系作为其中的重要组成部分,为创业者了解中国本土的创业环境提供了重要的参考。中国传统文化思想观念重视血缘、亲缘和情缘关系,这种观念深刻地塑造了海外华侨华人的价值观和行为准则。对于本土社会网络关系对在华创业绩效的影响,本研究通过情感赋能、关系资源、信任支持三个角度进行探讨。

首先,在传统的情感观念里,华侨华人对于祖国的家乡亲人、朋友和同事持有深厚的亲切感,这种情感纽带被视为一种"强关系"。正是由于这种天然的亲切感,华侨华人在中国的生活和工作中不易感受到陌生和恐惧。相反,这种亲切感使他们更容易适应新的环境,更加自信地面对各种挑战[398]。这份亲切感不仅为华侨华人提供了情感上的支持,使其感到被关注和被理解,还赋予了他们精神上的指引,激发他们积极面对生活的态度。这种情感支持还在很大程度上提升了他们的自尊和自信心,使他们更有动力去追求个人和事业的发展。同时,这种亲切感也为华侨华人提供了丰富的机会和关系资源。在中国的生活和工作中,他们能够借助这些资源更好地适应环境,应对挑战,进而实现个人和事业的成长。这种情感的联结不仅仅是一种情感的表达,更是一种力量的汇聚,推动着华侨华人不断前行,追求更高的成就。

杨国强先生在接受采访时分享了他在国内创业过程中家乡的亲人和朋友给予的巨大情感鼓励的重要性。当他身处一个陌生的环境时,他们的支持和鼓励成为他温暖的避风港,使他能够从容应对并适应新环境带来的挑战和压力[399]。这份支持给予了他坚定的信心和力量,有效地减少了他因环境变化而产生的负面情绪,如孤独、焦虑和沮丧,使他能够以更加乐观和积极的态度面对新的挑战,满怀信心地迎接未来的机遇。

其次,本土的关系基础,使得华侨华人回国创业的起点并非完全为零。此基础呈现多元化的特点,本土网络中的成员拥有丰富多样的职业和行业背景,包括教师、企业负责人、政府官员等,遍布各个行业领域,为在华创业的华侨华人提供了珍贵的资源和参考。通过与本土社会网络成员的交流与合作,创业者能够更深入地了解中国本土各行业的运作模式和市场发展前景等重要信息,从而找寻到创业的灵感和方向。这种交流与合作有助于创业者及时了解国内市场需求,从而准确地瞄准目标消费群体,提高在华创业的绩效水平[400]。

在访谈调研中,新西兰归国创业华侨卢先生特别强调了中国本土关系的多元化对他回国创业成功的重要性。卢先生在福建厦门创建生物工程公司,从公司的创立、技术的引进与研发、项目科技成果评定,到新产品的推广,都得到了来自政府、高校和其他相关机构的同学、朋友和乡亲的大力支持。当谈到回国创业成功的经验时,卢先生认为主要归功于自己出国后还一直维系着国内良好的人际关系和广泛的交际网络。他在中国创立的公司投资者、合作伙伴和客户中,有很多都是以前在国内的老同学、老同事和老朋友。正是这些深厚的本土关系网络,为他的创业之路提供了坚实的支撑。卢先生的故事充分说明了中国本土的人际网络关系在创业中的重要性。对于想要在华创业的华侨华人来说,建立和维护多元化的本土关系网络,对于获取资源和支持,以及应对创业过程中的挑战和压力,都有着重要的价值。

最后,在华创业的华侨华人,往往能从本土的亲戚、朋友和同事那里获得积极的响应和支持。这种支持不仅限于物质资源,如资金、物资和人脉,还深入精神层面,表现为鼓励、信任与支持。这种无私的信任与支持为华侨华人创业者提供了坚实的后盾和无尽的动力源泉,信任支持在华侨华人创业中起到了至关重要的作用。本土社会网络成员对在华创业者的信任,使他们能够在创业初期获得更多的资源和机会。这种信任不仅是对在华创业者的认可和鼓励,也是对他们在海外积累的经验和能力的肯定。同时,这种信任也体现在本土社会网络成员对在华创业者的理解和包容上,尊重在华创业者的文化背景和生活方式,为在华创业者提供了一个良好的社会环境。这种支持和信任有助于在华创业者更快地融入本土社会,更深入地了解当地社会文化、民俗民风和市场情况,并获得更多的资源和机会,从而帮助企业快速成长[401]。

基于此,本研究提出以下假设:

H3-1b:华侨华人的本土社会网络关系正向影响其在华创业绩效。

（二）海外华侨华人的双重社会网络关系与市场适应能力

随着我国经济逐渐过渡到新常态,在以国内大循环为主体、国内国际双循环相互促进的新发展格局下,国际市场环境动荡日益加剧,国内本土市场的需求也日趋多元化和层次化,这促使企业不断加快产品生产技术更新和营销服务手段创新的步伐[402]。在此背景下,海外华侨华人作为在华创业的新生力量,要想在国内市场环境中立足并取得成功,必须充分利用其独特的海外社会网络关系资源。

市场适应能力是指华侨华人在中国市场环境中,有效运用其已掌握的经验和知识有效运用至中国市场,同时灵活适应市场的规则与需求变化,促进了资源与市场之间的快速融合;为了适应环境的变化,新创企业需利用自身积累的经验来改善目前存在的缺陷,帮助自身资源快速与目标市场融合,这是每个新创企业都要经过的一个阶段。华侨华人常年居住在海外的侨居地,在华创业时必然会对国内的社会文化环境、市场环境、商业规则、顾客偏好以及消费习惯等存在认知缺失,在华创业者需要经历社会文化再适应的过程。当华侨华人决定回国创业时,首要面临的是中国市场的独特性和复杂性。中国的经济环境、政策框架、消费者行为等都与其他国家存在显著差异。为了适应这一环境,华侨华人需要获得足够的资本来启动或扩展业务。此时,海外的社会网络关系就发挥了关键作用。

首先,这些关系网络成员往往拥有丰富的商业经验和资源,他们了解华侨华人在中国市场的优势和机会。因此,他们愿意提供资金支持,帮助创业者启动项目或解决初期的资金缺口。这种资金支持不仅是一种物质援助,更是一种信任的体现。它反映了网络成员对华侨华人能力的认可和对他们创业项目的信心。这种信任关系在中国的商业环境中尤为重要,因为它有助于建立坚实的合作基础,降低交易成本,提高业务运营的效率,使其能够快速进入业务状态并提高市场适应能力[403]。

其次,除了资金支持,海外关系网络成员的另一个重要贡献是提供技术支持。中国市场的技术环境日新月异,特别是在数字化、电子商务和科技创新等领域。华侨华人要想在中国市场中取得成功,必须保持技术上的领先地位或至少与时俱进。海外关系网络成员可能具备技术背景或行业前沿的知识。他们的技术支持不仅仅局限于技术问题的解答或项目指导,更多的是提供关于市场趋势、竞争态势和新技术应用的洞察和建议。与技术专家或行业资深人士的交流与合作,还可能为创业者带来更多的商业机会和合作伙伴。这种技术外溢效应不仅增强了创业者的竞争力,还可能推动其业务的持续创新和增长。这些信息对于在华创业的华侨华人来说是宝贵的资源,能够帮助他们更好地适应中国市场的技术环境[397]。

最后,在华创业的华侨华人还可以积极与不同国家的海外经商贸易的朋友进行交流与互动。通过深入了解不同地区的市场营销策略,他们不仅能够洞察各地区市场营销策略的独特性与共通点,还能从中汲取先进的经营管理经验和成熟的营销策略。这种学术化的交流与学习过程,不仅丰富了他们的商业视野,还为其在华创业的产品或服务的市场运营模式注入了新的活力与创意[404]。新的思路和方案不仅有助于提升产品或服务的市场竞争力,还有助于其在新创企业更好地适应国内市场环境[405]。

基于此,本研究提出以下假设:

H3-2a:华侨华人的海外社会网络关系正向影响其在华创业的市场适应能力。

同时,海外华侨华人在华新创企业在组织合法性及资源获取方面常面临严峻挑战。在应对这些挑战时,良好的本土社会网络关系将有助于其应对各类难题,从而适应国内市场[406]。在环境适应方面,华侨华人在本土的家庭、家族和亲属等天然网络关系发挥了至关重要的作用。这些关系不仅为在华创业的华侨华人提供了情感支持,消除了他们对新环境的不安和恐惧[399],更通过日常的互动与交流,帮助他们深入了解和适应本土的社会文化、民俗民风以及商业规则。这种深入的认知填补了他们对国内社会文化的认知空白,大大加速了他们融入中国本土社会的进程[407]。掌握这些本土化信息后,在华创业者能更游刃有余地应对市场,有效降低或规避潜在的商业风险,从而确保创业的稳健发展。此外,与本土的高校师生、业界同行等建立联系,不仅能帮助华侨华人及时了解国内市场的动态和顾客需求的变化,还为他们提供了宝贵的反馈,促使他们不断优化产品和服务,确保与市场环境的变化保持同步。

在关系对接方面，华侨华人与各类社会成员，包括家人、亲戚、朋友、同乡、同学等，保持着长期紧密的联系和情感互动。这些关系不仅为在华创业的华侨华人提供了精神上的鼓励与支持，更在实质层面助力他们拓展人脉资源。例如，引荐企业管理者、市场监督员、货源供应商、政府官员等，帮助他们结识各类行业的关系人脉，从而形成多元化、多渠道的本土化关系网络。这样的网络不仅能够为在华创业者积累丰富的创业资源，更为他们提供了深入了解当地市场情况、行业趋势和法律法规的机会。这种全面的信息反馈使创业者能够更加明智地制定商业决策，更有效地开展创业活动。通过与本土社会成员的频繁互动和经验分享，在华创业的华侨华人还能不断完善自身的企业运营模式和营销流程，确保其与市场变化和需求保持同步。这种多元化的关系对接有效弥补了新创企业在创业初期资源匮乏的短板[408]，进而显著提升了企业的竞争力和市场适应能力。更进一步地，这种多元化的关系对接不仅有助于企业在市场中获得"组织合法性"，即被行业和社区广泛认可的地位和资格，而且对企业的长远发展有着积极的促进作用。

在调研访谈中，段先生——一位回国创业的澳大利亚华侨，分享了自己在适应中国市场环境过程中所面临的挑战。他回忆道，除了需要重新适应国内的生活环境，他对于国内的消费习惯、交易方式以及思维方式都感到陌生。他提到，自己曾面临产品市场接受度不高的问题，而这一问题主要源于对中国市场特征认识的不足。然而，得益于国内众多好友的鼎力相助，段先生得以与众多行业专家、学者、同行以及终端顾客建立联系。他强调，正是与这些人士的频繁而深入的交流，使他逐渐了解了中国市场的特性。通过他们的反馈和建议，他得以不断调整自己的产品和营销策略，逐渐适应并融入中国市场。这一过程不仅帮助段先生积累了丰富的市场经验，也使他更加深入地认识了中国社会的多元性和复杂性。他感慨道，这种深入的市场洞察和社会网络的支持，对于在华创业的华侨华人来说是至关重要的。

基于此，本研究提出以下假设：

H3-2b：华侨华人的本土社会网络关系正向影响其在华创业的市场适应能力。

市场适应能力强调的是利用已有资源适应与融入新市场。正如以上所述，双重社会网络关系在海外华侨华人在华创业的市场适应能力方面发挥着积极作用。然而，海外社会网络关系与本土社会网络关系，作为两种不同的社会网络关系，其在成员构成与资源分配方面呈现出显著的差异性。这种差异性导致两者在影响作用上必然存在差异[397]。本土社会网络成员因定居于国内，对国内的社会文化、消费者偏好以及市场环境拥有更全面且深入的认知和了解。这种深厚的本土认知使得他们在协助华侨华人创业者融入国内市场、深化对国内市场了解方面，相较于海外社会网络关系能够发挥更为积极和关键的作用[404]。本土社会网络成员可以提供更多的本土化资源和信息，帮助在华创业者更好地了解国内市场需求和文化习惯，从而更好地适应市场环境。此外，由于华侨华人在国内创业所处的语境和民俗文化相同，因此他们与本土社会网络成员之间的沟通更加便捷[409]。无论是从沟通成本还是沟通效率上，本土社会网络关系都比海外社会网络关系更具有优势。本土社会网络成员可以提供更多的支持和帮助，为在华创业者提供更多的商业机会和资源，帮助他们更好地开展业务和实现商业目标。从关系资源构成角度方面，本土社会网络所提供的本土化资源相较于海外社会网络所提供的国际性资源，更能贴合国内市场的实际需求。本土化资源包括市场信息、商业机会、政策支持等方面，这些资源可以帮助在华创业者更好地了解国内市场环境和消费者需求，从而更好地适应市场环境。同时，本土化资源还可以为在华创业者提供更多的支持和帮助，提高他们对本土化创业资源的有效利用率[410]。综上所述，对于海外华侨华人在华创业的市场适应能力而言，本土社会网络关系所发挥的影响作用显得尤为关键和突出。

因此，本研究提出以下假设：

H3-2c：相较于海外社会网络关系，华侨华人的本土社会网络关系对其在华创业的市场适应能力产生的正向影响更大。

（三）海外华侨华人的双重社会网络关系与市场开拓能力

新创企业的核心目标在于实现生存与持久发展。为实现此目标，企业不仅要充分满足现有客户群体的多元化需求,还需主动探索并开拓新的市场领域,寻求创新增长机遇,以便捕捉更多潜在的利润增长点。海外华侨华人在华创业的市场开拓能力是指华侨华人通过不断学习新知识、探索新领域、开发新技术、创造新产品等来挖掘并满足新的市场需求,开拓更广阔的商业版图,实现市场不断拓展的能力。

在全球化的商业环境中,同质化现象日益成为一个亟待解决的问题。尤其在技术和产品层面,许多企业面临着高度相似性和缺乏创新的问题。拥有海外社会网络关系的华侨华人在华创业时具有独特的优势。通过与海外国际技术持有者、创新者以及市场开拓者的跨文化交流,他们不仅能够解决技术、产品与服务的同质化问题,还能够为中国市场带来新的技术、产品,建立新的领域[411]。

首先,从信息获取的角度来看,海外社会网络关系有助于提升在华创业的华侨华人的市场洞察与机会识别能力。对于任何创业活动而言,信息的获取都是至关重要的。华侨华人通过其在海外的社会网络,能够获取到更为广泛和前沿的市场信息、行业动态以及技术趋势。这些信息不仅帮助他们更好地理解中国市场的现状与未来趋势,还能帮助他们及时发现并抓住市场中的新兴机会,提供宝贵的机会识别能力,从而实现市场领先[412]。

其次,从技术创新的角度来看,海外社会网络关系不仅有助于在华创业的华侨华人成功将海外领先的知识和技术向国内市场转移,也为新创企业协同参与到国际前沿的技术研发项目中创造更多可能。这种跨国的知识转移和协同研发不仅能够提升新创企业的技术水平,更能为中国市场带来独特的产品和服务,从而打破同质化竞争的局面[73]。

最后,资金是市场开拓的关键因素,借助海外社会网络关系,在华创业的华侨华人不仅能够基于亲缘、血缘等关系基础从海外亲属侨眷处筹措到资金,还能够更容易地接触到国际资本和投资机构[413]。这种网络关系不仅提供了融资的便利,还能够促进资源的整合,帮助华侨华人提前洞察和及时捕捉到新兴需求和市场趋势,提升市场前瞻性和创新性[414]。综上,海外社会网络关系在华侨华人开拓新市场的过程中发挥着积极的促进作用。

基于此,本研究提出如下假设:

H3-3a:华侨华人的海外社会网络关系正向影响其在华创业的市场开拓能力。

成功开拓新市场是一个复杂且多阶段的过程,涉及市场机会的深入挖掘、产品基础的全面评估以及渠道服务支持等多个关键环节。对于在华创业的华侨华人而言,若要在原有的市场基础上进一步拓展新的市场领域,则需充分利用本土社会网络关系资源,主动寻求国内各方的合作与支持。首先,海外华侨华人在华创业往往会得到国内的家人、亲戚和朋友的欢迎与支持,为其提供丰富多元化的人脉资源,帮助在华创业的华侨华人与本土企业家、相关机构和科研人员等建立良好的联系。本土社会网络成员的行业多元属性将为回流创业者提供更广泛的市场信息和资源,更多渠道的客户推荐和市场拓展机会,创造更多商业选择机会,进一步增强其市场开拓的能力[408]。通过与这些本土社会网络成员的互动,回流创业者还可以及时获取最新的行业资讯,掌握国内市场的最新动向和发展趋势,从而成功发掘潜在的市场机会[415]。其次,在成功识别发现新的市场机会后,在华创业的海外华侨华人需要借助国内侨属侨眷、亲戚朋友等本土社会网络关系的力量,针对新开发的产品、技术或服务进行市场的基础调研和测试。这不仅有助于获取可靠的消费者反馈与市场反应,为进一步开发新产品、技术或服务提供指导,还能帮助在华创业者更好地挖掘潜在市场需求,拓展客户群体,实现市场的多元化开拓[400]。最后,新产品、新技术或新服务引入市场初期,尚未形成显著影响力,需要充分借助本土社会网络关系中各方面的力量来推动其宣传推广工作和相应的营销渠道服务支持。通过他们的口碑传播和推荐,在华创业的华侨华人可以成功扩大新产品、新技术或新服务的知名度和影响力,吸引更多潜在消费者,从而实现快速开拓市场[416]。

在访谈调研中,我们深入了解了加拿大华侨郭先生和法国华侨肖女士在中国市场拓展的成功经验。他们均表示,能够迅速发现市场新方向、成功推出新产品,并在市场中取得成功,离不开他们在中国的亲朋好友的支持。这些亲朋好友不仅为他们提供了宝贵的信息和建议,还积极参与他们的新尝试,共同应对市场挑战。同时,他们充分利用各自的人脉圈子,对新产品的信息进行广泛传播,从而加速了市场对新产品的接受和认可。这种社会网络支持不仅有助于新产品快速融入市场，还进一步推动他们不断挖掘新的市场机遇，拓展业务范围，实现持续发展。

基于此，本研究提出如下假设：

H3-3b：华侨华人的本土社会网络关系正向影响其在华创业的市场开拓能力。

与市场适应能力不同，市场开拓能力强调的是前瞻性和创新性，强调企业在未知领域的探索，注重企业的创新技术、创新产品以及创新的管理经验[417]。尽管本研究提出华侨华人的双重社会网络关系——海外社会网络关系与本土社会网络关系，均对其在华创业的市场开拓能力具有积极的促进作用，然而，考虑到海外与本土社会网络关系在成员特征、资源等维度上存在的本质差异，这两种社会网络关系对华侨华人在华创业的影响作用也可能存在差异。一方面，从海外和本土社会网络关系中的成员特征来看，海外社会网络关系成员由于长期居住在海外，具有更加国际化和多元文化的生活背景。他们与来自不同国家和不同领域行业的社会相关主体进行互动交流，因此具有更广泛的国际化社交网络和更多元的全球化市场信息来源，有助于创业者更准确地把握全球市场趋势和消费者需求[397]。因此，与本土社会网络关系成员相比，海外社会网络关系成员提供的信息、技术等市场开拓的关键性资源将更加具有创新性和前沿性。另一方面，从获取资源的角度来看，相较于本土社会网络关系，在华创业的华侨华人从海外社会网络关系中获取的资源异质性程度更高，不仅可以带来更丰富的创新知识、领先技术和先进管理经验，还能够从中寻找更广泛的合作伙伴和投资者，进一步推动其市场开拓能力的提升。这对于激发企业创新思维以及开拓市场新领域会具有更强的影响作用[416]。与国内同行企业相比，海外社会网络关系可以帮助在华创业者避免陷入行业同质化竞争中。这种异质性的资源可以为在华创业者提供更多的机会和优势，帮助他们在激烈的市场竞争中脱颖而出。

综上，本研究提出如下假设：

H3-3c：相较于本土社会网络关系，华侨华人的海外社会网络关系对其在华创业的市场开拓能力产生的正向影响更大。

（四）双元市场能力的中介作用

在新创企业的发展过程中,生存与成长是其核心追求。企业双元市场能力是实现这一目标的关键要素。市场适应指的是企业在现有市场环境下,积极应对并满足现有顾客的需求,通过产品、服务或营销策略的调整,实现对顾客价值的最大化满足。而市场开拓则更侧重于企业在更广阔的市场空间中,发掘并拓展潜在的顾客群体,通过创新性的产品或服务,创造并满足潜在顾客的价值[418]。

从新创企业发展阶段的角度来看,华侨华人在华创业通常会经历市场适应和市场开拓两个阶段。

在市场适应阶段,华侨华人新创企业在面对市场挑战时,不仅要克服"新创弱性"所带来的内在局限,还需应对"外来者劣势"所引发的外部压力。为了降低创业主场转化过程中的适应成本,创业者需积极利用各类社会关系资源,助力企业在陌生的市场环境中寻找并确立自身合适的定位。[419]。海外华侨华人创业者通过构建和利用社会网络关系,能够有效提升其在国内市场的适应能力。这种适应能力的提升,标志着企业能够更加高效地运用既有信息与知识资源以实现对国内市场环境的快速适应。具体而言,企业能够更深入地了解国内顾客的消费需求和偏好,进而提升产品或服务的适应性,降低新环境带来的潜在成本,这一过程不仅有助于企业在竞争激烈的市场中脱颖而出,还对其创业绩效产生显著的促进作用[420]。Vorhies等[421]认为,在目前多变且日益复杂的市场环境中,企业如何有效应对市场变革,并确保定价策略的科学性、品牌形象的鲜明性以及营销活动的精准性,决定了企业能否获得成功。具备强大的市场适应能力不仅有助于企业更快速、更高效地适应本土市场的独特环境,还能显著加速其融入本土市场的进程,进而为创业绩效的成功实现提供有力支撑。华侨华人新创企业市场适应能力的提升,意味着对中国市场具备深入且全面的理解,包括对当地文化、消费习惯和市场趋势的把握。这可以帮助华侨华人更好地调整和提供符合市场需求的产品和服务,以满足国内顾客的需求[422]。海外华侨华人通过不断获取、吸收和组合外部资源来提高所创企业市场适应能力,不仅能够灵活运用市场信息调整企业的营销策略和产品定位,以保持强大的竞争力和持续发展的能力[423]，还能够增强企业的稳健性和可持续性，为企业长远发展提供坚实的保障。因此，本研究认为，海外华侨华人可以借助双重社会网络所提供的丰富资源，实现资源的优化配置和再创造，提升在华创业企业的市场适应能力，从而有效推动创业绩效的实现。

基于此，本研究提出如下假设：

H3-4a：市场适应能力在华侨华人双重网络关系对其在华创业绩效的影响路径中发挥中介作用。

与市场的适应阶段有所不同，企业的市场开拓阶段强调新创企业通过运用新知识、新技术来满足潜在顾客的需求，积极开拓新的市场。为了创造更大的商业价值并提高企业的绩效，企业需积极拓宽信息渠道，挖掘并整合外部市场的最新信息与资源。这一过程不仅有助于企业开发出更具创新性的产品，还能显著优化产品性能和服务质量，进而为企业创造更多宝贵的发展机遇。通过不断增强企业的核心竞争力，企业能够更有效地推动绩效的稳步提升[424]。市场开拓能力提升也意味着企业能够借助各种异质性资源推动新技术和新产品的研发，增加开拓未知市场的可能性，进而对企业的成长和发展产生积极的促进作用[425]。对于华侨华人而言，海外社会网络关系不仅为其搭建了与海外国际技术持有者、创新者以及市场开拓者进行跨文化交流的桥梁，帮助解决与国内同行竞争对手在技术、产品与服务等领域的同质化问题；还能够帮助其不断在产品和服务创新方面进行持续的探索，推动新创企业绩效的持续增长[426]。本土的社会网络关系则是在在华创业者探索市场机会、测试产品基础以及寻求渠道服务等过程中给予充分的支持与帮助，帮助其新产品快速被市场接受，从而实现在华创业绩效[427]。因此，本研究认为，华侨华人可以借助双重社会网络，实现市场机会的新探索，提升在华创业企业的市场开拓能力，进而推动创业绩效的持续增长。

基于此，本研究提出如下假设：

H3-4b：市场开拓能力在华侨华人双重网络关系对其在华创业绩效的影响路径中发挥中介作用。

（五）创业教育的调节作用

华侨华人在华创业活动对中国经济发展起到了至关重要的推动作用，

其创业能力的高低直接关系到创业项目的成功与否。作为一种专门培养创业能力的教育模式,创业教育对提升华侨华人的创业技能和在华创业绩效具有显著的正向影响。在创业过程中,从复杂的海外与本土社会网络关系中敏锐地捕捉和识别商业机会,是确保创业成功的核心要素。创业教育通过系统教授市场分析技巧、行业趋势研究方法等知识,有效协助华侨华人培养精准的商业洞察能力,使他们能够迅速而准确地识别潜在的商业机遇。此外,创业教育过程中的案例分析、模拟实践等教学环节,还能进一步提升他们在现实商业环境中快速识别并把握机会的能力[77]。

华侨华人在华创业的成功率及绩效受益于创业教育,这主要体现在理论教育和实践教育两个层面。在理论教育方面,系统的创业知识框架为华侨华人构建了全面的理论支撑,涵盖商业计划制订、市场趋势预测、财务管理等核心要素,为创业提供了坚实的理论基础和自信。这不仅能够帮助华人华侨在创业过程中保持冷静和自信,而且能够激发他们的创新思维,培养在复杂环境中解决问题的能力[309]。而在实践教育层面,通过实际操作项目的实施和经营管理等环节,华侨华人得以将理论知识转化为实战经验。他们通过亲身参与创业过程,从中获取实际操作经验,深化对创业活动的理解[428]。在解决问题的过程中,他们不仅积累了实际经验,还通过有效识别、消化和应用社会网络成员提供的资源和信息,进一步增强了自身的创业能力。这种理论与实践相结合的教育模式,为华侨华人在华创业提供了全面的支持,有助于提升他们的创业成功率和绩效[429]。

创业教育为华侨华人提供了一个独特的平台,使他们有机会与来自不同背景和层级的个体进行深入有效的沟通和交流。通过这一过程,他们不仅能够提升自己的谈判和表达能力,更能培养出在不同文化背景和商业利益中寻求共识和合作的能力。这种能力对于构建基于互信和共赢的合作关系至关重要。优质的社交网络不仅为华侨华人提供了获取资金和市场机会的渠道,更为他们带来了丰富的商业合作和技术支持。合作伙伴和客户的信任与支持,无疑为他们在商业领域的拓展提供了更多的可能性。而通过创业教育所培养的构建优质关系的能力,使得他们在创业中能够更为敏锐地识别并抓住资源和机遇,从而极大地提升了创业的成功率和整体效果[313]。

关于创业教育能够增强创业思维,受访对象卢先生和张先生在访谈中都强调了教育对于增强创业思维的重要性。他们认为,创业教育对于增强创业思维和扩展网络关系具有重要的作用。这种教育不仅为他们提供了实用的技能和知识,更激发了他们的创新思维和创业精神,同时也为他们搭建了一个优质的网络关系平台,为他们的创业之路提供了强大的支持。

基于此,本研究提出如下假设:

H3-5a:创业教育增强华侨华人的海外社会网络关系对其在华创业绩效的正向影响。

H3-5b:创业教育增强华侨华人的本土社会网络关系对其在华创业绩效的正向影响。

■ 第二节　研究设计和实证分析

在上述理论模型和相关研究假设的基础上,本章将通过正式的大样本问卷调查,借助 SPSS 26.0、AMOS 24.0 统计软件,通过描述性统计分析、信效度检验、相关性分析、层级回归分析和 Bootstrap 中介检验等统计方法,对 308 份有效样本数据进行实证分析,以检验前文提出的理论模型及研究假设,并且结合海外华侨华人在华创业的实际情况和实证分析结论进行讨论,从而为最终的研究结论提供合理的支撑。本研究关于调研问卷设计、模型中"双元市场能力"和"在华创业绩效"这两个变量的测量、预调研和正式调研的数据收集过程与第二章第三节的具体做法基本一致,本节不再赘述具体过程,只说明结果。

■ 一、变量的测量

本研究所涉及的变量包括双重社会网络关系、双元市场能力、创业教育和在华创业绩效,其中双元市场能力和在华创业绩效的测量与第二章的一样,以下重点说明双重社会网络关系和创业教育的测量。为确保变量的测量题项具有高度的信度和效度,本研究参考了国内外顶级期刊已发表论文中的成熟量表。

（一）双重社会网络关系

基于前文所述，Cai 等[430]等从 6 个维度——"信任程度""关系稳固性""信息沟通频率""信息建议有用性""互帮互助""共同解决问题"——测量了海外华侨华人的双重网络关系。测量题项具体描述如表 3-1 所示。

表 3-1　双重社会网络关系量表

变量名称	测量题项
海外 社会网络	1.您与海外族亲宗亲乡亲、当地邻居、同学、同事朋友等成员高度信任
	2.您与海外族亲宗亲乡亲、当地邻居、同学、同事朋友等成员建立了稳固的关系
	3.您与海外族亲宗亲乡亲、当地邻居、同学、同事朋友等成员经常沟通信息
	4.您的海外族亲宗亲乡亲、当地邻居、同学、同事朋友等成员经常给您提供有用信息和建议
	5.您的海外族亲宗亲乡亲、当地邻居、同学、同事朋友等成员总是相互帮助、共同解决问题
	6.您的海外族亲宗亲乡亲、当地邻居、同学、同事朋友等成员能与您共渡难关
本土 社会网络	1.您与国内的亲戚朋友、同学、同事等成员高度信任
	2.您与国内的亲戚朋友、同学、同事等成员建立了稳固的关系
	3.您与国内的亲戚朋友、同学、同事等成员经常沟通信息
	4.您国内的亲戚朋友、同学、同事等成员经常给您公司提供有用信息和建议
	5.您国内的亲戚朋友、同学、同事等成员总是相互帮助、共同解决问题
	6.您国内的亲戚朋友、同学、同事等成员能与您共渡难关；

（二）创业教育

本研究参考了 Cui 等[431]等，分别从"参加过创业系列课程""参加过各种创业讲座""读过创业相关书籍、案例和文献""听过成功创业者的经验分享""参加过模拟创业比赛活动""参加过创业实践活动""参加过实习工作""接受过创业孵化项目和资金支持"8个维度考量创业教育这一变量。测量题项具体描述如表3-2所示。

表 3-2　创业教育量表

变量名称	测量题项
创业教育	1.您参加过的创业教育课程,或者你将来会参加
	2.您参加过创业俱乐部或者创业设计大赛的经历
	3.您参加过成功企业家演讲,与企业家有面对面的交流
	4.您阅读过创业相关的书籍、案例和文献
	5.您有企业参观或实习的经历
	6.您有参与商业模拟运营的经历
	7.您参加过与创业有关的会议或讲习班
	8.您接受过相关的创业孵化项目和资金支持

■ 二、预调研

本研究在正式发放问卷之前,采取了与第二章第三节一样的预调研程序对问卷进行了前测,以确保调查问卷符合研究要求。通过对预调研数据的信效度检验,本研究所涉及变量的测量题项均符合统计学的检验标准,问卷适用于正式调研。出于篇幅考虑,具体的预调研过程和信效度检验方法在本章不再赘述。此外,在预调研过程中,针对问卷的修改和完整,部分被调研者给予了一些意见建议。对此,本研究也综合参考了被调研者的部分意见建议,在不修改题项根本理论含义的前提下,对部分题项进行了完善及补充,最终形成正式发放的问卷。

■ 三、样本特征与描述性统计

与第二章的研究一样,本研究在多方面的支持和帮助下再次向上述

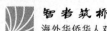

500 个符合要求的在华创业者发送本研究正式调查问卷的链接,并向其详细说明调查目的和答卷要求。最终成功获得有效问卷 308 份,有效率高达 70.80%。详细的问卷发放与回收情况如表 3-3 所示。

表 3-3　问卷发放与回收的具体情况

问卷发放方式	发放问卷数量/份	回收问卷数量/份	有效问卷数量/份	有效问卷的区域分布
本人线上邮件问卷(校友会、同学会、亲朋好友等)	150	126	62	福建省 93 份、浙江省 71 份、广东省 59 份、山东省 31 份、云南省 11 份、上海 8 份、北京 7 份、江苏省 7 份、广西壮族自治区 5 份、四川省 4 份、辽宁省 4 份、河南省 3 份、海南省 2 份、黑龙江省 2 份、吉林省 1 份,共计 308 份
线下现场填写	50	50	50	
委托政府部门发放与回收	300	259	196	
合计	500	435	308	

大部分的有效问卷来自福建、浙江、广东、山东、云南等省份。由于本研究的样本对象选定为回国创业的海外华侨华人,而以上几省均为华侨华人较多的侨乡省份。同时,有效问卷的来源还包括上海、北京、江苏、广西、四川、辽宁、河南、海南、黑龙江和吉林等区域,由此可见,本研究样本分布较广,具有一定的代表性。

为进一步分析样本特征,本研究采用 SPSS 26.0 统计软件对 308 份有效样本数据进行了描述性统计分析,具体结果如表 3-4 所示。

表 3-4　样本的描述性统计结果

名　称	选　项	频　数	百分比/%
创业年份	2000 年以前	21	6.81
	2000—2008 年	62	20.13
	2009—2018 年	186	60.39
	2018 年以后	39	12.67
您的年龄	25 岁以下	13	4.23
	25～35 岁	129	41.88
	36～45 岁	108	35.06
	45 岁以上	58	18.83

续表

名　称	选　项	频　数	百分比/%
您的性别	男	207	67.20
	女	101	32.80
您的受教育程度	高中及以下	9	2.93
	大专	31	10.06
	本科	202	65.58
	硕士研究生	56	18.18
	博士研究生	10	3.25
所处行业类型	制造行业	107	34.74
	服务/贸易行业	101	32.79
	高科技行业	29	9.42
	金融/地产行业	20	6.49
	文化、体育和娱乐行业	31	10.07
	其他	20	6.49

四、信效度检验与相关性分析

（一）信度检验

信度分析作为实证研究的基础,其目的在于检验数据的可靠性。对此,本研究采用 SPSS 26.0 统计软件分别对研究所涉及变量的测量题项进行了信度检验,具体检验结果如表 3-5 所示。海外社会网络关系、本土社会网络关系、市场适应能力、市场开拓能力、创业教育和在华创业绩效等变量的 Cronbach's α 系数值均大于 0.8,并且删除任何题项均不显著提高量表的 Cronbach's α 系数。综上,说明了本研究变量的量表信度较高,内部一致性较好。

表 3-5　Cronbach 信度分析结果

变　量	维　度	校正项总计相关性 （CITC）	项已删除的 Cronbach's α 系数	Cronbach's α 系数
海外社会 网络关系	海外社会网络关系 1	0.694	0.880	0.869
	海外社会网络关系 2	0.747	0.871	
	海外社会网络关系 3	0.721	0.875	
	海外社会网络关系 4	0.703	0.878	
	海外社会网络关系 5	0.753	0.870	
	海外社会网络关系 6	0.684	0.881	
本土社会 网络关系	本土社会网络关系 1	0.601	0.858	0.895
	本土社会网络关系 2	0.734	0.835	
	本土社会网络关系 3	0.678	0.845	
	本土社会网络关系 4	0.669	0.846	
	本土社会网络关系 5	0.711	0.839	
	本土社会网络关系 6	0.615	0.857	
市场 适应能力	市场适应能力 1	0.653	0.654	0.776
	市场适应能力 2	0.565	0.748	
	市场适应能力 3	0.623	0.687	
市场 开拓能力	市场开拓能力 1	0.742	0.801	0.861
	市场开拓能力 2	0.710	0.832	
	市场开拓能力 3	0.762	0.783	
创业教育	创业教育 1	0.803	0.917	0.93
	创业教育 2	0.771	0.92	
	创业教育 3	0.706	0.924	
	创业教育 4	0.689	0.926	
	创业教育 5	0.797	0.918	
	创业教育 6	0.800	0.917	
	创业教育 7	0.760	0.920	
	创业教育 8	0.756	0.921	

续表

变　　量	维　　度	校正项总计相关性 （CITC）	项已删除的 Cronbach's α 系数	Cronbach's α 系数
在华 创业绩效	在华创业绩效 1	0.756	0.858	0.886
	在华创业绩效 2	0.724	0.862	
	在华创业绩效 3	0.714	0.863	
	在华创业绩效 4	0.683	0.87	
	在华创业绩效 5	0.728	0.861	
	在华创业绩效 6	0.605	0.880	

（二）探索式因子分析

采用 SPSS 26.0 统计软件，分别对双重社会网络关系、双元市场能力、创业教育以及在华创业绩效进行探索式因子分析，具体结果如表 3-6 所示。各变量的 KMO 值均大于 0.7，结果符合因子分析的基本要求，表明数据适合进行因子分析，能够提取出有效的信息；累计方差解释率均大于 60%，进一步说明研究项目的信息得到充分的提取和反映。

表 3-6　探索式因子分析结果

变　　量	维　　度	KMO 值	Bartlett 球形度检验			累积方差 解释率/%
			近似卡方	df	p 值	
双重社会 网络关系	海外社会网络关系	0.913	1 908.543	66	0.000	63.371
	本土社会网络关系				0.000	
双元 市场能力	市场适应能力	0.752	729.305	15	0.000	74.132
	市场开拓能力				0.000	
创业教育	创业教育	0.93	1 705.94	25	0.000	67.381
在华 创业绩效	在华创业绩效	0.899	904.619	15	0.000	64.047

（三）检验性因子分析

为进一步确认量表的结构效度，本研究采用 AMOS 24.0 统计软件对海外社会网络关系、本土社会网络关系、市场适应能力、市场开拓能力、创业教育和在华创业绩效等变量进行验证性因子分析，通过结果构建结构方程模型来检验测量变量和潜变量之间的关系，详见图 3-2。最终结果如表 3-7 所示，六因子模型的拟合指标（χ^2/df 为 1.874，CFI 为 0.933，IFI 为 0.933，TLI 为 0.925，RMR 为 0.073，RMSEA 为 0.053）最高且均达到拟合标准，对比参考值可以看出其适配度显著优于其他模型，这 6 个构念具有较高的内部结构效度，整体研究模型与数据的拟合度良好。

表 3-7　验证性因子分析结果

模　型	χ^2/df	CFI	IFI	TLI	RMR	RMSEA
六因子模型	1.874	0.933	0.933	0.925	0.073	0.053
五因子模型 a	3.194	0.829	0.830	0.813	0.113	0.085
四因子模型 b	3.627	0.793	0.794	0.776	0.119	0.093
三因子模型 c	4.445	0.727	0.728	0.706	0.146	0.106
二因子模型 d	5.405	0.649	0.651	0.624	0.156	0.120
单因子模型 e	6.888	0.529	0.532	0.498	0.264	0.138
参考值	[1,5]	>0.900	>0.900	>0.900	<0.080	<0.080

注：模型 a 将在华创业绩效和市场开拓能力合并为一个潜在因子；模型 b 在模型 a 的基础上将市场适应能力进行合并；模型 c 在模型 b 的基础上将创业教育进行合并；模型 d 在模型 c 的基础上将本土社会网络关系进行合并；模型 e 将所有项目归属于同一个潜在因子。

为进一步分析变量之间的组合信度、收敛效度，采用前文验证性因子分析所得的各变量的标准化因子载荷数值，计算各变量的组合信度（CR）和平均萃取方差（AVE）。最终发现：各变量的 CR 值均大于 0.7，说明量表的组合信度较好；AVE 值均大于 0.5，说明量表的收敛效度较好。详见表 3-8。

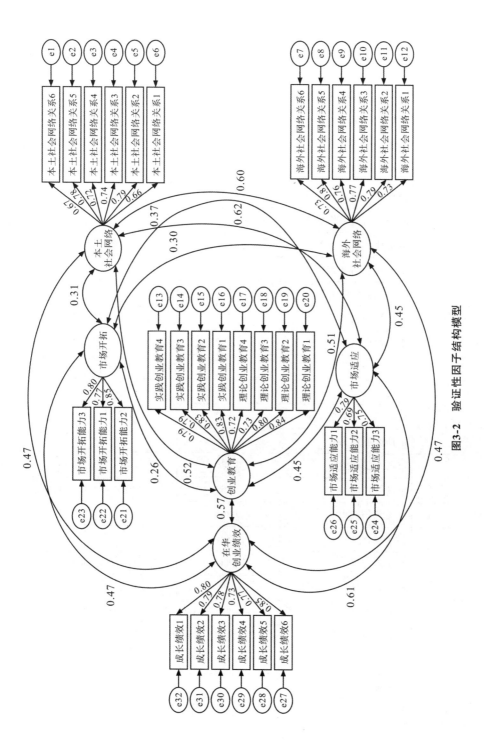

图3-2　验证性因子结构模型

表 3-8　模型 AVE 和 CR 指标

变　量	维　度	因子载荷	AVE 值	组合信度 CR 值
海外社会网络关系	海外社会网络关系 1	0.731	0.587	0.895
	海外社会网络关系 2	0.793		
	海外社会网络关系 3	0.769		
	海外社会网络关系 4	0.761		
	海外社会网络关系 5	0.807		
	海外社会网络关系 6	0.734		
本土社会网络关系	本土社会网络关系 1	0.661	0.531	0.871
	本土社会网络关系 2	0.785		
	本土社会网络关系 3	0.742		
	本土社会网络关系 4	0.723		
	本土社会网络关系 5	0.780		
	本土社会网络关系 6	0.670		
市场适应能力	市场适应能力 1	0.790	0.542	0.78
	市场适应能力 2	0.668		
	市场适应能力 3	0.746		
市场开拓能力	市场开拓能力 1	0.836	0.676	0.862
	市场开拓能力 2	0.765		
	市场开拓能力 3	0.863		
创业教育	创业教育 1	0.833	0.629	0.931
	创业教育 2	0.834		
	创业教育 3	0.785		
	创业教育 4	0.794		
	创业教育 5	0.839		
	创业教育 6	0.800		
	创业教育 7	0.731		
	创业教育 8	0.717		

续表

变　　量	维　　度	因子载荷	AVE 值	组合信度 CR 值
在华创业绩效	在华创业绩效 1	0.803	0.571	0.888
	在华创业绩效 2	0.789		
	在华创业绩效 3	0.777		
	在华创业绩效 4	0.729		
	在华创业绩效 5	0.771		
	在华创业绩效 6	0.655		

（四）相关性分析

在研究模型与假设进行检验之前,为了避免各变量之间出现相似度极高无法明显区分的情况,本研究采用了 SPSS 26.0 统计软件,对所涉及变量进行相关性分析,具体结果如表 3-9 所示。各变量的平方根均大于变量间的相关系数,说明变量间具有较强的区分效度。

表 3-9　各主要变量的均值、标准差和变量间相关系数

潜变量	均　值	标准差	1	2	3	4	5	6
1.海外社会网络关系	5.533	0.837	0.587					
2.本土社会网络关系	5.636	0.759	0.529 ***	0.531				
3.市场适应能力	5.699	0.784	0.521 ***	0.378 ***	0.542			
4.市场开拓能力	4.966	1.236	0.274 ***	0.249 ***	0.292 ***	0.676		
5.创业教育	5.054	1.210	0.485 ***	0.471 ***	0.401 ***	0.216 ***	0.629	
6.在华创业绩效	5.330	0.874	0.426 ***	0.42 ***	0.515 ***	0.399 ***	0.521 ***	0.571

此外,正如表 3-9 结果显示:海外华侨华人的海外社会网络关系、本土社会网络关系均与其在华创业的市场适应能力呈显著的正相关关系($r=0.521;r=0.378$),初步验证了本研究的假设 H3-1a 与 H3-1b;海外华侨华人的海外社会网络关系、本土社会网络关系均与其在华创业市场开拓能力呈显著的正相关关系($r=0.274;r=0.249$),初步验证了本研究的假设 H3-

2a 与 H3-2b;海外华侨华人在中国市场的适应能力和开拓能力均与在华创业绩效呈显著的正相关关系($r=0.515$;$r=0.399$),初步验证了本研究的假设 H3-3a 与 H3-3b。

（五）共同方法偏差检验

为避免各变量测量题项之间的高度相似性而可能导致最终收集的数据存在一定的系统性误差,在收集问卷时,本研究通过匿名测量以及部分题项反向等控制措施从程序上控制共同方法偏差。本研究参考了温忠麟等[432]提出的共同方法偏差检查方法,对收集到的数据采用了 Harman 单因素检验,结果如表 3-10 所示。研究中共有 5 个因子的特征根大于 1,且最大的因子方差解释率为 17.199%（小于 40%）,因此可以表明,本研究中的数据不存在严重的共同方法偏差问题。此外根据上述 AMOS 结构方程模型的分析结果,CMIN/DN=4.910>3,IFI、CFI、TLI 均小于 0.7,所有题项无法拟合成一个因子。由此可见,各变量测量均未严重受到共同方法偏差的影响。

表 3-10　总方差解释

成分	初始特征值			提取载荷平方和			旋转载荷平方和		
	总计	方差百分比	累积百分比	总计	方差百分比	累积百分比	总计	方差百分比	累积百分比
1	11.495	35.920	35.920	11.495	35.920	35.920	5.504	17.199	17.199
2	2.757	8.615	44.536	2.757	8.615	44.536	3.998	12.493	29.691
3	2.658	8.307	52.842	2.658	8.307	52.842	3.889	12.152	41.844
4	1.955	6.110	58.952	1.955	6.110	58.952	3.681	11.504	53.347
5	1.697	5.303	64.255	1.697	5.303	64.255	2.504	7.826	61.173
6	1.134	3.545	67.800	1.134	3.545	67.800	2.121	6.627	67.800
7	0.760	2.374	70.174						
8	0.704	2.200	72.373						
9	0.685	2.139	74.512						
10	0.575	1.798	76.310						
11	0.552	1.725	78.035						
12	0.524	1.638	79.674						

续表

成分	初始特征值			提取载荷平方和			旋转载荷平方和		
	总　计	方差百分比	累积百分比	总　计	方差百分比	累积百分比	总　计	方差百分比	累积百分比
13	0.500	1.564	81.237						
14	0.476	1.486	82.723						
15	0.452	1.414	84.137						
16	0.447	1.398	85.535						
17	0.423	1.323	86.858						
18	0.401	1.254	88.112						
19	0.376	1.174	89.286						
20	0.372	1.161	90.447						
21	0.338	1.058	91.505						
22	0.325	1.016	92.521						
23	0.311	0.973	93.494						
24	0.301	0.939	94.434						
25	0.293	0.915	95.349						
26	0.256	0.800	96.149						
27	0.246	0.769	96.918						
28	0.240	0.750	97.667						
29	0.222	0.694	98.361						

五、假设检验

（一）主效应检验

（1）对海外社会网络关系、本土社会网络关系和在华创业绩效等变量进行层次回归分析。其中，因变量为在华创业绩效，控制变量为行业类型、创业年份、员工数量、创业者受教育程度，自变量为海外社会网络关系、本土社会网络关系。分析结果如表3-11所示。海外社会网络关系、本土社会网络关系均对在华创业绩效产生显著的正向影响（M2中，β分别为0.207和0.263），因此H3-1a、H3-1b得到验证。

表 3-11　双重社会网络关系与在华创业绩效的回归分析结果

变　量		在华创业绩效	
		M1	M2
控制变量	行业类型	−0.111 **	−0.048
	创业年份	0.04	0.000
	员工数量	0.309 ***	0.264 ***
	受教育程度	0.191 ***	0.109 **
自变量	海外社会网络关系		0.207 ***
	本土社会网络关系		0.263 ***
R^2		0.173	0.326
Adjusted R^2		0.162	0.313
ΔF		15.817 ***	24.302 ***

　　(2)对海外社会网络关系、本土社会网络关系和市场适应能力等变量进行层次回归分析。其中,因变量为市场适应能力,控制变量为行业类型、创业年份、员工数量、创业者受教育程度,自变量为海外社会网络关系、本土社会网络关系。分析结果如表 3-12 所示。第一,海外社会网络关系、本土社会网络关系均对市场适应能力产生显著的正向影响(M2 和 M3 中,β 分别为 0.312 和 0.461),因此 H3-2a、H3-2b 得到验证。第二,根据回归 M4,本土社会网络关系对市场适应能力的回归系数和显著性都要大于海外社会网络关系对市场适应能力回归结果(M4 中,β 分别为 0.406 和 0.111),因此 H3-2c 得到验证。

表 3-12　双重社会网络关系与市场适应能力的回归分析结果

变　量		市场适应能力			
		M1	M2	M3	M4
控制变量	行业类型	−0.197 ***	−0.163 **	−0.126 **	−0.123 **
	创业年份	0.020	−0.019	−0.005	−0.015
	员工数量	0.127 **	0.075	0.111 **	0.094 *
	受教育程度	0.224 ***	0.181 ***	0.131 ***	0.127 ***

续表

变　量		市场适应能力			
		M1	M2	M3	M4
自变量	海外社会网络关系		0.312***		0.111*
	本土社会网络关系			0.461***	0.406***
R^2		0.130	0.219	0.326	0.334
Adjusted R^2		0.119	0.207	0.315	0.321
ΔF		11.331***	16.984***	29.220***	25.162***

在此基础上,本研究参照了周郴保等[433]的检验方法,比较了本土社会网络关系和海外社会网络关系对市场适应能力的影响差异。首先,ΔR^2_{M4-M2}是在本土社会网络关系基础上加入海外社会网络关系之后模型解释市场适应能力的变化($\Delta R^2_{M4-M2}=R^2_{M4}-R^2_{M2}=0.115$);$\Delta R^2_{M4-M3}$是在海外社会网络关系基础上加入本土社会网络关系之后模型解释市场适应能力的变化($\Delta R^2_{M4-M3}=R^2_{M4}-R^2_{M3}=0.008$);$\Delta R^2_{M4-M2}$(0.115)大于$\Delta R^2_{M4-M3}$(0.008)说明与海外社会网络关系相比,本土社会网络关系对市场适应能力的正向影响作用更强,进一步验证了H3-2c。

其次,计算海外社会网络关系和本土社会网络关系对市场适应能力的半偏相关系数,比较这两者之间的影响。半偏相关系数是一种消除其他变量影响的统计指标,用于衡量自变量对因变量的贡献,即本土社会网络关系相对于海外社会网络关系对市场适应能力的贡献。经过计算,得到海外社会网络关系和本土社会网络关系的半偏相关系数分别为0.092和0.337,表明在华创业的华侨华人的本土社会网络关系相比海外社会网络关系对新创企业的市场适应能力的贡献更大。因此,假设H3-2c得到支持。

(3)对海外社会网络关系、本土社会网络关系和市场开拓能力等变量进行层次分归分析。其中,因变量为市场开拓能力,控制变量为行业类型、创业年份、员工数量、创业者受教育程度,自变量为海外社会网络关系、本土社会网络关系。分析结果如表3-13所示。第一,海外社会网络关系和本土社会网络关系均对市场开拓能力产生显著的正向影响(M2和M3,β分别为0.263和0.289),因此H3-3a,H3-3b得到验证。第二,根据回归M4,本土社会网络关系对市场开拓能力的回归系数和显著性都要大于海外社会网络关系对市场开拓能力回归结果（M4，$\beta=0.211$和0.156），因此H3-3c未得到验证。通过再次采用周郴保等[433]的检验方法对H3-3c进行二次检验，比较了本土社会网络关系和海外社会网络关系对市场开拓能力的影响差异：$\Delta R^2_{\text{M4-M2}}$是在本土社会网络关系基础上加入海外社会网络关系之后模型解释市场开拓能力的变化（$\Delta R^2_{\text{M4-M2}}=R^2_{\text{M4}}-R^2_{\text{M2}}=0.029$），$\Delta R^2_{\text{M4-M3}}$是在海外社会网络关系基础上加入本土社会网络关系之后模型解释市场开拓能力的变化（$\Delta R^2_{\text{M4-M3}}=R^2_{\text{M4}}-R^2_{\text{M3}}=0.016$），$\Delta R^2_{\text{M4-M2}}$（0.029）大于$\Delta R^2_{\text{M4-M3}}$（0.016）说明与本土社会网络关系相比，海外社会网络关系对市场开拓能力的正向影响作用较弱，假设H3-3c依旧未得到验证。

表3-13 双重社会网络关系与市场开拓能力的回归分析结果

变　量		市场开拓能力			
		M1	M2	M3	M4
控制变量	行业类型	−0.046	−0.017	−0.001	0.004
	创业年份	0.080	0.047	0.065	0.049
	员工数量	−0.031	−0.076	−0.041	−0.065
	受教育程度	−0.001	−0.038	−0.060	−0.066
自变量	海外社会网络关系		0.263 ***		0.156 **
	本土社会网络关系			0.289 ***	0.211 ***
R^2		0.09	0.073	0.086	0.102
Adjusted R^2		−0.004	0.058	0.071	0.086
ΔF		0.699	4.751 ***	5.697 ***	5.786 ***

（二）中介作用检验

本研究运用SPSS 26.0统计软件进行层次回归分析，以检验市场适应能力的中介效应。分别构建3个模型，其中模型1（M1）是双重社会网络关系与在华创业绩效构建的模型，模型2（M2）是双重社会网络关系与市场适应能力构建的模型，模型3（M3）是双重社会网络关系和市场适应能力一起与在华创业绩效构建的模型，以检验市场适应能力在海外华侨华人的双重社会网络关系对在华创业绩效的影响中发挥的中介作用。

最终结果如表 3-14 所示。首先,从 M1 和 M3 可以看出,海外社会网络关系的标准化系数原为 0.207,在加入市场适应能力后,其标准化系数变为 0.173,由此可见,市场适应能力在海外社会网络关系与在华创业绩效之间起部分中介作用。其次,从 M1 和 M3 可以看出,本土社会网络关系的标准化系数原为 0.263,在加入市场适应能力后,其标准化系数变为 0.135,由此可见,市场适应能力在本土社会网络关系与在华创业绩效之间起部分中介作用。因此,假设 H3-4a 的中介效应得到了初步检验。

表 3-14　市场适应能力中介作用的回归分析结果

变　量		在华创业绩效	市场适应能力	在华创业绩效
		M1	M2	M3
控制变量	行业类型	−0.048	−0.123**	−0.009
	创业年份	0.000	−0.015	0.005
	员工数量	0.264***	0.094*	0.235***
	受教育程度	0.109**	0.127***	0.069
自变量	海外社会网络关系	0.207***	0.111*	0.173***
	本土社会网络关系	0.263***	0.406***	0.135***
中介变量	市场适应能力			0.315***
	R^2	0.326	0.334	0.392
	Adjusted R^2	0.313	0.321	0.378
	ΔF	24.302***	25.162***	27.687***

为进一步检验假设 H3-5a 中市场适应能力的中介效应,本研究使用了 SPSS 26.0 中的 Process 插件,通过 Bootstrap 方法进行中介效应检验。结果如表 3-15 所示。首先,市场适应能力在海外社会网络关系对在华创业绩效的影响中存在中介作用($a \times b$ 中介效应为 0.164),但由于效应占比未达到 100%(效应占比 37.460%),因此只存在部分中介效应。其次,市场适应能力在本土社会网络关系对在华创业绩效的影响中存在中介作用($a \times b$ 中

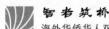

介效应为 0.241），但由于效应占比未达到 100%（效应占比 49.142%），因此同样只存在部分中介效应。假设 H3-4a 的中介效应得到了验证。

表 3-15　市场适应能力中介作用的 Bootstrap 方法分析结果

项　目	检验结论	c 总效应	$a \times b$ 中介效应	c' 直接效应	效应占比计算公式	效应占比/%
海外社会网络关系—市场适应能力—在华创业绩效	部分中介	0.438	0.164	0.274	$a \times b/c$	37.460
本土社会网络关系—市场适应能力—在华创业绩效	部分中介	0.491	0.241	0.250	$a \times b/c$	49.142

同样，运用 SPSS 26.0 统计软件进行层次回归分析以检验市场开拓能力的中介效应。分别构建 3 个模型，其中模型 1(M1)是双重社会网络关系与在华创业绩效构建的模型，模型 2(M2)是双重社会网络关系与市场开拓能力构建的模型，模型 3(M3)是双重社会网络关系和市场开拓能力一起与在华创业绩效构建的模型，以检验市场开拓能力在海外华侨华人的双重社会网络关系对在华创业绩效影响中发挥的中介作用。最终结果如表 3-16 所示。

表 3-16　市场开拓能力中介作用的回归分析结果

变　量		在华创业绩效 M1	市场开拓能力 M2	在华创业绩效 M3
控制变量	行业类型	−0.048	−0.123 **	−0.009
	创业年份	0.000	−0.015	0.005
	员工数量	0.264 ***	0.094 *	0.235 ***
	受教育程度	0.109 **	0.127 ***	0.069
自变量	海外社会网络关系	0.207 ***	0.111 *	0.173 ***
	本土社会网络关系	0.263 ***	0.406 ***	0.135 **
中介变量	市场开拓能力			0.315 ***
	R^2	0.326	0.334	0.392
	Adjusted R^2	0.313	0.321	0.378
	ΔF	24.302 ***	25.162 ***	27.687 ***

首先，从 M1 和 M3 可以看出，海外社会网络关系的标准化系数原为

0.207,在加入市场开拓能力后,其标准化系数变为 0.173,由此可见,市场开拓能力在本土社会网络关系与在华创业绩效之间起部分中介作用。其次,从 M1 和 M3 可以看出,本土社会网络关系的标准化系数原为 0.263,在加入市场开拓能力后,其标准化系数变为 0.135,由此可见,市场开拓能力在本土社会网络关系与在华创业绩效之间起部分中介作用。因此,假设 H3-4b 的中介效应得到了初步检验。

同样,为进一步检验假设 H3-4b 中市场开拓能力的中介效应,本研究使用 SPSS 26.0 中的 Process 插件,通过 Bootstrap 方法进行中介效应检验。具体结果如表 3-17 所示。首先,市场开拓能力在海外社会网络关系对在华创业绩效的影响中存在中介作用($a \times b$ 中介效应为 0.081),但由于效应占比未达到 100%(效应占比 18.590%),因此只存在部分中介效应。其次,市场开拓能力在本土社会网络关系对在华创业绩效的影响中存在中介作用($a \times b$ 中介效应为 0.096),但由于效应占比未达到 100%(效应占比 19.610%),因此同样只存在部分中介效应。假设 H3-4b 的中介效应得到了验证。

表 3-17 市场开拓能力中介作用的 Bootstrap 方法分析结果

项　目	检验结论	c 总效应	$a \times b$ 中介效应	c' 直接效应	效应占比计算公式	效应占比/%
海外社会网络关系—市场开拓能力—在华创业绩效	部分中介	0.438	0.081	0.357	$a \times b/c$	18.590
本土社会网络关系—市场开拓能力—在华创业绩效	部分中介	0.491	0.096	0.395	$a \times b/c$	19.610

（三）调节作用检验

为进一步检验本研究所提出的调节假设。本研究采用了 SPSS 26.0 统计软件进行层次回归分析,并绘制调节作用的简单斜率图,直观地展示创业教育的调节效应。

对海外社会网络关系、本土社会网络关系和创业教育等变量进行层次回归分析。其中,因变量为在华创业绩效,控制变量为行业类型、创业年份、员工数量和创业者受教育程度,自变量为海外社会网络关系、本土社会网络关系,调节变量为创业教育。回归结果如表 3-18 所示。首先,创业教育在海外社会网络关系对在华创业绩效的影响路径中发挥了显著的正向调节作用(M4,交互项系数 $\beta=0.098$,$p<0.05$),因此 H3-5a 成立。其次,创业教育在本土社会网络关系对在华创业绩效的影响路径中也展现出了显著的正向调节作用(M4,交互项系数 $\beta=0.135$,$p<0.01$),因此 H3-5b 成立。

表 3-18　创业教育调节作用的回归分析结果

变　量		在华创业绩效			
		M1	M2	M3	M4
控制变量	行业类型	-0.111^{**}	-0.048	-0.056	-0.063
	创业年份	0.040	0.000	-0.018	-0.021
	员工数量	0.309^{***}	0.264^{***}	0.211^{***}	-0.175^{***}
	受教育程度	0.191^{***}	0.109^{**}	0.055	0.083^{***}
自变量	海外社会网络关系		0.207^{***}	0.135^{**}	0.116^{**}
	本土社会网络关系		0.263^{***}	0.173^{***}	0.187^{***}
调节变量	创业教育			0.297^{***}	0.334^{***}
调节作用	海外社会网络关系×创业教育				0.098^{*}
	本土社会网络关系×创业教育				0.135^{**}
	R^2	0.173	0.326	0.382	0.419
	Adjusted R^2	0.162	0.313	0.368	0.401
	ΔF	15.871^{***}	24.302^{***}	26.488^{***}	23.837^{***}

此外,为了深入探究创业教育在双重社会网络关系中所起到的调节效应,本研究以创业教育的平均值为基准,通过加减一个标准差的方式,将其划分为高创业教育调节和低创业教育调节,并绘制了简单的斜率图用以展现创业教育调节效应的动态变化。如图 3-3 所示,无论是对于海外社会网络关系还是本土社会网络关系,创业教育均呈现出增强的效果,即创业教育增强了这两种社会网络关系对在华创业绩效的积极促进作用。因此,进一步验证了假设 H3-5a 和 H3-5b。

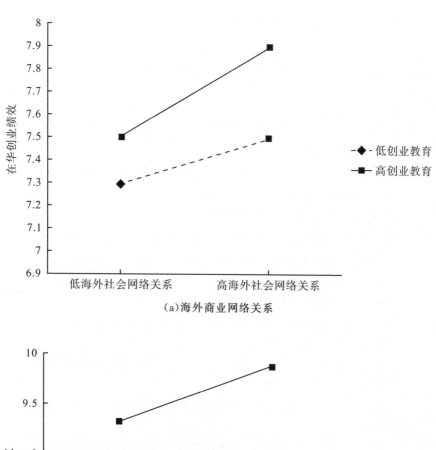

(a)海外商业网络关系

(b)本土社会网络关系

图 3-3　创业教育对双重社会网络关系的调节效应

综上,本研究通过实证分析,假设检验结果汇总如表 3-19 所示。

表 3-19　假设检验结果

编号	研究假设	结果
H3-1a	华侨华人的海外社会网络关系正向影响其在华创业绩效	成立
H3-1b	华侨华人的本土社会网络关系正向影响其在华创业绩效	成立
H3-2a	华侨华人的海外社会网络关系正向影响其在华创业的市场适应能力	成立
H3-2b	华侨华人的本土社会网络关系正向影响其在华创业的市场开拓能力	成立
H3-2c	相较于海外社会网络关系,华侨华人的本土社会网络关系对其在华创业的市场适应能力产生的正向影响更大	成立
H3-3a	海外社会网络关系正向影响海外华侨华人在华创业的市场开拓能力	成立
H3-3b	本土社会网络关系正向影响海外华侨华人在华创业的市场开拓能力	成立
H3-3c	相较于本土社会网络关系,华侨华人的海外社会网络关系对其在华创业的市场开拓能力产生的正向影响更大	不成立
H3-4a	市场适应能力在华侨华人的双重社会网络关系对其在华创业绩效的影响路径中发挥中介作用	成立
H3-4b	市场开拓能力在华侨华人的双重社会网络关系对其在华创业绩效的影响路径中发挥中介作用	成立
H3-5a	创业教育增强华侨华人的海外社会网络关系对其在华创业绩效的正向影响	成立
H3-5b	创业教育增强华侨华人的本土社会网络关系对其在华创业绩效的正向影响	成立

第三节　本章结论

随着我国经济的不断提升和行业竞争的日益激烈,海外华侨华人在华创业在应对本土化竞争的重大挑战时,仅凭借自身资源的优势是不够的,还需要更多的技术和市场知识支持。本章研究采用了线上与线下相结合的方法,在全国范围内收集到 308 份回国创业者的有效问卷,并采用实证分析的方法,对研究模型与假设进行了检验,得出了以下结论。

（1）海外华侨华人的双重社会网络关系对其在华创业绩效产生了显著的正向影响，双重社会网络关系的两个维度（海外社会网络关系与本土社会网络关系）对在华创业绩效都起显著的正向影响。本研究的假设 H3-1a 和 H3-1b 均成立。华侨华人长年在海外谋生，在华创业不仅面临着对中国社会文化和制度环境的不适应，同时作为新创企业，还面临着创业资源匮乏等困境。良好的社会网络关系能够帮助其快速适应国内环境，还能促进在华创业绩效的成长。海外社会网络关系能够为在华创业者提供海外异质性技术知识和市场创业信息，从而促进企业发展和在华创业绩效的提升。本土社会网络关系不仅能够帮助在华创业者快速适应国内社会文化和制度环境，还能填补其本土知识的不足，帮助其获得更多的本地化创业信息，提高企业在国内市场中生存和发展的能力。这与彭伟等[395]以海归群体为研究对象进行研究所得出的结论一致，进一步阐明双重社会网络关系是在华创业者克服资源匮乏、社会文化知识薄弱等困难的有效途径，也是促使创业者取得创业成功的重要因素之一。

（2）在海外华侨华人在华创业过程中，其海外和本土社会网络关系均对其市场适应能力产生正向影响。然而，通过进一步的分析发现，尽管海外社会网络关系对其市场适应能力有正向作用，但本土社会网络关系在提升他们在华创业的市场适应能力方面发挥着更为关键的作用。对此，本研究的假设 H3-2a、H3-2b、H3-2c 均成立。市场适应能力被视为企业实现满足市场现有顾客价值需求的核心竞争力，体现了企业对当前市场中顾客需求的敏感度和响应速度，是企业生存和发展的关键能力。一方面，通过海外社会网络关系，将国外先进技术引入中国市场，以弥补当前技术不足的状况，满足消费者的需求。另一方面，通过构建并维系本土社会网络关系，企业能够获取关于现有市场的实时信息反馈，进而深入了解顾客的偏好和需求。在此基础上，企业可以有针对性地优化其产品和服务，以更好地满足国内市场的多样化需求。此外，由于在华创业者的创业地点位于中国，相较于海外社会网络关系，本土社会网络关系对国内的市场环境更了解，这有助于在华创业者更快速地适应中国市场的现实需求[395]。

（3）海外社会网络关系与本土社会网络关系均对海外华侨华人在华创业的市场开拓能力具有显著的正向影响，本研究的假设 H3-3a 和 H3-3b 均成立。市场开拓能力被认为是企业发掘市场潜在顾客价值的关键能力,而海外华侨华人双重的社会网络关系有助于增强企业的核心竞争力,进而促进企业的长期可持续发展。然而出乎意料的是,假设 H3-3c 未能得到验证,本研究进一步探究了 H3-3c 的未被验证可能的原因,研究结果表明海外社会网络关系对市场开拓能力的正向影响相对较弱。尽管海外社会网络关系为在华创业者提供具有独特性、创新性和差异性的创业资源,但在中国特色社会主义市场环境中,这些创新性资源可能并未获得市场和消费者的广泛认可和接受,这可能是市场环境差异导致的"水土不服",从而限制了这些资源效用的充分发挥。因此,海外华侨华人在华创业的成功与否,很大程度上依赖于他们在本土构建的社会网络关系。本土社会网络关系可以帮助华侨华人更快地融入当地社会,更好地了解当地市场和当地政策法规,更便捷地接触当地客户,从而更容易地适应和开拓中国市场。此外,建立良好的本土社会网络关系还能够提高他们的美誉度,从而更好地推广和拓展他们的业务,获得更多的商机。总之,本土社会网络关系在海外华侨华人在华创业成功中起到了至关重要的作用。

(4)市场适应能力和市场开拓能力均在海外华侨华人双重社会网络关系对在华创业绩效的影响路径中起到了部分的中介作用。本研究的假设 H3-4a 和 H3-4b 均成立。现有研究中,许多学者从组织学习的研究视角出发,对双元学习能力在网络和绩效之间的中介作用进行了探究,并指出探索式学习和利用式学习会在企业家个人网络与其在华创业绩效的影响路径上发挥一定的中介作用。本研究将双元理论应用于海外华侨华人在华创业对中国市场的适应与开拓过程中,尽管双元理论的基本原理保持不变,但研究发现,通过有效结合和利用本土与海外社会网络关系,海外华侨华人能够显著提升其在中国市场的适应能力和开拓能力,进而有效提高其创业企业的绩效水平。

(5)创业教育增强双重社会网络关系对在华创业绩效具有显著的正向影响。对此,本研究的假设 H3-5a 和 H3-5b 均成立。海外华侨华人在华创业的成功与否,不仅取决于其自身的创业能力,也取决于其是否接受过创业教育或有创业经历,其中包括正规的创业课程学习和非正式的创业经历,这些都能丰富个体在创业活动中所需的知识、技能和经验。创业教育的作用在于积极引发教育者和受教育者的创业意识,它不仅能提高创业者的机会识别能力和创业思维,还能增强创业者从网络关系中摄取和利用资源的能力,从而影响其在华创业绩效。双重社会网络关系中蕴含的庞大资源和信息,通过进行创业教育提升在华创业者的创业能力,以便更有效地识别、消化、运用社会网络成员所提供的资源和信息,从而提升在华创业的绩效。

基于上述研究结论,本研究的理论贡献主要体现在:

(1)本研究以海外华侨华人在华创业为研究对象,详细探讨了双重社会网络关系及双元市场能力如何影响其在华创业绩效的内在机制。通过深入剖析,揭示了海外与本土社会网络关系在提升创业市场适应与开拓能力方面的不同作用及其影响差异。这一研究成果不仅补充了围绕海外华侨华人社会网络关系的理论研究,也丰富了在华创业研究领域的内容。

(2)本研究将营销探索和开发能力的概念结合起来,并将双元性理论的应用范围扩展至海外华侨华人在华创业的市场行为能力领域,从而实现了对双元能力研究的创新性延伸。通过双元市场能力的视角,本研究提出了"海外与本土双重社会网络关系对双元市场能力的影响作用存在差异"的假设,并通过实证分析验证了其合理性。这一结论不仅与当前学术界普遍认可的"双重网络均具有一致性影响作用"的观点相契合,而且进一步丰富了双重网络关系的相关研究。

(3)创业教育是一种重要的调节影响因素,能够有效提升创业成功率和创业能力,在双重社会网络关系和创业绩效的调节中发挥着重要作用。本研究的研究结论丰富了创业教育研究的内涵,为在华创业者提供了有效的建议和指导,帮助他们更好地实现创业目标。

第四章 华侨华人的双重政治关联对其在华创业绩效的影响研究

第一节 研究假设与理论模型

一、研究模型

本研究基于第一章对现状的详尽剖析、理论的系统性梳理与文献的全面回顾,聚焦于海外华侨华人群体,旨在深入剖析其政治层面的双重网络关系,即海外政治关联与本土政治关联的核心特质。本研究同样构建了一个"网络—能力—绩效"理论框架(见图4-1),该框架旨在系统探索海外华侨华人的双重政治关联结构、市场适应与开拓能力,以及如何作用于其在华创业绩效表现,并进一步剖析文化差异在此复杂影响机制中的边界调节作用。

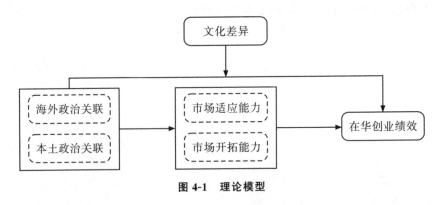

图 4-1 理论模型

▓ 二、假设提出

华侨华人在华创业时,不仅能够依托双重政治关联带来海内外的丰富经验和国际化资源,从而降低他们进入国内市场的门槛,还能为他们提供政策咨询、资金引入、技术合作等多方面的便利与支持,助力他们在华发展,使实现个人梦想与贡献国家发展同频共振。因此,探讨华侨华人如何利用其双重政治关联优势在华创业,不仅是对这一特殊群体创业经验的总结与提炼,更对促进中外经贸合作、文化交流及人才流动具有深远意义。

（一）华侨华人的双重政治关联与在华创业绩效

华侨华人通过与海外政府部门、官方媒体、高校科研机构等的深入交流互动,成功构建了与海外政治生态的深厚联系。在他们在华创业的历程中,这种交流互动同样延伸并深化了与中国政治体系的关联。双重政治关联相互交织,共同为华侨华人在华创业提供独特的优势和资源、增强他们的市场竞争力,进而提高他们在华创业的成功率和绩效水平。因此,对于华侨华人而言,充分利用和发挥双重政治关联的优势,是在华创业过程中不可或缺的重要因素。

基于资源基础理论,华侨华人的海外政治关联是其所创企业区别于其他本土企业的独特资源。它能通过为企业降低技术研发成本、畅通海内外合作渠道、引入多元的国际资源等助力企业提升创业绩效。

首先,创新是驱动企业持续发展与竞争优势构建的核心动力源泉[434]。在竞争激烈的商业环境中,企业不断追求新产品与技术的研发,以期在市场中脱颖而出。然而,这一过程往往伴随着高昂的资金成本投入,包括但不限于研发团队的组建、实验设备的购置、技术专利的申请及维护等,这些均构成了不容忽视的经济成本。在此背景下,拥有海外政治关联的华侨华人企业展现出了独特的优势与灵活性。通过海外政治关联的纽带,这些企业能够有效地促进技术产品与知识的国际转移,加速技术引进与产品本土化的进程,缩短从研发到市场应用的时间周期,有效降低因重复研发或市场试错而导致的资本消耗。

其次，海外政治关联能够为企业搭建广泛的海内外合作平台。通过政府的支持和推荐，企业能够增强其在消费者群体及潜在合作伙伴中的信任资本，为企业合作发展奠定坚实的基础[435]。这种信任机制不仅可以促进企业在本土市场内合作关系的稳固构建，还能有效降低合作中的信息不对称与信任风险，从而加速商业伙伴关系的形成与深化，构建起连接国内外市场的广泛网络。在这一网络框架下，企业能够迅速识别并把握跨国合作机遇，高效搭建起国际的合作渠道与平台[436]。这不仅为企业带来了直接的经济利益，如资源共享与优势互补等机会收益，还增强了其国际竞争力与可持续发展能力。

最后，企业的发展离不开各类资源的持续注入与优化配置，而华侨华人凭借其独特的海外政治关联优势，能够更为高效地获取国际资源。国际资源是企业提升竞争力、实现跨越式发展的重要支撑。对于大多数本土企业而言，获取国际资源往往面临着阻碍，如信息不对称、市场准入限制、文化差异等。但拥有海外政治关联的华侨华人企业能够优先获得来自国际市场的资金、技术、人才等资源，这些资源的注入不仅为企业的技术创新、产品升级提供了有力保障，还为企业带来与国际知名企业、机构合作的机会，从而可以通过战略联盟、合资合作等方式，获取更多的合作收益，降低资源搜寻成本，进一步推动企业创业绩效的提升。

因此，本研究提出以下假设：

H4-1a：华侨华人的海外政治关联正向影响在华创业绩效。

基于制度理论，本土政治关联可以帮助华侨华人企业抓住政策机会、优化投资环境、提升企业知名度与形象等，从而增强市场辨识度，有效强化其在本土市场的合法性地位，从而促进在华创业绩效的提升。

首先，尽管华侨华人拥有丰富的国际化经验、广泛的国际资源网络并掌握前沿技术，他们在初涉中国本土市场进行企业拓展时，仍不可避免要面对本土市场环境和政策复杂性所带来的挑战。此时，本土政治关联的构建与利用恰好能够弥补相应空缺，成为促进政策精准对接企业需求的关键机制。以产业政策为例，政府为鼓励新兴产业与创新企业的发展，往往会出台一系列激励措施，包括但不限于对新创企业的财政补贴、税收优惠，以及专项基金支持等。华侨华人的本土政治关联能够帮助他们更快更好地了解这些产业政策,在短期内为企业提供必要的资金缓冲,帮助企业克服初期运营中的外部性障碍,激发企业的创新积极性。持续的创新活动在享受产业政策扶持的同时,能够产生显著的正外部性效应,从而进一步促进企业进行创新升级[437],并提升在华创业绩效。

其次,华侨华人的本土政治关联也为企业带来了补贴[438],降低了企业的经营压力,为企业营造了一个更为宽松的发展环境。本土政治关联为华侨华人在当地政治体系中带来了一定的话语权和影响力。基于这种影响力,企业能够更有效地争取到政府部门的支持和帮助,从而获得一系列实质性的政策支持,包括但不限于政策倾斜、税收优惠以及财政补贴等。它们能为企业提供直接的财务支持,有效缓解企业的资金压力,使企业能够有更多的资源投入技术研发、市场拓展等关键领域,推动企业的快速发展。补贴政策还能降低企业的运营成本,为企业营造了一个更为宽松的融资环境,使得企业能够更容易地获得金融机构的贷款和投资,进一步加速企业的发展步伐。

最后,具备本土政治联结的华侨华人企业,鉴于其与政府间建立的紧密互动关系,往往能够获得政府的正面鼓励与实质性支持,以积极践行社会责任,投身于公益事业与慈善活动之中。此举不仅能够有效提升企业的社会形象与公众认知度,塑造出积极正面的品牌形象,还能够获得股东更多的资金投入,与债权人建立更多稳定的信任关系,提升企业的融资能力[439]。随着利益相关者群体的扩大与忠诚度的提升,企业得以开辟更为广阔的市场空间,为企业的市场扩张与创业绩效的持续提升奠定了坚实的基础,不断拓宽其成长与发展的边界。

因此,本研究提出以下假设:

H4-1b:华侨华人的本土政治关联正向影响在华创业绩效。

（二）华侨华人的双重政治关联与双元市场能力

华侨华人的双重政治关联为其在华创业提供了全方位的支持和保障,不仅提供了重新应用和配置原有资源的独特视角和路径,还为华侨华人企业在中国市场的快速适应与深入开拓提供了坚实的支持。

基于上述理论,华侨华人在华创业的市场适应过程实质上是对其海外资源在中国市场进行深度开发与高效应用的过程。在此过程中,海外政治关联作为一种战略性资源,展现出了无可替代的重要性。它帮助华侨华人在中国本土市场初步迅速构建起坚实的信誉基础,有效克服技术和资源转移过程中可能出现的各种阻力和障碍,为企业在本土市场的生产运营和商业活动提供了快速嫁接所需资源的途径,以此为企业的适应发展提供了强有力支撑。

第一,海外政治关联助力华侨华人在中国本土市场创业初期迅速构建起坚实的信誉基础,树立起积极正面的企业形象,从而为企业赢得消费者和合作伙伴的信任与支持。从资源基础理论视角出发,企业竞争优势的获取与资源的价值性、稀有性、难以模仿性和不可替代性紧密相关[440]。对于华侨华人在华创业而言,海外政治关联所提供的信誉支持为企业创造了难以模仿的独特优势。尤其在创业初期,由于企业在中国的知名度和社会认同度相对较低,品牌知名度和信任度的建立通常需要较长时间,这在一定程度上延缓了企业适应本土市场的步伐。然而,华侨华人通过积极且明智的方式与海外政治关联形成有效互动,不仅能够助力企业获得市场准入资格[441],更能为企业在创业初期提供坚实的信誉担保,增强企业的知名度,进而提升当地民众对企业的初步认可度,从而加速企业适应本土市场。

第二,海外政治关联还有效降低了华侨华人在技术和资源转移过程中可能遭遇的各类阻力和障碍,确保了转移过程的顺畅与高效。基于资源基础理论,华侨华人在华企业所独具的内部技术和信息能够提升企业的竞争优势[132],而这种内部技术与信息的迁移运用对于华侨华人适应本土市场具有一定的重要作用。在一些法律体系复杂或政治环境不稳定的国家,海外政治关联则为这种优势迁移提供相对准确的政策指导意见,以此来降低遇到壁垒的可能性,使企业能够有针对性且高效地降低技术转移过程中可能遇到的阻力,提升资源转移的效率,从而为企业赢得进入当地市场的先机。政治能力强的企业能够利用海外政治关联了解东道国的政治动向,甚至参与东道国的规则制定或相关政策制定进程[442,443],这种“影响策略”同样可以帮助他们通过海外政治关联了解潜在的立法和公共政策变化,以便及时采取适宜的方式快速高效地转移资源与技术,以此减少企业在原有技术开发和市场适应方面所付出成本,从而加速企业在本土市场的适应和融入进程。例如,基于与泰国政府建立的稳固合作关系,泰国中华总商会为在泰国运营的中资企业在进出口关税、标准制定方面取得了一定的有利条件[6],也为计划回中国发展的华侨华人提供符合中国标准的质检及法律法规服务,旨在预先规避在资源转移过程中可能遇到的困难,从而为华侨华人顺利适应中国市场提供坚实的资源支持和有力保障。

第三,海外政治关联还能帮助企业在中国本土市场的生产运营和商业运作中快速嫁接所需的资源,为企业适应市场提供强有力的支撑。资源基础理论指出,企业的竞争能力不仅来自资源的差异,还来自企业的资源配置与利用能力[133]。同时,海外政治关联所构建的桥梁为华侨华人在海外的经营活动提供了广泛接触供应商、客户、合作者等多元化资源的机会,也在企业的合作模式和运作机制方面为他们开阔了视野、提升了企业配置与利用资源的能力。这些资源与能力经过多个主体的互动合作和不断修正,最终造就了华侨华人在华创业独特的成功模式[444]。多维度的经验和资源,也使得他们在进入本土市场面对复杂的经营环境和挑战时,能够迅速做出精准的判断,并以最高效的方式嫁接企业的原有机制。资源与能力带来的灵活适应性使得他们的生产和管理模式更能贴近中国本土市场的发展需求,从而加速他们在中国市场的融入和成功落地。

因此,本研究提出以下假设:

H4-2a:华侨华人的海外政治关联正向影响其在华创业的市场适应能力。

华侨华人的海外政治关联是他们独特的资源优势,这种关联不仅在华侨华人在华企业适应中国市场时发挥了不可或缺的作用,在开拓市场时同样能够有效促进企业先进技术的研发,强化企业对新资源的获取能力,以及提升华侨华人识别市场新机会的能力,从而为他们在中国市场的持续开拓和发展提供了强大的推动力。

首先,海外政治关联对于华侨华人在华企业研发先进技术具有一定的推动作用。这种关联能够借助国际先进科技力量,促进企业的技术创新和产业升级。资源基础理论明确指出,企业的生产和经营依赖于物质和资本资源的支持[445],而华侨华人在华企业的发展同样离不开技术资源的助推。由于华侨华人在华创业企业多为新创企业,它们的发展尤其需要持续的创新技术作为核心竞争力。此时,海外政治关联便成为他们获取领先型技术优势的宝贵资源。例如,华侨华人可以依据市场需求与海外科研机构进行技术合作、研发合作以及生产合作等,与合作伙伴形成互补优势,促进产品创新进程[446]。在这种独特的创新技术优势加持下,华侨华人企业不仅能够增强自身竞争力,还进一步拥有了开拓市场的能力。

其次,华侨华人还能通过海外政治关联增强新资源的获取能力,为帮助企业快速挖掘本土新市场提供有力的支持。从资源视角来看,企业实现有效整合资源和创新流程的同时,所拥有的资源在组织独特的情境因素下转化为企业独有的"高阶资源",即组织能力[447]。华侨华人与海外政治关联的交流沟通,不仅使他们更容易在合作项目协同中获取所需资源,弥补企业自身在资源存量与质量上的不足,更强化了企业在资源获取方面的驱动力,从而开拓了多元化的资源渠道[448]。这些新获得的资源在中国市场独特的情境下,转化为华侨华人企业独有的"高阶资源",即资源获取能力,使企业在开发新产品、拓展新市场、链接新客户等方面产生更大效能。

最后,海外政治关联还能够提升华侨华人识别新机会的能力,帮助他们敏锐地捕捉市场变化和商业机遇,从而推动企业更快地开拓中国市场,实现跨越式发展。在资源基础理论视角下,异质性资源的有效获取以及不同配置方式共同塑造了企业独特的竞争能力,这种独特的竞争能力中就包括机会感知与识别能力[449,450]。海外政治关联为华侨华人带来的国际化视野和丰富的创业资源,使他们对特定产业或领域有了更为深刻的理解和经验积累。这些宝贵的经验和资源,不仅增强了他们识别新市场、新机会的能力,更使他们在面对这些机遇时能够迅速做出决策,抓住市场先机[446]。因此,海外政治关联对于华侨华人企业在中国市场的快速开拓和跨越式发展具有至关重要的作用。

因此,本研究提出以下假设:

H4-2b:华侨华人的海外政治关联正向影响其在华创业的市场开拓能力。

同样地,华侨华人在在华创业过程中,除了与国际政治环境紧密关联外,他们在本土层面也建立了深厚且多元化的政治联系。这种本土政治关联体现在他们通过公益捐赠、担任政府职务或人大代表等身份,与中国各级政府、官方媒体、侨联组织、侨商会以及高校科研机构等建立了广泛而深入的联系。它们为华侨华人提供了政策指导、资源调配、市场推广等多方面的支持,从而增强了他们在中国市场上的适应能力。此外,这些联系还促进了华侨华人企业与本土机构之间的知识交流、技术合作和人才培养,为华侨华人企业的可持续发展提供了有力的保障。

由于文化背景、商业习惯、法规政策等方面的差异,华侨华人需要在进入中国市场时作出一系列的调整,以适应中国市场环境。华侨华人的本土政治关联为他们在中国本土市场的适应过程中提供了极大的帮助。本土政治关联不仅有助于减少信息不对称,让企业更加准确地把握市场动向和政策走向,还能有效降低企业的税负压力,提高经济效益。同时,这种良好的政治关联也能较好提升企业在本土社会的信誉度,为企业赢得更广泛的认可和支持。这些优势共同作用,使得华侨华人在华企业能够更迅速、更顺利地融入中国市场,实现稳健发展。

首先,华侨华人与本土政治关联建立良好联系有助于减少信息不对称的问题。企业与市场的信息对称化可以增强企业决策的精准度和时效性,使其能够更加敏锐地把握市场动态和消费者需求,从而快速调整战略方向。根据制度理论,可见性是华侨华人在华企业接受或者拒绝压力的关键性因素之一,当企业面临来自外部环境的制度压力时,其反应强度直接取决于制度压力的强弱[451]。华侨华人的本土政治关联,作为一种有效的资源获取和信号传递机制,在帮助企业克服信息不对称障碍方面发挥了重要作用。它不仅增强了行业信息、政策信息等关键资源的可见性,使企业能够获取更多有价值的信息资源,还通过发送积极信号,降低了与合作伙伴之间的信息不对称性[435]。信息透明度的提升,有助于削弱制度距离带来的负面压力,进一步促进了华侨华人企业融入当地社会环境的过程。

其次,本土政治关联能够帮助企业降低税负压力,让其更加顺利和快速地适应中国市场。从制度层面分析,税费规制作为正式制度的重要组成部分,企业必须按照国家法律法规的规定缴纳税费,这是创业成本的重要组成部分[452]。本土政治关联作为华侨华人与政府之间的桥梁纽带,不仅有效促进了双方的紧密合作,而且使企业能够更便捷地获取政府的补贴[453]、资源支持和政策倾斜,进而在减轻税负压力方面发挥积极作用。例如2022年底,我国政府引导基金实缴规模约3.6万亿元,各地政府设立的政府投资基金也在快速增长[295]。不仅如此,中国政府还通过提供低于市场价格的资源和以高于市场的价格购买商品的方式[454]，为企业提供了实质性的补贴支持。这些政策扶持和本土政治关联的积极作用，为华侨华人企业在中国市场的生存和发展提供了有力保障，使其能够更顺利地适应市场环境，并高效开展初期工作。因此，本土政治关联不仅有助于企业降低税负压力，还为其在中国市场的长期稳定发展奠定了坚实基础。

最后，华侨华人与本土政治关联的良好互动还能提升企业在当地社会的信誉度，赢得政府、民众和合作伙伴的信任与支持，为企业在中国市场的适应奠定坚实基础。从制度理论视角来看，华侨华人所获得的来自环境中各个群体的社会认同会影响企业的战略行为合法性，这种合法性水平的差异会约束或刺激企业在市场中的适应进程[157]。一方面，基于当地群体对于当地政府的信任，本土政治关联的声誉等隐性信用支持资源注入企业之中发挥着重要作用。相关资源的注入不仅强化了企业在市场中的信誉度，而且有效提升了其合法性水平[455]。合法性的提升又进一步增强了企业与其他合作伙伴间的信任与合作，为企业在中国市场的落地与适应奠定了坚实基础。另一方面，本土政治关联可以作为反映华侨华人企业未来经营绩效的良好声誉机制，传递出企业的可持续发展能力[456]，不断提高当地居民、合作商、供应商等各个群体的信任度与认可度，进一步为华侨华人企业适应中国市场助力[457]。

因此，本研究提出以下假设：

H4-3a：华侨华人的本土政治关联正向影响其在华创业的市场适应能力。

对于华侨华人来说，本土政治关联的重要性不仅体现在其对企业适应市场环境的必要性上，更在于对企业开拓市场能力的有效提升。

首先，华侨华人的本土政治关联提升了华侨华人对新政策、新变化的敏感度，使企业能够迅速开拓市场并对市场变化做出反应，把握发展机遇。从制度理论角度探究，华侨华人在华企业在受到不同制度秩序规范约束带来的压力的同时，也为企业带来了独一无二的发展机会[458]。譬如本土政治关联能够帮助企业更加容易地获得相关隐性政策指导信息并率先展开行动，既能够提高企业对于政策信息变化的敏锐认知，又能赢得竞争的主动性，强化创业导向下华侨华人在华创业发展新市场的成功信心，抢占市场先机，从而增强企业在新市场的竞争力[459]。

其次,华侨华人的本土政治关联也为其在华发展减少了融资约束,增强了企业的财务灵活性和运营效率,为企业的长期发展提供了稳定的资金保障,助力其在新市场、新产品的开拓中大展拳脚。从制度理论视角来看,华侨华人在华企业会受到环境中合法机制的影响,他们需要遵守合法机制建立的规则来获取所需要的资金资源以谋求生存和发展[460]。在产业集群中,企业的融资一般建立在互助担保的基础之上,具有良好声誉的企业相比不遵守社会规范规则的"流氓"企业更易获取资金。同样,华侨华人在华企业所需资金也会受到相关合法机制的限制,有时也难免会受到其他替代品行业的打击与约束。通过与本土政治关联的交流合作,华侨华人企业能够建立较强的社会信任,具备较强的社会政治合法性与认知合法性,从而更易于获取外部融资机会,使企业在开拓新市场、新产品、新客户关系的过程中更少受到融资约束[461]。

最后,本土政治关联还能提高华侨华人在华企业的抗风险能力,使其在面对市场波动和不确定性时能够保持稳健的经营态势。制度理论强调政府创新支持为企业带来一定的资源优势(包括土地、技术等资源),增强了企业抵御市场风险的能力[462]。本土政治关联能够为华侨华人在华企业形成非正式制度保护机制,对不完善的市场正式制度发挥互补和替代作用[463],从而帮助企业获得合法性。这种合法性为企业提供了更加充足的社会回报关键性资源,且与其他稀缺性资源共同构成组织创新的强大助力[464]。本土政治关联的政治庇护还有助于在关键时刻为企业提供额外的保护和支持[465],以此增强企业的抗风险能力,促进企业在新市场的战略实施和初步发展进程。

因此,本研究提出以下假设:

H4-3b:华侨华人的本土政治关联正向影响其在华创业的市场开拓能力。

（三）双元市场能力的中介作用

双元市场能力,作为一种独特而关键的能力,为华侨华人企业在中国创业提供了强大的支持。它不仅帮助企业在国内市场环境中保持竞争力,更是企业在复杂多变的市场中保持持续发展和创新的核心动力。华侨华人企业可以利用双元市场能力,及时捕捉市场机会,灵活调整经营策略,以应对日益激烈的市场竞争。同时,双元市场能力还促进了企业对现有资源的优化配置,推动了技术创新和产品升级,进一步增强了企业的竞争力。

市场适应能力不仅强化了企业对现有资源的优化配置能力,还推动了原有技术、产品、流程和产品组合的革新与改进。同时,企业还通过改善与市场的互动方式以及深化原有客户关系,进一步适应并融入国内市场环境,稳步实现创业绩效的增长。

首先,市场适应能力强的企业能够精准地洞察市场动态,并据此高效整合内外部资源,从而促进华侨华人在华创业绩效的提升。华侨华人不仅擅长从内部挖掘潜力,优化资源配置,还善于从外部环境中寻找合作机会,引入新的资源支持。在资源整合的过程中,华侨华人企业会利用市场适应能力对企业原有的内外部资源进行反复提炼、选择、细化、实施以及强化等。通过对资源进行深入分析,识别出具有战略价值的资源,剔除无效或低效的资源,以此高效利用企业已有资源,进一步实现多方资源与能力的互补,从而达到降本增效的作用[174]。华侨华人可以对不同来源、不同性质的资源进行有效整合,形成强大的资源合力,从而增强企业的竞争力和市场地位,进一步提升在华创业绩效。

其次,市场适应能力使企业能够基于原有技术、产品和流程,敏锐地捕捉到市场趋势并迅速调整策略[235],推出更符合消费者需求的产品与服务。这样的调整有助于企业稳固其竞争优势,进而提升在华创业的绩效。对于华侨华人企业而言,市场适应能力不仅为其技术、产品和流程的转移提供了强大的推动力,还深化了企业对自身资源和流程的理解与认知。这种深度洞察为企业寻找适配的战略提供了坚实的存量知识支持,确保企业即便在保持现有运营状态的基础上,也能取得更出色的创业绩效[466]。

最后,华侨华人企业凭借其卓越的市场适应能力,不仅能够有效管理现有客户关系,还致力于构建和维护稳定、互信的客户关系。这种努力不仅提升了市场客户的满意度和忠诚度,更为企业稳固了可持续发展的客户关系基础,从而有力推动了在华创业绩效的稳步提升。因此,市场适应能力使得华侨华人企业能够更好地转化与运用双重政治关联带来的知识与资源,进而提升资源的开发与利用效率。其中,对客户数据资源的深入挖掘与提炼,有助于企业与原有客户形成紧密的联动,不断优化产品和服务,为企业成长创造更多机遇[467]。

因此,本研究提出以下假设:

H4-4a:华侨华人的市场适应能力在海外政治关联与在华创业绩效之间发挥中介作用。

H4-4b:华侨华人的市场适应能力在本土政治关联与在华创业绩效之间发挥中介作用。

除了市场适应能力,市场开拓能力同样对华侨华人在华创业绩效产生了至关重要的影响。华侨华人通过利用新兴市场资源不断发掘新技能、创新流程与产品组合、开发新市场、寻找新客户,展现出了独特的市场开拓能力。凭借这种能力,华侨华人企业不仅能够精准捕捉商业领域的最新趋势,不断推动商业模式创新,还可以进一步研发出开拓新市场需求的新技术,优化业务流程,并打造出别具一格的产品组合。同时,提升市场开拓能力还能够高效开拓新的市场领域、深入挖掘和吸引新的潜在客户,有效实现规避能力僵化,从而有效增强华侨华人的在华创业绩效,为企业的长远发展奠定坚实基础。

首先,市场开拓能力能够帮助企业更好地发展新的交易模式,探索出新的商业交易机制与方式,从而加强创新型商业模式对于华侨华人在华创业绩效的积极效应[468]。华侨华人企业凭借敏锐的市场洞察力和丰富的国际经验,能够有效地识别并获取新的商业资源。通过整合这些资源形成新的商业模式,企业能够迅速进入新的市场领域,扩大市场份额,从而实现在华创业绩效的显著提升。

其次,市场开拓能力强的华侨华人企业能够开发更多新技术、新产品、新资源,以此提高资源的利用率,促进绩效的快速增长。这种能力为华侨华人企业带来了新机会和新方案,不断更新企业的知识宽度,助力企业的战略实施,对提高企业在华创业绩效产生了积极影响[466]。华侨华人利用市场开拓能力深入了解市场新需求,结合企业的技术优势和市场趋势,不断研发新产品组合、优化生产流程,以满足客户的多元化需求。这种新产品的开发是提升企业核心竞争力的重要优势,是为企业带来更多利润增长点的重要源泉。

最后,华侨华人企业的市场开拓能力,是其不断拓展客户关系、避免能力固化、实现持续发展的核心支撑。华侨华人可以利用双重政治关联所带来的资源优势,积极探索新市场,为企业的在华创业绩效持续创造动力。市场开拓能力的有效发挥有助于企业深入学习与掌握新知识、新技能、新业务,使得华侨华人能够不断学习,不断更新组织惯例和学习方式,避免企业形成能力刚性,从而帮助华侨华人企业持续高效地利用资源,创造可持续的在华创业绩效[469]。

因此,本研究提出以下假设:

H4-5a:华侨华人的市场开拓能力在海外政治关联与在华创业绩效之间发挥中介作用。

H4-5b:华侨华人的市场开拓能力在本土政治关联与在华创业绩效之间发挥中介作用。

（四）文化差异的调节作用

在华侨华人在华创业的语境中,文化差异这一重要的外部因素不容忽视,它深刻影响着该群体的创业过程。本研究聚焦于华侨华人群体,将文化差异界定为不同国家间在语言、习惯、信仰、价值观及行为方式等方面的差异程度。此种差异不仅为企业经营带来了诸多挑战,也孕育着丰富的商业机会。

在利用海外政治关联所带来的资源方面,较大的文化差异给企业带来了一定的难度与挑战。首先,文化差异大,通过海外政治关联获得的资源的适用性以及对资源的利用率也会相对降低。制度理论指出,制度距离是管制、规范、认知三方面的制度差异[470],而这些差异使得相关资源的落地实践存在一定的壁垒。譬如,较大的文化差异使通过海外政治关联获得的信息、技术、资金等方面的资源在异地的实践具有较大难度,从而削弱了海外政治关联为华侨华人在华企业提供的资源的实际帮助效果。因此,华侨华人通过海外政治关联获得的海外技术优势,在本土落地过程中可能存在效果不明显、环境不兼容的情况,导致技术的适应能力有所减弱,从而延缓了华侨华人企业的发展。其次,当文化差异比较大时,华侨华人利用海外政治关联捕捉商机的能力会有所减弱。从制度理论视角来看,制度距离越大,企业也越难以正确解读本土市场的政治环境和经济规则等要求[435]。同样,文化差异越大,制度的差异也越大,这使得通过海外政治关联获得的识别机会能力的发挥不太理想,也可能导致华侨华人在本土创业时产生较大的心理落差。华侨华人适应本土全新的创业环境和人文环境需要付出更多的精力与成本,这在一定程度上延缓了企业的发展步伐。最后,随着文化差异的增大,华侨华人通过海外政治关联获取合法性和实现组织转移的难度会随之增大,进而可能导致所需支付的隐性成本增加[435]。根据制度理论,华侨华人企业在华经营必须遵循当地的制度规范,并努力获取本地市场的认同,以确保其持续运营的合法性[471]。然而,较大的文化差异可能会使他们通过海外政治关联所获得的新技术、新信息和新技能等优质资源的转移和应用面临一定的阻碍。为了使这些资源在本土得到有效利用,企业需要承担较高的成本[472],同时在维护双边关系上也需要更多的投入,这些因素综合作用,可能会减缓企业在华创业绩效的增长速度。

因此,本研究提出以下假设:

H4-6a:文化差异负向调节华侨华人的海外政治关联对在华创业绩效的影响作用。

在利用本土政治关联所带来的资源方面,较大的文化差异却为企业提供了独特的视角和丰富的资源。首先,文化差异越大,华侨华人越需要通过本土政治关联高效准确地了解本土市场环境。从制度理论视角来看,东道国与母国的正式制度距离越小,企业越能遵守东道国的秩序,获取东道国的规制与规范合法性[473]。相反,文化差异越大,华侨华人对本土制度规范与市场环境了解越少,初步适应能力更弱,同时也较难仅依靠自己的力量获取规制与规范合法性。因此,与本土政治关联的友好关系能够准确高效地帮助华侨华人了解本土市场环境,获取相关合法性,同时还能降低华侨华人在华创业初期的心理落差,增强其在华发展的信心,从而推动企业发展效率。其次,文化差异越大,资源转移与落地实践越依赖本土政治关联的帮助,并需要以此来降低冲突,提高企业的成长步伐。从制度理论视角来看,华侨华人在华企业会受到环境中合法机制的影响,它们需要遵守合法机制建立的规则来获取所需要的资源以谋求生存和发展[460]。同样,文化差异越大,华侨华人技术引进的适用能力和效果会越弱,而这时本土政治关联所发挥的作用将更加显著,例如帮助企业更有效地将新技术与新产品引入本土的适宜区域,降低市场进入的壁垒,确保技术与产品的合法性[79]。这不仅能够使企业的产品与技术实现效用最大化,还能够进一步提升新技术或新产品在市场上的认可度,增强企业外部的以及与组织相关的社会力量的认可与支持。最后,文化差异越大,本土政治关联能为华侨华人解读本土市场政策规范发挥越大效用。制度理论认为,当华侨华人处于不同的制度规范时,他们会受到相关制度秩序规范的约束[152]。因此,对本土市场制度秩序的理解对华侨华人的发展具有重要作用。一般来说,文化差异越大,制度差异也相对越大,华侨华人遭受的"外来者劣势"相对明显,此时具有本土政治关联的华侨华人更容易获得并正确理解最新、最实用的政策信息和优惠政策,从而帮助企业把握市场发展的正确方向,进一步实现市场开拓和创业绩效的快速提升。

因此,本研究提出以下假设:

H4-6b:文化差异正向调节华侨华人的本土政治关联对在华创业绩效的影响作用。

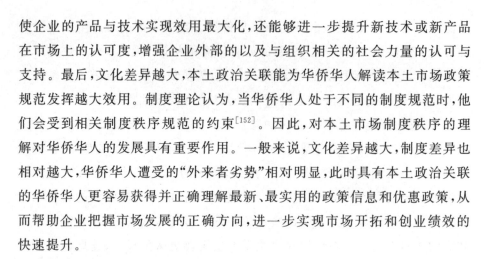

第二节 研究设计与实证分析

基于理论模型与研究假设,本研究对正式问卷进行进一步调研后共收集到 260 份有效问卷,运用 SPSS 27.0、AMOS 28.0 等统计分析软件对收集到的有效样本进行描述性统计、信效度分析、相关性分析、共同方法偏差检验等,并进一步对前文提出的研究假设进行假设检验。同样,关于调研问卷设计、模型中"双元市场能力"和"在华创业绩效"这两个变量的测量、预调研和正式调研的数据收集过程与第二章第三节的具体做法基本一致,本节也不再赘述具体过程,只说明结果。

一、变量测量

以下将对本章研究的华侨华人的海外政治关联、本土政治关联和文化差异等相关测量题项以及来源进行详细说明。

（一）双重政治关联的测量

基于对双重政治关联的相关定义，本章综合参考了 Yang 等[474] 和 Zhang 等[282]对于政治关联的测量，通过以下 6 个维度进行测量双重政治关联。具体测量如表 4-1 所示。

表 4-1　双重政治关联的测量题项量表

变量名称	测量题项
海外政治关联	1.您创办自己的企业得到或得到过海外国家的政府机构的帮助
	2.到目前为止，您的企业与海外各级政府官员保持着良好的个人关系
	3.到目前为止，您的企业与海外地方政府官员们的关系一直很好
	4.您花费了大量的资源来维系与海外政府官员的关系
	5.到目前为止，您的企业与海外监管和支持机构(如税务局、国有银行和商务管理局)的官员建立了良好的关系
	6.到目前为止，您的企业与海外工业和投资机构(如投资委员会、出口促进委员会、加纳证券交易所)的官员保持着良好的关系
本土政治关联	1.您创办自己的企业得到或得到过中国政府机构的帮助
	2.到目前为止，您的企业与中国各级政府官员保持着良好的个人关系
	3.到目前为止，您的企业与中国地方政府官员们的关系一直很好
	4.您花费了大量的资源来维系与中国政府官员的关系
	5.到目前为止，您的企业与中国监管和支持机构(如税务局、国有银行和商务管理局)的官员建立了良好的关系
	6.到目前为止，您的企业与中国工业和投资机构(如投资委员会、出口促进委员会、加纳证券交易所)的官员保持着良好的关系

（二）文化差异的测量

基于对文化差异的相关定义，并且参考霍夫斯泰德文化维度理论的相关研究，以 Hofstede Insights 网站中所发布的中国境内与其他国家或地区的 6 个文化维度指标的差异数值进行加总后的数值作为中国境内与其他国家或地区之间文化差异的数据，包括：(1)权力距离(社会地位低的群体对于权力在社会或者组织中不平等的接受程度)；(2)不确定性的规避(社会是否通过正式的渠道来避免不确定性事件或环境威胁，回避程度高与低会做出不同的行为);(3)个人主义或集体主义(社会总体更加关注个人的利益还是集体的利益);(4)男性化或女性化(男性化是竞争性、独断性的代表,女性化是谦虚、关爱的代表,男性化与女性化指数能体现出社会总体的氛围);(5)长期取向或短期取向(社会成员对于物质、情感或者其他社会需求的满足所能接受的最大延迟程度);(6)自身放纵或约束(社会成员所能允许的基本需求以及享乐欲望的最大程度)。

二、预调研

本章研究在正式发放问卷之前,同样采取了与第二章第三节一样的预调研程序对问卷进行了前测,经检验,本章研究所涉及变量的测量题项均符合统计学的检验标准,问卷适用于正式调研。出于篇幅考虑,具体的预调研过程和信效度检验方法本章不再赘述。此外,本章研究也综合参考了被调研者的意见建议,在不修改题项根本理论含义的前提下,对部分题项进行了完善及补充,最终形成正式发放的问卷。

三、样本特征与描述性统计

与第二章一样,本章研究在多方面的支持和帮助下,再次向上述 500 位符合要求的在华创业者发送本研究正式调查问卷的链接,并向其详细说明调查目的和答卷要求。最终共回收有效问卷 260 份,有效问卷率为71.43%。本章研究为了解样本数据的基本情况,进一步利用 SPSS 27.0 统计分析软件将收集到的 260 份有效问卷进行详细的分析与描述,具体情况如表 4-2 所示。

表 4-2　样本特征的描述性统计

名　称	选　项	频　数	百分比/%
年龄	25 岁以下	11	4.23
	25～35 岁	109	41.92
	36～45 岁	88	33.85
	45 岁以上	52	20.00

续表

名　称	选　项	频　数	百分比/%
性别	男	182	70.00
	女	78	30.00
受教育程度	高中及以下	8	3.08
	大专	22	8.46
	本科	175	67.31
	硕士研究生	47	18.08
	博士研究生	8	3.08
创业年份	2000 年以前	18	6.92
	2000—2008 年	52	20.00
	2009—2018 年	158	60.77
	2018 年以后	32	12.31
所创企业的员工数量	100 人及以下	116	44.62
	101~300 人	64	24.62
	301~500 人	46	17.69
	501~1 000 人	23	8.85
	1 000 人以上	11	4.23
海外侨居地或居住地	美国	51	19.62
	马来西亚	48	18.46
	澳大利亚	15	5.77
	加拿大	14	5.38
	其他	132	50.77

（1）在华创业者年龄主要集中在 25~35 岁，共有 109 人，占比为 41.92%；其次为 36~45 岁，共有 88 人，占比为 33.85%；再次为 45 岁以上，共有 52 人，占比为 20.00%；最后为 25 岁以下，共有 11 人，占比为 4.23%。在华创业者年龄集中于 25~35 岁，表明所收集数据样本年龄特征较为符合社会现状。

（2）在华创业者的性别以男性为主，共有 182 人，占比为 70.00%；女性占少数，共有 78 人，占比为 30.00%。

（3）在华创业者受教育程度普遍较高，其中本科人数最多，共有 175 人，占比为 67.31%；其次为硕士研究生，共有 47 人，占比为 18.08%；再次为大专，共有 22 人,占比为 8.46％;最后是高中及以下和博士研究生,各有 8 人,占比为 3.08％。由此可见,受访者多数接受了良好的教育,能够理解此次的问卷内容,并且能够准确地根据自身和企业的情况填写问卷。

(4)在华创业者创业年份主要集中于 2009—2018 年,共有 158 人,占比为 60.77％;其次集中于 2000—2008 年,共有 52 人,占比为 20.00％;较少在 2000 年以前或 2018 年以后,2000 年以前创业的共有 18 人,占比为 6.92％,在 2018 年以后创业的共有 32 人,占比为 12.31％。这是由于 2000 年到 2018 年期间,中国的经济正处在增长迅速的阶段,各个地区都创办了许多企业,华侨华人也在经济向好、政府扶持的多种因素下来到中国创办企业。

(5)在华创业者所创企业的员工数量主要集中在 100 人及以下,占比为 44.62％,接近样本数据的一半;其次为 101～300 人和 301～500 人,分别占比为 24.62％和 17.69％;再次为 501～1 000 人,占比为 8.85％;最后为 1 000 人以上的企业,占比为 4.23％。这表明,样本数据中中小型企业占多数,符合普遍情况。

(6)在华创业者的海外侨居地或居住地共涉及 40 多个国家,其中美国有 51 人,马来西亚有 48 人,澳大利亚有 15 人,加拿大有 14 人,同时还有法国、俄罗斯、斐济、日本、印度尼西亚等国家,调查样本较为丰富。

四、信效度检验与相关性分析

(一)信度检验

通过信度检验,可以确定测量变量题项的内部一致性或稳定性,帮助研究者估计测量题项的误差范围,提高测量结果的准确性。同时确定测量题项的区分度,即它是否能够有效地区分不同的变量,进一步了解存在的问题,并提出改进的建议,提高测量题项的质量和有效性。如果信度检验中的 Cronbach's α 系数大于 0.8,表明该量表信度水平较高,具有较强的内部一致性或稳定性;如果此值介于 0.7～0.8 之间,则说明信度较好;如果此值介于 0.6～0.7,则说明信度可接受;如果此值小于 0.6,说明信度不佳。当校正项总计相关性(CITC)小于 0.3 时,需要考虑剔除对应的题项,从而保证量表拥有较好的信度。除此之外,若删除某个题项后的 Cronbach's α 系数大于变量整体的 Cronbach's α 系数,则应当删除该题项。基于以上标准,本研究利用 SPSS 27.0 统计分析软件分别将各个变量题项进行了信度检验,如表 4-3 所示,海外政治关联、本土政治关联、市场适应能力、市场开拓能力以及在华创业绩效的 Cronbach's α 系数分别为 0.952、0.935、0.779、0.858、0.915,均大于 0.7,且校正项总计相关性(CITC)均大于 0.3,项已删除的 Cronbach's α 系数均小于变量整体的 Cronbach's α 系数,因此本章研究的变量题项信度水平较高,具有较强的内部一致性。

表 4-3 Cronbach 信度检验结果

变量	题项	校正项总计相关性(CITC)	项已删除的 Cronbach's α 系数	Cronbach's α 系数
海外政治关联(OPT)	OPT1	0.835	0.945	0.952
	OPT2	0.852	0.944	
	OPT3	0.873	0.941	
	OPT4	0.857	0.943	
	OPT5	0.865	0.942	
	OPT6	0.834	0.946	
本土政治关联(LPT)	LPT1	0.796	0.924	0.935
	LPT2	0.845	0.918	
	LPT3	0.807	0.923	
	LPT4	0.757	0.929	
	LPT5	0.816	0.922	
	LPT6	0.821	0.921	
市场适应能力(MAA)	MAA1	0.635	0.681	0.779
	MAA2	0.585	0.736	
	MAA3	0.632	0.685	
市场开拓能力(MDA)	MDA1	0.733	0.800	0.858
	MDA2	0.727	0.808	
	MDA3	0.738	0.797	

续表

变量	题项	校正项总计相关性（CITC）	项已删除的 Cronbach's α 系数	Cronbach's α 系数
在华创业绩效（EPIC）	EPIC1	0.804	0.894	0.915
	EPIC2	0.778	0.897	
	EPIC3	0.781	0.896	
	EPIC4	0.753	0.901	
	EPIC5	0.764	0.899	
	EPIC6	0.690	0.909	

（二）效度检验

效度是指测量题项能够准确反映所要考查内容的程度,通过效度检验有助于确保测量题项的可靠性与适用性。因此,本章研究分别利用 SPSS 27.0 和 AMOS 28.0 统计分析软件进行探索性因子分析和验证性因子分析。

本研究利用 SPSS 27.0 统计分析软件进行探索性因子分析,其中的 KMO 值是用来衡量数据中公共因子与原始变量之间的相关程度,取值范围为 0 到 1 之间。一般来说,KMO 值越接近 1,表明因子分析的效果越好;当 KMO 值小于 0.5 时,表明该数据不适合做因子分析;并且当 Bartlett 球形度检验中近似卡方值的 p 值(显著性)水平低于 0.05 时,表明变量之间不是相互独立的,而是存在显著相关关系,适合进行探索性因子分析。具体结果如表 4-4 所示,量表的 KMO 值为 0.934＞0.8,且 Bartlett 球形度检验的 p 值＝0.000＜0.05,表明本研究量表适合做探索性因子分析。

表 4-4　总体 KMO 和 Bartlett 球形度检验结果

KMO 取样适切性量数		0.934
Bartlett 球形度检验	近似卡方	4 864.822
	df	276
	p 值	0.000

通过 SPSS 27.0 统计分析软件,本研究进一步对双重政治关联、双元市场能力以及在华创业绩效进行了探索性因子分析,具体结果如表 4-5 所示。可以看出,各个变量的 KMO 值均大于 0.7,Bartlett 球形度检验的 p 值均为

0.000,累计方差解释率均大于60％,因此,本研究量表可以有效提取研究项的信息。

表 4-5　探索性因子分析结果

变　量	维　度	KMO值	Bartlett 球形度检验			累积方差解释率/％
			近似卡方	df	p 值	
双重政治关联	海外政治关联	0.939	2 887.768	66	0.000	78.275
	本土政治关联					
双元市场能力	市场适应能力	0.750	609.575	15	0.000	74.316
	市场开拓能力					
在华创业绩效	在华创业绩效	0.918	981.720	15	0.000	70.397

验证性因子分析能够测试因子与相对应的测度项之间的关系是否与研究者所设计的理论关系相契合,通常凭借结构方程建模(见图4-2)来检验。为了进一步探索量表的结构效度,本研究利用 AMOS 26.0 统计分析软件分别对双重政治关联、双元市场能力,以及在华创业绩效等变量进行验证性因子分析,具体结果如表 4-6。可以看出,五因子模型的 χ^2/df 为 1.686,CFI 为 0.965,IFI 为 0.965,TLI 为 0.960,RMR 为 0.061,RMSEA 为 0.051,因此,其达到拟合标准,且显著优于其他模型,代表这 5 个构念具有较高的内部结构效度,研究模型整体拟合较好。

表 4-6　验证性因子分析结果

模　型	χ^2/df	CFI	IFI	TLI	RMR	RMSEA
五因子模型	1.686	0.965	0.965	0.960	0.061	0.051
四因子模型 a	2.883	0.903	0.903	0.891	0.119	0.085
三因子模型 b	3.565	0.866	0.867	0.851	0.133	0.100
二因子模型 c	6.148	0.729	0.730	0.702	0.171	0.141
单因子模型 d	8.701	0.592	0.594	0.554	0.195	0.172
参考值	[1,5]	>0.8	>0.8	>0.8	<0.08	<0.08

注:模型 a 将在华创业绩效和市场开拓能力合并为一个潜在因子;模型 b 在模型 a 的基础上将市场适应能力进行合并;模型 c 在模型 b 的基础上将本土政治关联进行合并;模型 d 将所有项目归属于同一个潜在因子。

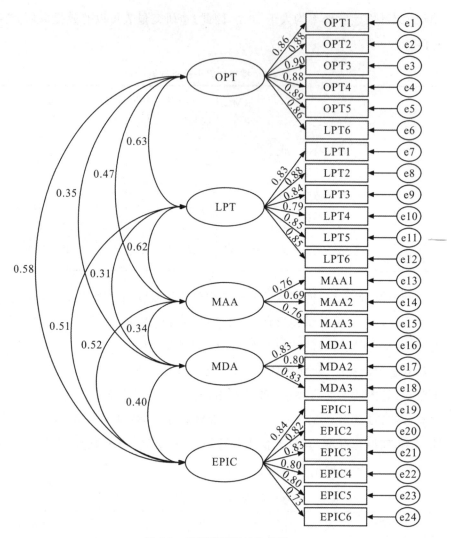

图 4-2　验证性因子结构模型

为进一步分析变量之间的组合信度和收敛效度,本研究根据标准化载荷因子、组合信度 CR 和平均萃取方差 AVE 3 个指标来测量和综合分析。若标准化载荷因子值在 0.6 以上,表示这 2 个题项的相对重要程度都较高;若组合信度 CR 在 0.7 以上,表示各题项测量同一变量之间的关联性较强;若平均萃取方差 AVE 在 0.5 以上,则表示该量表的收敛效度较好。因此,根据表 4-7 的分析结果,其标准化载荷因子均在 0.6 以上,组合信度 CR 均大于 0.7,且平均萃取方差 AVE 均在 0.5 以上,表明该量表的收敛效度良好。

表 4-7　各维度收敛效度和组合效度检验分析结果

变　量	路径关系			标准化载荷因子	AVE	CR
海外政治关联（OPT）	OPT1	←	OPT	0.860	0.7703	0.9526
	OPT2	←	OPT	0.878		
	OPT3	←	OPT	0.904		
	OPT4	←	OPT	0.881		
	OPT5	←	OPT	0.886		
	OPT6	←	OPT	0.856		
本土政治关联（LPT）	LPT1	←	LPT	0.835	0.7066	0.9352
	LPT2	←	LPT	0.879		
	LPT3	←	LPT	0.840		
	LPT4	←	LPT	0.789		
	LPT5	←	LPT	0.846		
	LPT6	←	LPT	0.852		
市场适应能力（MAA）	MAA1	←	MAA	0.755	0.5432	0.7807
	MAA2	←	MAA	0.691		
	MAA3	←	MAA	0.763		
市场开拓能力（MDA）	MDA1	←	MDA	0.826	0.6698	0.8589
	MDA2	←	MDA	0.800		
	MDA3	←	MDA	0.829		
在华创业绩效（EPIC）	EPIC1	←	EPIC	0.841	0.6461	0.9162
	EPIC2	←	EPIC	0.822		
	EPIC3	←	EPIC	0.829		
	EPIC4	←	EPIC	0.797		
	EPIC5	←	EPIC	0.799		
	EPIC6	←	EPIC	0.730		

（三）共同方法偏差检验

为了尽可能避免数据存在共同方法偏差的问题，本研究在收集问卷时已经通过匿名测试等控制措施控制共同方法偏差。但为了保证研究数据的

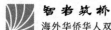

有效性以及可靠性,本研究在进行进一步的数据分析之前,采用 Harman 单因素检验方法对共同方法偏差进行了统计检测,具体分析如表 4-8 所示。结果显示,未旋转第一公因子方差解释率为 19.831%,未高于 40% 的临界值,研究中的大部分变异无法通过一个因子来解释,因此本研究不存在严重的共同方法偏差问题。

表 4-8　总方差解释

成分	初始特征值			提取载荷平方和			旋转载荷平方和		
	总计	方差百分比	累积百分比	总计	方差百分比	累积百分比	总计	方差百分比	累积百分比
1	10.629	44.287	44.287	10.629	44.287	44.287	4.759	19.831	19.831
2	2.463	10.264	54.550	2.463	10.264	54.550	4.536	18.900	38.731
3	2.055	8.563	63.113	2.055	8.563	63.113	4.297	17.905	56.636
4	1.852	7.718	70.831	1.852	7.718	70.831	2.451	10.212	66.848
5	1.241	5.172	76.003	1.241	5.172	76.003	2.197	9.155	76.003
6	0.558	2.324	78.327						
7	0.510	2.124	80.451						
8	0.468	1.951	82.401						
9	0.399	1.660	84.062						
10	0.392	1.631	85.693						
11	0.371	1.545	87.239						
12	0.363	1.511	88.749						
13	0.327	1.362	90.112						
14	0.304	1.266	91.378						
15	0.303	1.262	92.640						
16	0.266	1.107	93.747						
17	0.249	1.038	94.785						
18	0.227	0.946	95.731						

续表

成分	初始特征值			提取载荷平方和			旋转载荷平方和		
	总计	方差百分比	累积百分比	总计	方差百分比	累积百分比	总计	方差百分比	累积百分比
19	0.211	0.880	96.610						
20	0.191	0.797	97.408						
21	0.176	0.735	98.143						
22	0.169	0.706	98.849						
23	0.147	0.612	99.461						
24	0.129	0.539	100.000						

注:提取方法为主成分分析法。

（四）相关性分析

在研究数据不存在严重共同方法偏差的基础上,本研究进一步对变量进行了相关性分析,利用 Pearson 相关系数分析各变量间的密切关系和密切程度,具体结果如表 4-9 所示,各变量 AVE 的平方根值均大于各变量之间的相关系数,这表明变量之间存在较强的区分效度。

表 4-9　各主要变量的均值、标准差和变量间相关系数

潜变量	均 值	标准差	1	2	3	4	5
1.海外政治关联	4.6763	1.29067	0.878				
2.本土政治关联	5.1962	1.06763	0.595**	0.841			
3.市场适应能力	5.6090	0.76977	0.398**	0.538**	0.737		
4.市场开拓能力	4.8038	1.20291	0.313**	0.270**	0.278**	0.818	
5.在华创业绩效	5.1571	0.94815	0.541**	0.488**	0.461**	0.335**	0.804

注:对角线处加黑数据为各变量 AVE 的平方根值。

同时,如表 4-9 所示,海外政治关联与在华创业绩效($r=0.541, p<0.05$),本土政治关联与在华创业绩效($r=0.488, p<0.05$),表明海外政治

关联与本土政治关联均与在华创业绩效有显著的正相关关系,初步验证研究假设 H4-1a 和 H4-1b;海外政治关联与市场适应能力($r=0.398$, $p<0.05$),海外政治关联与市场开拓能力($r=0.313$, $p<0.05$),表明海外政治关联与市场适应能力和市场开拓能力均有显著的正相关关系,初步验证研究假设 H4-2a 和 H4-2b;本土政治关联与市场适应能力($r=0.538$, $p<0.05$),本土政治关联与市场开拓能力($r=0.270$, $p<0.05$),表明本土政治关联与市场适应能力和市场开拓能力均有显著的正相关关系,初步验证研究假设 H4-3a 和 H4-3b;市场适应能力与在华创业绩效($r=0.461$, $p<0.05$),市场开拓能力与在华创业绩效($r=0.335$, $p<0.05$),表明市场适应能力和市场开拓能力均与在华创业绩效有显著的正相关关系,初步验证研究假设 H4-4a 和 H4-4b。

五、假设检验

通过上述对双重政治关联、双元市场能力、在华创业绩效等变量的相关性分析,初步验证了本章的部分研究假设,接下来将通过主效应检验、中介效应检验以及调节效应检验进一步验证本章提出的研究假设。

(一)主效应检验

首先,本研究利用 SPSS 27.0 统计分析软件对海外政治关联、本土政治关联以及在华创业绩效进行层次回归分析。控制变量为在华创业者年龄、性别、受教育程度、创业年份以及创办企业的员工数量;自变量为海外政治关联与本土政治关联;因变量为在华创业绩效。表 4-10 结果显示,模型 M1 的拟合指标 $R^2=0.230$,表明控制变量能够解释在华创业绩效 23.0% 的差异,而模型 M2 的拟合指标 $R^2=0.433$,表明双重政治关联能够解释在华创业绩效 43.3% 的差异。此外,$p<0.01$,因此海外政治关联与本土政治关联均对在华创业绩效产生显著的正向影响,假设 H4-1a、H4-1b 成立。

表 4-10 双重政治关联与在华创业绩效层次回归分析结果

模 型		在华创业绩效	
		M1	M2
控制变量	年龄	−0.006	0.007
	性别	−0.125	−0.163
	受教育程度	0.294***	0.164**
	创业年份	0.001	0.003
	所创企业的员工数量	0.314***	0.215***
自变量	海外政治关联		0.259***
	本土政治关联		0.175**
拟合指标	R^2	0.230	0.433
	Adjusted R^2	0.214	0.417
	ΔF	15.140***	45.165***

其次,本研究再对海外政治关联、本土政治关联以及市场适应能力进行层次回归分析。控制变量为在华创业者年龄、性别、受教育程度、创业年份以及所创企业的员工数量;自变量为海外政治关联与本土政治关联;因变量为市场适应能力。表 4-11 结果显示,模型 M1 的拟合指标 $R^2 = 0.120$,表明控制变量能够解释市场适应能力 12.0% 的差异,而模型 M2 的拟合指标 $R^2 = 0.318$,表明双重政治关联能够解释市场适应能力 31.8% 的差异。此外,海外政治关联与市场适应能力的 p 值不显著($p \geqslant 0.1$),本土政治关联与市场适应能力的 p 值显著($p < 0.01$),因此海外政治关联对市场适应能力没有产生显著的正向影响,而本土政治关联对市场适应能力产生了显著的正向影响,假设 H4-2a 不成立,假设 H4-3a 成立。

表 4-11 双重政治关联与市场适应能力层次回归分析结果

模 型		市场适应能力	
		M1	M2
控制变量	年龄	−0.013*	−0.002
	性别	−0.094	−0.121
	受教育程度	0.181**	0.062
	创业年份	0.006	0.005
	所创企业的员工数量	0.146***	0.067*

续表

模 型		市场适应能力	
		M1	M2
自变量	海外政治关联		0.064
	本土政治关联		0.306***
拟合指标	R^2	0.120	0.318
	Adjusted R^2	0.103	0.299
	ΔF	6.936***	36.648***

　　最后,本研究同样对海外政治关联、本土政治关联以及市场开拓能力进行层次回归分析。控制变量为在华创业者年龄、性别、受教育程度、创业年份以及所创企业的员工数量;自变量为海外政治关联与本土政治关联;因变量为市场开拓能力。表 4-12 结果显示,模型 M1 的拟合指标 $R^2 = 0.011$,表明控制变量能够解释市场开拓能力 1.1% 的差异,而模型 M2 的拟合指标 $R^2 = 0.148$,表明双重政治关联能够解释市场开拓能力 14.8% 的差异。此外,p 值显著($p < 0.05$),因此海外政治关联与本土政治关联均对市场开拓能力产生显著的正向影响,假设 H4-2b、H4-3b 成立。

表 4-12　双重政治关联与市场开拓能力层次回归分析结果

模 型		市场开拓能力	
		M1	M2
控制变量	年龄	0.011	0.025**
	性别	0.084	0.046
	受教育程度	0.013	−0.124
	创业年份	0.023	0.025*
	所创企业的员工数量	−0.019	−0.123*
自变量	海外政治关联		0.257***
	本土政治关联		0.202**
拟合指标	R^2	0.011	0.148
	Adjusted R^2	−0.008	0.125
	ΔF	0.579	24.267***

（二）中介效应检验

假设 H4-4a、H4-4b、H4-5a、H4-5b 指出双元市场能力在双重政治关联与在华创业绩效之间具有中介作用，因此，本研究进一步利用 SPSS 27.0 统计分析软件进行层次回归分析，用来验证分析双元市场能力的中介作用。

本研究首先对市场适应能力、市场开拓能力以及在华创业绩效进行层次回归分析。控制变量为在华创业者年龄、性别、受教育程度、创业年份以及所创企业的员工数量；自变量为市场适应能力与市场开拓能力；因变量为在华创业绩效。表 4-13 结果显示，模型 M1 的拟合指标 $R^2＝0.230$，表明控制变量能够解释在华创业绩效 23.0％的差异，而模型 M2 的拟合指标 $R^2＝0.409$，表明双重政治关联能够解释在华创业绩效 40.9％的差异。此外 $p＜0.01$，因此市场适应能力与市场开拓能力均对在华创业绩效产生显著的正向影响。

表 4-13　双元市场能力与在华创业绩效层次回归分析结果

模　　型		在华创业绩效	
		M1	M2
控制变量	年龄	−0.006	−0.005
	性别	−0.125	−0.113
	受教育程度	0.294 ***	0.231
	创业年份	0.001	−0.006 **
	所创企业的员工数量	0.314 ***	0.269 ***
自变量	市场适应能力		0.331 ***
	市场开拓能力		0.216 ***
拟合指标	R^2	0.230	0.409
	Adjusted R^2	0.214	0.392
	ΔF	15.140 ***	38.123 ***

一方面，本研究搭建了 3 类回归模型，模型 M1 为自变量双重政治关联与因变量在华创业绩效的回归模型；模型 M2 为自变量双重政治关联与中介变量市场适应能力的回归模型；模型 M3 为自变量双重政治关联和中介变量市场适应能力同时与因变量在华创业绩效的回归模型。具体分析如表

4-14 所示,对比模型 M1 和模型 M3 的标准化系数可以发现,海外政治关联的标准化系数由 0.259 变为 0.244;本土政治关联的标准化系数由 0.175 变为了 0.101;其中,模型 M2 中海外政治关联的标准化系数为 0.064,显著性 $p \geq 0.1$。由此可以得出,市场适应能力在海外政治关联与在华创业绩效之间没有发挥中介作用,市场适应能力在本土政治关联与在华创业绩效之间存在部分中介作用。因此,假设 H4-4a 没有得到初步验证,假设 H4-4b 得到了初步验证。

表 4-14　市场适应能力中介作用的层次回归分析结果

模　型		在华创业绩效	市场适应能力	在华创业绩效
		M1	M2	M3
控制变量	年龄	0.007	−0.002	0.008
	性别	−0.163	−0.121	−0.133
	受教育程度	0.164**	0.062	0.149**
	创业年份	0.003	0.005	0.002
	所创企业的员工数量	0.215***	0.067*	0.198***
自变量	海外政治关联	0.259***	0.064	0.244***
	本土政治关联	0.175***	0.306***	0.101*
中介变量	市场适应能力			0.244***
拟合指标	R^2	0.433	0.318	0.460
	Adjusted R^2	0.417	0.299	0.442
	ΔF	27.479***	16.816***	26.677***

此外,为了进一步验证市场适应能力的中介作用,本研究利用 Process 插件,并通过 Bootstrap 方法对市场适应能力进行了中介效应检验,具体分析如表 4-15 所示。(1)市场适应能力(MAA)在海外政治关联(OPT)与在华创业绩效(EPIC)之间不存在中介作用,且 $a \times b$ 中介效应为 0.016,效应占比为 0%,因此市场适应能力在海外政治关联与在华创业绩效之间不存在中介效应,假设 H4-4a 不成立。(2)市场适应能力(MAA)在本土政治关联(LPT)与在华创业绩效(EPIC)之间存在中介作用,且 $a \times b$ 中介效应为 0.075,效应占比未达到 100%(效应占比 42.857%),因此市场适应能力在本土政治关联与在华创业绩效之间发挥了部分中介效应,假设 H4-4b 成立。

表 4-15　市场适应能力中介作用的 Bootstrap 方法分析结果

项　　目	检验结论	c 总效应	$a×b$ 中介效应	c 直接效应	效应占比 计算公式	效应 占比/%
OPT—MAA—EPIC	中介作用 不显著	0.259***	0.016	0.244***	$a×b/c$	0
LPT—MAA—EPIC	部分中介	0.175***	0.075	0.101*	$a×b/c$	42.857

另一方面,本研究同样搭建了 3 类回归模型,模型 M1 为自变量双重政治关联与因变量在华创业绩效的回归模型;模型 M2 为自变量双重政治关联与中介变量市场开拓能力的回归模型;模型 M3 为自变量双重政治关联和中介变量市场开拓能力与因变量在华创业绩效的回归模型。具体分析如表 4-16 所示,对比模型 M1 和模型 M3 的标准化系数可以发现,海外政治关联的标准化系数由 0.259 变为 0.217,本土政治关联的标准化系数由 0.175 变为 0.142,由此可以得出,市场开拓能力在双重政治关联与在华创业绩效之间起部分中介作用。因此,假设 H4-5a、H4-5b 得到初步验证。

表 4-16　市场开拓能力中介作用的层次回归分析结果

模　　型		在华创业绩效 M1	市场开拓能力 M2	在华创业绩效 M3
控制 变量	年龄	0.007	0.025**	0.003
	性别	−0.163	0.046	−0.170*
	受教育程度	0.164**	−0.124	0.185***
	创业年份	0.003	0.025*	−0.001
	所创企业的员工数量	0.215***	−0.123*	0.235***
自变 量	海外政治关联	0.259***	0.257***	0.217***
	本土政治关联	0.175***	0.202**	0.142***
中介 变量	市场开拓能力			0.166***
拟合 指标	R^2	0.433	0.148	0.471
	Adjusted R^2	0.417	0.125	0.454
	ΔF	27.479***	6.267***	27.882***

同样,为了进一步验证市场开拓能力的中介作用,本研究利用 Process 插件,并通过 Bootstrap 方法对市场适应能力进行中介效应检验,具体分析如表 4-17 所示。(1)市场开拓能力在海外政治关联与在华创业绩效之间存在中介作用,且 $a \times b$ 中介效应为 0.043,效应占比未达到 100%(效应占比 16.415%),因此市场开拓能力(MDA)在海外政治关联(OPT)与在华创业绩效(EPIC)之间发挥了部分中介效应。(2)市场开拓能力在本土政治关联与在华创业绩效之间存在中介作用,且 $a \times b$ 中介效应为 0.033,效应占比未达到 100%(效应占比 19.088%),因此市场开拓能力(MDA)在本土政治关联(LPT)与在华创业绩效(EPIC)之间发挥了部分中介效应,假设 H4-5a、H4-5b 成立。

表 4-17　市场开拓能力中介作用的 Bootstrap 方法分析结果

项　目	检验结论	c 总效应	$a \times b$ 中介效应	c 直接效应	效应占比计算公式	效应占比/%
OPT—MDA—EPIC	部分中介	0.259***	0.043	0.217***	$a \times b/c$	16.415
LPT—MDA—EPIC	部分中介	0.175***	0.033	0.142***	$a \times b/c$	19.088

(三)调节效应检验

本研究还提出文化差异在双重政治关联与在华创业绩效之间存在调节效用,因此,为了进一步验证本研究提出的调节假设,本研究利用 SPSS 27.0 统计分析软件进行层次回归分析,以此来检验文化差异的调节作用。其中,控制变量为在华创业者年龄、性别、受教育程度、创业年份以及所创企业员工数量;自变量为海外政治关联与本土政治关联;因变量为在华创业绩效;调节变量为文化差异。具体结果如表 4-18 所示。(1)文化差异在海外政治关联影响在华创业绩效过程中存在显著的负向调节作用(模型 M4,$\beta = -0.261$,$p < 0.01$),假设 H4-6a 得到验证。(2)文化差异在本土政治关联影响在华创业绩效过程中存在显著的正向调节作用(模型 M4,$\beta = 0.214$,$p < 0.05$),假设 H4-6b 得到验证。

表 4-18　文化差异调节作用的层次回归分析结果

模　型		在华创业绩效			
		M1	M2	M3	M4
控制变量	年龄	−0.006	0.007	0.009	0.005
	性别	−0.125	−0.163	−0.159	−0.168*
	受教育程度	0.294***	0.164**	0.171**	0.133**
	创业年份	0.001	0.003	0.005	0.001
	所创企业的员工数量	0.314***	0.215***	0.216***	0.208***
自变量	海外政治关联		0.259***	0.255***	0.274***
	本土政治关联		0.175**	0.158**	0.143**
调节变量	文化差异			0.012**	0.011**
调节作用	海外政治关联×文化差异				−0.261***
	本土政治关联×文化差异				0.214**
拟合指标	R^2	0.230	0.433	0.450	0.489
	Adjusted R^2	0.214	0.417	0.433	0.469
	ΔF	15.140***	45.165***	7.835**	9.569***

此外,为了更加直观明确地展示文化差异在双重政治关联与在华创业绩效之间起到的调节作用,本研究将文化差异的均值加上或减去其标准差后的值设置为高文化差异与低文化差异,同时,将海外政治关联与本土政治关联的均值加上(减去)其标准差后的值设置为高海外政治关联和低海外政治关联、高本土政治关联和低本土政治关联,以此绘制文化差异调节作用的简单斜率图,如图 4-3 所示。通过简单斜率图可以看出,文化差异削弱了海外政治关联对在华创业绩效的促进作用,但文化差异增强了本土政治关联对在华创业绩效的促进作用。因此,假设 H4-5a、H4-5b 进一步得到验证。

综上,本章通过 SPSS 27.0、AMOS 28.0 等统计分析软件共计检验 12 个研究假设,验证结果汇总如表 4-19 所示。

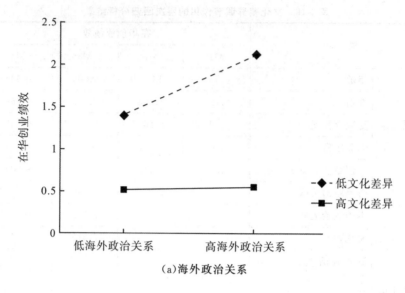

（a）海外政治关系

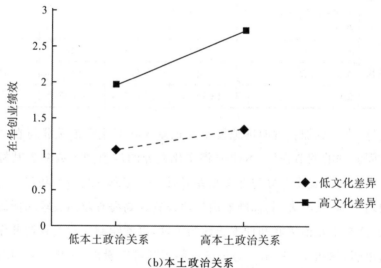

（b）本土政治关系

图4-3 文化差异的调节作用

表4-19 假设检验结果汇总

标　　号	研究假设	研究结果
H4-1a	华侨华人的海外政治关联正向影响在华创业绩效	成立
H4-1b	华侨华人的本土政治关联正向影响在华创业绩效	成立
H4-2a	华侨华人的海外政治关联正向影响其在华创业的市场适应能力	不成立

续表

标 号	研究假设	研究结果
H4-2b	华侨华人的海外政治关联正向影响其在华创业的市场开拓能力	成立
H4-3a	华侨华人的本土政治关联正向影响其在华创业的市场适应能力	成立
H4-3b	华侨华人的本土政治关联正向影响其在华创业的市场开拓能力	成立
H4-4a	华侨华人的市场适应能力在海外政治关联与在华创业绩效之间发挥中介作用	不成立
H4-4b	华侨华人的市场适应能力在本土政治关联与在华创业绩效之间发挥中介作用	成立
H4-5a	华侨华人的市场开拓能力在海外政治关联与在华创业绩效之间发挥中介作用	成立
H4-5b	华侨华人的市场开拓能力在本土政治关联与在华创业绩效之间发挥中介作用	成立
H4-6a	文化差异负向调节华侨华人的海外政治关联对在华创业绩效的影响作用	成立
H4-6b	文化差异正向调节华侨华人的本土政治关联对在华创业绩效的影响作用	成立

第三节 基于模糊集定性比较分析的研究

经过深入的分析,可以发现华侨华人的双重政治关联对在华创业绩效具有正向影响作用。同时,在华企业必须持续提升其双元市场能力不断将获取的信息、技术等资源转化为竞争优势。前几章的内容已对本研究提出的假设和概念模型进行了分析,通过回归分析方法,本研究也证实了自变量与因变量间的"净效应",但是这种回归分析在揭示多层次、多变量间的复杂组态关系上存在一定的局限性。考虑到自变量与因变量间可能存在的因果不对称性问题,本研究决定采用 fsQCA 对实证研究进行补充以及提供稳健性的支撑。本节旨在通过 fsQCA 探讨以下几个核心问题:

首先,虽然本研究已经通过定量研究方法分析了双元政治关联和双元市场能力对在华创业绩效的正向影响，但由于这两个因素在实际过程中存在相互交织、相互影响的情况，因此它们之间多重交互对创业绩效产生的具体影响仍需进一步探讨。

其次，变量间的关系往往不是简单的对称关系，即一个变量并非总是另一个变量的充要条件。通过 fsQCA，本研究可以更深入地补充分析变量间关系的可靠性，并揭示降低在华创业绩效的潜在路径。

最后，fsQCA 分析能够进一步检验本研究提出的模型和假设的合理性、稳健性和可靠性。

因此，在现有模型检验的基础上，本研究将进一步运用 fsQCA 方法进行补充性研究，以期更全面、深入地理解华侨华人在华创业的复杂机制。

一、组态视角下 QCA 方法的选择与运用

QCA，全称 qualitative comparative analysis，是一种适用于中小规模样本的多重成因分析工具。其核心在于探究因果关系中的必要和充分条件，以及这些条件间的相互作用。通过对各种条件组合的对比分析，QCA 能够揭示导致特定结果的潜在关键条件组合。作为一种基于逻辑的比较方法，QCA 专注于解析多因素间的关联及互动。这种方法并不将各影响因素视为孤立存在，而是强调它们之间相互依赖的关系。QCA 采纳的是一种组态思维方式，从整体和系统的角度来考察问题，关注由多种因素构成的整体状态而非单一因素对结果的影响。此外，QCA 结合了定性分析和定量分析的优点，既能适应小规模样本（如 10 或 15 个案例）的研究，也能应对大规模样本（超过 100 个案例）的需求，同时还能处理中等规模样本（介于 15 至 50 个案例之间）的问题。

QCA 最初在 20 世纪 80 年代被提出，主要应用于社会科学、管理学和政治学等领域。经过几十年的发展完善，QCA 已成为学术研究中的一种主流方法。不同于基于相关关系进行因果判断的多元回归、因子分析和结构方程模型等的方法研究，QCA 是基于集合关系进行因果分析的方法，部分学者从不同方面对定量研究方法与组态比较分析方法进行了对比分析，例如张明等[280]从典型分析方法、理论目标、研究问题等多维度对它们进行了

对比,如表 4-20 所示。由于两种方法使用的目标、实现途径、研究问题等都
具有较大差异,因此,本研究基于 QCA 方法对上述多元回归结果进行补充
验证,以进一步证实研究结果的稳健性与可靠性。

表 4-20　定量研究方法和组态比较分析方法的比较

分　类	定量研究方法	组态比较分析方法
典型方法	多元回归分析	定性比较分析
理论目标	检验、细化理论	检验、细化和构建理论
研究问题	净效应问题	组态问题
因果实现途径	相关关系	集合关系
因果关系假定	因果单调性(恒定性、一致性、可加性和对称性)	因果复杂性(殊途同归、多重并发和非对称性)
研究样本规模	大样本	不限
样本抽样方法	随机抽样	理论抽样
逻辑推理形式	演绎推理	溯因推理
数学基础	统计论	集合论

为了精准地运用 QCA 方法,本研究接下来将对现有的 QCA 方法进行
深入的剖析。具体而言,主要包括清晰集定性比较分析(csQCA)、多值集定
性比较分析(mvQCA)和 fsQCA。这 3 种方法并不完全相同,例如:csQCA
是 QCA 方法中最基础的形式,仅适用于处理原因变量和结果变量都是二
分变量的案例;mvQCA 则扩展了 csQCA,它允许多值变量,并且能够处理
多范畴的条件版本,这也代表 mvQCA 可以分析包含多于两个类别或值的
变量;fsQCA 是 QCA 方法的最新进展,它解决了 csQCA 无法处理模糊或
部分重叠的分类变量的限制。fsQCA 引入了模糊集理论,允许在分类之间
存在过渡状态,这使得它在处理现实世界中常见的模糊和不确定性问题方
面具有优势,因此,本研究也选择 fsQCA 作为研究方法。

经过前几章的理论和实证研究分析,本研究发现促进在华创业绩效的
影响因素较为多样和复杂,因此本研究仅以资源基础理论的视角作为研究
重点,从创业者资源、企业能力以及外部环境 3 个方面探索了华侨华人重要
而又特殊的双重政治关联、企业的双元市场能力、文化差异对其在华创业绩

效的影响。从创业者资源视角和在回归分析过程中,本研究发现,控制变量中的在华创业者受教育程度同样对在华创业绩效具有显著影响,因此本研究将在华创业者受教育程度纳入创业者资源维度进行分析。这 3 类因素对于在华创业绩效存在耦合驱动的机制,其不仅能为华侨华人在华创业提供丰富的知识、新兴的技术以及合法性保障,还能为企业的未来发展保驾护航,完善企业结构,拓展客户渠道等,从而促进在华创业绩效的提升。虽然基于回归分析的方法可以验证双重政治关联、双元市场能力以及文化差异单一因素与在华创业绩效之间存在的相关关系,但较难有效处理创业绩效形成过程中可能存在的非对称性集合关系。并且回归分析较为依赖显著性来分析变量之间的相关关系,而在识别多因素耦合驱动在华创业绩效中存在一定的局限性,因此本研究通过 fsQCA 的方法深入挖掘在华创业者受教育程度、双重政治关联、双元市场能力以及文化差异等方面因素对于在华创业绩效的复杂因果关系,从组态视角出发,关注因果非对称性和组态等效性等复杂机制,分析处理多因素互动而非独立变量对提高华侨华人在华创业绩效的作用。因此,本研究提出如图 4-4 所示的组态模型,对多元回归分析结果加以补充和拓展。

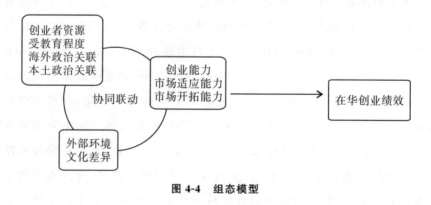

图 4-4　组态模型

二、变量赋值与数据校准

本研究在因子分析的基础上,分别对各个题项进行初始赋值,在华创业绩效的初始赋值为在华创业绩效 1、在华创业绩效 2、在华创业绩效 3、在华创业绩效 4、在华创业绩效 5、在华创业绩效 6 的均值;海外政治关联的初始赋值为海外政治关联 1、海外政治关联 2、海外政治关联 3、海外政治关联 4、海外政治关联 5、海外政治关联 6 的均值;本土政治关联的初始赋值为本土政治关联 1、本土政治关联 2、本土政治关联 3、本土政治关联 4、本土政治关联 5、本土政治关联 6 的均值;市场适应能力的初始赋值为市场适应能力 1、市场适应能力 2、市场适应能力 3 的均值;市场开拓能力的初始赋值为市场开拓能力 1、市场开拓能力 2、市场开拓能力 3 的均值;文化差异的初始赋值为文化差异 1、文化差异 2、文化差异 3、文化差异 4、文化差异 5、文化差异 6 的均值。

本研究将海外政治关联、本土政治关联、市场适应能力、市场开拓能力以及文化差异作为前因变量,将在华创业绩效作为结果变量,满足 fsQCA 对于前因变量(3~8 个)的数量要求。由于本研究所有变量的测量数据均采用李克特七度量表获取,因此本研究首先需要计算各个变量测量题项的均值,并按照 Ragin[475] 的方法,根据问卷数据阈值设定方法将 95%、50% 和 5% 分别设定为完全隶属、交叉点和完全不隶属的 3 个校准点,如表 4-21 所示,即采用样本数据的最大值、平均值和最小值 3 个临界点,通过校准将前因变量、结果变量转换为 0~1 之间的模糊变量。模糊隶属度为 1 说明该案例样本完全隶属于该集合(完全在集合中),代表变量水平高;而模糊隶属度为 0 说明该案例完全不隶属于该集合(完全在集合外),代表变量水平低。由于在华创业者的受教育程度并非采用李克特七度量表获取,因此本研究设置受教育程度为:高中及以下(0.05)、大专(0.25)、本科(0.5)、硕士研究生(0.75)、博士研究生(0.95)。

表 4-21 数据校准

变　量	数据校准		
	完全隶属	交叉点	完全不隶属
在华创业绩效	6.4917	5.3333	3.5000
海外政治关联	6.1667	5.0000	1.8333
本土政治关联	6.6583	5.5000	3.1750
市场适应能力	6.6667	5.6667	4.0000
市场开拓能力	6.3333	5.0000	2.3333
文化差异	41.8333	26.2500	13.8333

三、单个条件的必要条件分析

本研究将通过 fsQCA 软件对受教育程度、海外政治关联、本土政治关联、市场适应能力、市场开拓能力、文化差异进行必要性分析,如果某个前因变量一致性值大于 0.9,则可以确定该前因条件是结果的必要条件。具体分析结果如表 4-22 所示,可以发现,各前因变量的一致性水平均未达到 0.9,则认为上述单个前因条件均不能较好且完备地解释在华创业绩效,不能视为在华创业绩效的必要条件。因此,本研究需要将这些前因条件进行组合分析,进一步组合多个前因条件进行组态分析,以探索出产生高在华创业绩效和非高在华创业绩效的组态。

表 4-22　单个条件必要性分析结果

前因变量	高在华创业绩效		非高在华创业绩效	
	一致性	覆盖度	一致性	覆盖度
文化教育程度	0.772 604	0.748 557	0.701 348	0.657 116
～文化教育程度	0.646 102	0.691 086	0.731 633	0.756 771
海外政治关联	0.831 123	0.784 901	0.564 578	0.515 601
～海外政治关联	0.487 074	0.536 342	0.764 468	0.814 041
本土政治关联	0.790 852	0.815 563	0.532 667	0.531 200
～本土政治关联	0.545 405	0.546 865	0.815 054	0.790 292
市场适应能力	0.797 434	0.763 062	0.577 737	0.534 608
～市场适应能力	0.513 645	0.557 108	0.743 947	0.780 294
市场开拓能力	0.773 496	0.743 877	0.587 939	0.546 783
～市场开拓能力	0.528 738	0.570 244	0.724 599	0.755 716
文化差异	0.659 280	0.668 658	0.567 520	0.556 616
～文化差异	0.562 835	0.573 704	0.662 168	0.652 702

注:"～"表示变量的非集,也就是该条件不存在的条件。

■ 四、条件组态的充分性分析

借助 fsQCA 方法,本研究进行了充分条件组态分析,以揭示多个前因条件构成的不同组态如何引发结果。组态分析主要包括 2 个子步骤:构建真值表和完善标准分析。在本研究中,共回收了 260 份有效问卷,排除了那些由于出现频率过低而不具代表性的构型组合以避免最终的极端个例。本研究参考 Ragin[475] 和欧忠辉等[476] 将组合中样本个案的出现频数阈值设为总案例数 1.5% 的做法,将频数阈值设为 3。Schneider 等[477] 指出,组态的原始一致性水平不得低于 0.75,因此本研究将原始一致性阈值设定为 0.80。为了降低潜在矛盾组态,本研究采用了 PRI 一致性,并根据 Greckhamer 等[478] 的研究将其阈值设定为 0.70。只有当组态的一致性达到这个阈值时,才会被视为有效并被保留。

经过上述步骤,本研究一共得到了 3 种可能的结果:简约解、中间解和复杂解。其中,复杂解只包含了实际案例的组态,因此普遍认为其普适性较差,参考价值不大;而简约解虽然简单,但其独立产生的结果可能与事实不符。因此,本研究参考了杜运周等[479] 的研究,将同时出现在中间解和简约解的条件视为核心条件,仅出现在中间解的条件视为边缘条件。

表 4-23 的组态分析结果显示,在高在华创业绩效的产生过程中,有 3 种主要的组态(N1、N2、N3),个体一致性水平分别为 0.938 240、0.942 744、0.956 513,总体一致性水平为 0.934 780,均高于 0.8 的可接受一致性水平。在非高在华创业绩效的产生过程中,有 4 种主要的组态(S1、S2、S3、S4),一致性水平分别为 0.936 470、0.931 480、0.929 130、0.944 870,总体一致性水平为 0.911 119。总体覆盖分别 0.578 490、0.613 835。覆盖率指标较大,各前因条件的构型对结果变量的解释能力强,各构型的覆盖率数值差异较小,这说明实现高在华创业绩效路径多元。

表 4-23 在 fsQCA 中实现高/非高在华创业绩效的条件组态

前因条件	高在华创业绩效			非高在华创业绩效			
	组态 N1	组态 N2	组态 N3	组态 S1	组态 S2	组态 S3	组态 S4
文化教育		•	•		•		•
海外政治	●	●	●	⊗	⊗	⊗	
本土政治	●	●	●	⊗	⊗	⊗	⊗
市场适应	●	●	●	⊗		⊗	⊗
市场开拓	●	●		⊗	⊗		⊗
文化差异	•			●			⊗
个体一致性水平	0.938 240	0.942 744	0.956 513	0.936 470	0.931 480	0.929 130	0.944 870
原始覆盖率	0.394 336	0.487 808	0.411 359	0.524 620	0.462 10	0.457 560	0.343 790
典型覆盖率	0.036 829	0.130 301	0.053 851 2	0.096 730	0.034 22	0.029 680	0.025 320
总体一致性水平	0.934 780			0.911 119			
总体覆盖率	0.578 490			0.613 835			

注："●"视为核心条件存在,"•"视为边缘条件存在;"⊗"视为核心条件不存在,"⊗"视为边缘条件不存在;空白表示该条件存在与否均可。

（一）高在华创业绩效的组态分析

1.双关联—双元能力型(组态 N1、N2)

这一结果强调了海外政治关联、本土政治关联、市场适应能力、市场开拓能力发挥的核心作用。其中组态 N1、N2 仅边缘条件存在区别,组态 N1 中文化差异作为边缘条件存在,组态 N2 中受文化教育程度作为边缘条件存在,表明双关联—双元能力型中华侨华人的文化差异与受文化教育程度并不会给他们带来巨大的影响。而双重政治关联与双元市场能力则凸显出了重要性。具体而言,这一组合体现了在华侨华人在华创业过程中,政治关联的深刻影响与不可或缺性。双重政治关联不仅是华侨华人企业获取资源、政策支持以及市场准入的关键,更是其在中国市场稳健发展的基石。

首先,海外政治关联为华侨华人企业开拓了国际视野,带来了创新技术和海外市场的资源支持,有助于企业在产品开发、市场拓展等方面取得竞争优势。而本土政治关联则为企业提供了更直接的政策支持、市场准入以及与政府、本土企业建立良好关系的机会,这对于企业在中国市场的发展至关重要。

其次,仅仅依靠海外政治关联来实现高在华创业绩效是远远不够的。虽然海外政治关联能够为华侨华人在华企业带来创新产品与技术,但仍然需要与本土政治关联产生紧密联系,企业更易获得市场准入性、政策信息等重要支持。因此,华侨华人企业需要重视海外政治关联与本土政治关联发挥的交互作用,充分利用两种关联的优势,以实现在中国市场的稳健发展。

总之,海外政治关联×本土政治关联所代表的双重政治关联在华侨华人在中国创业过程中具有重要的影响。华侨华人企业需要充分发挥两种关联的优势,以实现在中国市场的稳健发展。这也证实了海外政治关联与本土政治关联能够正向影响在华创业绩效的研究假设,假设 H4-1a、H4-1b 再一次得到验证。

市场适应能力×市场开拓能力则指代双元市场能力,构成了华侨华人在华创业的核心竞争力。这些能力不仅要求企业能够快速适应市场和积极开拓新市场,还需要熟练运用企业资源与技术、学习并掌握新的知识与技术,以适应快速变化的市场环境。在双重政治关联的加持下,华侨华人企业能够更有效地在华进行市场开拓,减少市场进入的阻碍,提升市场的接受程度。同样,双元市场能力在华侨华人在华创业过程中也发挥着重要作用。在华侨华人的创业实践中,将适应与开拓相融合是企业保持竞争力的关键所在。如果企业仅满足于当前的市场规模与知识技术水平,而忽视了开拓新市场、学习新技术,那么其创业绩效将难以得到较大提升。从政治关联的视角来看,由于地理距离的限制,华侨华人通过海外政治关联了解本土的政策信息可能存在一定的差异,并且海外政治关联提供的信誉支撑也较为薄弱。而本土政治关联的存在较为高效地解决了华侨华人在华创业的适应问题,企业可以将更多的成本与精力投入提升市场开拓能力中。因此,华侨华人在华创业时,需要充分利用其独特的双重政治关联优势,积极适应与开拓市场,学习并掌握新知识与技术。这不仅是其提升在华创业绩效的重要途径,更是其在中国市场长期发展的必然选择。此构型结果也为上述的实证研究结论提供了一个解释,同时也充分验证了双元市场能力能够正向影响在华创业绩效。

2.双关联—跨文化融合型(组态 N3)

这一结果强调了海外政治关联、本土政治关联、市场适应能力、文化差异的联合作用。在深入探讨华侨华人在中国创业的背景与条件时,这一结果不仅凸显了华侨华人在创业过程中与海外及本土政治关联建立良好关系的必要性,更进一步强调了这种双重关联对于其成功创业具有不可或缺的作用。在全球化的大背景下,华侨华人充分发挥双重政治关联在资源获取和战略实施中的重要桥梁作用,这对于他们在华创业来说尤为重要。具体而言,海外政治关联×本土政治关联反映了华侨华人的双重政治关联的深度融入,帮助他们在资源整合、战略实施和风险应对等方面取得了独特优势。这种优势能够增强华侨华人在华创业的市场竞争力,实现可持续发展。这也进一步证实了海外政治关联与本土政治关联能够正向影响在华创业绩效的研究假设,假设 H4-1a、H4-1b 进一步得到验证。

此外,在这一结果中,市场适应能力与文化差异也作为核心条件存在。文化差异不仅是他们面对的挑战,更是他们独特的资源。通过有效结合市场适应能力与文化差异,华侨华人能够更好地将异质性资源本土化,提高企业的适应能力,降低技术引进和知识转移的壁垒,进而在中国市场中占据有利地位。此外,华侨华人创办企业所带来的文化异质性也为国内企业注入了新的活力。这种多元文化的融合不仅为企业营造了不同的文化氛围,还促进了员工之间的工作积极性和创新思维的发挥。通过文化差异的碰撞与融合,企业能够形成独特的竞争优势,从而有助于企业在中国乃至全球市场的持续发展。华侨华人通过本土政治关联能够减少信息不对称,让企业更加准确地把握市场动向和政策走向,还能有效降低企业的税负压力,提高经济效益。当华侨华人面临较大的文化差异时,他们更需要依靠本土政治关联和市场适应能力获得相关政策信息以及政策解读,从而能够更大程度地掌握变化规律适应本土市场,减轻心理落差。这一结论进一步验证了假设 H4-6b。由于此构型讲述了双重政治关联与文化差异的联合作用,对于文化差异在其中发挥的负向与正向调节作用的强弱并不能展现,因此,在此无法为假设 H4-6a 提供进一步验证。

在这一组态中,市场开拓能力并没有体现,而是将文化差异作为核心要素。本研究认为文化差异的不同更能体现出华侨华人与本土创业者的区别,展现了他们独特的创业优势和资源禀赋,也为华侨华人创业企业带来了多元化的视角和思维方式,促进了创新能力和市场适应能力的提升。同时,文化差异也为企业带来了独特的文化资源和人脉网络,有助于企业在市场中建立独特的品牌形象和竞争优势。因此,对于华侨华人在华创业来说,文化差异不仅是一种挑战,更是一种机遇。通过有效地管理和利用文化差异,华侨华人可以将其转化为创业过程中的独特优势,进而促进在华创业绩效的提升。这种特有优势不仅有助于华侨华人创业企业在市场中脱颖而出,还为中国经济的发展注入了新的活力和动力。

（二）非高在华创业绩效的组态分析

1.本土失联—市场难拓型(组态 S1、S2、S4)

组态 S1、S2、S4 的路径结果显示,缺乏本土政治关联和缺乏市场开拓能力是导致非高在华创业绩效的主要因素。其中,组态 S1 中缺乏海外政治关联与市场适应能力是次要因素,组态 S2 中缺乏海外政治关联和受教育程度存在是次要因素,组态 S4 中市场适应能力和文化差异缺乏、受教育程度存在是次要因素。

一方面,缺乏本土政治关联的华侨华人在本土市场中往往面临着更为严峻的考验。他们要面对制度和规则的多重约束,这些约束往往涉及政策环境、市场准入、资源配置等多个层面。在这些限制下,企业需要付出更多的努力去摸索、适应,甚至是改变自身的发展策略。这种过程无疑会消耗大量的时间与资金成本,对企业的长期稳健发展构成了不小的挑战。

另一方面,缺乏市场开拓能力也是导致企业非高在华创业绩效的重要因素。在当今竞争激烈的市场环境中,企业缺乏足够的市场开拓能力,就意味着它们难以有效获取新的资源和信息,更难以将这些资源转化为自身的竞争优势。对于华侨华人企业而言,缺乏市场开拓能力不仅意味着错失诸多潜在的市场机会,在企业创新方面难以取得优势,更可能导致企业在激烈的市场竞争中逐渐落后,甚至面临被淘汰的风险。因此,华侨华人只有充分发挥本土政治关联优势,不断提升市场开拓能力,使它们发挥相辅相成的作用,才能摆脱非高在华创业绩效困境。

2.双重失联—市场不适型(组态 S3)

组态 S3 的路径结果显示,缺乏双重政治关联和市场适应能力是导致非高在华创业绩效的主要因素,受教育程度存在是次要因素。

一方面,当华侨华人缺乏双重政治关联时,他们在获取资讯和转移技术时往往会遭遇更多的阻碍与风险。双重政治关联的缺乏意味着他们可能无法充分利用两国间的政治资源,从而在信息流通和技术交流上受限。更重要的是,这种缺乏可能导致他们在面对制度壁垒时需要承受更大的阻力。这种阻力不仅来自制度层面的限制,还可能包括文化隔阂、社会偏见等软性因素的阻碍。

另一方面,华侨华人在华企业在市场适应能力方面的不足,也让他们在信息获取和资金合法性方面面临一定的障碍与阻力。随着全球化进程的加速,市场环境日益复杂多变,对企业的市场适应能力提出了更高的要求。然而,那些缺乏市场适应能力的企业可能难以准确把握市场动态,无法有效利用市场资源,进而在信息获取和资金合法性上遭遇困难。这种困境不仅可能影响企业转型升级产品,也可能对企业的未来发展产生负面影响。因此,华侨华人在双重政治关联和市场适应能力上的缺乏,使他们在转移技术、获取信息和资金合法性等方面面临诸多挑战。总之,华侨华人的双重政治关联和市场适应能力,缺少任何一个,都无法导致高在华创业绩效。

五、稳健性检验

本研究为进一步提升研究结果的可靠性和可信度,遵循 fsQCA 的主流做法,通过提高频数阈值和原始一致性阈值对组态结果进行稳健性检验。一方面,参考欧忠辉等[476]的研究成果,将频数阈值由 3 提高至 4,可以发现高在华创业绩效的组态结果与上文组态结果基本一致,仅组态 S1 缺失,非高在华创业绩效的组态结果相同,整体结果与原来的结果并不矛盾,由此说明在华创业绩效条件组态的研究结果是可信的。另一方面,通过参考张明等[480]的研究成果,将原始一致性阈值由 0.8 提高至 0.85,得到与上文相同的组态结果;将原始一致性阈值由 0.85 提升至 0.9 时,组态结果仍然与上文相同的组态结果基本一致,因此表明研究数据具有稳健性,可信度较高。

六、本章小结

本章基于组态视角,全面分析了多种因素对华侨华人在华创业绩效的影响机制。根据研究结果发现,高在华创业绩效有 3 种组态,其中海外政治关联、本土政治关联、市场适应能力都是作为核心条件存在,表明华侨华人在华创业需要借助双重政治关联的帮助与支持适应本土环境,从而促进在华创业绩效的提升。市场开拓能力在组态 N1、N2 中作为核心条件存在,文化差异在组态 N3 中是核心前因条件,因此对于华侨华人在华创业来说,开拓新市场或者文化差异的独特资源是提高在华创业绩效的关键要素。在非高在华创业绩效的分析中,组态 S1、S2、S4 中缺失本土政治关联和市场开拓能力是导致非高在华创业绩效的核心条件。可以看出,华侨华人不仅需要与本土政治关联保持紧密联系,同时文化差异带来的异质性资源对于在华创业绩效的提升也不可或缺。组态 S3 中缺失双重政治关联和市场适应能力是导致非高在华创业绩效的核心条件,华侨华人通过双重政治关联获得资源与提升市场适应能力转化资源是其在华发展的重要源泉。

第四节　本章结论

本章研究在导师和校友的帮助下,采用线上线下相结合的方式收取有效问卷 260 份,并通过 SPSS 27.0、AMOS 28.0、fsQCA 3.0 等统计分析软件进行数据分析。具体结论如下所示:

(1)华侨华人的双重政治关联正向影响在华创业绩效,假设 H4-1a、H4-1b 成立。此结论表明,华侨华人与双重政治关联的密切联系能够帮助在华企业取得更好绩效。华侨华人海外政治关联不仅能扫清企业发展的障碍,筑牢信誉的基石,并对商业模式进行深度的优化和重塑,从而极大提高现有资源的利用率;还为企业铺设了一条通往尖端技术学习和实力增强的道路,为开拓全新市场、捕获宝贵资源提供了强大的动力,使得创业成果实现了跨越式的飞跃。与此同时,本土政治关联通过降低信息不对称、缓解经营压力、增强本土信誉等方式,对资源进行精细化的配置,从而推动在华创业绩效的稳步上升。孙嘉悦等[481]指出政治关联正向促进科技型中小企业创新绩效。华侨华人在华创业企业类型多是高新技术产业,因此其政治关联促进创业绩效提升的结论与学者所得出的结论大致相同。

(2)华侨华人的海外政治关联正向影响市场适应能力,假设 H4-2a 不成立。在理论剖析中,华侨华人的海外政治关联为他们在中国创业提供了坚实的信誉基石,降低了技术、产品等资源转移过程中的障碍与风险,并拓宽了资源对接渠道。然而,本章研究发现华侨华人的海外政治关联对市场适应能力的正面推动作用并不突出。这一结果的背后,实则隐含着国际环境、资源匹配度,以及地理距离等多重因素的复杂交织。

首先,国际环境的复杂性和多变性是一大障碍。在国际政治局势稳定时,有海外政府信誉支持的华侨华人企业可能会更容易赢得公众信任。然而,在当前的国际背景下,国家间关系的波动性使得华侨华人企业即使拥有他国政府的背书,也难以确保在中国市场的顺畅运营。消费者可能不会因为外国政府的支持而轻易接受企业,甚至可能因对其他国家的不了解或误解而产生抵触情绪,从而加大了企业适应市场的难度,也使其难以获取市场合法性。

其次,资源的兼容性问题是华侨华人企业面临的另一大挑战。尽管华侨华人拥有丰富的海外资源,并且海外政治关联能够减少资源转移的障碍,但如何将这些资源有效地转化为适应本土市场需求的形式,成为他们必须面对的问题。由于文化差异和市场需求的不同,华侨华人的海外资源在本土市场的落地和实施过程中往往面临诸多挑战。

最后,地理距离带来的隔阂也不容忽视。尽管华侨华人拥有海外政治关联所带来的丰富战略模式知识,但物理上的遥远距离使得他们难以直接对接丰富的资源。在华企业制定适应本土的战略模式仍然需要时间进行磨合和探索,因此,仅依靠海外政治关联所带来的战略资源,对于他们在华创业的适应过程而言作用较为有限。

综上所述,华侨华人企业在利用海外政治关联寻求中国市场发展的同时，亦需综合考虑地理、资源以及国际环境等多方面的因素，以实现真正的本土化融入与发展。另外，华侨华人的海外政治关联正向影响市场开拓能力，假设 H4-2b 成立。海外政治关联对于华侨华人企业在中国市场的开拓具有不可忽视的推动力。首先，这种关联促进了企业先进技术的研发，使企业能够紧跟全球科技前沿，提升核心竞争力。其次，政治关联强化了企业对新资源的获取能力，无论是人才、资金还是其他资源，都能为企业的发展提供有力支持。最后，华侨华人凭借自身的市场洞察力和经验，结合政治关联提供的资源与信息，能够更好地识别市场新机会，抢占发展先机。这种综合效应使得华侨华人企业在中国市场持续开拓，不断发展壮大，为当地经济注入新的活力。

（3）华侨华人的本土政治关联正向影响双元市场能力，假设 H4-3a、H4-3b 均成立。华侨华人的本土政治关联是他们在中国市场成功的关键因素之一。这一关联不仅为他们搭建了信息与商业交流的平台，使得企业能够迅速找到正确且高效的创业方向，而且通过与政界的紧密联系，华侨华人能够及时获取本土市场的最新信息和指导，从而有效降低华侨华人在华创业的压力和风险。此外，这一关联还能为企业带来信誉担保，帮助企业在市场环境中树立良好形象，提高市场适应能力。本土政治关联还能够为他们提供与市场需求相符的良性指导，使其更精准地把握市场动态，灵活调整战略，抓住开拓新市场的机会。在本土政治关联的指导下，华侨华人更能深入了解相关政策制度，更好地运用法律工具保护企业权益，确保企业在经营过程中合法合规，提高企业融资合法性，为企业开拓市场提供保障。更重要的是，本土政治关联为华侨华人带来了丰富的客户资源，有助于企业吸引新客户、拓展市场份额，从而在激烈的市场竞争中脱颖而出，实现持续稳健的发展。

（4）由数据分析结果可知，市场适应能力在华侨华人的海外政治关联与在华创业绩效之间发挥的中介作用不显著，假设 H4-4a 不成立。市场适应能力在华侨华人的本土政治关联与在华创业绩效之间发挥部分中介作用，假设 H4-4b 成立。市场开拓能力在华侨华人的双重政治关联与在华创业绩效之间发挥部分中介作用，假设 H4-5a、H4-5b 成立。由于华侨华人的海外政治关联对市场适应能力的正向影响不显著，因此，除此假设外，在徐晓俊[482]的研究中同样指出,双元能力在网络关系嵌入与创新绩效之间发挥了中介作用,这与本章研究结果相似。华侨华人在华企业凭借良好的市场适应能力优化了企业对资源的配置效率,而且推动了技术、产品、流程和产品组合的革新与升级。此外,华侨华人企业还通过改进与市场的互动方式,深化与客户的合作关系,进一步增强了在国内市场的适应性和融入度。这种深度的市场参与和客户关系维护,有助于企业更加精准地把握市场需求,提升产品和服务的质量,从而稳步实现创业绩效的增长。同样,华侨华人企业凭借卓越的市场开拓能力精准捕捉商业领域的最新趋势,紧跟市场脉搏,持续推动商业模式的创新,不断寻找着新的增长点。在对新技能的研发上,良好的市场开拓能力使得企业能够开发出符合新市场需求的独特产品和服务,持续优化业务流程,确保企业运营的顺畅与高效。通过市场调研和策略分析,华侨华人企业培养了对市场的敏锐洞察力和快速反应能力,从而能够有效规避市场风险,避免能力僵化。这种不断创新和拓展,实现了企业的可持续发展。

(5)文化差异在海外政治关联影响在华创业绩效过程中起着显著的负向调节作用,文化差异在本土政治关联影响在华创业绩效过程中起着显著的正向调节作用,假设 H4-6a、H4-6b 均成立。较大文化差异可能增加了华侨华人利用海外政治关联获取信息资源、技术、融资等方面的难度,降低了效率,并增加了不适用性的风险,从而削弱了海外政治关联带来的资源帮助效应。相反地,当文化差异较大时,华侨华人更需要借助本土政治关联来深入了解本地的制度、经济和社会环境,获得更具针对性的帮助,建立本地合作伙伴关系,并紧密跟进市场需求的变化,从而促进企业绩效的提升,为企业的发展打下更坚实的基础。

(6)单个因素中没有导致高/非高在华创业绩效的必要条件,这表明华侨华人在华创业绩效并不是由某单个因素所导致的,而是由多个因素共同作用决定的,这是一个复杂的过程,仅仅研究某一个因素的作用并不能说明其是导致高/非高在华创业绩效的决定性条件,需要考虑多因素共同影响的组合效应。根据分析结果,高在华创业绩效的产生可归结为 3 种不同的组态。仅考虑核心条件时,高在华创业绩效存在 2 种组态,第一、二种组态为海外政治关联×本土政治关联×市场适应能力×市场开拓能力,表明华侨华人的双重政治关联与双元市场能力的共同作用能够帮助其获得高在华创业绩效。双元市场能力能够使华侨华人通过双重政治关联获得的资源、信息、平台、技术、合法性得到充分应用，以实现企业绩效的快速提升。第二、三种组态均为海外政治关联×本土政治关联×市场适应能力×文化差异，表明较大的文化差异能够带来技术革新，改善企业氛围，以避免企业陷入路径依赖陷阱，再加上政治关联和市场适应能力的协同作用，最终实现在华创业绩效的稳步提升。双重政治关联和市场适应能力是华侨华人在华创业的核心条件，文化差异与市场开拓能力则都强调了新技术、新市场、新知识、新氛围的进入。因此，即便这两种组态有所不同，但是实现高在华创业绩效的路径机理是相契合的。

　　非高在华创业绩效的产生路径有 4 种，仅考虑核心条件时，非高在华创业绩效则同样是存在 2 种组态。这 2 种组态与高在华创业绩效的构型呈现出非对称关系。非高创业绩效组态 S1、S2、S4 中显示，本土政治关联、市场开拓能力缺少其中之一都不能导致高绩效。此外，非高创业绩效组态 S3 中显示，海外政治关联、本土政治关联、市场适应能力缺少一个因素也不能导致高绩效，因此，并不能依据高在华创业绩效反向推断非高创业绩效的组态，非高在华创业绩效与高在华创业绩效并不是呈现对称关系。在非高创业绩效的第一种组态中，非高本土政治关联与非市场开拓能力作为核心条件存在，表明华侨华人的本土政治关联与市场开拓能力缺乏会导致非高在华创业绩效，由于华侨华人不明晰市场规则和政策信息，企业可能在适应市场环境、创新产品技术、扩大企业规模的过程中面临一定的阻碍，因此将不能实现高在华创业绩效。同样，在非高创业绩效的第二种组态中，海外政治关联、本土政治关联、市场适应能力的任一元素缺乏也不能创造高在华创业绩效，因此华侨华人在华创业也要注重与双重政治关联的联结以及双元市场能力的提升，这样才能为高在华创业绩效提供保障。

　　虽然本研究分析了华侨华人的双重政治关联对其在华创业绩效的影响研究，并且从资源基础理论、制度理论、双元性理论等多个理论视角进行了分析研究，同时，本研究不仅利用多元回归分析方法对收集到的数据进行了详细分析，还利用 fsQCA 进一步对数据结果进行了验证与补充研究。但仍在某些方面存在一定的研究局限性，主要从以下 3 个方面进行说明。

第一,本研究的对象是华侨华人,但并未对华侨华人进行细致分类研究,例如,"老侨"与"新侨"在建立政治关联的主动性与方式都有所不同。同时,"老侨"与"新侨"的文化差异也有所不同,对于文化差异的适应程度也有所不同。因此,未来可以将研究对象进行细化与分类,研究不同类型的华侨华人政治关联对于在华创业绩效的影响研究。

第二,本研究运用了 SPSS 27.0、AMOS 28.0、fsQCA 等统计分析方法进行分析,不仅探究了单个因素对于在华创业绩效的影响,同时还分析了各个因素的协同作用,但针对华侨华人在华创业绩效的研究方法中缺少对于实际案例的讨论。因此,未来可以结合多案例分析法,加入实际案例进行研究,以提高研究的可靠性与真实性。

第三,由于研究对象的特殊性,以及研究变量的特殊性,本研究主要采用了问卷调查的一手数据,缺乏相对应的二手数据。因此,后续还可以找寻相对应的二手数据样本进行研究,以增加研究的可信度。

第五章

促进华侨华人在华创业的对策建议

　　海外华侨华人具备强大的经济作用力,甚至由华侨华人互动所形成的经济生态圈曾被认为是全球第三大经济势力。华侨华人群体在华创业不仅仅是自身精神和发展的追求,也在一定程度上弥补了中国经济高质量发展的短板,为中国经济发展提供了强劲助力。

　　在全球化加速融合与"一带一路"倡议深入实施的背景下,华侨华人群体以空前的规模与热忱,跨越重洋,回归故土,寻求个人事业与国家发展的共赢之路。华侨华人这一群体不仅承载着深厚的家国情怀,更拥有丰富的国际资源、管理经验与创新思维,成为推动中国社会经济发展的重要力量。国家对于华侨华人群体所展现出的深厚情感与积极贡献也给予了高度认可与鼎力支持。这种支持不仅体现在政策制定与实施的各个环节中,还通过优化营商环境、加强国际合作、促进文化交流等多维度措施,为华侨华人群体在国内的创新创业、文化传承等方面提供了坚实的保障与广阔的空间。回顾以往党和国家领导人对于侨务工作的论述,始终离不开"共赢"理念。党的十八大以来,习近平总书记也提出要凝聚侨心侨力同圆共享中国梦的新时代侨务工作主题,把握"根""魂""梦"的新时代侨务工作主线[11]。然而在这一回归与融入的过程中,华侨华人难免面临组织化程度不足、信息流通不畅及权益保障机制缺失等问题,这些问题如同一道道隐形的屏障,限制了华侨华人深度参与国内社会建设、充分释放其才智与资源的潜力。因此,为了能够更好地凝聚侨心侨力、同圆共享中国梦,政府及社会各界仍需共同努力,进一步深化华侨华人社会组织建设,构建一套全方位、多层次、高效能的网络关系支持体系,更好地激发侨界活力,凝聚广泛共识,确保每一位华侨华人都能成为这一伟大征程中的积极参与者和贡献者。

为此,基于本书的研究结果,本书尝试对促进华侨华人在华创业提出相应的对策建议。

第一节　强化网络支持,拓宽网络渠道

一、塑造商业性质交流空间,跨领域跨区域融合发展

(一)提升商业活跃度,实现协同化发展

身处发展引擎的核心地位,区域性经济中心自然而然地汇聚了更高的商业活跃度。可想而知,提升商业活跃度被视为促进区域经济发展的核心策略。由于地缘关系,沿海发达地区和都市圈成为华侨华人在华发展的主要聚集地[483]。这些地区凭借得天独厚的地理位置、深厚的历史文化底蕴以及国家政策的积极扶持,成功吸引了大量华侨华人群体前来创业定居,进而构建起密集且高效的本土商业网络。但是这一商业网络的过度集中也引发了资源分配不均的问题,内陆地区与之相比就难免面临着发展动力不足、市场活力欠缺的困境。尽管近年来政策层面已有所倾斜,旨在促进跨区域合作与协同发展,但在实际操作层面,信息不对称所导致的沟通壁垒、合作机制的不完善等问题依然频繁发生,这也限制着商业合作向更广泛、更深入的层次拓展。鉴于此,为进一步优化商业布局,促进全国范围内的经济均衡发展,本书从以下几个方面提出建议。

1.构建多层次商业交流平台,促进信息流通与项目对接

通过构建全国性的商业合作与交流平台,如定期举办跨地域、跨行业的商业合作论坛与峰会,不仅能够为华侨华人企业家与国内龙头企业提供直接对话的契机,还能有效促进信息资源的共享与项目合作的精准对接。通过此类机制,在华创业的华侨华人可以在一定程度上打破地域限制,加速市场信息的流通,为商业合作创造更多可能性。

2.强化内陆地区发展内生动力,推动产业升级与集群发展

在区域经济一体化建设中,内陆地区面临着一定的发展瓶颈。为了突

破发展的限制,国家层面可以通过实施差异化扶持政策,有效结合产业与人才政策,考察当地实际情况,制定税收减免、财政补贴、金融支持等优惠政策,进一步吸引华侨华人及国内外资本向内陆地区流动。在此基础上,推动内陆地区依托自身资源禀赋,发展特色产业集群,通过产业链上下游的紧密合作,形成优势互补、协同发展的良好格局。这不仅有助于增强区域经济的自我发展能力,还能为内陆地区注入新的增长动力。此外,要不断优化投资环境,促进华侨华人全面融入与深度参与。为了吸引更多华侨华人投资内陆地区,要重视优化投资环境的持续性,简化审批流程,提高行政效率,保护投资者合法权益,通过营造公平、透明、可预期的营商环境,增强华侨华人投资内陆的信心与意愿。同时,可以鼓励国内企业进行技术与资源的共享,以华侨华人为起点建立华侨华人技术与资源引进机制,支持其在内陆地区设立研发中心、生产基地等,促进先进技术和优质资源在全国范围内的优化配置。

3.不断加强国际合作与交流,拓展国际商业网络

鉴于华侨华人在国际经贸合作中的独特优势,应充分利用其国际资源,加强与共建“一带一路”国家及地区的经贸合作。通过拓宽国际市场,为内陆地区的产品和服务提供新的出口渠道,促进内陆地区经济的对外开放与国际化发展。值得注意的是,加强国际合作与交流还能为内陆地区引入更多国际先进的管理理念和技术经验,推动其产业升级与转型升级。

（二）优化市场信息交流平台，降低非必要成本

对于在华创业初期的华侨华人创业者而言,面对不熟悉的国内市场环境、复杂的商业规则以及不容易获取的资源,他们常常难以迅速融入并找到有效的合作伙伴,导致非必要成本增加,创业成功率受到一定影响。尽管市场上存在一定程度的信息交流平台,但这些平台在普及性和高效性方面有些许不足,较难满足回国创业者及中小企业对精准市场信息与资源对接的迫切需求。一方面,在华侨华人信息交流的平台缺乏针对在华创业者群体的专业高效的服务板块,较难提供符合其特殊需求的市场信息、政策解读及创业指导;另一方面,平台上的信息质量参差不齐,缺乏有效的筛选与验证机制,导致信息失真、误导现象时有发生。现有平台在资源对接方面往往局

限于表面层次的介绍与引荐,缺乏深入的合作机制与后续跟踪服务,难以促成实质性的商业合作。为有效解决上述问题,提升企业间合作效率与回国创业者的成功率,本书提出以下几方面的建议。

1.搭建政府主导的企业间交流平台

政府可以发挥其在资源配置与宏观调控中的优势,积极搭建企业间的高效交流平台。该平台应打破行业壁垒与地域限制,汇聚来自不同领域、不同地区的优秀企业,通过定期举办线上线下的交流会、研讨会、项目对接会等,促进企业间的深度交流与合作。同时,政府还应鼓励和支持行业协会、商会等组织参与平台建设,利用其专业优势与广泛联系,为企业提供更加精准、全面的服务。

2.为创业者搭建专门的信息沟通平台板块

针对在华创业的海外华侨华人的特殊需求,政府可专门设立创业者信息沟通平台板块,提供包括市场信息、政策解读、创业指导、资金融资、投资咨询在内的全方位服务,提升平台整合国内外优质资源的能力。在条件允许的情况下,还可以邀请有经验的企业家、行业专家及政府官员入驻分享创业经历、成功案例及行业趋势分析等,为在华创业者提供宝贵的经验与启示。平台基础功能还可以提供一对一的咨询服务与资源对接服务,帮助创业者解决在创业过程中遇到的实际问题。

3.利用数字技术优化合作网络

随着数字技术的飞速发展,政府可以充分利用大数据、云计算等先进技术手段,开发商业合作信息平台。通过强大的数据分析能力,深入挖掘市场需求、资源分布及行业趋势等信息,为合作伙伴提供精准匹配服务。除此以外,凭借智能推荐算法与个性化定制功能,平台能够降低合作成本、提高合作效率,并增强合作过程的透明度与可追溯性。同时,数字技术的应用还能为商业合作提供更为坚实的信任基础,促进合作关系的长期稳定发展。

4.强化平台监管与服务质量提升

为确保平台能够持续、稳定地发挥其促进资源流动、优化资源配置的作用,政府需要扮演好监管者的角色,加强对平台的全面监管。具体而言,应建立健全平台管理制度与规范体系,明确界定平台运营方的权利、责任与义务,为平台运营提供清晰、可操作的指导框架。同时,这些制度规范还需与时俱进,根据市场变化和技术进步适时进行调整和完善,确保监管工作的有效性和针对性。在加强监管的同时,政府还应注重提升平台的服务质量。这要求政府加强对平台信息的审核与监管力度,确保平台上发布的信息真实、准确、完整,避免虚假信息误导用户和市场。此外,政府还应鼓励平台运营方不断创新服务模式、优化服务流程、提升服务效率,以满足用户日益增长的多元化、个性化需求。

二、协同社会组织,加强华侨华人内部交流

(一)形成多样组织,凝聚侨心侨力

在历史渊源、现实需求、文化传承与国际交流的共同驱动下,多元化的华侨华人社会组织应运而生,如世界华侨华人社团联合总会,各地方性的社团联谊会、恳亲会、同乡会等。它们如同磁铁,吸引着全球各地的华侨华人,也促进了华侨华人群体之间的信息交流、资源整合与权益维护。这些社会组织通过举办各类交流大会、联谊活动及专业论坛,不断增强华侨华人之间的情感联系,也为他们提供了宝贵的商业机会,帮助他们寻求政策支持。但是面对日益增长的需求与日益复杂的国际环境,现有社会组织的功能与覆盖面逐渐显现出它存在的部分劣势。因此,国家可以充分发挥其主导作用,通过政策引导、资源支持、搭建交流平台、人才培养与引进以及文化认同与传承等多方面的努力,推动华侨华人社会组织的健康发展与功能提升,为海外华侨华人提供更好的服务与支持。

1.完善组织体系,强化顶层设计

政府作为推动华侨华人社会组织发展的核心力量,首先需要着眼于顶层设计的优化与完善。这要求明确各级政府在侨务工作中的职责边界与协同机制,确保政策制定与执行的高效性与一致性。具体而言,应建立一套涵盖战略规划、政策制定、执行监督及效果评估的完整体系,为华侨华人社会组织的健康发展提供坚实的制度保障。虽然鼓励和支持多元化、专业化的社会组织成立尤为重要,但是组织与组织之间的工作内容不能存在冲突与重复,要尽可能有组织有纪律有制度地涵盖华侨华人的全面需求,确保工作

开展的效率最大化。此外,政府可以通过放宽准入门槛、简化审批流程,为新型社会组织的成立与发展创造有利条件。同时,虽然现有华侨华人团体较为丰富,但这些团体又各有圈子,彼此之间的互动关系有待进一步加强[484],需要一个主心骨来促进各个组织间的交流合作,以此牢固维系血缘与文化纽带,打破信息孤岛与资源壁垒,形成资源共享、优势互补的组织网络,以期建立丰富全面的华侨华人社会网络关系。除了政府发挥的主导作用,其余社会组织也需时时刻刻根据国家总体指导不断积极引导各行业协会、专业联盟等组织的建立与发展,通过行业自律与规范,提升社会性组织的整体服务质量与效率,实现部分带动整体的有效联动。

2.深化组织建设,拓宽服务领域

华侨华人社会组织要产生实际效果,仍需进一步深化其功能与影响力。国家可以通过官方渠道对华侨华人社会组织进行权威认证,赋予其合法性和公信力。这种官方认证不仅可以增强社会组织在国内外的地位,也为其在社交媒体上的宣传和推广提供了坚实的后盾。当国家以官方身份推荐或支持某个组织时,其信息更容易被广大华侨华人接受和信任,从而迅速扩大影响力,有效提高组织的知名度与影响力,推动更多海外的华侨华人参与进来,以提高组织组织的覆盖资源最大化。同时,国家还可以进一步通过发布权威信息、举办线上互动、文化宣传等活动方式,吸引更多华侨华人关注参与,增进成员间的相互了解与信任,加强组织成员之间的凝聚力与归属感,进一步增强组织的向心力。

（二）构建多元渠道,优化网络效率

目前,人们可以利用科技的力量不断从外界获取信息,但华侨华人在在华发展过程中仍然可能局限于信息茧房内,面临着信息获取滞后、交流渠道单一、服务匹配度不高等问题,这些问题也直接影响了他们在华的适应速度与发展效率。尽管华侨华人组织利用组织活动在一定程度上促进了信息交流,但在信息爆炸的时代背景下,传统渠道如线下会议、社团活动等局限性也日益凸显,难以满足华侨华人日益增长的精准化、即时化的服务需求。当前,部分社会组织已开始利用现代信息技术手段改善服务,如建立官方网站、开设微信公众号等,发布政策解读、项目对接等信息。然而,这些线上渠道往往存在信息碎片化、更新不及时、互动性不强等问题,难以形成有效的信息闭环。针对华侨华人特定需求的个性化服务平台尚属稀缺,较难提供全方位、精准化的服务支持。因此,迫切需要构建多元化的科技渠道,全面提升华侨华人回国发展的网络效率。

1.构建综合信息共享平台

国家可出台相关政策,鼓励和支持综合信息共享平台的建设,并为平台提供必要的政策保障和资金支持。例如利用现有的互联网技术,搭建一个集政策发布、项目对接、经验交流、法律咨询等功能于一体的海内外综合信息共享中心,尽可能涵盖海内外的政策、生活、商业等资讯,实现信息的实时更新与智能推送,根据华侨华人的个性化需求,精准匹配相关信息与服务。同时,国家可设立专项资金用于平台的技术研发、运营维护和数据安全保护,持续优化平台功能与服务质量。

2.开发线上互动社区与论坛

鼓励华侨华人分享回国发展经验,交流行业动态,探讨解决问题之道。国家可通过制定相关政策,明确线上互动社区与论坛的发展方向和目标,为平台的建设和运营提供政策支持和指导。通过设置不同领域的讨论区,促进跨领域交流与合作。引入打卡、签到、阅读获得积分兑换礼品等奖励制度,通过增强平台娱乐性激励华侨华人积极参与,形成良好的互动氛围。甚至可以邀请具有丰富在华创业经验的华侨华人担任版主或顾问,为新手提供一对一的解答与指导。除了鼓励华侨华人之间通过线上互动社区与论坛分享经验、资源和信息,促进共同发展,还可搭建政府与华侨华人之间的沟通交流分区,通过线上互动社区与论坛收集侨情民意,为政府决策提供参考。

3.实施大数据管理与分析系统

首先,国家可以从战略高度出发,制定大数据管理与分析系统的发展规划和顶层设计,明确系统建设的目标和路径,推动跨部门、跨领域的数据共享与整合,打破信息孤岛,实现数据资源的互联互通。建立大数据管理与分析的动态管理系统,对华侨华人在华发展的全过程进行数据跟踪与分析,一方面可以通过对数据的深度挖掘,发现潜在的服务需求与市场机会,为政策制定与服务优化提供科学依据;另一方面可以利用数据分析结果,为华侨华人提供个性化的服务建议与发展规划。其次,国家可以充分发挥其影响力,推动大数据管理与分析系统在华侨华人回国发展领域的应用推广,打造一批具有示范引领作用的成功案例和典型应用,带动整个行业的快速发展和进步。结合线上平台的便捷性与线下活动的互动性,定期举办线上线下融合的活动,如线上直播讲座、视频研讨会、虚拟展览等,结合线下实地考察、圆桌对话等,为华侨华人提供更加丰富的交流与学习机会。通过线上线下相结合的方式,打破地域限制,促进资源的有效整合与利用。

三、促进政治层面联结合作,保障侨言侨声传达反馈

华侨华人作为连接中国与世界的桥梁,其在国内政治生活中的参与度和影响力十分重要。因此,如何进一步完善选举制度,切实保障华侨华人的选举权利,促进他们更加积极、有效地参与国家治理与建设,成为一个亟待解决的重要议题。尽管近年来国家在促进华侨华人参与国内政治生活方面做出了诸多努力,但仍存在一些因素,影响着他们与国内政府的交流合作。从华侨华人的角度来看,他们长期居住在海外,思维模式与本土有着较大的不同,他们习惯于依靠自身的力量去解决遇到的问题,但中国是一个“关系”社会,需要借用“关系”的力量来帮助自身适应与发展,这种思维的难以转变是华侨华人融入国内社会的阻碍之一。从政府的视角来看,现针对华侨华人在华发展的政策已有不少,但最终达成的效果仍然有待提升。当反馈机制不完善时,华侨华人的意见和建议没有得到及时、有效的回应,影响了其参与政治活动的积极性和持续性。因此,以下将从提高政治参与度与意见反馈两方面提供一定的建议。

(一)完善相关制度,推动政策参与

目前,国家针对华侨华人与政府连接上也作出了相应变化。例如,为切实拓展广大侨界群众对我国权力机关及人民政协的深度参与,诸多地方的人大与政协积极推进制度化安排,邀请侨界群众代表人士列席人大会议、政协会议,同时诚邀侨界群众代表参与人大常委会及人民政协组织的视察调研等活动。在涉侨法律法规的制定与修订过程中,全面贯彻全过程人民民

主理念,充分听取广大侨界群众的意见、建议与呼声,以确保法律法规能够切实反映侨界群众的诉求,保障其合法权益,促进侨务工作的科学、民主、高效开展。政府也加大了选举信息的宣传力度,通过官方网站、社交媒体等多种渠道发布选举信息,确保华侨华人能够及时获取相关信息。然而,这些措施的实施效果仍面临一定挑战,如技术难题、成本考量、法律适用等,为了更加全面、深入地解决上述问题,推动华侨华人更加积极、有效地参与政策优化,本书提出以下改进意见供参考。

1.拓宽参与渠道,实现多元化参与

政府可以依托互联网、社交媒体等现代信息技术手段建立华侨华人政策咨询平台了解华侨华人面临的实际困难,从根源出发纾解基层群众的困难,从而提高政策优化效率。还可以通过设立在线论坛、视频会议、微信公众号、微博话题等多样化渠道,降低华侨华人参与本土政治活动的门槛,扩大覆盖范围,确保不同地域、不同背景的华侨华人都能便捷地参与到政策咨询与优化中,汇聚全球华侨华人智慧与力量,持续激发全球经济潜力,以催生并绽放新活力。

2.增强政策制定的国际视野与文化敏感性

在政策制定过程中,主动邀请具有国际视野和跨文化交流经验的华侨华人专家学者参与,通过他们的专业知识和实践经验,为政策注入更多元化的思考角度和解决方案。在这过程中,尤其要注重政策的文化敏感性,避免在推行过程中因文化差异而引发的误解和冲突。为避免新一代华侨华人参与政治活动的积极性随着时间不断消逝,政府部门还可以建立长效激励机制,鼓励他们持续参与。对积极参与政策咨询与制定的华侨华人给予适当的表彰和奖励,如颁发荣誉证书、提供政策咨询费用补贴等,以激发其参与热情和积极性。与有影响力与代表性的华侨华人建立长效的沟通与合作机制时,也要激励这些华侨华人在日常生活中不断联系其余华侨华人,收集他们所遇到的问题与建议,在政策制定与实施的各个阶段发挥这些华侨华人的积极作用。

（二）充分听取意见，及时给予反馈

在政策制定与决策过程中,充分吸纳并有效整合华侨华人的智慧与经验,以提升政策的国际视野、文化敏感性和实施效果是政策制定的根本目的。虽然部分地方政府及国家机构已开始尝试建立与华侨华人的沟通机制,但整体上仍存在参与渠道不畅、意见反馈滞后、政策针对性与有效性待加强等问题。首先,华侨华人参与政策渠道有限。目前,华侨华人参与政策咨询与制定的途径主要依赖于传统的座谈会、研讨会及书面建议提交等方式,这些方式虽能在一定程度上收集到部分意见,但其覆盖的华侨华人群体仍然有限,尤其是难以覆盖那些身处海外、信息获取不便或语言能力受限的群体。其次,意见反馈机制还不健全。即便有渠道让华侨华人表达意见,但缺乏有效的反馈机制确保这些意见能够被及时、全面地纳入政策考量之中。这导致部分宝贵建议可能因沟通不畅而被忽视,影响了政策制定的科学性和民主性。最后,由于未能充分听取华侨华人的实际需求,部分政策在实施过程中可能面临适应性较差、执行难度较大等困境,难以达到预期的效果。这不仅浪费了公共资源,也可能损害华侨华人的合法权益,进而影响其对祖国的认同感和归属感。为提升华侨华人政策参与的深度与广度,增强政策制定的针对性和有效性,本书提出以下建议供借鉴。

1.要强化政策宣传与解读,提升透明度

国家可通过官方媒体、政府网站、社交媒体等多种渠道,对涉及华侨华人回国发展的政策进行全面、深入的宣传和解读。通过加强政策宣传和解读,帮助华侨华人更好地理解政策背景、目的和意义,从而增强他们对政策的认同度和支持度,为政策的顺利实施和有效执行奠定坚实基础。除此以外,国家在政策制定和发布过程中,应当注重公开透明,确保政策信息的公开性和可获取性。这有助于增强政策的公信力和权威性,提升华侨华人对政策的信任度和认同感。

2.要建立健全意见反馈与评估机制

明确意见收集、整理、反馈及采纳的流程和标准,实时关注每一条来自华侨华人的意见,以确保每一条意见都能得到认真对待和及时回应。在可能的情况下,国家可以设立专门的维权机构或热线,快速响应并处理华侨华人在华期间遇到的各类问题。可以定期邀请华侨华人代表参与政策实施效果的评估工作,将他们的反馈作为政策调整和完善的重要依据,这有助于及时发现政策执行中的问题和不足,为政策的持续改进和优化提供有力支持。

此外,还可以将华侨华人关注的高频问题与政策信息进行整理归纳,形成便于查询和理解的指南或手册,这有助于提高政策信息的可获得性和易用性,方便华侨华人随时了解相关政策和解决疑问。

■ 第二节　助力适应发展,推动企业成长

■ 一、强化侨胞适应新家园,加速融入本土生活圈

有效提高华侨华人在华生活的便捷性、高效性,成为政府构建开放型经济新体制、推动世界重要人才中心和创新高地建设的关注重点,这不仅关乎华侨华人的个人福祉,更是国家吸引并留住高端人才、促进经济社会发展的战略需求。尽管近年来中国政府在优化营商环境、提升公共服务水平方面取得了较大成效,但华侨华人在融入本土生活圈时仍面临诸多挑战,语言障碍、文化差异、信息获取不畅、网络支付不便、文化交流不多等问题限制了他们在教育、医疗、娱乐等方面的参与度与满意度。因此,本书提出以下意见供参考。

(一)构建国际人才社区和优化政策环境

加大对国际人才社区建设的投入,通过打造"类海外"环境,提供多元化的生活服务设施和文化交流空间,如设立多语种服务窗口、国际学校、国际医院、国际购物中心等,满足华侨华人的多元化需求[49]。在后续的发展中要注重可持续性,尤其是在建设国际人才社区和优化政策环境的过程中,政府不仅要关注当前的需求,还要着眼于未来的发展。例如可以制订长期的发展规划,不断完善国际人才社区的功能和服务,持续优化政策环境,为华侨华人提供稳定、可靠的发展平台。同时还可以加强对国际人才社区的管理和维护,确保社区的安全、整洁和有序,提高华侨华人的生活质量和满意度。

（二）提供更加便捷的身份认证和权益保障服务

政府可以通过出台更加灵活、包容的居留与入籍政策，展现出对华侨华人的高度重视和积极接纳态度。这种政策导向可以为华侨华人回归或来华发展消除制度障碍，使他们能够更加安心地参与到国内的经济建设、文化交流等各项事业中。同时，简化签证办理流程，这不仅可以大大节省华侨华人的时间和精力，也能提高他们来华的积极性。更重要的是，为华侨华人提供更加便捷的身份认证和权益保障服务，通过建立健全相关制度和服务体系，确保华侨华人的合法权益得到充分保护，为他们在华生活和工作提供坚实的后盾。

（三）不断促进文化交流与融合

鼓励和支持各类文化交流活动的开展，如举办国际文化节、艺术展览、体育赛事等，为华侨华人提供更多展示自我、交流互动的机会。在此基础上，还可以通过媒体宣传进一步提升社会对华侨华人群体的认知度和接纳度，营造更加开放包容的社会氛围。

因此，全面提升华侨华人在华生活的便捷性、高效性，不仅有助于解决当前存在的问题和挑战，更能为吸引和留住更多海外高层次人才、推动国家经济社会发展注入新的活力和动力。

二、激发侨商创新活力值，推动高质量融合升级

在全球经济一体化与科技创新日新月异的背景下，如何有效激发侨商的创新活力，促进其在华创业投资的深度参与，并推动经济的高质量融合升级，成为当前政府及社会各界关注的焦点。

（一）破解融资难题，拓宽融资渠道

华侨华人在在华创业初期及发展过程中，可能面临资金短缺、融资渠道单一等难题，这严重制约了其创新项目的孵化和企业的快速成长。当前，我国已出台了一系列政策措施以缓解企业融资难问题，如设立政府引导基金，

提供贷款贴息、税收优惠等。资本市场也在不断完善,为中小企业提供了更多的融资选择,如新三板、科创板等。但对于华侨华人而言,由于信息不对称、文化差异及信用体系不健全等因素,其融资过程仍存在一定的挑战。以下4项建议将为相关问题的解决提供可能。

1.建立专项融资服务平台

政府可以联合金融机构、行业协会及专业服务机构,建立专项融资服务平台,通过平台化运作降低侨商融资成本,提高融资效率。这种整合不仅打破了部门之间的壁垒,还实现了信息、资金和专业服务的高效融合,为在华创业者提供了全方位的融资支持。政府的公信力使得华侨华人在融资过程中的风险评估和对接服务也能得到可靠保障。政府主导建立的平台,凭借其公信力,能够让侨商更加放心地参与融资活动。同时,可以制定规范的操作流程和监管机制,确保平台的公平、公正、透明运行,有效降低融资风险。通过平台化运作,政府进一步可以协调金融机构提供更优惠的融资利率和费用,减少中间环节的成本消耗。这一举措有助于吸引更多的侨商回国投资创业,促进国内经济的发展,实现国家与侨商的互利共赢。

2.拓宽融资渠道,创新融资模式

鼓励和支持金融机构开发适合侨商特点的金融产品,如知识产权质押贷款、供应链金融等,拓宽其融资渠道。探索股权众筹、债券发行等新型融资模式,为侨商提供更多元化的融资选择。政府可以通过鼓励和支持金融机构开发适合侨商特点的金融产品,为金融创新指明方向。通过推出知识产权质押贷款、供应链金融等新型金融产品,满足华侨华人在华创业者多样化的融资需求。利用积极倡导,促使金融机构加大对侨商的金融服务力度,为侨商融资创造更有利的条件。在探索股权众筹、债券发行等新型融资模式的过程中,政府还可以协调各方利益,打破传统融资模式的局限。政府能够整合金融市场的资源,搭建起侨商与投资者之间的桥梁,为侨商提供更多元化的融资选择;同时还可以制定相关政策法规,规范新型融资模式的发展,保障各方的合法权益。

3.加强信用体系建设

建立健全华侨华人信用评价体系,完善信用信息共享机制,提高侨商信用透明度,可以增强金融机构对侨商的信任度,降低侨商融资门槛。首先,在建立健全华侨华人信用评价体系的过程中,政府可以从宏观层面进行规划设计,确定科学合理的评价指标和方法;并且可以整合各部门的资源,将工商、税务、海关等多方面的信息纳入信用评价体系,确保评价的全面性和准确性,为完善信用信息共享机制奠定坚实基础。其次,政府可以借助第三方力量,找寻组织专业机构对侨商进行信用评级,为金融机构提供客观的信用评估结果。再次,通过设立信用担保基金等方式,为信用良好的侨商提供担保,增强金融机构对侨商的信任度,有效降低侨商融资门槛。最后,也是最重要的,是要通过宣传教育等方式,引导侨商重视自身信用建设,增强信用意识,共同营造良好的信用环境。

4.强化政策引导与扶持

政府可以继续加大对华侨华人在华创业投资的扶持力度,通过设立专项基金、提供税收减免、补贴奖励等措施,降低其创业成本,激发其创新活力。同时,要不断加强对重点产业、关键领域的引导和支持,促进侨商与本土产业的深度融合。政府还可以通过金融支持不断畅通资金流转,降低华侨华人企业面临的融资成本,提升普惠化、便利化和精准化水平,通过优化华侨华人企业不断带动本土其他企业的升级转型。

(二)构建创新生态,激发创新潜能

华侨华人在科技创新方面虽具备独特的国际视野和资源优势,但有效激发其创新潜能,促进科技成果的转化与应用,仍是亟待解决的问题。我国要实现产学研深度融合的技术创新体系就离不开华侨华人的帮助。如今,政府通过设立科研项目、提供研发资助、建设创新平台等方式,积极支持企业开展科技创新活动。然而,由于创新资源较为分散及成果转化机制不健全等因素,其科技创新活动仍面临诸多挑战。因此,本研究提出以下建议。

1.构建开放协同的创新生态

政府可以推动建立开放协同的创新生态系统,促进华侨华人与本土企业、高校、科研院所之间开展深度合作与交流,鼓励华侨华人企业与高校、科研机构等开展产学研合作,充分发挥各方优势。高校和科研机构拥有丰富的科研资源和专业人才,华侨华人企业则具有市场敏锐度和实践经验,通过共建研发中心、联合攻关项目等方式,可以实现创新资源的优化配置和共享利用。这不仅能够丰富市场供给,满足消费者对特色产品的需求,还能提升企业的核心竞争力,推动企业在激烈的市场竞争中脱颖而出。

2.完善科技成果转化机制

建立健全科技成果转化服务体系,为华侨华人提供科技成果评估、交易、转化等全链条服务。首先,建立健全科技成果转化服务体系,需要整合各方资源,包括科研机构、企业、金融机构等。政府能够发挥主导作用,将这些不同主体有机地结合起来,为华侨华人提供科技成果评估、交易、转化等全链条服务。这种统筹协调能力确保了服务体系的高效运转,为华侨华人的科技成果转化提供了坚实的基础。其次,通过设立科技成果转化基金、提供税收优惠等政策措施,为科技成果转化提供直接的经济支持。科技成果转化往往需要大量的资金投入,政府通过设立基金等方式,为华侨华人的科技成果转化项目提供资金保障,降低了转化成本。与之相关的税收优惠政策还能激励企业和科研人员积极参与科技成果转化,提高转化效率。再次,政府还可以通过制定产业政策、科技发展规划等方式,引导科技成果向重点领域和产业转化,推动优化资源配置向高科技成果效益的转化,不断促进经济社会的高质量发展。最后,知识产权保护是企业创新成果的重要后期保障,知识产权是创新的核心资产,政府可以通过完善知识产权法律法规、加大执法力度等方式,保护华侨华人的知识产权不受侵犯。这不仅可以维护华侨华人的合法权益,也能营造良好的创新环境,鼓励更多的华侨华人积极投入科技创新中。

3.强化人才支撑与培养

人才是科技创新的核心要素。首先,政府可以加大对职业教育的投入,改善职业教育的办学条件,提高职业教育的质量和水平。其次,通过建立健全职业教育与培训体系,为劳动者提供多样化的技能培训和提升机会,提高劳动者的技能水平和创新能力。这不仅有助于满足企业对高技能人才的需求,也为华侨华人的创新事业提供了有力的人才保障。再次,在发掘人才方面,政府也可以组织开展各类人才交流活动、创新创业大赛等,为人才提供展示自我、交流合作的平台。通过这些活动,人才之间可以相互学习、相互借鉴,激发创新灵感,提高创新能力。最后,政府还可以协调企业、高校、科研机构等各方力量,共同参与人才培养和科技创新,形成人才培养和科技创新的合力。

4.营造鼓励创新的文化氛围

政府可以积极营造鼓励创新、宽容失败的文化氛围,为华侨华人提供宽松的创新环境。通过举办创新大赛、创业沙龙等活动,激发华侨华人的创新热情和创造力。同时,扩大对创新典型的宣传和推广,形成全社会关注创新、支持创新的良好风尚。组织各类资源对接活动,如举办策划项目路演和投资洽谈会,为华侨华人企业提供展示自身项目优势的平台,吸引国内外资本的关注,促进企业与投资者之间的深入交流与合作。通过这些活动,为华侨华人企业与国内外资本、技术、人才等资源搭建合作桥梁,实现资源的优化配置与高效利用。

总之,激发华侨华人在华企业的创新活力值需要政府、企业、社会等多方面的共同努力。通过优化创业资金投入机制、构建开放协同的创新生态、完善科技成果转化机制、强化人才支撑与培养以及营造鼓励创新的文化氛围等,将有效破解侨商在创业投资与科技创新方面面临的难题与挑战,推动其在华实现更高质量的发展。

第三节　激发创业动机,提供差异支持

一、强化基础支持,优化退出机制

生存型创业者所面临的融资难题往往是制约其发展的重要障碍。在面对具有生存型动机的华侨华人创业者时,政府需要采取更为深入且细致的策略,以克服他们在资源与技术方面的匮乏,助力他们在华创业成功。这些策略不仅要关注创业初期的支持与保障,还要着眼于创业全过程的资源优化与失败后的合理引导。

首先,政府可以积极构建多元化的融资体系,设立专门的政府引导基金,吸引风险投资和天使投资等社会资本参与,为生存型创业者提供初期启动资金。同时,政府还可以采取税收减免、租金补贴等优惠政策,直接降低创业者的运营成本,减轻其经济压力。这些措施旨在打造一个低门槛、高支持的创业环境,让每一位有梦想的华侨华人都能勇敢地迈出创业的第一步。

其次,政府还可以整合政府、社会及市场资源,为创业者提供全方位、精准化的公共服务。这包括政策咨询、项目申报指导、法律咨询、财务代理等各个环节,确保创业者在创业过程中能够得到及时、有效的帮助。通过这样的服务平台,政府不仅能够提升创业者的运营效率,还能增强他们的创业信心和成功率。

再次,在创业过程中,不可避免地会遇到失败和挑战。对于具有生存型动机的华侨华人创业者而言,一次创业的失败可能意味着生活的巨大压力和心理的沉重负担,同时,无法顺利退出市场可能会造成更多的资源损耗和浪费,因此,政府需要建立健全市场退出机制,为创业者提供合理的退出路径。这包括建立健全的创业项目评估机制,及时识别出难以继续运营的项目,并为其提供股权转让、项目并购、清算退出等多种退出方式。通过这些措施,政府可以保护投资者的利益,减少创业者的后顾之忧,让他们能够更加专注于创业本身。同时,政府还需关注生存型创业失败者的后续生活和发展。通过提供职业培训、就业信息推送等服务,政府可以帮助创业者顺利过渡到新的工作岗位。此外,政府还可以组织创业经验分享会、心理辅导等活动,帮助创业者总结失败原因,调整心态,重新出发。这些措施旨在构建一个包容、支持的创业生态系统,让每一位创业者都能在这里找到属于自己的舞台。

最后,对于成功创业的生存型华侨华人而言,政府对于其后续发展同样要给予关注和支持。通过设立专项基金、评选优秀项目等方式,政府可以将优质资源精准投放到高产能、有市场潜力、符合国家产业导向的创业项目中。这不仅有助于推动项目的快速发展和壮大,还能带动整个产业链的升级和转型。并且创业成功的生存型华侨华人对于初入中国市场的创业者来说更具有参考意义,因此,政府还可以积极引导成功创业者参与一对一帮扶活动,利用他们的经验和资源为初入市场的创业者提供指导和支持。这种传帮带的模式有助于形成良好的创业氛围和生态循环,促进整个创业生态的繁荣和发展。

通过这些措施的实施,政府可以为创业者打造一个低门槛、高支持、高包容性的创业生态系统,助力生存型华侨华人在华创业成功,为社会经济发展贡献自己的力量。

二、发展方向引导，推动持续发展

与生存型创业者相对比，机会型的华侨华人群体在资源方面通常不存在较大障碍，而且还拥有较为丰富的资金与技术储备，能够较高效激发创业投资活力的创业机会更能吸引他们的注意。因此，政府可以采取一系列高瞻远瞩且精细化的对策，以有效破除这一特定群体在创业征途上的障碍，推动企业的成长。

政府可以构建一套针对华侨华人机会型创业者的成长支持项目，深刻洞察并满足其独特的创业需求。在初创阶段，政府可以建立市场调研专家团队，为机会型创业者提供一对一的市场分析、竞争对手研究以及目标客户群体定位等服务。邀请行业专家、技术顾问参与对产品开发进行指导，为机会型创业者提供从产品概念到原型设计再到市场测试的全方位指导，以此强化机会型创业者在华创业的决心与信心，同时也能确保产品能够快速响应市场需求并持续优化迭代。进入成长期，资金需求与品牌建设成为企业成长的关键。政府可以搭建多元化的融资对接平台，引入风险投资、银行贷款等多种融资渠道，为企业提供灵活的融资方案。同时，政府对于积极承担社会责任和拥有巨大潜力的企业进行主动宣传，发挥政府的正面背书效应，助力企业树立鲜明的市场形象，提升品牌知名度和美誉度。对于已经步入成熟期的企业，政府可以重点支持其国际化发展，不断发挥华侨华人的"国际桥梁"作用。开展组织国际交流与合作活动，如国际展会、商务考察团等，为企业搭建与海外合作伙伴、潜在客户直接交流的桥梁，推动企业实现全球化布局与资源优化配置，将中国文化与中国理念传播出去，为"一带一路"建设助力。此外，政府还可以定期举办"华侨华人创业论坛""创业经验分享会"等活动，邀请成功创业者、行业领袖、政策制定者等共同参与，分享创业心得、交流市场动态、探讨政策趋势，为创业者提供一个学习交流、资源对接的平台。通过这些举措，政府将全方位、多维度地支持华侨华人机会型创业者的成长与发展，助力他们在中国市场乃至全球舞台上绽放光彩。

■ 第四节　对接创业教育，激活创业思维

■ 一、深化创业教育，提升创业效能

对于华侨华人在华创业者来说，由于市场环境的巨大转变和自身创业经历的差异性，他们很难迅速找到进入市场的方法以及机制，全面了解市场环境时面临着较大的阻碍。为了有效对接华侨华人创业者的实际需求，政府可以联合高等教育机构、行业协会及知名企业，共同开发一系列具有针对性的创业教育课程。这些课程不仅应涵盖传统的创业理论与管理知识，更应深度融合华侨华人的文化背景和创业经历，形成独特的课程体系。例如，可以开设"跨文化沟通与管理"课程，帮助创业者理解不同文化背景下的商业习惯与谈判技巧；设立"国际市场开拓策略"课程，指导创业者如何有效利用海外资源，精准定位国际市场。同时，增设"海外资源利用"课程，分享如何利用海外人脉、资金、技术等资源，加速企业成长。在授课方式上，政府可以邀请具有丰富经验的华侨华人创业者作为客座讲师，不仅传授宝贵的实战经验，还现身说法激发更多创业者的热情和信心。

此外，政府还可以组织创业沙龙、案例研讨等活动，为创业者提供一个交流思想、碰撞火花的平台，促进知识的共享与传承。必要时，还可以建立和完善市场专业顾问团队，给予华侨华人创业者更加精准和有效的支持。这一对策的核心在于为每位创业者配备一位或多位专属顾问，这些专业化顾问应来自不同的领域，包括成功企业家、行业专家、投资人等，在不同创业阶段为创业者提供不同指导，从而提升华侨华人在华创业成功的可能性。在这种一对一的辅导和咨询下，帮助创业者少走弯路，快速成长。为了确保专业化顾问对策的有效运行，政府应制定完善的选拔与考核机制，确保顾问团队的专业性和责任心。同时，政府还可以设立专项基金，用于支持专业化顾问行业的规范发展与能力评估，以吸引更多优秀人才加入顾问队伍。

二、强化投资教育，实现精准投资

华侨华人作为中国与世界联系的重要桥梁，其在中国的投资活动不仅促进了资本的跨国流动，更在推动中国经济现代化建设中扮演了不可或缺的角色。自改革开放以来，无数华侨华人带着资金、技术和管理经验回国投资兴业，为中国经济的快速增长和产业升级贡献了巨大力量。他们通过在海外的经历普遍积累了丰厚的资金，拥有雄厚的经济实力。初回到中国时，他们在投资方面也表现出了强烈意愿，然而，面对快速变化的中国投资环境和复杂多变的全球市场，华侨华人投资者在享受机遇的同时，也面临着诸多挑战。

一方面，他们虽然拥有较强的经济实力和投资意愿，但长期生活在海外，对国内的投资环境、政策法规及市场趋势缺乏深入了解，导致在投资决策时往往难以做出准确判断，可能无法对资金进行高效利用。

另一方面，随着中国经济结构的调整和产业升级的推进，投资者不仅要高效投资，更需要更加精准地把握市场脉搏进行动态投资，以实现资产的保值增值。因此，政府可以针对华侨华人群体开展投资教育，以提升其投资眼光与风险意识。例如，定期举办投资讲座和分享会，邀请知名投资人、经济学家及行业领袖作为主讲嘉宾，分享他们的投资心得与见解，对华侨华人进行投资教育。这些活动不仅能够为投资者提供最新的市场信息和政策解读，还能帮助他们更好地理解国内的投资环境和市场趋势，从而做出更加明智的投资决策。

政府还可以鼓励金融机构与投资者建立长期合作关系，为华侨华人投资者提供更加便捷和高效的融资渠道。金融机构可以根据投资者的需求和风险偏好，为他们量身定制金融产品，如股权融资、债券发行、资产证券化等。同时，金融机构还可以利用自身的专业优势，为华侨华人投资者提供投资组合优化、风险管理等增值服务，帮助投资者实现资产的多元化配置与风险管理。通过加强对华侨华人投资者的投资教育和服务支持，也可以促进资本的跨国流动和资源的优化配置，为中国经济的持续健康发展注入新的动力。

第五节　重视文化融合，提供教育指导

　　文化的交流与融合已成为推动社会经济发展的重要力量。华侨华人作为连接中国与世界的桥梁，其在华创业与适应的过程，不仅承载着个人梦想与家族荣耀，更深刻影响着海内外文化的互动与共生。在文化传播与融合的背景下，华侨华人在华创业面临的挑战与机遇，政府在其中如何发挥引导作用，促进文化的优质结合与企业的繁荣发展是如今学界关注的重要问题之一。

　　华侨华人在华创业面临多重挑战，其中文化融合问题较为突出。一方面，他们需要积极适应本土文化，这也成为其融入当地社会、开拓发展企业的关键起点。另一方面，他们需要克服文化逆差，适应本土文化，优化海外文化，实现文化的有效融合，以构建具有竞争力的企业文化；但部分华侨华人可能会存在文化误解及政策壁垒等问题，限制了文化融合的深度与广度，影响着华侨华人企业的可持续发展。因此，华侨华人在在华创业过程中，需要利用自身独特的文化背景，结合中国市场的实际情况，打造既符合国际潮流又具有中国特色的企业文化。一些企业通过举办文化交流活动、设立文化基金等方式，促进中外文化的交融，一定程度上促进了不同文化的交流与合作，但是这种自发的文化融合往往缺乏系统性和深度，难以形成规模效应。

一、强化政策引导支持，优化文化传承环境

　　政府已经在推动文化传播与融合方面采取了一系列措施，如设立文化交流平台、开展文化宣传活动、加强文化合作等。这些举措在一定程度上是华侨华人群体之间的交流与互鉴，为华侨华人创业提供了良好的文化环境。但与此同时，政府在引导文化融合、优化政策环境等方面仍有进步的可能，特别是在促进华侨华人的文化融入等方面仍有提升的空间。

一方面,政府可以强化政策引导与支持,针对华侨华人创业的特点,深入调研其在文化融合方面的需求与挑战,制定专门的文化融合与创业支持政策。明确文化融合的方向和目标,为华侨华人企业提供具有针对性和可操作性的政策指导与支持,使他们在创业过程中能够清晰地把握文化融合的路径和方法。

另一方面,政府可以通过不断优化文化传播环境,为华侨华人的文化学习提供便捷高效的服务,持续完善文化的覆盖功能,这在一定程度上不仅有助于减少企业的时间成本和经济成本,还能激发他们的文化宣传热情。此外,要对在文化融合与创业方面表现突出的企业和个人及时给予资金或名誉的表彰和奖励,这可以充分激发他们的积极性和创造力,促使更多的华侨华人企业积极投身于文化融合与创业实践中,为经济社会的发展作出更大的贡献。总的来说,要不断强化政策引导与支持,为华侨华人创业和文化融合创造良好的政策环境和发展氛围。

二、依托传统底蕴精髓,绽放文化独特魅力

举办中国传统文化节庆活动是促进文化交流和传播的有效且快速的方式之一。中国具有丰富的传统节日与非物质文化遗产,这些文化也是讲述中国故事的最好承载。

一方面,国家可以定期举办春节、中秋、端午等传统节日庆典,以及书法、国画、戏曲、武术等文化展示活动,为华侨华人搭建直接体验中国传统文化的桥梁。这不仅生动展现了中华文化的博大精深与独特韵味,更引领华侨华人深入探索中国的历史脉络、民俗风情及艺术瑰宝,从而加深他们对中华文化的情感认同与心灵归属。如在热闹非凡的春节庙会展示丰富多彩的民俗表演、传统美食和特色商品,让华侨华人沉浸式感受中国传统文化的魅力,用亲身体验深刻了解中国本土文化。而中秋赏月活动则以其温馨的氛围和深厚的文化内涵,唤起华侨华人对故乡的思念和对中华文化的眷恋。通过邀请华侨华人参与这些活动,不仅促进了中华文化的广泛传播与深入交流,更在无形中强化了华侨华人的民族凝聚力与文化归属感,让这份跨越时空的文化情感得以薪火相传、生生不息。

另一方面,新生代华侨华人及其子女后代作为连接中外文化的桥梁,他们所接受的文化教育的重要性不言而喻。因此,国家可以构建全方位的文化教育体系,不仅在学校课程中融入中国传统文化元素,还通过课外辅导、兴趣班、夏令营等多种形式,提供丰富多样的文化教育资源和平台,确保他们能够在学习现代知识的同时,深入了解并传承中华文化。除此以外,国家可以积极寻求与海外教育机构、华人社团及文化组织的合作,共同推动文化教育项目的实施。通过互派教师、学者交流、学生互访等方式,促进新生代华侨华人及其后代与国内同龄人的互动与交流,增进他们对中华文化的理解和认同,培养他们的国际视野和跨文化交流能力,使他们能够在不同文化背景下自如交流与合作,为促进中外文化交流与融合发挥积极作用。

三、唤醒侨心情感共鸣，共鉴中华文化魅力

除了关注在华华侨华人的文化融入现状,同样也可以通过拓展国际传播渠道扩大中华文化的国际影响力,以此吸引更多海外华侨华人关注中国。

一方面,随着短视频、直播等新媒体的蓬勃兴起,国家可以积极部署,鼓励创作高质量的文化短视频,或者开展线上文化讲座、虚拟展览等活动,以直观、生动、互动性强的方式,让海外华侨华人轻松跨越时空障碍,随时随地感受中华文化的独特韵味。这些新媒体平台不仅成为文化传播的新阵地,更促进了文化的深度交流与理解,以更加生动、形象、多元的方式传播中华文化,扩大中华文化的国际影响力,吸引更多华侨华人关注并积极参与到文化传播与融合中来,共同推动中华文化在世界范围内的传承与发展。应当注意的是,文化宣扬不能仅停留于表面,更应深植于心,从根源处激发海外华侨华人对文化的内在认同。通过强化文化自信与民族认同感,促进华侨华人与中华文化的深度融合,实现心灵与文化的共鸣。

另一方面,为进一步增强文化自信与认同感,国家可以积极鼓励华侨华人企业、艺术家及各界人士在文化传承中勇于创新。通过现代科技手段融合传统文化元素,打造具有创新性和吸引力的文化产品与服务,如沉浸式文化体验、数字文创产品等,为中华文化的传播注入新的活力。这种文化创新不仅丰富了文化传播的形式与内涵,也激发了华侨华人参与文化传承与创

新的热情,形成了良好的文化生态。弘扬中华文化精髓是增强文化自信与认同感的重要基础。在文化传承与创新的过程中,深入挖掘中华文化中蕴含的优秀传统,如仁爱、诚信、礼义等价值观,以及诗词、书法、绘画、传统工艺等艺术形式,同时充分展现中华文化在当代的时代价值,如和谐发展、创新进取、人类命运共同体理念等。通过对中华文化优秀传统和时代价值的深入挖掘与弘扬,华侨华人深刻认识到中华文化的博大精深和独特魅力,从而增强他们的文化自信和民族自豪感。在文化传播与融合的过程中,国家可以助力搭建交流平台,鼓励华侨华人与专家学者、文化工作者等进行深入对话与互动。例如,通过举办线上研讨会、文化沙龙等活动,让华侨华人能够就中华文化的各个方面提出疑问、分享见解,从而加深对中华文化的理解和认同。这种双向互动的模式,不仅能够促进文化的交流与融合,也能够增强华侨华人的归属感和参与感。

参考文献

[1] 赵红英.新时期党对侨务资源的认识及思考[J].中共党史研究,2005(3)：45-52.

[2] 双循环交汇点上的广东,如何"内外通吃"?[EB/OL].(2021-04-26)[2024-03-19]. http://www.cacs.mofcom.gov.cn/article/flfwpt/stld/ysdt/202104/168994.html.

[3] 江小涓,孟丽君.内循环为主、外循环赋能与更高水平双循环:国际经验与中国实践[J].管理世界,2021,37(1):1-19.

[4] 第八届侨界贡献奖人物风采录(七十七)仇旻:青年归侨勇担当 科教报国谱华章[EB/OL].(2021-04-29)[2024-04-09]. http://www.chinaql.org/n1/2023/0902/c419752-40069383.html.

[5] 第九届侨界贡献奖人物风采录(一百一十七)蒋建东:用科技丹方,服务健康中国[EB/OL].(2023-09-02)[2024-04-09]. http://www.chinaql.org/n1/2023/0902/c419752-40069383.html.

[6] 陈胤默,张明,王喆.华侨华人商会参与高质量共建"一带一路"现状、问题与展望[J].亚太经济,2023(3):123-134.

[7] 我国与共建"一带一路"国家货物贸易额十年年均增长8%[EB/OL].(2023-03-02)[2023-09-01]. https://www.gov.cn/xinwen/2023/03/02/content_5744191.htm.

[8] 侧记:"侨力量"如何书写"勇闯上海滩"的新故事?[EB/OL].(2024-02-27)[2024-04-09]. https://www.gqb.gov.cn/news/2024/0227/58501.shtml.

[9] 华侨华人是"一带一路"建设重要力量[EB/OL].(2017-02-09)[2024-04-

09］. http://www.scio.gov.cn/gxzl/ydyl_26587/gfgz_26597/gfgz_26598/
202207/t20220728_270232.html.

［10］陈旭.国务院关于新时代侨务工作情况的报告——2023年4月24日
在第十四届全国人民代表大会常务委员会第二次会议上［EB/OL］.
（2023-04-26）［2024-01-03］. http://www.npc.gov.cn/c2/c30834/
202304/t20230426_429042.html.

［11］广东省人民政府地方志办公室.侨乡侨情［EB/OL］.（2025-03-24）
［2025-03-28］.https://www.gd.gov.cn/zjgd/sqgk/qxqq/index.html.

［12］从贡献者到受益者［EB/OL］.（2019-09-27）［2024-03-26］. https://
www.chinaqw.com/hqhr/2019/09-27/232696.shtml.

［13］"侨"这四十年:投资中国40年之路［EB/OL］.（2018-11-01）［2024-04-
09］. https://baijiahao.baidu.com/s?id＝16158946553650452878.wfr
＝spider&for＝pc.

［14］从投资先锋到"出海"向导 海外侨胞港澳同胞积极为广东经济发展和
企业走出去"铺路架桥"［EB/OL］.（2018-12-25）［2024-04-09］. http://
www.qb.gd.gov.cn/qwdt/content/post_163325.html.

［15］尹铂淳.构建"双循环"的中国形象国际传播格局［J］.公共外交季刊,
2022（2）：17-22,124.

［16］曾少聪,陈慧萍.海外华人传播中国形象的理论探析与实践启示［J］.学
术探索,2021（9）：118-127.

［17］刘泽彭.国家软实力及华侨华人的作用国际学术会议论文集［M］.广
州：暨南大学出版社,2013.

［18］海内外华侨华人看好中国发展前景:期待与中国一起踏浪迎潮［EB/
OL］.（2023-03-25）［2023-10-15］. https://www.xuexi.cn/lgpage/detail/
index.html?id＝14492945338904341243&item_id＝1449294
5338904341243.

［19］"期待与中国一起踏浪迎潮"［EB/OL］.（2023-03-20）［2024-03-28］.
https://www.shobserver.com/wx/detail.do?id＝594482.

［20］真抓实干,做好"侨"的文章［EB/OL］.（2022-10-24）［2023-10-15］.
https://www.xuexi.cn/lgpage/detail/index.html?id＝950243734964

0986383&item_id=9502437349640986383.

[21] 新时代十年侨务工作怎么看？这份报告给出答案！[EB/OL].(2023-04-26)[2023-10-15]. http://www. xinhuanet. com/food/20230306/1144f2e748d94a579fefee0e3f76c663/c.html.

[22] 2021 年华创会总签约 698.592 亿元！10 余万侨胞"云聚"湖北产品"走出去"[EB/OL].（2021-11-17）[2024-04-20]. https://baijiahao. baidu. com/s?id=1716588544547998376&wfr=spider&for=pc.

[23] 龙敏.福建实际利用侨资累计超 1100 亿美元[EB/OL].(2024-09-26)[2025-01-28].https://www.gqb.gov.cn/news/2024/0926/59181.shtml.

[24] 青田县发展和改革局.青田:发挥资源优势,助力华侨返乡创业[EB/OL].（2025-03-06）[2025-03-28]. https://www. qingtian. gov. cn/art/2025/3/6/art_1229392718_506657.html.

[25] 浙江侨联.丽水市发挥侨联组织优势引导华侨助力外贸高质量发展[EB/OL].(2024-09-04)[2025-01-28]. https://mp. weixin. qq. com/s?__biz=MzA4MjE4MzkwMA==&mid=2659733663&idx=2&sn=b96d754f3a0ac35842df577a64eabc2d&chksm=84f5632cb382ea3a8b8773d63e585134b708fba5cecd933fc343efc7b32fb6507a33dadba483&scene=27.

[26] 《北京市华侨权益保护条例》立法调研报告[EB/OL].(2020-06-12)[2024-03-09]. https://www. bjrd. gov. cn/rdzl/rdllysjhk/202001q/202001sjts/202101/t20210111_2211203.html.

[27] 越来越多的港澳台同胞和海外侨胞选择到江门创业就业 在湾区舞台实现梦想［EB/OL］.（2023-05-15）［2024-04-20］. https://www. jiangmen.gov.cn/home/bmdt/content/post_2857537.html.

[28] 深圳经济面面观|"海归"创业选择大湾区超 80%[EB/OL].(2022-12-19)[2024-04-20]. https://www. sztv. com. cn/ysz/zx/szdyxc/79055686.shtml.

[29] 如何为发展新质生产力贡献"侨动力"？侨商来支招[EB/OL].(2024-03-11)[2024-04-20].https://k. sina. com. cn/article_5137261048_1323461f8019016wnb.html.

[30] 湖北省侨联.湖北首批新侨创新创业导师系列报道之五:李志刚导师,

用技术创新引领激光产业发展的"追光人"[EB/OL].(2022-05-18)
[2024-04-20].http://www.hbql.gov.cn/view/502.html.

[31] 传统与现代的融合:华侨同胞带回的不仅是资金,更是先进的商业模式和管理经验[EB/OL].(2024-01-09)[2024-03-09].https://jiameng.baidu.com/content/detail?id=437352243902.

[32] 国务院关于推动创新创业高质量发展打造"双创"升级版的意见国发〔2018〕32号[EB/OL].(2018-09-18)[2024-04-20].https://www.gov.cn/zhengce/zhengceku/2018-09/26/content_5325472.htm.

[33] 厦门国际银行上海分行发布上海市首个华裔青年创新创业金融服务政策[EB/OL].(2023-12-07)[2024-04-20].https://www.sohu.com/a/742085103_250147.

[34] 山东优化营商环境 为华侨华人提供创新创业优质沃土[EB/OL].(2021-10-22)[2024-04-20].https://baijiahao.baidu.com/s?id=1714261048708926197&wfr=spider&for=pc.

[35] 全市首个"华裔青年创新创业基地"在杨浦启动[EB/OL].(2023-12-01)[2024-04-20].https://www.thepaper.cn/newsDetail_forward_25502215.

[36] 江门市统一战线推出助力侨资企业稳增长促发展20条措施[EB/OL].(2022-08-11)[2024-04-20].https://www.jiangmen.gov.cn/ztbd/hqzc/jmshqzc/content/post_2668618.html.

[37] 国内唯一面向海外华侨华人专家学者提供交流平台,这个新型高端智库主办的论坛来啦![EB/OL].(2019-05-22)[2024-04-21].https://wenhui.whb.cn/third/baidu/201905/22/264828.html.

[38] 上海海归创业大数据:硕士以上学历超八成 三成企业一年即盈利[EB/OL].(2021-09-30)[2024-04-12].https://baijiahao.baidu.com/s?id=1712326598907833069&wfr=spider&for=pc.

[39] 上海凝聚侨界专业人士智慧 助力"双碳"与绿色发展[EB/OL].(2022-11-04)[2024-04-12].https://baijiahao.baidu.com/s?id=1748572502778976227&wfr=spider&for=pc.

[40] 为永春这位七旬老归侨点赞,郑文泰25年斥资上亿修复热带雨林

［EB/OL］.（2018-07-09）［2024-04-15］.https://www.163.com/dy/article/DM87DQ7T0518STTL.html.

［41］安徽华侨第一村"：侨胞回乡投资创业蔚然成［EB/OL］.（2023-11-08）［2024-04-16］.https://www.gqb.gov.cn/news/2023/1108/58073.shtml.

［42］广西归侨二代留乡玩创意 打造"Z世代"文化地标［EB/OL］.（2024-01-05）［2024-04-12］.https://baijiahao.baidu.com/s?id=1787228581647293434&wfr=spider&for=pc.

［43］华人推动电商"出海"经营模式升级示范效应显著［EB/OL］.（2018-01-10）［2024-04-21］.https://m.haiwainet.cn/middle/232657/2018/0110/content_31231133_2.html.

［44］三位归国华侨的奋斗故事：心系祖国 造福桑梓［EB/OL］.（2021-01-31）［2024-04-17］.https://baijiahao.baidu.com/s?id=1690357118047429939&wfr=spider&for=pc.

［45］到大湾区创新创业渐成风潮｜港澳同胞、海外侨胞、留学归国人员畅谈如何融入"双区"建设［EB/OL］.（2020-11-25）［2024-04-18］.http://www.zlb.gov.cn/2020-11/25/c_1210902750.htm.

［46］积极营造良好双创环境 广东省汕头市华侨经济文化合作试验区突出新侨双创特色［EB/OL］.（2020-06-24）［2024-04-18］.https://www.ndrc.gov.cn/xwdt/ztzl/scsfjdal/202006/t20200624_1231907_ext.html.

［47］"华创会"为华侨华人搭建创业平台［EB/OL］.（2023-11-17）［2024-04-18］.http://www.hb.xinhuanet.com/20231117/3ea3f24bf099445d93de567b51a9b1ec/c.html.

［48］15岁创业，25岁出国打造服装帝国，这位温籍归侨如何将服饰生意做到全球［EB/OL］.（2023-11-29）［2024-04-18］.https://mp.weixin.qq.com/s?__biz=MzA4Njc2NDQ2MQ==&mid=2652801807&idx=1&sn=f03bb329abd2567d91666b5c60465147&chksm=842995cdb35e1cdb769d1d5cd12310bdc8d7e7b63cab05eb9c96cc9655b653dc8c1278acaad3&scene=27.

［49］陈瑞娟.新发展阶段海外华侨华人高层次人才回流趋势研究［J］.青年探索，2021（4）：94-103.

[50] 广东5年引进海外人才中华侨华人超七成谱改革新篇[EB/OL].
(2018-09-19)[2023-10-20]. https://www.gqb.gov.cn/news/2018/
0919/45403.shtml.

[51] 广东省侨办:发挥"侨梦苑"作用,助推广东高质量发展[EB/OL].
(2023-02-22)[2024-04-20]. http://www.qb.gd.gov.cn/pic/content/
post_1041813.html.

[52] 第五届侨博会暨第三届咖博会在浙江青田开幕[EB/OL].(2023-11-
13)[2024-04-21]. https://baijiahao.baidu.com/s?id=178245387339
6298662&wfr=spider&for=pc.

[53] Durlauf S N, Fafchamps M. Empirical studies of social capital: a
critical survey[R]. Terms and Conditions of Use for Oxford
University Research Archive,2003.

[54] 陈翊,张一力.社会网络和海外华人族裔集聚区的功能分化:以米兰唐
人街为例[J].经济地理,2017,37(6):1-7.

[55] 聚才聚力、创赢未来! 第二十三届青岛"蓝洽会"举行[EB/OL].(2023-
10-19)[2024-06-10]. https://baijiahao.baidu.com/s?id=1780186557
025466006&wfr=spider&for=pc.

[56] 发布3415个海外高层次人才需求! 2023青岛国际人才创新创业周暨第
二十三届"蓝洽会"开幕[EB/OL].(2023-10-19)[2023-10-20].https://
baijiahao.baidu.com/s?id=1780178250193596434&wfr=spider&for
=pc.

[57] Castles S, Miller M J, Ammendola G. The age of migration:
international population movements in the modern world[M]. New
York: The Guilford Press,2003.

[58] Papademetriou D G. The age of mobility[R]. How to Get More Out
of Migration in the 21st century Migration Policy Institute,2007.

[59] Raj D S. Where are you from?: middle-class migrants in the modern
world[M].Oakland:Univ of California Press,2003.

[60] 周莳文.知识产权保护对海外华人回国创业的影响因素分析[J].科技
管理研究,2015,35(17):165-169.

[61] 李杰义，闫静波. 双重网络嵌入性对双元学习的均衡影响机制研究
[J]. 软科学，2019，33(1)：72-75.

[62] Leyden D P，Link A N，Siegel D S. A theoretical analysis of the role of
social networks in entrepreneurship[J]. Research policy，2014，43(7)：
1157-1163.

[63] 吴勇. 农村微型企业创业：网络能力、创业网络与成长绩效研究[D]. 武
汉：华中农业大学，2015.

[64] 黄洁，蔡根女，买忆媛. 农村微型企业：创业者社会资本和初创企业
绩效[J]. 中国农村经济，2010(5)：65-73.

[65] Sheng S，Zhou K Z，Li J J. The effects of business and political ties
on firm performance：evidence from China[J]. Journal of marketing，
2011，75(1)：1-15.

[66] 卢娟，李斌. 社会网络、非正规金融与居民幸福感[J]. 上海财经大学学
报，2018，20(4)：46-62.

[67] Greve H R. Positional rigidity：low performance and resource
acquisition in large and small firms[J]. Strategic management
journal，2011，32(1)：103-114.

[68] 任娜，刘宏. 归国科技企业家的"跨国文化资本"结构、特征与作用
[J]. 华侨华人历史研究，2019(4)：18-28.

[69] 刘林. 基于信号理论视角下的企业家政治联系与企业市场绩效的关系
研究[J]. 管理评论，2016，28(3)：93-105.

[70] 费孝通.乡土中国[M].北京：生活·读书·新知三联书店,1985.

[71] Chandler G N，Hanks S H. Founder competence，the environment，
and venture performance[J]. Entrepreneurship theory practice，1994，
18(3)：77-89.

[72] Massey D S，Arango J，Hugo G，et al. Worlds in motion：
understanding international migration at the end of the millennium：
understanding international migration at the end of the millennium
[M].New York：Oxford University Press，1999.

[73] 龙登高,李一苇.海外华商投资中国40年:发展脉络、作用与趋势[J]. 华

侨华人历史研究，2018(4)：1-13.

[74] 王凤彬,陈建勋,杨阳.探索式与利用式技术创新及其平衡的效应分析[J].管理世界,2012(3):96-112,188.

[75] Fischer T，Gebauer H，Gregory M，et al. Exploitation or exploration in service business development? Insights from a dynamic capabilities perspective[J]. Journal of service managemen, 2010, 21(5)：591-624.

[76] 张玉利,李乾文.公司创业导向、双元能力与组织绩效[J].管理科学学报，2009，12(1)：137-152.

[77] Li Y，Chen H W，Liu Y，et al. Managerial ties，organizational learning，and opportunity capture：a social capital perspective[J]. Asia pacific journal of management，2014，31：271-291.

[78] 谢瑞平,赵璐.政治关联对民营企业研发投入同群效应的影响与机制研究[J].会计研究，2023(8)：134-145.

[79] 李振洋,白雪洁.营商环境优化能否打破政治资源诅咒?:基于政治关联与企业生产率的考察[J].中国管理科学,32(8)：274-284.

[80] Zhang J J，Marquis C，Qiao K Y. Do political connections buffer firms from or bind firms to the government? A study of corporate charitable donations of Chinese firms[J]. Organization science，2016，27(5)：1307-1324.

[81] 王学军,孙炳.变革型商业模式、双元营销能力与价值创造[J].广东财经大学学报,2017,32(5):34-45.

[82] Josephson B W，Johnson J L，Mariadoss B J. Strategic marketing ambidexterity:antecedents and financial consequences[J].Journal of the academy of marketing science,2016,44:539-554.

[83] 刘景东,许琦,伍慧敏.网络情境下企业双元能力的动态适应与创新绩效[J].管理工程学报,2023,37(3):16-25.

[84] 范雅楠,云乐鑫.知识获取方式对制造型企业创新绩效影响的实证研究:基于营销探索与营销开发的视角[J].科学学与科学技术管理,2016,37(10):74-85.

[85] He P X,Pei Y,Lin C P,et al. Ambidextrous marketing capabilities,

exploratory and exploitative market-based innovation，and innovation performance：an empirical study on China's manufacturing sector［J］. Sustainability，2021，13(3)：1146.

［86］Freihat S. The effect of marketing ambidexterity on improvement of marketing performance in telecommunication companies in Jordan ［J］. Management science letters，2020，10(14)：3207-3216.

［87］余媛媛. 隐喻的开关：20 世纪以来斯里兰卡华侨华人的文化认同机制研究［J］. 世界民族，2021(6)：121-132.

［88］Olson P D，Bosserman D A. Attributes of the entrepreneurial type［J］. Business horizons，1984，27(3)：53-56.

［89］Hanifan L J.The rural school community center［J］.The annals of the American academy of political and social science，1916，67（1）：130-138.

［90］Mahto R V，McDowell W C.Entrepreneurial motivation：a non-entrepreneur's journey to become an entrepreneur［J］.International entrepreneurship & management journal，2018，14：513-526.

［91］胡涤非.农村社会资本的结构及其测量：对帕特南社会资本理论的经验研究［J］.武汉大学学报(哲学社会科学版)，2011，64(4)：62-68.

［92］李娜娜，张宝建. 创业生态系统演化：社会资本的理论诠释与未来展望［J］. 科技进步与对策，2021，38(5)：11-18.

［93］段萌萌. 社会网络、社会规范对城市居民社区参与的实证分析［J］. 应用数学进展，2022(4)：2107-2112.

［94］尹士，李柏洲，周开乐.基于资源观的互联网与企业技术创新模式演化研究［J］. 科技进步与对策，2018，35(6)：93-98.

［95］林南.社会资本：关于社会结构与行动的理论［M］.北京：社会科学文献出版社，2020.

［96］彭灵灵. 社会组织促进社会融合的实现路径［J］. 中南民族大学学报，2021，41(12)：81-90.

［97］许福志，徐蔼婷. 中国创新两阶段效率及影响因素：基于社会资本理论视角［J］. 经济学家，2019，4(4)：71-79.

［98］韩炜，高宇.高管团队内部非正式社会网络联结与新创企业绩效：基于商业模式创新的中介作用［J］.南开管理评论，2022，25(5)：65-74,106.

［99］刘浩，韩晓燕，薛莹，等.社会网络，环境素养对农户化肥过量施用行为的影响［J］.中国农业大学学报，2022，27(7)：250-263.

［100］Halinen A，Törnroos J Å. The role of embeddedness in the evolution of business networks［J］. Scandinavian journal of management，1998，14(3)：187-205.

［101］Hansen E L. Entrepreneurial networks and new organization growth［J］. Entrepreneurship theory practice，1995，19(4)：7-19.

［102］谢洪明，张颖，程聪，等.网络嵌入对技术创新绩效的影响：学习能力的视角［J］.科研管理，2014(12)：1-8.

［103］Granovetter M S. The strength of weak ties［J］. American journal of sociology，1973，78(6)：1360-1380.

［104］Bian Y J，Ang S. Guanxi networks and job mobility in China and Singapore［J］. Social forces，1997，75(3)：981-1005.

［105］Bian Y J. Bringing strong ties back in：indirect ties，network bridges，and job searches in China［J］. American sociological review，1997,62(3)：366-385.

［106］Butler J E，Hansen G S. Network evolution，entrepreneurial success，and regional development［J］. Entrepreneurship regional development，1991，3(1)：1-16.

［107］Ang S H. Competitive intensity and collaboration：impact on firm growth across technological environments［J］. Strategic management journal，2008，29(10)：1057-1075.

［108］Wu J. Asymmetric roles of business ties and political ties in product innovation［J］. Journal of business research，2011，64(11)：1151-1156.

［109］张振刚，李云健，袁斯帆，等.企业家社会资本、产学研合作与专利产出：合作创新意愿的调节作用［J］.科学学与科学技术管理，2016，37(7)：54-64.

[110] 杨俊，张玉利，刘依冉. 创业认知研究综述与开展中国情境化研究的建议[J]. 管理世界，2015(9)：158-169.

[111] 周小虎，孙俊华. 社会网络的力量：资源，规范还是社会心理[J]. 现代财经(天津财经大学学报)，2014(4)：3-9.

[112] Chen X Y, Wu J. Do different guanxi types affect capability building differently? A contingency view[J]. Industrial marketing management, 2011, 40(4)：581-592.

[113] Hillman A J, Hitt M A. Corporate political strategy formulation：a model of approach, participation, and strategy decisions[J]. Academy of management review, 1999, 24(4)：825-842.

[114] Zheng W T, Singh K, Mitchell W. Buffering and enabling：the impact of interlocking political ties on firm survival and sales growth[J]. Strategic management journal, 2015, 36(11)：1615-1636.

[115] Barnes J A. Class and committees in a Norwegian island parish[J]. Human relations, 1954, 7(1)：39-58.

[116] Mitchell J C. The concept and use of social networks in urban situations [M]. Manchester：Manchester Oniversity Press, 1969.

[117] Adler P S, Kwon S W. Social capital：prospects for a new concept [J]. Academy of management review, 2002, 27(1)：17-40.

[118] Granovetter M. Economic action and social structure：the problem of embeddedness[J]. American journal of sociology, 1985, 91(3)：481-510.

[119] Burt R S, Opper S, Zou N. Social network and family business：uncovering hybrid family firms[J]. Social networks, 2021, 65：141-156.

[120] Bourdieu P. Algeria 1960：the disenchantment of the world：the sense of honour, the Kabyle house or the world reversed[M]. New York：Cambridge University Press, 1979.

[121] 张亚莉，李辽辽，卢迪. 元知识开发能力对企业颠覆性创新的影响：资源到能力的视角[J]. 科学学研究，41(10)：1864-1874.

［122］Nahapiet J，Ghoshal S. Social capital，intellectual capital，and the organizational advantage［J］. Academy of management review，1998，23(2)：242-266.

［123］Uzzi B. The sources and consequences of embeddedness for the economic performance of organizations：the network effect［J］. American sociological review，1996，61(4)：674-698.

［124］黄钟仪，向玥颖，熊艾伦，等. 双重网络、双元拼凑与受孵新创企业成长：基于众创空间入驻企业样本的实证研究［J］. 管理评论，2020，32(5)：125-137.

［125］曲小瑜. 组态视角下网络嵌入、行为策略和认知柔性对中小企业朴素式创新绩效的影响研究［J］. 管理学报，2021，18(12)：1814-1821.

［126］Rowley T，Behrens D，Krackhardt D. Redundant governance structures：an analysis of structural and relational embeddedness in the steel and semiconductor industries［J］. Strategic management journal，2000，21(3)：369-386.

［127］彭华涛，潘月怡，陈云. 社会网络嵌入、双元均衡创新与国际创业研究［J］. 科研管理，2022，43(11)：45-54.

［128］王丹. 资源基础视角下战略人力资源管理理论综述［J］. 人才资源开发，2017(12)：223-224.

［129］Penrose E T. The theory of the growth of the firm［M］. New York：Oxford University Press，2009.

［130］Hitt M A，Xu K，Carnes C M. Resource based theory in operations management research［J］. Journal of operations management，2016，41：77-94.

［131］Dierickx I，Cool K. Asset stock accumulation and sustainability of competitive advantage［J］. Management science，1989，35(12)：1504-1511.

［132］Barney J. Firm resources and sustained competitive advantage［J］. Journal of management，1991，17(1)：99-120.

［133］Grant R M. The resource-based theory of competitive advantage：

implications for strategy formulation[J]. California management review, 1991, 33(3): 114-135.

[134] 张琳, 席酉民, 杨敏. 资源基础理论 60 年: 国外研究脉络与热点演变[J]. 经济管理, 2021, 43(9): 189-208.

[135] 张婷, 余玉苗. 合并商誉的本质及会计处理: 企业资源基础理论和交易费用视角[J]. 南开管理评论, 2008(4): 105-110.

[136] 张璐, 王岩, 苏敬勤, 等. 资源基础理论: 发展脉络、知识框架与展望[J]. 南开管理评论, 26(4): 246-256.

[137] 姚作为, 李安琪. ESG 表现影响企业价值的机制分析: 基于资源基础理论[J]. 华北金融, 2023(9): 14-26.

[138] Alvarez S A, Busenitz L W. The entrepreneurship of resource-based theory[J]. Journal of management, 2001, 27(6): 755-775.

[139] Pfeffer J, Salancik G R. The design and management of externally controlled organizations[J]. The external control of organizations, 1978: 257-287.

[140] Hillman A J, Dalziel T. Boards of directors and firm performance: integrating agency and resource dependence perspectives[J]. Academy of management review, 2003, 28(3): 383-396.

[141] 张琳, 张晓军, 席酉民. 领导者如何获取资源: 基于制度理论、资源基础观和领导理论的分析框架[J]. 科技进步与对策, 2015, 32(4): 144-149.

[142] Laumann E O, Galaskiewicz J, Marsden P V. Community structure as interorganizational linkages[J]. Annual review of sociology, 1978, 4(1): 455-484.

[143] Pfeffer J, Salancik G R. The external control of organizations: a resource dependence perspective[M]. New York: Harper and Row, 1978.

[144] 刘林青, 陈紫若, 田毕飞. 结构依赖如何影响贸易网络形成及演化: 以"一带一路"为例[J]. 世界经济研究, 2020(6): 106-120, 137.

[145] Markman G D, Gianiodis P T, Buchholtz A K. Factor-market rivalry[J]. The academy of management review, 2009, 34(3): 423-441.

［146］Obloj T，Capron L. Role of resource gap and value appropriation：effect of reputation gap on price premium in online auctions［J］. Strategic management journal，2010，32（4）：447-456.

［147］柳芳红. 资源依赖情境下企业知识创造及其实现机制研究［D］. 成都：西南财经大学，2020.

［148］Xia J，Wang Y G，Lin Y，et al. Alliance formation in the midst of market and network：insights from resource dependence and network perspectives［J］. Journal of management，2018，44（5）：1899-1925.

［149］March J G，Olsen J P. The new institutionalism：organizational factors in political life［J］. American political science review，1983，78（3）：734-749.

［150］涂智苹，宋铁波. 制度理论在经济组织管理研究中的应用综述：基于Web of Science（1996—2015）的文献计量［J］. 经济管理，2016，38（10）：184-199.

［151］North D C. Institutions，institutional change and economic performance［M］. London：Cambridge University Press，1990.

［152］姚凯，李晓琳. 基于制度理论的创业企业社会创新实现路径［J］. 管理科学，2022，35（3）：58-72.

［153］沈洪涛，苏亮德. 企业信息披露中的模仿行为研究：基于制度理论的分析［J］. 南开管理评论，2012，15（3）：82-90，100.

［154］李晓慧，张明祥，李哲. 管理层自利与企业内部控制缺陷模仿披露关系研究：基于制度理论分析［J］. 审计研究，2019（2）：64-72.

［155］Dimaggio P，Powell W. The iron cage revisited：institutional lsomorphism and collective ratio［J］. American sociological review，1983，48（2）：147-160.

［156］郭毅，殷家山，周裕华. 制度理论如何适宜于管理学研究?：制度创业者研究中的迷思及适宜性［J］. 管理学报，2009，6（12）：1614-1621.

［157］乐琦. 并购合法性与并购绩效：基于制度理论视角的模型［J］. 软科学，2012，26（4）：118-122.

［158］Scott W R. Institutions and organizations：ideas，interests，and identities

〔M〕. London：Sage Publications，2013.

［159］Suchman M C. Managing legitimacy：strategic and institutional approaches ［J〕. Academy of management review，1995，20(3)：571-610.

［160］Chan C M, Makino S. Legitimacy and multi-level institutional environments： implications for foreign subsidiary ownership structure〔J〕. Journal of international business studies，2007，38：621-638.

［161］Kostova T, Beugelsdijk S, Scott W R, et al. The construct of institutional distance through the lens of different institutional perspectives： review，analysis，and recommendations〔J〕. Journal of international business studies，2020，51：467-497.

［162］Kostova T. Success of the transnational transfer of organizational practices within multinational companies〔D〕. Minneapolis，M N： University of Minnesota Press，1996.

［163］Duncan R B. The ambidextrous organization：designing dual structures for innovation〔J〕. The management of organization，1976，1(1)： 167-188.

［164］March J G. Exploration and exploitation in organizational learning 〔J〕. Organization science，1991，2(1)：71-87.

［165］Simsek Z. Organizational ambidexterity：towards a multilevel understanding 〔J〕. Journal of management studies，2009，46(4)：597-624.

［166］凌鸿，赵付春，邓少军. 双元性理论和概念的批判性回顾与未来研究 展望〔J〕. 外国经济与管理，2010，32(1)：25-33.

［167］Tushman M L, O'reilly C A. Ambidextrous organizations：managing evolutionary and revolutionary change〔J〕. California management review，1996，38(4)：8-29.

［168］韩晨，张树满，高山行. 双元组织学习对制造业企业双维绩效的影响 研究〔J〕. 华东经济管理，2022，36(8)：108-117.

［169］Lin C，Chang C-C. A patent-based study of the relationships among technological portfolio，ambidextrous innovation，and firm performance 〔J〕. Technology analysis & strategic management journal，2015，27

(10)：1193-1211.

[170] Hu L Y, Gu J B, Wu J L, et al. Regulatory focus, environmental turbulence, and entrepreneur improvisation[J]. International entrepreneurship and management journal，2018，14(1)：129-148.

[171] 叶竹馨，买忆媛. 探索式即兴与开发式即兴：双元性视角的创业企业即兴行为研究[J]. 南开管理评论，2018，21(4)：15-25.

[172] Rosing K，Frese M，Bausch A. Explaining the heterogeneity of the leadership-innovation relationship：ambidextrous leadership[J]. The leadership quarterly，2011，22(5)：956-974.

[173] Kassotaki O. Ambidextrous leadership in high technology organizations [J]. Organizational dynamics，2018，48(2)：37-43.

[174] 郭润萍，尹昊博，陆鹏. 竞合战略、双元能力与数字化新创企业成长[J]. 外国经济与管理，2022，44(3)：118-135.

[175] O'reilly C A, Tushman M L. Ambidexterity as a dynamic capability：Resolving the innovator's dilemma[J]. Research in organizational behavior，2008，28：185-206.

[176] 邢菁华，张洵君."一带一路"与华商网络：一项经济地理分析[J]. 浙江学刊，2020(3)：224-232.

[177] Chen W T, Han C J, Wang L, et al. Recognition of entrepreneur's social ties and firm innovation in emerging markets：explanation from the industrial institutional environment and survival pressure [J]. Asia Pacific journal of management，2021，38：491-518.

[178] 于天远，吴能全. 组织文化变革路径与政商关系：基于珠三角民营高科技企业的多案例研究[J]. 管理世界，2012(8)：129-146,188.

[179] Rauch J E. Business and social networks in international trade[J]. Journal of economic literature，2001，39(4)：1177-1203.

[180] 庄国土. 论15—19世纪初海外华商经贸网络的发展：海外华商网络系列研究之二[J]. 厦门大学学报(哲学社会科学版)，2000(2)：58-67,144.

[181] 陈初昇，燕晓娟，衣长军. 跨境电商、华商网络与中国企业OFDI[J]. 浙

江大学学报(人文社会科学版),2019,49(6):132-146.

[182] 高伟浓.国际移民环境下的中国新移民[M].北京:中国华侨出版社,
2003.

[183] 庄国土,李瑞晴.华侨华人分布状况和发展趋势[Z].国务院侨务办公
室政策法规司.

[184] 超金.海外著名华人列传[M].北京:中国工人出版社,1988.

[185] 罗俊翀.论海外华商网络的形成和发展[D].广州:暨南大学,2005.

[186] 杨宜音."自己人":信任建构过程的个案研究[J].社会学研究,1999(2):
40-54.

[187] 杨济亮.生计互动与价值变迁:从侨批看福建侨乡与东南亚的五缘关
系[J].海峡人文学刊,2022,2(1):96-104,158-159.

[188] 翟学伟.社会流动与关系信任:也论关系强度与农民工的求职策略
[J].社会学研究,2003(1):1-11.

[189] 庄晋财,沙开庆,程李梅,等.创业成长中双重网络嵌入的演化规律研究:
以正泰集团和温氏集团为例[J].中国工业经济,2012(8):122-134.

[190] 边燕杰,杨洋.中国大众创业的核心元素:创业者的关系嵌入与核心
关系圈[J].探索与争鸣,2019(9):158-168,200.

[191] 张秀娥,姜爱军,张梦琪.网络嵌入性、动态能力与中小企业成长关
系研究[J].东南学术,2012(6):61-69.

[192] 庄国土.论早期海外华商经贸网络的形成:海外华商网络系列研究之
一[J].厦门大学学报(哲学社会科学版),1999(3):32-40,126.

[193] 庄国土.论17—19世纪闽南海商主导海外华商网络的原因[J].东南
学术,2001(3):64-73.

[194] 光明网:海外华商网络的历史考察[EB/OL].(2020-02-03)[2023-07-
08]. https://epaper. gmw. cn/gmrb/html/2020-02/03/nw. D110000
gmrb_20200203_1-14.htm.

[195] 何会涛,袁勇志.海外人才创业双重网络嵌入及其交互对创业绩效的
影响研究[J].管理学报,2018,15(1):66-73.

[196] 中国侨网:侨批业从兴起、繁荣、衰落到消亡几番流转皆回忆[EB/OL].
(2021-01-18)[2023-08-28].https://www.chinaqw.com/qx/2021/01-

18/283283.shtml.

[197] 陈蕊. 关系邻近性视角下的海外华商与侨乡经济:以改革开放后广东潮汕地区为例[J]. 华侨华人历史研究,2020(2):53-64.

[198] 中工网:发挥华侨华人作用助力粤港澳大湾区建设[EB/OL].(2022-07-12)[2023-08-10]. https://www.workercn.cn/c/2022-07-12/7009 060.shtml.

[199] 任娜. 海外华人社团的发展现状与趋势[J]. 东南亚研究,2014(2):96-102.

[200] 莫顺宗. 马来西亚华人社团:从"整体网络"到"互联网络"[J]. 八桂侨刊,2012(4):26-29.

[201] 庄国土. 21 世纪前期海外华侨华人社团发展的特点评析[J]. 南洋问题研究,2020(1):55-64.

[202] 光明网:海外华商史研究的新视角[EB/OL].(2020-02-03)[2023-08-15]. https://epaper.gmw.cn/gmrb/html/2020-02/03/nw.D110000 gmrb_20200203_3-14.html.

[203] Massey D S,Alarcón R,Durand J,et al. Return to Aztlan:the social process of international migration from western Mexico[M]. Berkeley:University of California Press,1990.

[204] Nohria N,Eccles R G. Networks and organizations:Structure,form, and action[M]. Boston:Harvard Business School Press,1992.

[205] 吴绍玉,汪波,李晓燕,等. 双重社会网络嵌入对海归创业企业技术创新绩效的影响研究[J]. 科学学与科学技术管理,2016,37(10):96-106.

[206] 丘立本. 从历史的角度看东南亚华人宗乡组织的前途[J]. 华侨华人历史研究,1996(2):9-14.

[207] 林其锬,吕良弼. 五缘文化概论[M]. 福州:福建人民出版社,2003.

[208] 方雄普,许振礼. 海外侨团寻踪[M]. 北京:中国华侨出版社,1995.

[209] 丘立本. 从历史的角度看东南亚华人网络[J]. 华侨华人历史研究,1998(3):2-8.

[210] 詹冠群. 新马华人神庙初探[J]. 海交史研究,1998(1):19-26.

［211］颜清湟. 新马华人社会史［M］. 北京：中国华侨出版社，1991.

［212］李明欢. 当代海外华人社团研究［M］. 厦门：厦门大学出版社，1995.

［213］朱东芹. 东南亚华侨华人社团的历史与现状［M］. 北京：社会科学文献出版社，2011.

［214］崔晓旭. 中国农村剩余劳动力解决方案探究：基于托达罗模型和推拉理论［J］. 现代经济信息，2011，6：236-237.

［215］Lee E S. A theory of migration［J］. Demography，1966，3：47-57.

［216］温星衍. 发达国家城市人口规模和人口流动模式的转变［J］. 人口学刊，1987(5)：1-7.

［217］曾少聪，闫萌萌. 海外新移民的回流研究：以闽西北新兴侨乡归县为例［J］. 世界民族，2019(2)：52-61.

［218］傅义强. 欧洲的中国大陆新移民研究述评［J］. 八桂侨刊，2006，1(4)：31-35.

［219］郑巧英，王辉耀，李正风. 全球科技人才流动形式，发展动态及对我国的启示［J］. 科技进步与对策，2014，31(13)：150-153.

［220］Basch L，Schiller N G，Blanc C S. Nations unbound：transnational projects，postcolonial predicaments，and deterritorialized nation-states［M］. London：Routledge，1994.

［221］Al-Ali N，Koser K. New approaches to migration? Transnational communities and the transformation of home［M］. London：Routledge，2003.

［222］赵琴琴，吴青. 华人华侨回流二次创业研究现状与展望：兼评温州华人华侨之创业［J］. 当代经济，2019(3)：158-160.

［223］陈初昇，王玉敏，衣长军. 海外华侨华人网络，组织学习与企业对外直接投资逆向技术创新效应［J］. 国际贸易问题，2020(4)：156-174.

［224］Hamdouch B，Wahba J. Return migration and entrepreneurship in Morocco［J］. Middle east development journal，2015，7(2)：129-148.

［225］Radcliffe-Brown A R. On social structure［J］. The journal of the Royal Anthropological Institute of Great Britain Ireland，1940，70(1)：1-12.

［226］Thomas W I，Znaniecki F. The polish peasant in Europe and America

[M]. Chicago：University of Chicago Press，1984.

[227] Nohria N, Eccles R G, Press H B. Networks and organizations：structure，form，and action[M]. Boston：Harvard business school press，1992.

[228] Hite J M, Hesterly W S. The evolution of firm networks：from emergence to early growth of the firm[J]. Strategic management journal，2001，22(3)：275-286.

[229] Hoang H, Antoncic B. Network-based research in entrepreneurship：a critical review[J]. Journal of business venturing，2003，18(2)：165-187.

[230] 李永周，张宏浩，朱迎还，等. 创新支持感对来华境外人才创新行为的影响：创新网络嵌入的中介作用[J]. 科技进步与对策，2022，39(17)：142-151.

[231] 买忆媛，徐承志. 工作经验对社会企业创业资源整合的影响[J]. 管理学报，2012，9(1)：82-88.

[232] 唐任伍，孟娜，刘洋. 关系型社会资本："新乡贤"对乡村振兴战略实施的推动[J].治理现代化研究，2021，37(1)：36-43.

[233] 王晖. 中国文化与跨文化交际[M]. 北京：商务印书馆，2017.

[234] 唐炎钊，唐蓉. 中国企业跨国并购商业文化整合模型研究[J]. 商业研究，2011，6：1-8.

[235] Fisman R.Estimating the value of political connections[J].American economic review，2001，91(4)：1095-1102.

[236] 谢波，贾佳豪. 能耗约束目标对企业绿色技术创新的影响机制：政治关联的调节效应[J]. 科技进步与对策，2022，39(16)：106-113.

[237] 苏坤. 政治关联对公司股价崩盘风险的影响[J]. 管理评论，2021，33(7)：54-67.

[238] 刘娟，曹杰. 母国政治关联影响中国企业 OFDI 吗？[J]. 经济经纬，2021，38(4)：53-62.

[239] 王雪冬，聂彤杰，孟佳佳. 政治关联对中小企业数字化转型的影响：政策感知能力和市场感知能力的中介作用[J]. 科研管理，2022，43(1)：134-142.

[240] Zhang H，Yang C D，Zhong W G. Do political ties facilitate or inhibit firm innovation in China? An examination of the institutional structure [J]. Asia Pacific journal of management，2023，41：1-31.

[241] 王丹.政商关联对中国企业对外直接投资的影响研究[D].上海：上海财经大学，2022.

[242] 雷雨荷，朱巧玲.中国政商关系研究二十年述评与前沿趋向[J].湖北经济学院学报(人文社会科学版)，2023，20(6)：45-48.

[243] 韩阳.健康政商关系的基本内涵、实践经验与建构路径[J].重庆社会主义学院学报，2016，19(1)：48-55.

[244] 董孟雄，陈庆德.战后经济动荡中的东南亚华人、华侨社会[J].华侨华人历史研究，1989(4)：1-9.

[245] 苏南.华侨对国内外的贡献[J].东南亚研究资料，1981(3)：17-46，16.

[246] 廖遇常，陈旦生.法国华侨华人社会发展的历程[J].华侨华人历史研究，1991(3)：64-66.

[247] 郭梁.战后东南亚华侨、华人变化发展的性质问题[J].南洋问题，1986(4)：41-48.

[248] 陈列.浅谈战后东南亚华侨华人社会结构的变化[J].暨南学报(哲学社会科学)，1987(2)：83-93.

[249] 黄绮文.论泰国"华人社区"及其演变[J].东南亚，1991(3)：42-47.

[250] 廖钺.试论广东的华侨优势[J].广州研究，1985 (2)：28-31.

[251] 林金枝.澳大利亚的华人现状及其社团一斑[J].南洋问题，1986(1)：48-56.

[252] 汪玲.试论当代华侨华人社团的若干特点[J].八桂侨刊，2002(1)：11-14.

[253] 刘汉标.第二次世界大战后美国华侨、华人社会的变化[J].暨南学报(哲学社会科学)，1987(1)：54-62.

[254] 陈碧笙.美澳两洲华侨华人的新动向[J].华侨华人历史研究，1989(1)：24-31.

[255] 王元林.海外华侨华人与侨乡关系演变的特点[J].暨南学报(哲学社会科学版)，2001(4)：129-134.

[256] 侯松岭，汪波. 华侨华人社会百年变迁及 21 世纪发展趋势[J]. 东南亚纵横，2003(7)：53-58.

[257] 张秀明. 国际移民视野下的华侨华人[J]. 青海民族研究，2023，34(1)：1-9.

[258] 刘诚，陈云云. 论华侨华人在中国改革开放进程中的重要作用[J]. 中国特色社会主义研究，2009(2)：34-36.

[259] 刘恒. 发挥华侨华人在推进"一带一路"建设中的作用研究[J]. 中国经贸导刊(中)，2021(3)：23-26.

[260] 张赛群. 新中国华侨参政议政问题探讨[J]. 江苏大学学报(社会科学版)，2011，13(6)：32-36,41.

[261]《华侨华人祖籍地作用方式研究》课题组. 华侨华人在祖籍地的作用方式研究：对融籍华侨华人创新"作用方式"的实证分析[J]. 华侨华人历史研究，2002(4)：17-28.

[262] 周聿峨，曾品元. 华侨华人与广东侨乡关系的思考[J]. 华侨华人历史研究，2001(1)：15-21.

[263] 宋心梅. 清末民国时期广东梅州侨办教育研究[D]. 南昌：南昌大学，2019.

[264] 蔡惠茹. 侨办教育的现代性因素探析：以民国时期闽南侨办学校为例[J]. 漳州师范学院学报(哲学社会科学版)，2009，23(2)：132-138.

[265] 中国海洋大学经济学院课题组. 我国海外人才回流的动因分析[J]. 软科学，2004(5)：58-60.

[266] 叶菲. 试论华侨华人在推进祖国统一大业中的优势、作用与地位[J]. 八桂侨刊，2004(2)：11-15.

[267] 刘国新. 我国海外人才资源开发的几点思考[J]. 中国人力资源开发，2005(12)：4-10.

[268] 陈瑞娟. 粤港澳大湾区引进海外华侨华人高层次人才的思考[J]. 探求，2021(3)：67-75,92.

[269] 叶小利，陈彩婵. 21 世纪以来梅州籍华侨华人、港澳同胞与侨乡的公益事业[J]. 八桂侨刊，2021(1)：62-68.

[270] 张秀明. 改革开放以来侨务政策的演变及华侨华人与中国的互动

［J］. 华侨华人历史研究，2008(3)：1-10.

［271］任娜，刘宏."一带一路"构建中的东南亚华商网络研究：以新马菲商会组织为中心［J］. 世界民族，2021(4)：99-111.

［272］Sun P，Wright M，Mellahi K. Is entrepreneur-politician alliance sustainable during transition? The case of management buyouts in China［J］. Management and organization review，2010，6(1)：101-121.

［273］徐鹏，王瑞康. 财务灵活性、CEO 政治关联与税收规避［J］. 财会通讯，2021(24)：52-56.

［274］张铂晨，赵树宽. 政府补贴对企业绿色创新的影响研究：政治关联和环境规制的调节作用［J］. 科研管理，2022，43(11)：154-162.

［275］知乎：墨西哥华侨华人爱心"接力"驰援飓风灾区［EB/OL］.(2023-11-09)［2023-11-19］. https://zhuanlan.zhihu.com/p/665914349.

［276］广西华侨爱心基金会：致敬逆行者 海外侨胞高永祺先生向广西救援队捐赠善款［EB/OL］.（2023-11-01）［2023-11-19］. http://www.gxhqax.org/new_xiangqing?article_id=365.

［277］广东新闻联播：华侨华人桥梁纽带日益紧密 广东持续做好"侨"的文章［EB/OL］.（2023-10-16）［2023-11-19］. http://www.qb.gd.gov.cn/pic/content/post_1135646.html.

［278］中国新闻网：岁末年初华侨华人爱心善举温暖"第二故乡"［EB/OL］.（2023-11-02）［2023-11-19］. https://www.gqb.gov.cn/news/2023/0102/55901.shtml.

［279］王永贵，王娜. 逆向创新有助于提升子公司权力和跨国公司的当地公民行为吗?：基于大型跨国公司在华子公司的实证研究［J］. 管理世界，2019，35(4)：145-159.

［280］张明，杜运周. 组织与管理研究中 QCA 方法的应用：定位、策略好方向［J］. 管理学报.2019,16(9):1312-1323.

［281］李姝，谢晓嫣. 民营企业的社会责任、政治关联与债务融资：来自中国资本市场的经验证据［J］. 南开管理评论，2014，17(6)：30-40,95.

［282］Zhang M R，Liu H F，Chen M，et al. Managerial ties：how much do they matter for organizational agility?［J］. Industrial marketing management，2022，103：215-226.

[283] Gao Y，Shu C L，Jiang X，et al. Managerial ties and product innovation：The moderating roles of macro-and micro-institutional environments[J]. Long range planning，2017，50(2)：168-183.

[284] Ge J H，Carney M，Kellermanns F. Who fills institutional voids? Entrepreneurs' utilization of political and family ties in emerging markets[J]. Entrepreneurship theory and practice，2019，43(6)：1124-1147.

[285] Bai Y Z，Xiao Y Z，Pan J Z，et al. When political ties matter for firm performance? The role of CEO's political utilization orientation and prosocial orientation[J]. Asia Pacific journal of management，2023：1-26.

[286] Sun P，Mellahi K，Wright M，et al. Political tie heterogeneity and the impact of adverse shocks on firm value[J]. Journal of management studies，2015，52(8)：1036-1063.

[287] Guo H，Wang C，Wang Z Y，et al. Corporate political ties and firm performance in a transition economy：a replication and extension of Peng and Luo (2000)[J]. Management and organization review，2023：1-32.

[288] Zhou H Q，Ye S H. Fundraising in the digital era：legitimacy，social network，and political ties matter in China[J]. Voluntas：international journal of voluntary and nonprofit organizations，2021，32：498-511.

[289] 唐松，孙铮. 政治关联、高管薪酬与企业未来经营绩效[J]. 管理世界，2014，(05)：93-105，187-188.

[290] 陈德球，金雅玲，董志勇. 政策不确定性、政治关联与企业创新效率[J]. 南开管理评论，2016，19(4)：27-35.

[291] 黄丽英，何乐融. 高管政治关联和企业创新投入：基于创业板上市公司的实证研究[J]. 研究与发展管理，2020，32(2)：11-23.

[292] 杨星，田高良，司毅，等. 所有权性质、企业政治关联与定向增发：基于我国上市公司的实证分析[J]. 南开管理评论，2016，19(1)：134-141，154.

[293] 李健，陈传明，孙俊华. 企业家政治关联、竞争战略选择与企业价值：基于上市公司动态面板数据的实证研究[J]. 南开管理评论，2012，15(6)：147-157.

[294] Wang T，Zhang T，Shou Z G. The double-edged sword effect of political ties on performance in emerging markets：the mediation of innovation capability and legitimacy[J]. Asia Pacific journal of management，2021，38：1003-1030.

[295] 李宇辰，郝项超，刘精山. 政府产业基金对企业创新的影响机制研究：政治关联视角[J]. 科技进步与对策，2024(7)：1-10.

[296] Wang C L，Chung H F L. The moderating role of managerial ties in market orientation and innovation：an Asian perspective[J]. Journal of business research，2013，66(12)：2431-2437.

[297] Dong F，Wang X，Chen J W. Family ownership and cooperative R&D：the moderating effect of political ties[J]. Journal of knowledge management，2022，26(2)：403-422.

[298] Zhang N，Liang Q Z，Lei H M，et al. Are political ties only based on interpersonal relations? The organizational political tie and its role in firms' innovations in China[J]. Chinese management studies，2016，10(3)：417-434.

[299] 张国富，张有明. CEO 政治关联与创新绩效：促进或抑制？：基于财务绩效的中介效应[J]. 财会通讯，2022(10)：48-53.

[300] Luk C L，Yau O H，Sin L Y，et al. The effects of social capital and organizational innovativeness in different institutional contexts[J]. Journal of international business studies，2008，39：589-612.

[301] 郑山水. 新创企业的政治资源诅咒效应：基于政府关系网络与创业绩效的分析[J]. 科技管理研究，2016，36(15)：180-185.

[302] 宋林，张丹. 高管政治关联与海外背景对企业创新能力的协同影响研究[J]. 当代经济科学，2019，41(6)：98-107.

[303] 严若森，姜潇. 关于制度环境、政治关联、融资约束与企业研发投入的多重关系模型与实证研究[J]. 管理学报，2019，16(1)：72-84.

[304] 严毛新. 高校创业教育功能认知偏差与应对[J]. 教育发展研究，2014(1)：63-68.

[305] Lee S M, Chang D, Lim S B. Impact of entrepreneurship education：a comparative study of the US and Korea[J]. The international entrepreneurship management journal，2005，1：27-43.

[306] Gilad B, Levine P. A behavioral model of entrepreneurial supply[J]. Journal of small business management，1986，24(4)：45-53.

[307] 李家华，卢旭东. 把创新创业教育融入高校人才培养体系[J]. 中国高等教育，2010(12)：9-11.

[308] Liñán. Intention-based models of entrepreneurship education[J]. Piccolla impresa/small business，2004，3(1)：11-35.

[309] 丁明磊，丁素文. 大学生创业自我效能、行为控制知觉与创业意向的实证研究[J]. 统计与信息论坛，2011，26(3)：108-112.

[310] 武向荣，曾天山. 国外创业教育体系现状与经验[J]. 创新人才教育，2015(4)：75-81.

[311] Van Der S J, Van Praag M, Vijverberg W. Education and entrepreneurship selection and performance：a review of the empirical literature [J]. Journal of economic surveys，2008，22(5)：795-841.

[312] 中华人民共和国教育部高等教育司. 创业教育在中国：试点与实践[M]. 北京：高等教育出版社，2006.

[313] 郝杰，吴爱华，侯永峰. 美国创新创业教育体系的建设与启示[J]. 高等工程教育研究，2016，2(4)：7-12.

[314] Krueger N F, Brazeal D V. Entrepreneurial potential and potential entrepreneurs[J]. Entrepreneurship theory practice，1994，18(3)：91-104.

[315] Weick K E. Drop your tools：an allegory for organizational studies [J]. Administrative science quarterly，1996，41(2)：301-313.

[316] 李明章. 高校创业教育与大学生创业意向及创业胜任力的关系研究[J]. 创新与创业教育，2013(3)：1-13.

[317] 杨晓慧. 创业教育的价值取向，知识结构与实施策略[J]. 教育研究，

2012(9)：73-78.

[318] 雷小苗. 正视文化差异发展文化认同:跨国公司经营中的跨文化管理研究[J]. 商业研究，2017(1)：13-18.

[319] Hofstede G. Culture's consequences：comparing values，behaviors，institutions and organizations across nations[M]. California：Sage Publications，2001.

[320] 赵曙明. 跨国公司在华面临的挑战:文化差异与跨文化管理[J]. 管理世界，1997(3)：76-81.

[321] 庄贵军，周南，周筱莲，等. 跨文化营销渠道中文化差异对企业间信任与承诺意愿的影响[J]. 管理评论，2009，21(1)：67-76.

[322] Chen K X，Cheng X M，Zhang R，et al. Unveiling the role of cross-cultural and cognitive differences in organizational learning mechanism of technology-acquiring cross-border mergers and acquisitions：evidence from emerging market enterprises[J/OL]. Frontiers in psychology，2022，13. DOI：10.3389/fpsyg. 2022. 863442.

[323] 李善民，公淑玉，庄明明. 文化差异影响 CEO 的并购决策吗？[J]. 管理评论，2019，31(6)：144-159.

[324] Beugelsdijk S，Slangen A，Maseland R，et al. The impact of home-host cultural distance on foreign affiliate sales：the moderating role of cultural variation within host countries[J]. Journal of business research，2014，67(8)：1638-1646.

[325] 朱涛，郭星华. 双向疏离与文化互嵌:青年农民工在县域城市的文化融入[J]. 中国青年研究，2023(3)：48-56.

[326] Björkman I，Stahl G K，Vaara E. Cultural differences and capability transfer in cross-border acquisitions：the mediating roles of capability complementarity，absorptive capacity，and social integration[J]. Journal of international business studies，2007，38(4)：658-672.

[327] Tadesse B，White R. Immigrants，cultural differences，and trade costs[J]. International migration，2017，55(1)：51-74.

[328] Oehmichen J，Firk S，Wolff M，et al. Board experience and value

creation in cross-border acquisitions：the role of acquirer and target country institutions[J]. International business review，2022，31(4)：101966.

[329] Kostova T，Zaheer S. Organizational legitimacy under conditions of complexity：the case of the multinational enterprise[J]. Academy of management review，1999，24(1)：64-81.

[330] Campagnolo D，Vincenti G. Cross-border M&As：the impact of cultural friction and CEO change on the performance of acquired companies [J]. Journal of international management，2022，28(4)：100942.

[331] Voyer B G，Kastanakis M N，Rhode A K. Co-creating stakeholder and brand identities：a cross-cultural consumer perspective [J]. Journal of business research，2017，70：399-410.

[332] Zolfagharian M，Ulusoy E. Inter-Generational Pendula (IGP)：toward a theory of immigrant identity, materialism and religiosity[J]. International journal of research in marketing，2017，34(3)：678-693.

[333] Popli M，Akbar M，Kumar V，et al. Reconceptualizing cultural distance：the role of cultural experience reserve in cross-border acquisitions [J]. Journal of world business，2016，51(3)：404-412.

[334] 刘燕玲. 当代海外华人的双重文化认同特征探析：以美国华人为例 [J]. 华侨华人历史研究，2021(1)：45-53.

[335] 吴前进. 国家安全和华人移民身份认同的建构[J]. 国际关系研究，2020(6)：3-19,151-152.

[336] 马凌，谢圆圆，张博. 跨国主义视角下高校海归知识移民的回流与地方嵌入[J]. 地理学报，2022，77(6)：1430-1445.

[337] 马占杰. 逆向文化冲击与海外华侨华人回国创业意向[J]. 科学学研究，2022，40(9)：1641-1648.

[338] 姚凯，王亚娟. 海归高管与企业国际化：基于我国高科技上市公司的实证研究[J]. 经济理论与经济管理，2020(11)：55-71.

[339] 朱佳信，祝继高，梁晓琴. 母公司高管海外经历如何影响海外子公司的绩效？[J]. 外国经济与管理，2022，44(9)：35-50.

[340] 阎大颖. 国际经验、文化距离与中国企业海外并购的经营绩效[J]. 经济评论, 2009(1): 83-92.

[341] 倪中新, 花静云, 武凯文. 我国企业的"走出去"战略成功吗?: 中国企业跨国并购绩效的测度及其影响因素的实证研究[J]. 国际贸易问题, 2014(8): 156-166.

[342] 吴小节, 谭晓霞, 曾华. 母国区域制度质量对民营企业海外市场进入模式的影响[J]. 管理科学, 2018, 31(4): 120-134.

[343] 陈景信. 中国区域文化多样性差异及其对创新创业绩效的门槛效应研究[J]. 市场论坛, 2023(1): 17-30.

[344] Dai J X, Lu X W, Qi H B, et al. How to achieve entrepreneurial enterprise performance in entrepreneurial scenario? —Based on the case study of China new energy passenger car company A[J]. Frontiers in psychology, 2022, 13: 946806.

[345] Basco R, Calabrò A, Campopiano G. Transgenerational entrepreneurship around the world: implications for family business research and practice[J]. Journal of family business strategy, 2019, 10(4): 100249.

[346] Abd Hamid H, Everett A M, O'kane C. Ethnic migrant entrepreneurs' opportunity exploitation and cultural distance: a classification through a matrix of opportunities[J]. Asian academy of management journal, 2018, 23(1): 151-169.

[347] 罗瑾琏, 刘志文, 钟竞. 高校海归人才归国适应影响因素及效应研究[J]. 科技进步与对策, 2017, 14(34): 133-139.

[348] 贺爱忠, 李雪. 在线品牌社区成员持续参与行为形成的动机演变机制研究[J]. 管理学报, 2015, 12(5): 733-743.

[349] Ho H, Osiyevskyy O, Agarwal J, et al. Does ambidexterity in marketing pay off? The role of absorptive capacity[J]. Journal of business research, 2020, 110: 65-79.

[350] 王凤彬, 陈建勋, 杨阳. 探索式与利用式技术创新及其平衡的效应分析[J]. 管理世界, 2012(3): 96-112,188.

［351］张玉利，李乾文. 公司创业导向、双元能力与组织绩效［J］. 管理科学学报，2009，12（1）：137-152.

［352］Ju M，Gao G Y. Performance implication of exploration and exploitation in foreign markets：the role of marketing capability and operation flexibility［J］. International marketing review，2022，39（4）：785-810.

［353］Johanson J，Vahlne J-E. The Uppsala internationalization process model revisited：from liability of foreignness to liability of outsidership ［M］// Buckley P，Ghauri P. International business strategy. London：Routledge，2015.

［354］包群，但佳丽. 网络地位、共享商业关系与大客户占比［J］. 经济研究，2021，56（10）：189-205.

［355］Aarikka-Stenroos L，Lehtimäki T. Commercializing a radical innovation：probing the way to the market［J］. Industrial marketing management，2014，43（8）：1372-1384.

［356］Bernard A B，Moxnes A，Saito Y U. Production networks，geography，and firm performance［J］. Journal of political economy，2019，127（2）：639-688.

［357］黎文武. 差异化营销与顾客购买意向的相关性分析：基于网络中心度与网络密度的视角［J］. 商业经济研究，2023（6）：160-164.

［358］兰建平，苗文斌. 嵌入性理论研究综述［J］. 技术经济与管理研究，2009，28（1）：104-108.

［359］Paik Y，Woo H. The effects of corporate venture capital，founder incumbency，and their interaction on entrepreneurial firms' R&D investment strategies［J］. Organization science，2017，28（4）：670-689.

［360］于涛. 移民网络、本土化适应与俄罗斯华商新移民：基于莫斯科的实地分析［J］. 华侨华人历史研究，2016（4）：49-57.

［361］曾丽敏，刘春湘. 非正式制度对社会组织参与城市社区治理的影响［J］. 北京社会科学，2021（11）：106-116.

［362］黄钟仪，向玥颖，熊艾伦，等. 双重网络、双元拼凑与受孵新创企业成长：基于众创空间入驻企业样本的实证研究［J］. 管理评论，2020，

32(5)：125-137.

[363] Naudé P，Zaefarian G，Tavani Z N，et al. The influence of network effects on SME performance[J]. Industrial marketing management，2014，43(4)：630-641.

[364] Alon I，Misati E，Warnecke T，et al. Comparing domestic and returnee female entrepreneurs in China：is there an internationalisation effect?［J］. International journal of business and globalisation，2011，6(3-4)：329-349.

[365] Zhang H，Shang T，Shao Y. The impact of embedded relationship on knowledge internalization in innovation network and choice of competition mode[J]. Chinese journal of management，2016，26(6)：388-399.

[366] 李杰义，左秀雯. 海外网络嵌入与国际化速度对技术创新的影响[J]. 科技进步与对策，2019，36(11)：9-15.

[367] 龙登高，丁萌萌，张洵君. 海外华商近年投资中国的强势成长与深刻变化[J]. 华侨华人历史研究，2013(2)：30-37.

[368] Pisano G. Profiting from innovation and the intellectual property revolution[J]. Research policy，2006，35(8)：1122-1130.

[369] 戴维奇，林巧，魏江. 集群内外网络嵌入与公司创业：基于浙江省四个产业集群的实证研究[J]. 科学学研究，2011，29(4)：571-581.

[370] Zhang H S，Wu F，Cui A S J. Balancing market exploration and market exploitation in product innovation：a contingency perspective［J］. International journal of research in marketing，2015，32(3)：297-308.

[371] Ibeh K，Kasem L. The network perspective and the internationalization of small and medium sized software firms from Syria［J］. Industrial marketing management，2011，40(3)：358-367.

[372] 夏赟. 企业双元能力、并购战略与跨国并购绩效关系研究[D]. 北京：对外经济贸易大学，2017.

[373] Wilden R，Hohberger J，Devinney T M，et al. Revisiting James

March (1991)：whither exploration and exploitation? [J]. Strategic organization, 2018, 16(3)：352-369.

[374] Day G S. Closing the marketing capabilities gap[J]. Journal of marketing, 2011, 75(4)：183-195.

[375] Farjoun M. Beyond dualism：stability and change as a duality[J]. Academy of management review, 2010, 35(2)：202-225.

[376] 闫华飞, 孙元媛. 双元创业学习、创业拼凑与新企业成长绩效的关系研究 [J]. 管理学刊, 2019, 32(3)：41-51.

[377] Baum J R, Locke E A, Smith K G. A multidimensional model of venture growth[J]. Academy of management journal, 2001, 44(2)：292-303.

[378] 周丰峨, 郭秋梅. 跨国主义视角下的华人环流思考[J]. 八桂侨刊, 2010(3)：28-33.

[379] Chen M H, Chang Y Y, Lee C Y. Creative entrepreneurs' guanxi networks and success：information and resource [J]. Journal of business research, 2015, 68(4)：900-905.

[380] 魏江, 权予衡. "创二代"创业动机、环境与创业幸福感的实证研究 [J]. 管理学报, 2014, 11(9)：1349-1357.

[381] Shane S, Venkataraman S. The promise of entrepreneurship as a field of research[J]. Academy of management review, 2000, 25(1)：217-226.

[382] 郭必裕. 我国大学生机会型创业与生存型创业对比研究[J]. 清华大学教育研究, 2010, 31(4)：70-73.

[383] Barbato R, De Martino R, Jacques P H. The entrepreneurial motivations of nonemployer entrepreneurs[J]. New England journal of entrepreneurship, 2009,12(1):33-43.

[384] Abbey A, Dickson J W. R&D work climate and innovation in semiconductors [J]. Academy of management journal, 1983, 26(2)：362-368.

[385] 郭景哲. 不要混淆华侨、华人的概念[J]. 中国广播电视学刊, 1998(9)：63-64.

[386] 张秀明. 华侨华人相关概念的界定与辨析[J]. 华侨华人历史研究，2016(2)：1-9.

[387] Gerbing D W，Anderson J C. An updated paradigm for scale development incorporating unidimensionality and its assessment[J]. Journal of marketing research，1988，25(2)：186-192.

[388] Cai S H，Jun M J，Wang X Y，et al. On boundary spanners and interfirm embeddedness：the role of guanxi institution in China[J]. Journal of purchasing and supply management，2021，27(1)：100671.

[389] 陈子薇，马力. 母体创业环境与科技型衍生企业绩效的关系研究：基于创业动机的中介作用[J]. 软科学，2020，34(10)：63-69.

[390] Gao Y，Ge B S，Lang X X，et al. Impacts of proactive orientation and entrepreneurial strategy on entrepreneurial performance：an empirical research[J]. Technological forecasting and social change，2018，135：178-187.

[391] Wang C F，Hu Q Y. Knowledge sharing in supply chain networks：effects of collaborative innovation activities and capability on innovation performance[J/OL]. Technovation，2020，94. http：//doi. org/10. 1016/j.technovation.2017.12.002.

[392] 周郴保，赵文红，舒成利，等. 同源异效？:发明激情和发展激情对商业模式创新的影响研究[J]. 外国经济与管理，2021，43(12)：85-99.

[393] 温忠麟，侯杰泰，张雷. 调节效应与中介效应的比较和应用[J]. 心理学报，2005，37(2)：268-274.

[394] 莫李丹. 双重网络关系嵌入、双元创新与众创空间在孵新创企业成长[D]. 广州:广州大学，2022.

[395] 彭伟，朱晴雯，符正平. 双重网络嵌入均衡对海归创业企业绩效的影响[J]. 科学学研究，2017，35(9)：1359-1369.

[396] 徐义雄，陈乔之. 试论海外华商网络对中国企业实施"走出去"战略的作用[J]. 暨南学报(哲学社会科学版)，2004，26(5)：18-23.

[397] Achcaoucaou F，Miravitlles P，León-Darder F. Knowledge sharing and

subsidiary R&D mandate development: a matter of dual embeddedness [J]. International business review, 2014, 23(1): 76-90.

[398] 林瑞恺，陈心洁. 东南亚难侨归国后的心理适应：厦门竹坝华侨农场十个归国难侨个案回忆录文本分析[J]. 华人研究国际学报，2014, 6(2): 1-26.

[399] 段锦云，王朋，朱月龙. 创业动机研究：概念结构，影响因素和理论模型[J]. 心理科学进展，2012, 20(5): 698-704.

[400] Lazzeretti L, Capone F. How proximity matters in innovation networks dynamics along the cluster evolution: a study of the high technology applied to cultural goods[J]. Journal of business research, 2016, 69 (12): 5855-5865.

[401] Obukhova E, Wang Y B, Li J Z. The power of local networks: returnee entrepreneurs, school ties, and firm performance[C]//The power of local networks: returnee entrepreneurs, school ties, and firm performance. Conference in Rotman School of Management, Toronto, 2013.

[402] 钱学锋，裴婷. 国内国际双循环新发展格局：理论逻辑与内生动力 [J]. 重庆大学学报，2021, 27(1): 14-26.

[403] 肖余春. "一带一路"倡议背景下欧洲浙商国际化经营行为模式研究 [M]. 杭州：浙江工商大学出版社，2018.

[404] Li J Y, Liu Y Q, Cao J X. Effects of overseas network embeddedness and relationship learning on internationalization performance[J]. Journal of interdisciplinary mathematics, 2017, 20(6-7): 1581-1586.

[405] 侯佳薇，柳卸林，陈健. 海归创业网络，资源获取与企业绩效的关系研究[J]. 科学学与科学技术管理，2018, 39(1): 168-180.

[406] 严卫群，董彩婷，柳卸林. 国内创业网络对海归创业企业绩效的影响 [J]. 科学学研究，2019(5): 878-887.

[407] Rindfleisch A, Moorman C. The acquisition and utilization of information in new product alliances: a strength-of-ties perspective[J]. Journal of marketing, 2001, 65(2): 1-18.

[408] 贾俊英，龙登高，张姣. 华人国际社团组织力的拓展：基于"世界福清

同乡联谊会"的考察与解释[J].东南学术,2020(2):183-190.

[409] 吴航,陈劲.国际搜索与本地搜索的抉择:企业外部知识搜索双元的创新效应研究[J].科学学与科学技术管理,2016,37(9):102-113.

[410] 齐昕,张军,金莉娜.组织双元性学习与企业竞争优势:基于多项式回归与响应面分析[J].软科学,2018,32(6):78-82.

[411] 熊焰,杨博旭.双重网络嵌入,制度环境与区域创新能力[J].科研管理,2022,43(6):32.

[412] Dai O, Liu X H. Returnee entrepreneurs and firm performance in Chinese high-technology industries[J]. International business review, 2009, 18(4): 373-386.

[413] 胡洪浩.海归创业研究前沿与展望[J].科技进步与对策,2014,31(17):151-155.

[414] 张梦颖.非洲华侨华人形象的历史演变与提升[J].陕西师范大学学报,2019,48(6):63-71.

[415] Lazzeretti L, Tavoletti E. Higher education excellence and local economic development: the case of the entrepreneurial University of Twente [J]. European planning studies, 2005, 13(3): 475-493.

[416] 孙世强,陶秋燕.网络嵌入、组织合法性与创新绩效的关系[J].科技管理研究,2020,40(6):171-179.

[417] Luo Y D, Tung R L. International expansion of emerging market enterprises: a springboard perspective [M]. Berlin: Springer, 2007.

[418] 彭正龙,何培旭,李泽.双元营销能力平衡、战略地位优势与新创高技术服务企业绩效[J].管理科学,2015,28(3):115-129.

[419] 李宏贵,曹迎迎.新创企业的发展阶段、技术逻辑导向与创新行为[J].科技管理研究,2020,40(24):127-137.

[420] 何会涛,袁勇志.海外人才创业双重网络嵌入及其交互对创业绩效的影响研究[J].管理学报,2018,15(1):66-73.

[421] Vorhies D W, Orr L M, Bush V D. Improving customer-focused marketing capabilities and firm financial performance via marketing exploration and exploitation[J]. Journal of the academy of marketing

science, 2011, 39: 736-756.

[422] 魏江, 徐蕾. 知识网络双重嵌入, 知识整合与集群企业创新能力[J]. 管理科学学报, 2018, 17(2): 1-14.

[423] 赵云辉, 崔新健. 双重网络嵌入、知识来源与跨国公司知识转移绩效的关系[J]. 技术经济, 2016, 35(5): 62-68.

[424] 闫华飞, 孙元媛. 双元创业学习、创业拼凑与新企业成长绩效的关系研究[J]. 管理学刊, 2019, 32(3): 41-51.

[425] Arif G M, Irfan M J T P D R. Return migration and occupational change: the case of Pakistani migrants returned from the Middle East[J]. The Pakistan development-review, 1997, 36(1): 1-37.

[426] Kim N, Atuahene-Gima K. Using exploratory and exploitative market learning for new product development[J]. Journal of product innovation management, 2010, 27(4): 519-536.

[427] 辛德强, 党兴华, 薛超凯. 双重嵌入下网络惯例刚性对探索性创新的影响[J]. 科技进步与对策, 2018, 35(4): 9-15.

[428] 王瑞, 薛红志. 创业经验与新企业绩效: 一个研究综述[J]. 科学学与科学技术管理, 2010, 31(6): 80-84.

[429] 严杰, 刘人境. 创业环境动态性、创业学习与创业机会识别关系研究[J]. 科技进步与对策, 2018, 35(13): 1-7.

[430] Cai S H, Jun M, Wang X, et al. On boundary spanners and interfirm embeddedness: the role of guanxi institution in China [J/OL]. Journal of purchasing supply management, 2021, 27 (1). http://doi.org/10.1016/j.pursup.2021.100671.

[431] Cui J, Sun J H, Bell R. The impact of entrepreneurship education on the entrepreneurial mindset of college students in China: the mediating role of inspiration and the role of educational attributes[J]. The International journal of management education 2021, 19(1): 100296.

[432] 温忠麟, 方杰, 沈嘉琦, 等. 新世纪 20 年国内心理统计方法研究回顾[J]. 心理科学进展, 2021, 29(8): 1331-1344.

[433] 周郴保, 赵文红, 舒成利, 等. 同源异效?:发明激情和发展激情对商

业模式创新的影响研究[J].外国经济与管理,2021,43(12):85-99.

[434]贾晓霞,广唯伊.企业新质生产力的创新动能与驱动路径研究:基于二元创新视角[J].经济与管理评论,2024(5):69-82.

[435]吴小节,马美婷.制度距离对海外并购绩效的影响机制:并购经验与政治关联的调节作用[J].国际商务研究,2022,43(2):13-24.

[436]刘军伟,刘华.双重知识网络嵌入对新创集群企业国际创业绩效的影响研究[J].科研管理,2024,45(7):153-161.

[437]林毅夫.产业政策与我国经济的发展:新结构经济学的视角[J].复旦学报(社会科学版),2017,59(2):148-153.

[438]冶琳苗,吴春贤.逆向混改对环保企业绩效的影响机制研究:基于清新环境的案例[J].财会通讯,2024(8):95-102.

[439]宋岩,续莹.平台企业社会责任、冗余资源与企业创新[J].东岳论丛,2023,44(10):130-141,192.

[440]Varadarajan R. Resource advantage theory, resource based theory, and theory of multimarket competition: does multimarket rivalry restrain firms from leveraging resource advantages? [J]. Journal of business research,2023,160:113713.

[441]Khan Z, Amankwah-Amoah J, Lew Y K, et al. Strategic ambidexterity and its performance implications for emerging economies multinationals [J]. International business review,2022,31(3):101762.

[442]Yasuda N, Mitsuhashi H. Learning from political change and the development of MNCs' political capabilities: Evidence from the global mining industry[J]. Management international review,2017,57:749-774.

[443]石茹鑫,杜晓君,张铮.企业政治能力、高管过度自信与对外直接投资政治风险承担[J].运筹与管理,2023,32(3):220-226.

[444]陈秀梅.多主体认知互动视角下商业模式创新机制研究:基于一项跨案例研究[J].财会通讯,2020(2):169-172.

[445]胡玲,郭凯琦,金钟文.区域孵化机构资源对在孵企业绩效的影响:基于资源基础理论的视角[J].科技管理研究,2023,43(4):136-145.

[446] 赵甜. 数智赋能专精特新企业国际化经营:进程、机制与对策[J]. 当代经济管理,2024,4(9):29-37.

[447] Amit R, Schoemaker P J. Strategic assets and organizational rent [J]. Strategic management journal, 1993, 14(1): 33-46.

[448] 杨皖苏,杨善林. 正式、非正式沟通网络与企业合作绩效关系研究:基于资源获取和网络能力的作用[J]. 河南社会科学, 2024, 32(2): 79-89.

[449] 陈中洁,陈思伊. 资源基础理论视角下企业新消费品牌可持续增长能力研究[J]. 商业经济研究, 2023(16): 136-139.

[450] Teece D J, Pisano G, Shuen A. Dynamic capabilities and strategic management [J]. Strategic management journal, 1997, 18 (7): 509-533.

[451] 阮荣彬,朱祖平,陈莞,等. 政府科技伦理治理与人工智能企业科技向善[J]. 科学学研究,2024,42(8):1577-1586.

[452] 龙海军,孟芳. 税负规避还是腐败租金豁免?:基于制度理论的我国非正规创业动机实证研究[J]. 西安财经学院学报, 2019, 32(4): 38-45.

[453] Blau B M, Brough T J, Thomas D W. Corporate lobbying, political connections, and the bailout of banks[J]. Journal of banking & finance, 2013, 37(8): 3007-3017.

[454] Yang X Y, Dong L Z, Nahm A. Mingling business and politics in China—Does it build value? The relationship between political connection and firm performance[J]. Journal of strategy and management, 2024, 17(1): 22-40.

[455] 高洪利,李莉,陈靖涵,等. 政府研发支持行为影响高科技企业外部融资吗:基于组织合法性理论的解释[J]. 南开管理评论, 2017, 20(6): 178-189.

[456] He L, Wan H, Zhou X. How are political connections valued in China? Evidence from market reaction to CEO succession[J]. International review of financial analysis, 2014, 36: 141-152.

[457] 胡旭阳. 民营企业家的政治身份与民营企业的融资便利:以浙江省民营百强企业为例[J]. 管理世界, 2006(5): 107-113,141.

[458] Smith K G, Hitt M A. Great minds in management: the process of theory development[M]. London: Oxford University Press, 2005.

[459] 褚旭, 李丛杉, 白云涛. 内循环赋能: 本土市场竞争驱动企业逆向创新[J]. 经济管理, 2023, 45(10): 70-90.

[460] 李继学, 高照军. 信息技术投资与企业绩效的关系研究: 制度理论与社会网络视角[J]. 科学学与科学技术管理, 2013, 34(8): 111-119.

[461] 张志康, 赵明浩. 企业网络关系、网络合法性与企业外部融资效率: 以贵阳市大数据产业集群内企业为例[J]. 会计之友, 2017(21): 46-50.

[462] Chen V Z, Li J, Shapiro D M, et al. Ownership structure and innovation: an emerging market perspective[J]. Asia Pacific journal of management, 2014, 31: 1-24.

[463] 李政毅, 尹西明, 黄送钦. 民营企业政治关联如何影响企业研发投资? [J]. 科学学研究, 2020, 38(12): 2212-2219.

[464] De La Luz Fernández-Alles M, Valle-Cabrera R. Reconciling institutional theory with organizational theories: how neoinstitutionalism resolves five paradoxes[J]. Journal of organizational change management, 2006, 19(4): 503-517.

[465] 江旭, 靳瑞杰, 沈明眉. 政企关系与民营企业创新决策研究[J]. 科研管理, 2022, 43(8): 63-72.

[466] 贯君, 徐建中, 林艳. 跨界搜寻、网络惯例、双元能力与创新绩效的关系研究[J]. 管理评论, 2019, 31(12): 61-72.

[467] 郭海, 李阳, 李永慧. 最优区分视角下创新战略和政治战略对数字化新创企业绩效的影响研究[J]. 研究与发展管理, 2021, 33(1): 12-26.

[468] 李巍. 制造型企业商业模式创新与经营绩效关系研究: 基于双元能力的视角[J]. 科技进步与对策, 2016, 33(5): 111-116.

[469] 杨东. 双元能力对企业绩效的影响: 对软件接包企业的实证研究[J]. 软科学, 2011, 25(7): 116-119.

[470] 杨雪莹. 制度距离、贸易引力与中国农产品出口[J]. 中国集体经济, 2021(23): 3-7.

[471] Dimaggio P J, Powell W W. The iron cage revisited: institutional

isomorphism and collective rationality in organizational fields[J].
American sociological review，1983，48(2)：147-160.

[472] 刘小元，赵嘉晨，贾佳. 母公司持股比例对子公司财务绩效影响机理研究：地理距离和制度距离的调节作用[J]. 中央财经大学学报，2021(7)：103-115.

[473] 杜晓君，石茹鑫，祁乔，等. 东道国与母国制度距离与企业对外直接投资速度选择的路径突破：基于乌普萨拉模型的改进[J]. 工业技术经济，2023，42(1)：32-37.

[474] Yang K M，Tang J，Donbesuur F，et al. Institutional support for entrepreneurship and new venture internationalization：evidence from small firms in Ghana[J]. Journal of business research，2023，154：113360.

[475] Ragin C C. Redesigning social inquiry：set relations in social research[M]. Chicago：University of Chicago Press，2008.

[476] 欧忠辉，蔡猷花，胡慧芳. 知识网络嵌入情境如何激活企业双元创新?：基于 QCA 的研究[J]. 科研管理，2021，42(6)：94-101.

[477] Schneider C Q，Wagemann C. Set-theoretic methods for the social sciences：a guide to qualitative comparative analysis[M]. London：Cambridge University Press，2012.

[478] Greckhamer T，Furnari S，Fiss P C，et al. Studying configurations with qualitative comparative analysis：best practices in strategy and organization research[J]. Strategic organization，2018，16(4)：482-495.

[479] 杜运周，贾良定. 组态视角与定性比较分析(QCA)：管理学研究的一条新道路[J]. 管理世界，2017(6)：155-167.

[480] 张明，陈伟宏，蓝海林. 中国企业"凭什么"完全并购境外高新技术企业：基于 94 个案例的模糊集定性比较分析(fsQCA)[J]. 中国工业经济，2019(4)：117-135.

[481] 孙嘉悦，韩雨卿，谢富纪. 营商环境视角下政治关联对科技型中小企业创新绩效的影响研究[J]. 上海管理科学，2023，45(4)：68-74.

[482] 徐晓俊. 商贸流通企业网络关系嵌入、双元能力与创新绩效[J]. 商业

经济研究，2023(17)：158-161.

[483] 孙雨蕾，吴瑞君.海外人才的回流动因模式及影响因素：基于上海市的实证分析[J].中国人事科学，2024(3)：30-43.

[484] 刘乐.海外中国商会参与共建"一带一路"的现状与展望[J].全球化，2022(3)：90-97,135-136.